DOKUMENTE ZUR DEUTSCHLANDPOLITIK

BEIHEFTE

DOKUMENTE
ZUR
DEUTSCHLANDPOLITIK

BEIHEFTE
BAND 6

Wissenschaftliche Leitung:
Karl Dietrich Bracher und Hans-Adolf Jacobsen

ISSN 0341-3276
HERAUSGEGEBEN VOM
BUNDESMINISTERIUM FÜR INNERDEUTSCHE BEZIEHUNGEN

ALFRED METZNER VERLAG FRANKFURT AM MAIN

BIBLIOGRAPHIE ZUR DEUTSCHLANDPOLITIK 1975 – 1982

Bearbeitet von Karsten Schröder

1983
HERAUSGEGEBEN VOM
BUNDESMINISTERIUM FÜR INNERDEUTSCHE BEZIEHUNGEN

ALFRED METZNER VERLAG FRANKFURT AM MAIN

Redaktionsschluß: September 1982
ISBN 3-7875-0766-3
Druck: DRUCKHAUS Neue PRESSE Coburg

INHALTSÜBERSICHT

VORWORT

Die Auseinandersetzung um die Deutschlandpolitik der Bundesrepublik Deutschland im nationalen und internationalen Rahmen hat auch in den vergangenen Jahren in zahlreichen Veröffentlichungen ihren Niederschlag gefunden. In Monographien, Zeitschriftenaufsätzen sowie in Reden und Interviews wurde die innen- und außenpolitische Problematik ebenso abgehandelt wie die historischen, rechtlichen, wirtschaftlichen und kulturellen Aspekte. Aus Politik, Wissenschaft und Publizistik wurde daher zunehmend nach einem Fortsetzungsband der ersten Ausgabe der „Bibliographie zur Deutschlandpolitik" aus dem Jahre 1975 gefragt. Diesem ungebrochenen Interesse soll mit diesem Folgeband, der ein nützliches Orientierungsmittel für die zeitgeschichtliche Forschung und politische Bildungsarbeit sein und zugleich die Mannigfaltigkeit der deutschlandpolitischen Diskussion verdeutlichen soll, entsprochen werden. Er knüpft an den vorliegenden ersten Band an.

Der Bundesminister
für innerdeutsche Beziehungen
Herausgeber

Karl Dietrich Bracher
Hans-Adolf Jacobsen
Wissenschaftliche Leitung

Bonn, im Frühjahr 1983

HINWEISE ZUR BENUTZUNG

Diese Auswahl-Bibliographie zur Deutschlandpolitik ist als wissenschaftliches Hilfsmittel für Benutzer gedacht, die sich in Politik, Publizistik, Studium, Schule und Verwaltung mit der Deutschlandfrage beschäftigen oder für sie interessieren.
Kriterien für die Aufnahme waren in erster Linie die wissenschaftliche Qualität und der Informationsgehalt der Veröffentlichungen. Dabei hat der Bearbeiter den verschiedenen Standorten Rechnung getragen und insbesondere Literatur aus der DDR berücksichtigt. Ein zweiter Gesichtspunkt war die Aktualität der Publikationen. Vor allem wurden neuere Untersuchungen aufgenommen, die einen Überblick über den Diskussionsstand und die Teilaspekte der Deutschlandproblematik vermitteln. Drittens hat der Bearbeiter auf die Erreichbarkeit der Literatur im Handel und in den Bibliotheken geachtet.
Für die Einzelheiten der Titelaufnahme gaben nicht nur bibliographische Grundsätze, sondern auch die Forderung nach Übersichtlichkeit und einfacher Handhabung der Bibliographie den Ausschlag. Bei mehr als drei Verfassern oder Herausgebern ist deshalb nur der erste namentlich genannt, bei mehreren Verlagsorten ebenfalls nur der zuerst angegebene Ort. Der Veröffentlichungsort ist jeweils in der im Buch verwandten Namensversion angegeben. Verlagsnamen und Reihentitel erscheinen in Kurzfassung. Neuauflagen sind durch eine hochgestellte Ziffer hinter dem Erscheinungsjahr gekennzeichnet. Bei der Angabe der Seitenzahl bleiben Karten, Beilagen und römisch paginierte Seiten unberücksichtigt.
Bei der Benutzung der Bibliographie ist vor allem die Aufteilung zwischen dem Teil I – Allgemeines – und den Teilen II–III zu beachten. Unter Allgemeines werden Titel genannt, die über die nachfolgenden Einzelpunkte hinausgreifen und für die Deutschlandpolitik unter mehreren Aspekten wesentlich sind. Memoiren oder Dokumentationen z. B., die lediglich für die Deutschlandpläne der Alliierten von 1941 bis 1945 relevant sind, werden demnach unter II 8 aufgeführt. Innerhalb der Rubriken sind die Titel alphabetisch nach dem Verfasser bzw. nach dem ersen Substantiv geordnet. Bei mehrfach angeführten Titeln findet der Benutzer einen Verweis auf die Erstnennung unter Angabe des Autors und der Titelnummer.
Um die Arbeit mit der Bibliographie zu erleichtern, sind einige grundlegende wissenschaftliche Veröffentlichungen durch Fettdruck hervorgehoben und Publikationen, die zur schnellen Information hilfreich sind, durch ein Sternchen hinter der Titelnummer gekennzeichnet. Dies ist keine Wertung, sondern lediglich eine Empfehlung des Bearbeiters.

I. ALLGEMEINES

1. Bibliographien

1 Annotierte Bibliographie für die politische Bildung. Hrsg.: Bundeszentrale für politische Bildung. Bonn 1981 ff. (vierteljährlich)

2 **Bermbach,** Udo (Hrsg.): Hamburger Bibliographie zum Parlamentarischen System der Bundesrepublik Deutschland. Opladen: Westdeutscher Verlag. 1. Ergänzungslieferung: 1971–1972, Opladen 1975, 155 S.; 2. Ergänzungslieferung: 1973–1974, Düsseldorf 1975, 121 S.; 3. Ergänzungslieferung: 1975–1976, Opladen 1978, 112 S.; 4. Ergänzungslieferung: 1977–1978, Opladen 1978, 92 S.; 5. Ergänzungslieferung: 1979–1980, 1982, 100 S.

3 **Bibliographie** zum öffentlichen Sprachgebrauch in der Bundesrepublik Deutschland und in der DDR. Zusammengest. und kommentiert von einer Arbeitsgruppe unter Leitung v. Manfred W. Hellmann. Düsseldorf: Schwann 1976, 465 S. (Sprache der Gegenwart. Schriften des Instituts für deutsche Sprache. SVI)

4 **Böttcher,** Winfried, Jürgen Jansen und Friedrich Welsch: Das britische Parlament und Europa 1940–1972. Eine Fachbibliographie. Baden-Baden: Nomos-Verlagsgesellschaft 1975, 186 S.

5 **Bruhn,** Peter (Hrsg.): Das sowjetische Schrifttum über die Bundesrepublik Deutschland nebst Berlin (West) 1971/72. Bibliographisches Jahrbuch. Hrsg. Dokumentationszentrum für das Schrifttum aus und über Rußland/UdSSR am Osteuropa-Institut Berlin. Berlin: (i. Komm.) Harrassowitz 1976, 248 S. (Bibliographische Mitteilungen des Osteuropa-Instituts an der FU Berlin 12)

6 **Bruhn,** Peter (Hrsg.): Rußland und die Sowjetunion im deutschsprachigen Schrifttum. Bibliographisches Jahrbuch 1974. Unter Mitarb. von Vera Ziegler. Berlin: (i. Komm.) Harrassowitz 1978, 691 S. (Bibliographische Mitteilungen des Osteuropa-Instituts an der FU Berlin 16)

7 **Bracher,** Karl Dietrich, Hans-Adolf Jacobsen und Manfred Funke (Hrsg.): Bibliographie zur Politik in Theorie und Praxis. Düsseldorf: Droste 1976, aktualisierte Neuauflage, 574 S. (Bonner Schriften zur Politik und Zeitgeschichte 13)

8 **Bracher,** Karl Dietrich, Hans-Adolf Jacobsen und Albrecht Tyrell (Hrsg.): Bibliographie zur Politik in Theorie und Praxis. Königstein/Ts., usw.: Athenäum-Droste 1982, 255 S. (Athenäum Droste Taschenbuch Geschichte 7246) (Bonner Schriften zur Politik und Zeitgeschichte 20)

9 **Chabir,** Gabriele und Michael Haupt: Die Teilung Deutschlands 1945–1949, in: Jahresbibliographie der Bibliothek für Zeitgeschichte. Bd. 49 (1977), 359–390

10 **Deutschlandforschung** in der Bundesrepublik Deutschland und in Berlin (West). Projektverzeichnis. Hrsg.: Gesamtdeutsches Institut, Bundesanstalt für gesamtdeutsche Aufgaben. Bearb. von Ernst Lange. Bonn 1981[2] (ergänzt), 509 S.

11 **Dissertationen** und Habilitationen auf dem Gebiet der Deutschlandforschung 1969–1978. Hochschulschriften aus der Bundesrepublik Deutschland und Berlin (West). Bearb. von Helga Hundegger. Hrsg.: Gesamtdeutsches Institut. Bonn 1980. 98 S.

12 **Günther,** Klaus und Kurt Thomas Schmitz: SPD, KPD/DKP, DGB in den Westzonen und in der Bundesrepublik Deutschland 1945–1973. Eine Bibliographie. Bonn-Bad Godesberg: Verlag Neue Gesellschaft 1976, 176 S. (Archiv für Sozialgeschichte. Beih. 6)

Haupt, Michael ... vgl. Nr. 1562

13 **Hecker,** Hellmuth: Bibliographie zum Staatsangehörigkeitsrecht in Deutschland in Vergangenheit und Gegenwart. Deutsche Länder, Deutsches Reich, Bundesrepublik Deutschland, Deutsche Demokratische Republik. Frankfurt/Main: Verlag für Standesamtswesen 1976, 102 S. (Schriftenreihe der Wissenschaftlichen Gesellschaft für Personenstandswesen und verwandte Gebiete. Neue Folge 11)

14 **Hermsen,** Hans: Bibliographie zur Erwachsenenqualifizierung in der DDR. Zweite Folge: 1969–1973. Braunschweig: Westermann 1975, 242 S.

15 **Hoffmann,** Johannes: Völkerbilder in Ost und West. Auswahlbibliographie zur Friedens-, Konflikt- und Stereotypenforschung unter besonderer Berücksichtigung des Deutschlandbildes in Osteuropa sowie der Deutschen Vorstellungen von den östlichen Nachbarvölkern. Dortmund: Rheinisch-Westfälische Auslandsgesellschaft 1980, 238 S. (Schriften des Deutsch-Polnischen Länderkreises 4)

16 **Jahresbibliographie.** Bibliothek für Zeitgeschichte. Weltkriegsbücherei, Stuttgart. N. F. der Bücherschau der Weltkriegsbücherei: München: Bernard & Graefe, Bd. 47, 1975 (1976), 753 S.; Bd. 48, 1976 (1977), 605 S.; Bd. 49, 1977 (1978), 484 S. Bd. 50, 1978 (1979), 550 S.; Bd. 51, 1979 (1980), 567 S.; Bd. 52, 1980 (1981), 567 S.; Bd. 53, 1981 (1982), 645 S.

17 **Klein,** Paul: Die Darstellung der Bundeswehr in der DDR und die der Nationalen Volksarmee in der Bundesrepublik Deutschland. Literaturbericht und Bibliographie, in: Jahresbibliographie der Bibliothek für Zeitgeschichte 48 (1977), 471–536

18 **Kujath,** Karl: Bibliographie zur europäischen Integration. Mit Anmerkungen. Bibliographie sur l'integration européenne. Bibliography on European integration. Hrsg.: Institut für Europäische Politik. Bonn: Europa-Union-Verlag 1977, 777 S.

19 **Landeskunde DDR. Eine annotierte Auswahlbibliographie. Bearb. u. komm. v. Walter Sperling. München usw.: Verlag Dokumentation 1978, 456 S. (Bibliographien zur regionalen Geographie und Landeskunde 1)**

20 **Lipgens,** Walter (Hrsg.): Sources for the history of European integration (1945–1955). A guide to archives in the countries of the Community. – Sources de l'histoire de l'integration européenne (1945–1955). Leyden: Sijthoff; Stuttgart: Klett-Cotta 1980, 206 S. (Publications of the European University Institute 4)

21 **Lotz,** Martin: Gustav W. Heinemann. Bibliographie. Hrsg.: Archiv der sozialen Demokratie (Friedrich-Ebert-Stiftung). Bonn-Bad Godesberg: Selbstverlag d. Hrsg. 1976, 114 S.

22 **Ménudier,** Henri: L'Allemagne après 1945. Chronique bibliographique, in: Revue Allemagne 9 (1977), 97–155; 507–544 und 10 (1978), 458–480

23 **Merritt,** Anna und Richard L. Merritt: Politics, Economics and Society in the two Germanies 1945–1975. A bibliography of Englishlanguage works. Urbana: University of Illinois Press 1978, 268 S.

24 **Die** Ost- und Deutschlandpolitik der Bundesrepublik Deutschland. 1969–1973. Auswahlbibliographie. (Hrsg.): Deutscher Bundestag, Wissenschaftlicher Dienst, Bonn 1974, 176 S. (Bibliographie. 1974/Nr. 40)

25 **Schlesische Bibliographie.** Im Auftr. d. Histor. Kommission für Schlesien, bearb. im J.-G.-Herder-Institut, Marburg a. d. Lahn. Marburg: J.-G.-Herder-Institut Bd. 1: 1961–1963. 1975, 522 S. (Wissenschaftliche Beiträge zur Geschichte und Landeskunde Ostmitteleuropas 97,1) (Einzelschriften der Historischen Kommission für Schlesien 10,1)

26 **Schwarz,** Günter und Dieter S. Lutz: Sicherheit und Zusammenarbeit. Eine Bibliographie zu MBFR, SALT und KSZE. Baden-Baden: Nomos Verlagsgesellschaft 1980, 150 S. (Militär, Rüstung, Sicherheit 2)

27 **Theisen,** Heinz: Bibliographie zu den Ereignissen des 17. Juni 1953, in: Aus Politik und Zeitgeschichte B 23 (1978), 51–54

28 **Thränhardt,** Dietrich: Bibliographie Bundesrepublik Deutschland. Göttingen: Vandenhoeck & Ruprecht 1980, 178 S. (Arbeitsbücher zur modernen Geschichte 9)

29 **Ullmann,** Hans-Peter: Bibliographie zur Geschichte der deutschen Parteien und Interessenverbände. Göttingen: Vandenhoeck & Ruprecht 1978, 263 S. (Arbeitsbücher zur modernen Geschichte 6)

30 **Verzeichnis** Deutschlandpolitischer Hochschulveranstaltungen. – Wintersemester 1977/78 bis Wintersemester 1978/79. Hrsg.: Gesamtdeutsches Institut, Bundesanstalt für gesamtdeutsche Aufgaben. Bonn 1979, 120 S.

2. Nachschlagewerke, Jahrbücher

31 **Das Bundesarchiv** und seine Bestände. Begr. von Friedrich Facius u. a. 3., erg. und neu bearb. Auflage von Gerhard Granier, Josef Henke und Klaus Oldenhage. Boppard: Boldt 1977, 940 S. (Schriften des Bundesarchivs 10)

32 **Allensbacher** Jahrbuch der Demoskopie. Hrsg.: Elisabeth Noelle-Neumann, Institut für Demoskopie Allensbach. München usw.: Molden. **1974–1976,** 1976, 355 S.; **1976–1977,** 1977, 402 S.

33 **DDR-Handbuch.** Wissenschaftliche Leitung Peter Christian Ludz unter Mitw. von Johannes Kuppe. Hrsg. Bundesministerium für innerdeutsche Beziehungen. Köln: Verlag Wissenschaft und Politik 1979[2] (völlig überarbeitet und erweitert), 1280 S.

34 **Handbuch** der deutschen Außenpolitik. Hrsg. von Hans-Peter Schwarz. München: Piper 1975, 848 S.

35 **Handwörterbuch** Internationale Politik. Hrsg. von Wichard Woyke. Opladen: Leske und Budrich 1980^{2} (erweitert), 412 S. (UTB. Uni-Taschenbücher 702)

36 **Hösch,** Edgar und Hans-Jürgen Grabmüller: Daten der sowjetischen Geschichte. Von 1917 bis zur Gegenwart. München: Deutscher Taschenbuchverlag 1981, 308 S. (dtv 3241)

37 **Die Internationale Politik. Jahrbücher des Forschungsinstituts der Deutschen Gesellschaft für Auswärtige Politik. 1968–1969.** Hrsg.: Karl Kaiser, Dietrich Mende, Christiane Rajewsky, Wolfgang Wagner. München usw.: Oldenbourg 1974, 627 S.; **1970–1972.** Hrsg.: Marion Gräfin Dönhoff, Karl Kaiser, Paul Noack, Wolfgang Wagner. München usw.: Oldenbourg 1978, 498 S.; **1973–1974.** Hrsg.: Marion Gräfin Dönhoff, Wolfgang Hager, Karl Kaiser, Paul Noack, Norbert Kloten, Wolfgang Wagner. München usw.: Oldenbourg 1980, 430 S.; **1975–1976.** Hrsg.: Wolfgang Wagner, Marion Gräfin Dönhoff, Gerhard Fels, Karl Kaiser, Paul Noack. München usw.: Oldenbourg 1981, 385 S.; **1977–1978.** Hrsg.: Wolfgang Wagner, Marion Gräfin Dönhoff, Gerhard Fels, Karl Kaiser, Paul Noack. München usw.: Oldenbourg 1982, 368 S.

38 **Jahrbuch** der internationalen Politik und Wirtschaft. Hrsg.: Institut für Weltwirtschaft und Internationale Beziehungen der Akademie der Wissenschaften der UdSSR und Institut für Internationale Beziehungen der Akademie für Staats- und Rechtswissenschaft der DDR. Berlin: Staatsverlag der DDR. **1975.** 1975, 632 S.; **1976.** 1976, 576 S.; **1977.** 1977, 544 S.; **1978.** 1978, 560 S.; **1979.** 1979, 586 S.; **1980.** 1980, 512 S.

39 **Lehmann,** Hans Georg: Chronik der Bundesrepublik Deutschland 1945/49–1981. München: Beck 1981, 209 S. (Beck'sche Schwarze Reihe 235)

Lutz, Ernst . . . vgl. Nr. 1112

40 **Meyers Taschenlexikon Geschichte.** 6 Bde. Hrsg. und bearb. von der Redaktion Geschichte des Bibliographischen Instituts unter Leitung von Werner Digel. Mannheim usw.: Bibliographisches Institut 1982, 1920 S.

Namen und Daten . . . vgl. Nr. 2078

Schwarz, Hans-Peter . . . vgl. Nr. 487

41 **Statistisches Jahrbuch** der Deutschen Demokratischen Republik. Hrsg.: Staatliche Zentralverwaltung für Statistik. Berlin: Staatsverlag der DDR, 26. Jahrgang 1981, 1981, 514 S.

42 **Statistisches Jahrbuch 1982** für die Bundesrepublik Deutschland. Hrsg.: Statistisches Bundesamt, Wiesbaden. Stuttgart usw.: Kohlhammer 1982, 780 S.

43 **Ursachen und Folgen.** Vom deutschen Zusammenbruch 1918 und 1945 bis zur staatlichen Neuordnung Deutschlands in der Gegenwart. Eine Urkunden- und Dokumentensammlung zur Zeitgeschichte. Hrsg. und bearb. von Herbert Michaelis und Ernst Schraepler, unter Mitw. von Günter Scheel. Bd. 26: Die staatliche Neuordnung Deutschlands. Die Berliner Blockade. Die Errichtung der Bundesrepublik Deutschland. Das Grundgesetz der Bundesrepublik Deutschland. Die Gründung der Deutschen Demokratischen Republik. Berlin: Dokumentenverlag 1978, 587 S.

44 **Völkerrechtliche Verträge.** UNO, Beistandspakte, Menschenrechte, See-, Luft- und Weltraumrecht, Kriegsverhütungsrecht, Deutschlandfrage. Textausgabe. Hrsg. von Friedrich Berber in Gemeinschaft mit Albrecht Randelshofer. München: Deutscher Taschenbuch-Verlag 1979^{2} (neu bearbeitet), 476 S. (Beck-Texte 5031)

45 **Wassmund,** Hans: Grundzüge der Weltpolitik. Daten und Tendenzen von 1945 bis zur Gegenwart. München: Beck 1982, 302 S. (Beck'sche Schwarze Reihe 248)

46 **Die Welt** seit 1945. Bearb. von Helmut Krause und Karlheinz Reif. München: Bayerischer Schulbuch-Verlag 1980, 1078 S. (Geschichte in Quellen)

47 **Weltpolitik.** Jahrbuch für Internationale Beziehungen 1. Hrsg.: Ulrich Albrecht, Klaus J. Gantzel, Ekkehart Krippendorff, Ursula Schmiederer, Dietrich Staritz, Kurt P. Tudyka. Frankfurt/Main usw.: Campus 1981, 251 S.

48 **Wende,** Frank u. a. (Hrsg.): Lexikon zur Geschichte der Parteien in Europa. Stuttgart: Kröner 1981, 890 S.

49 **Wer ist wer?** Das deutsche Who's who. 21. Ausgabe von Degeners Wer ist's? Bundesrepublik Deutschland, West-Berlin. Hrsg.: Walter Habel. Lübeck: Schmidt-Römhild 1981, 1303 S.

50 **Zeittafel** zur Militärgeschichte der Deutschen Demokratischen Republik. Autorenkollektiv des Deutschen Instituts für Militärgeschichte (Bd.1); des Militärgeschichtlichen Instituts der DDR (Bd. 2). Berlin: Militärverlag der DDR. 1.: 1949–1968. 1969. 337 S.; 2.: 1969–1977. 1979. 282 S.

3. Dokumentationen

51 **Abrüstung und Rüstungskontrolle.** Dokumente zur Haltung der Bundesrepublik Deutschland. Hrsg.: Auswärtiges Amt. Bonn 1981[5] (ergänzt), 264 S. (Berichte und Dokumentationen 7)

Akten zur Vorgeschichte ... vgl. Nr. 704

52 **Auskünfte** von A–Z zum Stand der innerdeutschen Beziehungen. Hrsg.: Bundesministerium für innerdeutsche Beziehungen. Hof/Saale: Mintzel-Druck 1981[8] (aktualisiert), 104 S.

Benz, Wolfgang ... vgl. Nr. 717

53 Die **Bundesversammlung.** Die Wahl der Bundespräsidenten 1949–1974. Dokumentation. Hrsg.: Deutscher Bundestag, Presse- und Informationszentrum, Ref. Öffentlichkeitsarbeit. Bonn 1979, 250 S.

54 **Deutsche Geschichte** und politische Bildung. Öffentliche Anhörung des Ausschusses für innerdeutsche Beziehungen des Deutschen Bundestages 1981. Hrsg.: Deutscher Bundestag, Presse- und Informationszentrum. Speyer: Klambt-Druck 1981, 320 S. (Zur Sache 1981/2)

55 **Die DDR und die Verwirklichung der Schlußakte von Helsinki.** Dokumente und Materialien. Hrsg.: Institut für internationale Beziehungen an der Akademie für Staats- und Rechtswissenschaft der DDR. Berlin: Staatsverlag 1980, 174 S.

56 **Deutschlandpolitik.** Öffentliche Anhörung des Ausschusses für innerdeutsche Beziehungen des Deutschen Bundestages. (Hrsg.): Deutscher Bundestag, Bonn 1977, 271 S. (Zur Sache. 1977/4)

57 Die **deutsch-polnischen Vereinbarungen** vom 9. Oktober 1975 und ergänzende Texte. Hrsg. vom Presse- und Informationsamt der Bundesregierung. Bonn: Bundesdruckerei 1976, 134 S. (Die Bundesregierung informiert)

58 **Dokumentation** zur Abrüstung und Sicherheit. Hrsg. von Heinrich Siegler. Zusammengest. von Hans Wilhelm Haefs. Bonn: Siegler 1980, 665 S.

59 **Dokumente zur Außenpolitik der Deutschen Demokratischen Republik. Berlin: Staatsverlag der DDR, Bd. 19 (1971), 1974, 1321 S.; Bd. 20 (1972), 1975, 1531 S.; Bd. 21 (1973), 1976, 1280 S.; Bd. 22 (1974), 1978, 1355 S.; Bd. 23 (1975), 1979, 1417 S.; Bd. 24 (1976), 1980, 1422 S.**

60 **Dokumente der Sozialistischen Einheitspartei Deutschlands. Beschlüsse und Erklärungen des Zentralkommitees sowie seines Politbüros und seines Sekretariats. Bd. XIV (1977), 500 S.; Bd. XV (1978), 397 S.; Bd. XVI (1976–1977), 1980, 668 S.**

61 **Dokumente zur Deutschlandpolitik. Begründet von Ernst Deuerlein. Wiss. Leitung: Karl Dietrich Bracher und Hans-Adolf Jacobsen. Hrsg.: Bundesministerium für innerdeutsche Beziehungen. Frankfurt/Main: Metzner; Bd. 6: 1. Januar – 11. August 1961 (2 Halbbände). Bearb. von Rainer Salzmann, 1975, 1744 S.; Bd. 7: 12. August – 31. Dezember 1961 (2 Halbbände). Bearb. von Gisela Biewer, 1976, 1357 S.; Bd. 8: 1. Januar – 31. Dezember 1962 (2 Halbbände). Bearb. von Hannelore Nathan, 1977, 1677 S.; Bd. 9: 1. Januar – 31. Dezember 1963 (2 Halbbände). Bearb. von Gisela Biewer und Werner John, 1978, 1192 S.; Bd. 10: 1. Januar – 31. Dezember 1964 (2 Halbbände). Bearb. von Marie-Luise Goldbach und Karl-Günter Schirrmeister, 1980, 1378 S.; Bd. 11: 1. Januar – 31. Dezember 1965 (2 Halbbände). Bearb. von Marie-Luise Goldbach, 1978, 1143 S.; Bd. 12: 1. Januar – 31. Dezember 1966 (2 Halbbände). Bearb. von Gisela Oberländer, 1981, 1896 S.**

62 **Dokumentation** zur Entspannungspolitik der Bundesregierung. Hrsg.: Presse- und Informationsamt Bonn 1977[5], 309 S. (Die Bundesregierung informiert)

63 **Dokumentation** zur Entspannungspolitik der Bundesregierung. Bd. 1: Deutschlandpolitik. Bd. 2: Ostpolitik. Hrsg.: Presse- und Informationsamt der Bundesregierung. Bonn 1981[9] (erweitert), 317 u. 257 S. (Reihe: Berichte und Dokumentationen)

64 **Die Entwicklung der Beziehungen zwischen der Bundesrepublik Deutschland und der Deutschen Demokratischen Republik 1969–1976. Bericht und Dokumentation. Hrsg.: Bundesministerium für innerdeutsche Beziehungen. Melsungen: Bernecker 1976, 266 S.**

65 Die **Entwicklung** der Beziehungen zwischen der Bundesrepublik Deutschland und der Deutschen Demokratischen Republik 1973–1976. Hrsg.: Bundesministerium für innerdeutsche Beziehungen. Bonn 1976[3] (überarbeitet), 36 S.

66 **Frieden** durch Entspannung und Sicherheit. Dokumentation. Hrsg.: Friedrich-Naumann-Stiftung. Bonn 1980, 208 S.

67 Der **Grundlagenvertrag** vor dem Bundesverfassungsgericht. Dokumentation zum Urteil vom 31. Juli 1973 über die Vereinbarkeit des Grundlagenvertrages mit dem Grundgesetz. Hrsg.: Presse- und Informationsamt der Bundesregierung in Zusammenarbeit mit dem Bundesverfassungsgericht. Redakt. Bearb. von Peter Gielen und Hans Pollmann. Karlsruhe usw.: Müller 1975, 454 S.

68 **Handbuch** der Kooperation zwischen Unternehmen in der Bundesrepublik Deutschland und in der Volksrepublik Ungarn. Hrsg.: Bundesstelle für Außenhandelsinforma-

tion, Ungarische Handelskammer, Institut für Konjunktur- und Marktforschung, Budapest. Köln, Budapest 1975, 306 S.

69 **Jacobsen, Hans-Adolf, Wolfgang Mallmann und Christian Meier (Hrsg.): Sicherheit und Zusammenarbeit in Europa (KSZE), Analyse und Dokumentation 1973 bis 1978. Bd. 2 Köln: Verlag Wissenschaft und Politik 1978, 536 S. (Dokumente zur Außenpolitik II/2)**

69a **Die Kabinettsprotokolle der Bundesregierung.** Hrsg. für das Bundesarchiv von Hans Booms. Bd. 1, 1949. Bearbeitet von Ulrich Enders und Konrad Reiser. Boppard: Boldt 1982, 377 S.

70 **Zur Lage der Nation.** Hrsg.: Bundesministerium für innerdeutsche Beziehungen. Coburg: Neue Presse 1975, 155 S.

71 **Zur Lage der Nation.** Erklärung der Bundesregierung vor dem Deutschen Bundestag am 17. Mai 1979. Abgegeben durch den Bundeskanzler Helmut Schmidt. Bonn: Presse- und Informationsamt 1979, 47 S.

72 **Münch,** Ingo von (Hrsg.): Dokumente des geteilten Deutschland. Quellentexte zur Rechtslage des Deutschen Reiches, der Bundesrepublik Deutschland und der Deutschen Demokratischen Republik. 2 Bde. Stuttgart: Kröner 1976^2, 588 u. 643 S.

Der **Parlamentarische Rat** . . . vgl. Nr. 834

Potsdamer Abkommen . . . vgl. Nr. 559

73 **Quellen zur Behandlung der deutschen Frage** im Unterricht. Bearb. von Reinhold Thode. Kiel: Schmidt und Klauning 1979, 137 S. (Beiträge für Unterricht und Lehrerbildung 9)

74 **Quellen** zur Geschichte der Siebenbürger Sachsen 1191–1975. Gesammelt und bearb. von Ernst Wagner. Köln: Böhlau 1976, 429 S. (Schriften zur Landeskunde Siebenbürgens 1)

75 **Reden zu Deutschland.** Eine Dokumentation ausgewählter Reden, Vorträge und Erklärungen des Jahres 1980 zur deutschen Frage unter besonderer Berücksichtigung ostdeutscher Thematik. Hrsg.: Kulturstiftung der deutschen Vertriebenen. Bonn: Köllen 1981, 190 S.

76 **Sicherheit** und friedliche Zusammenarbeit in Europa. Dokumente 1972–1975. Bearb. und eingel. von Alexander Martin. Berlin: Staatsverlag der DDR 1976, 814 S.

77 **Sicherheit und Zusammenarbeit** in Europa. KSZE-Dokumentation. Hrsg.: Presse- und Informationsamt der Bundesregierung. Bonn 1975, 188 S.

78 **Sicherheit und Zusammenarbeit in Europa.** KSZE-Dokumentation. Hrsg.: Presse- und Informationsamt der Bundesregierung. Bonn 1979, 220 S. (Berichte und Dokumentationen 13)

Sovetskij Sojuz . . . vgl. Nr. 564
Teheran, Jalta, Potsdam . . . vgl. Nr. 567

79 **Texte** zur Deutschlandpolitik. Hrsg.: Bundesministerium für innerdeutsche Beziehungen. Bonn: Deutscher Bundes-Verlag. Reihe 2, Bd. 1 (22. Juni 1973 – 18. Februar 1974), 1975, 464 S.; Bd. 2 (13. März – 29. Dezember 1974), 1976, 455 S.; Bd. 3 (30. Dezember 1974 – 10. Januar 1976), 1977, 511 S.; Bd. 4 (11. Januar 1976 – 27. Februar 1977), 1978, 465 S.; Bd. 5 (4. März – 22. Dezember 1977), 1979, 366 S.;

Bd. 6 (19. Januar – 19. Juni 1978), 1979, 383 S.; Bd. 7 (21. Juni 1978 – 12. März 1980), 1981, 571 S.

80 **Zehn Jahre Deutschlandpolitik.** Die Entwicklung der Beziehungen zwischen der Bundesrepublik Deutschland und der Deutschen Demokratischen Republik 1969–1979. Bericht und Dokumentation. Hrsg.: Bundesministerium für innerdeutsche Beziehungen. Melsungen: Bernecker 1980, 456 S.

4. Zeitschriften und Periodika

Belgien

81 **Organisation Internationale et Relations Internationales.** Hrsg.: Centre de Recherches sur les Institutions Internationales. Brüssel. 1. 1975 ff.; jährlich

Deutschland

a) Bundesrepublik

82 **Integration.** Hrsg.: Institut für Europäische Politik, Bonn. Europa Union Verlag. Beilage zu: ‚Europäische Zeitung'. 1. 1978 ff.; vierteljährlich

83 **Der Monat.** Internationale Zeitschrift für Politik und Kultur. Begründet von Melvin J. Lasky und Hellmut Jaesrich. (Von 1972 bis 1977 nicht erschienen.) Ab Nr. 272, 30. Jahrgang 1978, zweimonatlich, ab 1980 ff. vierteljährlich

84 **Ost-Kurier.** Informationen – Analysen – Berichte. Hrsg.: Studienzentrum für Ost-West-Probleme e. V. München 1980 ff.; vierteljährlich

b) DDR

85 **Jahrbuch** für Soziologie und Sozialpolitik. Hrsg.: Akademie der Wissenschaften der DDR, Institut für Soziologie und Sozialpolitik. Berlin: Akademie-Verlag 1. 1980 ff.

Frankreich

86 **International Newsletter.** Hrsg.: International Information Center for Soviet and East European Studies, Institut National d'Etudes Slaves. Red.: M. M. Bonnard. Paris. 1. 1977 ff.; unregelmäßig

Großbritannien

87 **British Journal of International Studies.** Hrsg.: J. E. Spence. Edinburgh. Schottland. 1. 1975 ff.; dreimal im Jahr

88 **International Newsletter.** Hrsg.: International Committee for Soviet and East European Studies. Glasgow. 1. 1976 ff.

89 **Studies in European Politics.** Hrsg.: Policy Studies Institute. London. 1. 1978 ff., unregelmäßig

90 **West European Politics.** Hrsg.: Vincent Wright. London. 1. 1978 ff.; dreimal jährlich

Israel

91 **Jerusalem Journal of International Relations.** Hrsg.: Hebrew University of Jerusalem, Leonard Davis Institute of International Relations, Jerusalem. Red. Dan. Segre. 1. 1975 ff.; vierteljährlich

Kanada

92 **International History Review.** Hrsg.: University of Toronto Press. Toronto. 1. 1979 ff.; vierteljährlich

93 **Revue D'Integration Européenne.** Journal of European Integration. Hrsg.: Université de Montreal, Centre d'Etudes et de Documentation Européennes. Montreal. 1. 1977 ff.; dreimal im Jahr

Korea

94 **Korea and World Affairs.** Hrsg.: Research Center for Peace and Unification. Seoul, Korea. Red. Se-Jin Kim. 1. 1977ff.; vierteljährlich

Norwegen

95 **Forum For Utviklingsstudier.** Forum For Development Studies. Hrsg.: Norsk Utenrikspolitisk Institutt, Norwegian Institute of International Affairs. Oslo. 1. 1974ff.; 10–12 Ausgaben jährlich

Österreich

96 **Österreichisches Jahrbuch für Politik.** Hrsg.: Andreas Khol, Alfred Stirnemann. München: Oldenbourg; Wien: Verlag für Geschichte und Politik. 1. 1977ff.

Polen

97 **Nauki Polityczne.** Hrsg.: Uniwersytet im Adama Mickiewicza w Poznaniu. Poznan. 1. 1974ff.; unregelmäßig

UdSSR

98 **Ékonomičeskoe Sotrudničestvo Stran-Členov.** Informacionnyj bjulleten' osnovan. Moskva: Sovet Économičeskoj Vzaimopomošči, 1. 1982

USA

99 **German Studies Review.** Hrsg.: Western Association for German Studies. Tempe, Arizona. 1. 1978ff.; dreimal im Jahr

100 **International Political Science Review.** Revue Internationale de Science Politique. Hrsg.: Sage Publications, Beverly Hills, California. 1. 1980ff.; vierteljährlich

101 **International Security.** Hrsg.: Center for Science and International Affairs, Havard University. Cambridge, Mass. Red. Albert Carnasale, Michael Nacht. 1. 1976ff.; vierteljährlich

102 **Journal of Social and Political Studies.** Hrsg.: Council for Social and Economic studies. Red. Roger Pearson. Washington, D. C. 1. 1976ff., vierteljährlich

103 **Transatlantic Perspectives.** Hrsg.: German Marshall Fund of the U. S., Red. Joseph Foot. Washington, D. C. 1. 1978ff.; unregelmäßig

104 **Washington Quarterly.** A Review of Strategic and International Studies. Hrsg.: Georgetown University, Center for Strategic and International Studies. Red. David Abshire, Walter Laquer. New Brunswick, N. Y. 1. 1978ff.; vierteljährlich

5. Memoiren, Reden, Interviews

105 **Abusch,** Alexander: Der Deckname. Memoiren. Berlin: Dietz 1981, 599 S.

106 **Albertz,** Heinrich: Dagegen gelebt. Von den Schwierigkeiten, ein politischer Christ zu sein. Gespräche mit Gerhard Rein. Reinbek: Rowohlt 1977, 123 S. (rororo 4001)

107 **Allardt,** Helmut: Politik vor und hinter den Kulissen. Erfahrungen eines Diplomaten zwischen Ost und West. Düsseldorf usw.: Econ Verlag 1979, 390 S.

108 **Arndt,** Adolf: Politische Reden und Schriften. Hrsg. von Horst Ehmke und Carlo Schmid. Bonn-Bad Godesberg: Dietz 1976, 382 S. (Internationale Bibliothek 88)

109 **Axen,** Hermann: Die Beschlüsse des IX. Parteitages über die internationale Politik der SED. Überarb. Fassung des Vortrages vom 10. Januar 1977 im Vortragszyklus für leitende Kader der Partei zu theoretischen Problemen der Politik der SED. Berlin: Dietz 1977, 45 S.

110 **Axen,** Hermann: Starker Sozialismus – sicherer Frieden. Ausgewählte Reden und Aufsätze. Berlin: Dietz 1981, 606 S.

111 **Bahr,** Egon: Von Moskau über Helsinki nach Wien, in: Deutschland Archiv 8 (1975), 1334–1340

Bahr, Egon . . . vgl. Nr. 298

112 **Barzel,** Rainer: Es ist noch nicht zu spät. München usw.: Droemer Knaur 1976, 191 S.

113 **Barzel,** Rainer: Auf dem Drahtseil. München usw.: Droemer Knaur 1978, 246 S.

114 **Bérard,** Armand: Un ambassadeur se souvient. Paris: Plon. Bd. 1: Au temps du danger allemand, 1976, 553 S.; Bd. 2: Washington et Bonn, 1945–1955. 1978, 618 S.

115 **Bereshkow,** Valentin Michajlovic: Jahre im diplomatischen Dienst. (Gody diplomaticeskoj sluzby) Berlin: Dietz 1975, 419 S.

116 **Blankenhorn, Herbert: Verständnis und Verständigung. Blätter eines politischen Tagebuchs 1949–1979. Berlin: Propyläen 1980, 623 S.**

117 **Brandt,** Willy: Über den Tag hinaus. Eine Zwischenbilanz. Hamburg: Hoffmann und Campe 1975, 552 S.

118 **Brandt,** Willy: Begegnungen und Einsichten: Die Jahre 1960–1975. Hoffmann und Campe, Hamburg 1976, 655 S.

119 **Breshnew,** Leonid I.: Für gute Nachbarschaft und Zusammenarbeit zwischen der Sowjetunion und der Bundesrepublik Deutschland. Köln: Pahl-Rugenstein 1981, 191 S.

120 **Bucerius,** Gerd: Der Adenauer. Subjektive Beobachtungen eines unbequemen Weggenossen. Hamburg: Hoffmann und Campe 1976, 110 S.

121 **Campenhausen,** Axel von: Staat, Kirche und Gesellschaft bei Gustav W. Heinemann, in: Geschichte und Wissenschaft und Unterricht 32 (1981), 1–23

122 **Carstens,** Karl: Zusammenleben in Freiheit. Reden und Schriften. Der politische Weg des 5. Bundespräsidenten. Mit einem bio-bibliographischen Anhang hrsg. von Rolf Vogel. Heidelberg: Schneider 1979, 341 S. (Lambert Schneider Taschenbücher)

123 **Carstens,** Karl: Unser Vaterland. Bekenntnis zu den Werten von Staat und Gesellschaft, in: Information für die Truppe (1982), 4, 3–13

124 **Cramer,** Dettmar: Egon Bahr. Bornheim: Zirngibl 1975, 159 S.

124a **Dehler,** Thomas: Begegnungen, Gedanken, Entscheidungen. Hrsg. von Wolfram Dorn und Friedrich Henning. Bonn: Liberal-Verlag 1977, 224 S.

125 **Dickten,** Günter: Karl Herold „... des Nachdenkens wert." Kulmbach: Baumann 1979, 191 S.

126 **Im Dienste Deutschlands und des Rechtes.** Festschrift für Wilhelm Georg Grewe zum 70. Geburtstag am 16. Okt. 1981. Hrsg. von Friedrich I. Kroneck und Thomas Oppermann. Baden-Baden: Nomos Verlagsgesellschaft 1981, 660 S.

127 **Donat,** Karl: Karl Carstens. Bornheim: Zirngibl 1976, 95 S.

128 **Ehmke,** Horst: Politik als Herausforderung. Reden, Vorträge, Aufsätze 1975–1979. Karlsruhe: Müller 1979, 212 S.

129 **Ludwig Erhard.** Erbe und Auftrag. Aussagen und Zeugnisse. Hrsg. von Karl Hohmann. Eine Veröffentlichung der Ludwig-Erhard-Stiftung. Düsseldorf usw.: Econ 1977, 525 S.

130 **Erinnerungen an Ernst Reuter.** Beiträge von Boleslaw Barlog u. a. Berlin 1978, 78 S. (Presse- und Informationsamt des Landes Berlin. Berliner Forum 6/78)

131 **Evans,** Harold: Downing Street diary. The Macmillan years, 1957–1963. London usw.: Hodder and Stoughton 1981, 318 S.

132 **Fetscher,** Iring (Hrsg.): Geschichte als Auftrag. Willy Brandts Reden zur Geschichte der Arbeiterbewegung. Berlin/Bonn: Dietz Nachf. GmbH 1981, 336 S.

133 **Frank, Paul: Entschlüsselte Botschaft. Ein Diplomat macht Inventur. Stuttgart: Deutsche Verlags-Anstalt 1981, 399 S.**

134 **Franke,** Egon: Die deutschlandpolitische Situation, in: Politik und Kultur 3 (1976), 2, 3–10

135 **Franke,** Egon: Bilanz der Deutschlandpolitik, in: Die Neue Gesellschaft 23 (1976), 620–623

136 **Franke,** Egon: Innerdeutsche Entspannungspolitik. Bedingungen und Hemmnisse, in: Deutschland Archiv 10 (1977), 113–114

137 **Franke,** Egon: Beiträge zur Deutschlandpolitik. Hrsg.: Annemarie Renger. Bonn: AZ Studio 1977, 299 S.

138 **Franke,** Egon: Fragen und Probleme der Deutschlandpolitik. Rede vor dem Kurato-

rium Unteilbares Deutschland in Berlin am 3. März 1978, in: Bulletin 1978, 22, vom 7. März, 197–200

139 **Franke,** Egon: Probleme der Deutschlandpolitik, in: Politik und Kultur 5 (1978), 4, 22–29

140 **Franke,** Egon: Grundsatzfragen zur Deutschlandpolitik, in: Politik und Kultur 6 (1979), 5, 3–11

141 **Franke,** Egon: Beiträge zur Deutschlandpolitik. Hrsg.: Annemarie Renger. Bonn: AZ Studio 1981, 364 S.

142 **Vie de Charles de Gaulle.** Françoise Lepagnot et Christian Lepagnot, Gerard le Marec. 3 Bde. Genève: Edition Famot 1981, Bd. 1: 1890–1958, 250 S., Bd. 2: 1958–1968, 254 S., Bd. 3: 1968–1970, 254 S.

143 **Gaus,** Günter: Texte zur deutschen Frage. Mit den wichtigsten Dokumenten zum Verhältnis der beiden deutschen Staaten. Darmstadt usw.: Luchterhand 1981, 127 S. (Sammlung Luchterhand 383)

144 **Genscher,** Hans-Dietrich: Außenpolitik im Dienste von Sicherheit und Freiheit. Mit e. Einf. von Ralf Dahrendorf. Stuttgart: Verlag Bonn Aktuell 1976, 117 S. (Bonn aktuell 37)

145 **Genscher,** Hans-Dietrich: Deutsche Außenpolitik für die achtziger Jahre, in: Europa-Archiv 35 (1980), 371–386

146 **Genscher,** Hans-Dietrich: Deutsche Außenpolitik. Ausgewählte Grundsatzreden, 1975–1980. Stuttgart: Bonn Aktuell 1981, 335 S.

147 **Genscher,** Hans-Dietrich: Europas Rolle in der Weltpolitik, in: Europa-Archiv 37 (1981), 85–94

148 **Gerstenmaier,** Eugen: Streit und Friede hat seine Zeit. Ein Lebensbericht. Berlin: Propyläen 1981, 628 S.

149 **Gradl,** Johann Baptist: Für deutsche Einheit. Zeugnisse eines Engagements. Hrsg. und eingeleitet von Karl Willy Beer. Stuttgart: Seewald 1975, 368 S.

150 **Gradl,** Johann Baptist: Auf lange Sicht. Bemerkungen zur Deutschlandpolitik, in: Politik und Kultur 3 (1976), 2, 21–29

151 **Gradl,** Johann Baptist: Herbert Wehners Beitrag zur Deutschlandpolitik, in: Herbert Wehner. Beiträge zu einer Biographie. Hrsg. von Gerhard Jahn u. a. Köln: Kiepenheuer & Witsch 1976, 156–170

152 **Gradl,** Johann Baptist: Nation auf dem Prüfstand, in: Politik und Kultur 4 (1977), 3, 22–30

153 **Gradl,** Johann Baptist: Deutschlandpolitik – permanente Herausforderung, in: Deutschland Archiv 10 (1977), 252–257

154 **Gradl,** Johann Baptist: Wirklichkeit damals und heute, in: Politik und Kultur 5 (1978), 3, 25–36

155 **Gradl,** Johann Baptist: Stets auf der Suche. Reden, Äußerungen und Aufsätze zur Deutschlandpolitik. Hrsg. und eingeleitet von Christian Hacke. Köln: Verlag Wissenschaft und Politik 1979, 403 S.

156 **Gradl,** Johann Baptist: Anfang unter dem Sowjetstern. Die CDU 1945–1948 in der sowjetischen Besatzungszone. Köln: Verlag Wissenschaft und Politik 1981, 208 S. (Veröffentlichung der Konrad-Adenauer-Stiftung, Archiv für Christlich-Demokratische Politik)

157 **Gradl,** Johann Baptist: Friedenspolitik und deutsche Frage, in: Deutschland Archiv 15 (1982), 824–829

158 **Grewe,** Wilhelm G.: Rückblenden, 1976–1951. Aufzeichnungen eines Augenzeugen deutscher Außenpolitik von Adenauer bis Schmidt. Frankfurt/Main usw.: Propyläen 1979, 816 S.

159 **Die großen Regierungserklärungen** der deutschen Bundeskanzler von Adenauer bis Schmidt. Eingel. und komm. von Klaus von Beyme. München: Hanser 1979, 396 S.

160 **Grosser,** Alfred: Versuchte Beeinflussung. Zur Kritik und Ermunterung der Deutschen. Aufsätze und Ansprachen 1975–1980. München: Hanser 1981, 296 S.

161 **Grotewohl,** Otto: Über Politik, Geschichte und Kultur. Ausgewählte Reden und Schriften 1945–1961. Hrsg. Institut für Marxismus-Leninismus beim ZK der SED. Berlin: Dietz 1979, 320 S.

Harriman, Averell . . . vgl. Nr. 538

162 Hart am Wind. Helmut Schmidts politische Laufbahn. Einf. Marion Gräfin Dönhoff. Hamburg: Knaus 1978, 254 S.

163 **Havemann,** Robert: Berliner Schriften. Hrsg. von Andreas W. Mytze. München: Deutscher Taschenbuchverlag 1977, 204 S. (dtv 1311)

164 **Havemann,** Robert: Ein deutscher Kommunist. Rückblicke und Perspektiven aus der Isolation. Hrsg. von Manfred Wilke. Mit e. Nachw. von Lucio Lombardo Radice. Reinbek: Rowohlt 1978, 158 S.

165 **Heck,** Bruno: Auf festem Grund. Aufsätze und Reden. Hrsg. von Ludolf Hermann. Stuttgart: Klett 1977, 267 S.

166 **Heinemann,** Gustav W.: Reden und Schriften. Bd. 1: Allen Bürgern verpflichtet. Reden des Bundespräsidenten 1969–1974. Bd. 2: Glaubensfreiheit, Bürgerfreiheit. Reden und Aufsätze zu Kirche, Staat und Gesellschaft 1945–1975. Frankfurt/M.: Suhrkamp 1975, 339 S., und 1976, 330 S., Bd. 3: Es gibt schwierige Vaterländer. Frankfurt/Main: Suhrkamp 1977, 384 S.

167 **Heydorn,** Heinz-Joachim: Konsequenzen der Geschichte. Politische Beiträge 1946–1974. Frankfurt/Main: Syndikat 1981, 377 S.

168 **Hoegner,** Wilhelm: Flucht vor Hitler. Erinnerungen an die Kapitulation der ersten deutschen Republik 1933. München: Nymphenburger Verlagshandlung GmbH 1977, 295 S. (Fischer Taschenbuch, Frankfurt 1979, Bd. 3420)

169 **Hofmann,** Josef: Journalist in Republik, Diktatur und Besatzungszeit. Erinnerungen 1916–1947. Bearb. u. eingel. von Rudolf Morsey. Mainz: Matthias-Grünewald-Verlag 1977, 236 S. (Veröffentlichungen der Kommission für Zeitgeschichte A. 23)

170 **Honecker,** Erich: DDR-Erklärung zu Helsinki. Interview, in: Deutschland Archiv 8 (1975), 996–1004

171 **Honecker,** Erich: Zuverlässiger Schutz des Sozialismus. Ausgewählte Reden und

Schriften zur Militärpolitik der SED. Berlin: Militärverlag der DDR 1977[2] (erweitert), 345 S.

172 **Honecker,** Erich: Die Aufgaben der Partei bei der weiteren Verwirklichung der Beschlüsse des IX. Parteitages der SED. Aus dem Referat des Generalsekretärs des ZK der SED auf der Beratung mit den 1. Sekretären der Kreisleitungen. Mit Beiträgen zu dieser aus dem „Neuen Deutschland". Berlin: Dietz 1978, 239 S.

173 **Interviews** der „Saarbrücker Zeitung" mit Erich Honecker: Mögen Vernunft und guter Wille in den Beziehungen zwischen der Deutschen Demokratischen Republik und der Bundesrepublik Deutschland stets die Oberhand behalten. Berlin: Dietz 1977, 37 S.

174 **Interview** des Generalsekretärs des ZK der SED und Vorsitzenden des Staatsrates der DDR, Erich Honecker, mit der „Saarbrücker Zeitung" am 19./20. und 21. Feb. 1977 (Auszüge), in: Europa-Archiv 33 (1978), 549–552

175 **Interview** des stellvertretenden Chefredakteurs der „Saarbrücker Zeitung", Erich Voltmer, mit dem Generalsekretär des Zentralkomitees der Sozialistischen Einheitspartei Deutschlands und Vorsitzenden des Staatsrates der Deutschen Demokratischen Republik, Erich Honecker. Am 5. Juli 1978. Dresden: Verlag Zeit im Bild 1978, 15 S. (Dokumente zur Politik der Deutschen Demokratischen Republik)

176 **Interview** Erich Honecker für die „Saarbrücker Zeitung". Abgedr. am 6. Juli in der „Saarbrücker Zeitung" und am 7. Juli 1978 im „Neuen Deutschland". Keine völlige Übereinstimmung, in: Deutschland Archiv 11 (1978), 881–889

177 **Kaisen,** Wilhelm: Zuversicht und Beständigkeit. Eine Dokumentation. Hrsg. von Hans Koschnick (u. a.). Bremen: Röver 1977, 343 S.

178 **Kennan,** George F.: Wolken der Gefahr. Aktuelle Probleme der amerikanischen Außenpolitik. München: tuduv-Verlagsgesellschaft 1978, 244 S. (The cloud of danger)

179 **Kiep,** Walther Leisler: Deutsche Probleme der Entspannungspolitik. in: Deutschland Archiv 8 (1975), 461–465

180 **Kiep,** Walther Leisler: Aufgaben deutscher Außenpolitik, in: Sonde 9 (1976), 2/3, 64–73

181 **Kiesinger,** Kurt Georg: Die Große Koalition 1966–1969. Reden und Erklärungen des Bundeskanzlers. Hrsg. von Dieter Oberndörfer. Stuttgart: Deutsche Verlags-Anstalt 1979, 420 S.

182 **Kissinger, Henry A.: Memoiren. Bd. 1: 1968–1973. Bd. 2: 1973–1974. München: Bertelsmann 1979, 1632 S.; 1982, 1502 S.**

183 **Kissinger,** Henry: For the record. Selected statements. 1977–1980. London: Weidenfeld and Nicolson and Joseph 1981, 332 S.

184 **Kohl,** Helmut: Geduld und Mut in der Deutschlandpolitik, in: Politik und Kultur 2 (1975), 5, 3–7

185 **Kohl,** Helmut: Das Wiedervereinigungsgebot als Bestandteil deutscher Politik, in: Politik und Kultur 6 (1979), 3, 16–25

186 **Kohl,** Helmut: Perspektiven deutscher Außenpolitik für die achtziger Jahre, in: Sonde 13 (1980), 2/3, 18–28

187 **Kohl,** Helmut: La RFA et l'Ostpolitik, in: Politique étrangère 46 (1981), 541–552

188 **Kühn,** Heinz: Aufbau und Bewährung. Die Jahre 1945–1978. Hamburg: Hoffmann und Campe 1981, 383 S.

Kühn, Heinz ... vgl. Nr. 608

189 **Lahr,** Rolf: Zeuge von Fall und Aufstieg. Private Briefe 1934–1974. Mit e. Vorw. von Marion Gräfin Dönhoff. Hamburg: Knaus 1981, 623 S.

190 **Lattmann,** Dieter: Die lieblose Republik. Aufzeichnungen aus Bonn am Rhein. München: Kindler 1981, 327 S.

191 **Leber,** Georg: Vom Frieden. Stuttgart: Seewald 1979, 335 S.

192 **Lummer,** Heinrich: Deutschlandpolitische Situation, in: Politik und Kultur 6 (1979), 6, 62–73

193 **Mayenburg,** Ruth von: Hotel Lux. Mit Dimitroff, Ernst Fischer, Ho Tschi Minh, Pieck, Rakosi, Slansky, Dr. Sorge, Tito, Togliatti, Tschou En-lai, Ulbricht und Wehner im Moskauer Quartier der Kommunistischen Internationale. München: Bertelsmann 1978, 352 S.

194 **Mehnert,** Klaus: Ein Deutscher in der Welt. Erinnerungen, 1906–1981. Stuttgart: Deutsche Verlags-Anstalt 1981, 447 S.

Mehnert, Klaus ... vgl. Nrn. 2714, 2715, 2716

195 **Mertes,** Alois: Entscheidung um Deutschland. Interview, in: Politische Studien 31 (1980), H. 252, 357–363

196 **Mertes,** Alois: „Friedliche Koexistenz" – ein falscher Friede. Zur sowjetischen Strategie der Herrschaftsausbreitung, in: Im Gespräch. Melle. 1980, 4, 24–28

197 **Mertes,** Alois: Wie relevant ist die deutsche Frage?, in: Politik und Kultur 7 (1980), 2, 17–30

198 **Mertes,** Alois: Deutschlandpolitik heute – Perspektiven für die Zukunft, in: Informationsdienst (1982), 113, 12–20

Mertes, Alois ... vgl. Nr. 2720

199 **Möller,** Alex: Genosse Generaldirektor. München: Droemer Knaur 1978, 590 S.

200 **Moersch,** Karl: Kurs-Revision. Deutsche Politik nach Adenauer. Frankfurt/Main: Societäts-Verlag 1978, 325 S.

201 **Mischnick,** Wolfgang: Den Frieden sichern, die Nation erhalten – die Deutschlandpolitik der FDP, in: Politik und Kultur 8 (1981), 4, 54–62

202 **Monnet,** Jean: Mémoires. Paris: Grasset 1976, 642 S.

203 **Monnet,** Jean: Erinnerungen eines Europäers. Mit e. Vorw. von Helmut Schmidt. München: Hanser 1978, 671 S. (Mémoires)

204 **Mosley,** Leonard: Dulles: A biography of Eleanor, Allen, and John Foster Dulles and their family network. New York: The Dial Press 1978, 530 S.

205 **Müller,** Josef: Bis zur letzten Konsequenz. Ein Leben für Frieden und Freiheit. München: Süddeutscher Verlag 1975, 384 S.

206 **Niemöller,** Martin: Reden, Predigten, Denkanstöße 1964–1976. Mit e. Geleitw. von

Walter Kreck. Hrsg. von Hans Joachim Oeffler. Köln: Pahl-Rugenstein 1977, 294 S. (Kleine Bibliothek 69)

207 **Niemöller,** Martin: Dreißig Jahre Bundesrepublik. Erlebnisse und Gedanken, in: Blätter für deutsche und internationale Politik 24 (1979), 13–26

208 **Niemöller,** Martin: Zuversicht und Hoffnung nach zehn Jahren Moskauer Vertrag, in: Blätter für deutsche und internationale Politik 25 (1980), 934–937

209 **Nixon,** Richard M.: Memoiren. Köln: Ellenberg 1979, 724 S. (The memoirs of Richard Nixon)

210 **Norden,** Albert: Sozialismus und Demokratie – eine untrennbare Einheit, in: Einheit 30 (1975), 35–42

211 **Norden,** Albert: Ereignisse und Erlebtes. Berlin: Dietz 1981, 270 S.

211a* **Persönlichkeit und Politik in der Bundesrepublik Deutschland.** Politische Porträts. Hrsg. von Walther L. Bernecker und Volker Dotterweich. 2 Bde. Göttingen: Vandenhoeck & Ruprecht 1982. 237 und 256 S. (UTB. Uni-Taschenbücher 1220, 1221)

212 **Pieck,** Wilhelm: Gesammelte Reden und Schriften. Bd. 6: 1939 bis Mai 1945. Hrsg.: Institut für Marxismus-Leninismus beim ZK der SED. Berlin: Dietz 1979, 423 S.

213 **Reden der deutschen Bundespräsidenten. Heuss, Lübke, Heinemann, Scheel. Eingel. von Dolf Sternberger. München: Hanser 1979, 299 S.**

214 **Reuter,** Ernst: Schriften, Reden. Bd. 4: Reden, Artikel, Briefe 1949–1953. Bearbeiter: Hans J. Reichhardt. Berlin: Propyläen 1975, 1087 S.

215 **Rubin,** Hans Wolfgang (Hrsg.): Freiheit, Recht und Einigkeit. Zur Entspannungs- und Deutschlandpolitik der Liberalen. Baden-Baden: Nomos Verlag 1980, 200 S. (Schriften der Friedrich-Naumann-Stiftung: Liberale in Programm und Praxis)

216 **Schollwer,** Wolfgang: Radikalität und Inkonsequenz. Zur Deutschlandpolitik der Unionsparteien, in: Liberal 19 (1977), 333–340

217 **Seydewitz,** Max: Es hat sich gelohnt zu leben. Lebenserinnerungen eines alten Arbeiterfunktionärs. Berlin: Dietz 1976, Bd. 2 Berlin (Ost) 1978, 484 S.

218 **Seydoux,** François: Beiderseits des Rheins. Erinnerungen eines französischen Diplomaten. Frankfurt/M.: Societäts-Verlag 1975, 301 S. (Memoires d'Outre-Rhin)

219 **Seydoux,** François: Botschafter in Deutschland. Meine zweite Mission 1965 bis 1970. Frankfurt/M.: Societäts-Verlag 1978, 219 S. (Dans l'intimité france-allemande, une mission diplomatique)

220 **Sindermann,** Horst: Frieden und Sozialismus – Staatsdoktrin der DDR. Ausgewählte Reden und Aufsätze. Berlin: Dietz 1980, 428 S.

221 **Speidel,** Hans: Aus unserer Zeit. Erinnerungen. Berlin: Propyläen Verlag 1977, 512 S.

222 **Speier,** Hans: From the ashes of disgrace. A journal from Germany, 1945–1955. Amherst: University of Massachusetts Press 1981, 314 S.

223 **Springer,** Axel: Aus Sorge um Deutschland. Zeugnisse eines engagierten Berliners. Stuttgart: Seewald 1980, 447 S.

224 **Scheel,** Walter: Reden und Interviews. Hrsg.: Presse- und Informationsamt der Bundesregierung. Bd. 1: 1. Juli 1974 – 30. Juni 1975. Bonn 1975, 350 S.

225 **Scheel,** Walter, und Hans Apel: Die Bundeswehr und wir. Zwei Reden. Frankfurt/M.: Suhrkamp 1978, 72 S. (Suhrkamp Taschenbuch 522)

226 **Scheel,** Walter: Die Einheit der Deutschen. Ansprache zum 25. Jahrestag des Tages der deutschen Einheit im Plenarsaal des Deutschen Bundestages am 17. Juni 1978 aus Anlaß der Sitzung des Kuratoriums Unteilbares Deutschland. Ansprache Johann Baptist Gradl im Plenarsaal des Deutschen Bundestages. Erklärung des Bundesministers für innerdeutsche Beziehungen, Egon Franke. Berlin: Colloquium Verlag 1978, 30 S.

227 **Scheel,** Walter (Hrsg.): Nach dreißig Jahren. Die Bundesrepublik Deutschland – Vergangenheit, Gegenwart, Zukunft. Stuttgart: Klett-Cotta 1979, 352 S.

228 **Scheel,** Walter: Die Zukunft der Freiheit. Vom Denken und Handeln in unserer Demokratie. Düsseldorf usw.: Econ 1979, 320 S.

229 **Scheel,** Walter (Hrsg.): Die andere deutsche Frage. Kultur und Gesellschaft der Bundesrepublik Deutschland nach dreißig Jahren. Stuttgart: Klett-Cotta, 1979, 344 S.

230 **Schmid,** Carlo: Erinnerungen. München usw.: Scherz 1979, 868 S. (Gesammelte Werke in Einzeldarstellungen 3)

231 **Schmidt,** Helmut: Über die innerdeutschen Beziehungen. Interview, in: Deutschland Archiv 10 (1975), 427–429

232 **Schmidt,** Helmut: Kontinuität und Konzentration. Bonn: Verlag Neue Gesellschaft 1975, 292 S. (Theorie und Praxis der deutschen Sozialdemokratie)

233 **Schmidt,** Helmut: Als Christ in der politischen Entscheidung. Gütersloh: Mohn 1976, 187 S. (Gütersloher Taschenbücher/Siebenstern 206)

234 **Schmidt,** Helmut: Erklärung der Bundesregierung zur Lage der Nation vor dem Deutschen Bundestag, in: Bulletin 24/1978, 10. 3. 1978, 213–224

235 **Schmidt,** Helmut: Der Kurs heißt Frieden. Düsseldorf usw.: Econ 1979, 304 S.

236 **Schmidt,** Helmut: Pflicht zur Menschlichkeit. Beiträge zu Politik, Wirtschaft und Kultur. Düsseldorf usw.: Econ 1981, 280 S.

237 Dem Staate verpflichtet. Festgabe für Gerhard Schröder. Zum 70. Geburtstag am 11. 9. 1980. Hrsg. von Hermann Kunst, Helmut Kohl und Peter Egen. Stuttgart usw.: Kreuz Verlag 1980, 225 S.

238 **Storz,** Gerhard: Zwischen Amt und Neigung. Ein Lebensbericht aus der Zeit nach 1945. Stuttgart: Klett 1976, 267 S.

239 **Strauß,** Franz Josef: Deutschland, Deine Zukunft. Stuttgart: Seewald Verlag 1975, 116 S.

240 **Strauß,** Franz Josef: Signale. Beiträge zur deutschen Politik 1969–1978. Ausgewählt und eingel. von Wilfried Scharnagl. München: Verlag Bayernkurier 1978, 232 S.

241 **Strauß,** Franz Josef: Zur Lage. Nachwort Golo Mann. Stuttgart: Seewald 1979, 239 S.

242 **Ulbricht,** Walter: Ausgewählte Reden und Aufsätze zur Geschichte der deutschen und internationalen Arbeiterbewegung. Hrsg.: Institut für Marxismus-Leninismus beim ZK der SED. Berlin: Dietz Verlag 1979, 342 S.

243 **Verner,** Paul: Für das Wohl der Arbeiterklasse und des ganzen Volkes. Ausgewählte Reden und Aufsätze. Berlin: Dietz 1976, 507 S.

244 **Wehner,** Herbert: Wandel und Bewährung. Ausgewählte Reden und Schriften 1930–1975. Hrsg. von Gerhard Jahn. Mit e. Einl. von Günter Gaus. Frankfurt/M.: Ullstein 1976[2] (erweitert), 491 S.

245 **Wehner,** Herbert: Bundestagsreden. 2 Bde., Bonn: AZ Studio. Bd. 1: Hrsg. von Manfred Schulte. 1978[3], 349 S.; Bd. 2: Hrsg. von Eugen Selbmann. 1978, 380 S.

246 **Wehner,** Herbert: Aus Erfahrungen lernen und nicht müde werden, anderen zu Erkenntnissen zu verhelfen. Rede vor den ostdeutschen Landesvertretungen in Bad Godesberg am 31. 8. 1979, in: Die Neue Gesellschaft 26 (1979), 698–702

247 **Wehner,** Herbert: Geraten wir in einen Strudel? Gespräch, in: Lutherische Monatshefte 19 (1980), 277–280

248 **Wehner, Herbert: Zeugnis. Hrsg. von Gerhard Jahn. Köln: Kiepenheuer und Witsch 1982, 427 S.**

249 **Wrangel,** Olaf von: Offensive Deutschlandpolitik, in: Politik und Kultur 3 (1976), 2, 11–14

250 **Wurlitzer,** Prescott: West Germany's Ostpolitik: a present and future outlook, in: The Atlantic Community Quarterly. Washington Vol. 14 (1976/77), 495–507

6. Biographien

251 Konrad **Adenauer** 1876/1976. Hrsg.: Helmut Kohl. In Zusammenarbeit mit d. Konrad-Adenauer-Stiftung e. V. Bonn. Wissenschaftl. Beratung: Eberhard Pikart. Stuttgart: Belser 1976[2] (erweitert und verbessert), 219 S.

252 Konrad **Adenauer** und seine Zeit. Politik und Persönlichkeit des ersten Bundeskanzlers. Hrsg.: Dieter Blumenwitz (u. a.). Stuttgart: Deutsche Verlags-Anstalt 1976, Bd. 1: Beiträge von Weg- und Zeitgenossen. 709 S.; Bd. 2: Beiträge der Wissenschaft. 714 S. (Veröffentlichung der Konrad-Adenauer-Stiftung)

253 **Bender,** Peter: Herbert Wehner und die Deutschlandpolitik, in: Herbert Wehner. Beiträge zu einer Biographie. Hrsg. von Gerhard Jahn u. a. Köln: Kiepenheuer und Witsch 1976, 39–50

254 **Berglar,** Peter: Konrad Adenauer. Konkursverwalter oder Erneuerer der Nation? Frankfurt/M.: Musterschmidt 1975, 149 S. (Persönlichkeit und Geschichte 87/88)

255 **Binder,** David: The other German. Willy Brandt's life and times. Washington: New Republic Book Comp. 1975, 373 S.

256 **Dibelius,** Otto: So habe ich's erlebt. Selbstzeugnisse. Berlin: C-Z-V-Verlag 1980, 368 S.

257 **Dönhoff,** Marion Gräfin: Ein Exkommunist im Bonner Parlament. Soll Herbert Wehner Vorsitzender des Ausschusses für Gesamtdeutschland bleiben?, in: Herbert Wehner. Beiträge zu einer Biographie. Hrsg. von Gerhard Jahn u. a. Köln: Kiepenheuer und Witsch 1976, 97–103

258 **Drath,** Viola Herms: Willy Brandt, prisoner of his past. Radnor, Pennsylvania: Chilton Book 1975, 364 S.

Eggleston, George . . . vgl. Nr. 523

259 **Erdmann,** Karl Dietrich: Stresemann und Adenauer. Zwei Wege deutscher Politik, in: Damals 12 (1980), 923–941

260 **Frank-Planitz,** Ulrich: Konrad Adenauer. Eine Biographie in Bild und Wort. Bergisch Gladbach: Lübbe 1975, 208 S.

261 **Freudenhammer, Alfred und Karlheinz Vater: Herbert Wehner. Ein Leben mit der Deutschen Frage. München: Bertelsmann 1978, 400 S.**

262 **Gosnell,** Harold Foote: Truman's crises. A political biography of Harry S. Truman. Westport, Conn. usw.: Greenwood Press 1980, 656 S. (Contributions in political science 33)

263 **Gotto,** Klaus (Hrsg.): Der Staatssekretär Adenauers. Persönlichkeit und politisches Wirken Hans Globkes. Stuttgart: Klett-Cotta 1980, 287 S. (Veröffentlichung der Konrad-Adenauer-Stiftung – Archiv für Christlich-Demokratische Politik)

264 **Gotto,** Klaus: Realist und Visionär. Der Deutschland- und Ostpolitiker Konrad Adenauer, in: Politik und Kultur 2 (1975), 3/4, 99–118

265 **Hanitzsch,** Dieter: Ein Kanzler namens Schmidt. München: Süddeutscher Verlag 1980, 180 S.

266 **Honecker,** Erich: Skizze seines politischen Lebens. Hrsg.: Institut für Marxismus-Leninismus beim ZK der SED. Berlin: Dietz 1979^2, 224 S.

267 **Hüwel,** Detlev: Karl Arnold. Eine politische Biographie. Wuppertal: Peter Hammer 1980, 361 S. (Düsseldorfer Schriften zur Neueren Landesgeschichte und zur Geschichte Nordrhein-Westfalens 1)

268 **Junker,** Detlef: Franklin D. Roosevelt. Macht und Vision: Präsident in Krisenzeiten. Zürich usw.: Musterschmidt 1979, 160 S. (Persönlichkeit und Geschichte 105/106)

269 **Kohler,** Adolf: Alcide De Gasperi. 1881–1954. Christ, Staatsmann, Europäer. Vorw. von Emilio Colombo. Bonn: Europa Union Verlag 1979, 141 S.

270 **Kritzer,** Peter: Wilhelm Hoegner. Politische Biographie eines bayerischen Sozialdemokraten. München: Süddeutscher Verlag 1979, 479 S.

271 **Lindemann,** Helmut: Gustav W. Heinemann. Ein Leben für die Demokratie. München: Kösel 1978, 294 S.

272 **Maassen,** Hermann und Elmar Hucko: Thomas Dehler, der erste Bundesminister der Justiz. Köln: Bundesanzeiger Verlagsgesellschaft 1977, 143 S.

273 **Matachowski,** Witold: Doktryna integracyjna Franza J. Straussa. (Franz J. Strauß). Warszawa: Panstwowe Wyd. Naukowe 1977, 203 S.

274 **Ménudier,** Henri: L'Allemagne selon Willy Brandt. Entretiens et enquêtes 1969–1976. Paris: Stock 1976, 453 S. (Les grand sujets)

Morozow, Michael . . . vgl. Nr. 676

275 **Morris,** Edmund: The rise of Theodore Roosevelt. New York: Coward, McCann and Geoghegan 1979, 886 S.

276 **Morsey,** Rudolf: Konrad Adenauer, in: Aus dreißig Jahren. Rheinisch-Westfälische Politiker-Porträts. Hrsg. von Walter Först. Köln usw.: Grote 1979, 106–121

277 **Morsey,** Rudolf, Konrad Löw und Peter Eisenmann: Konrad Adenauer. Leben und Werk. Stamsreid: Vögel 1976, 106 S. (Zeitfragen. Information. Meinung. Dokumente. Bayerische Landeszentrale für politische Bildungsarbeit Z. 6)

Morsey, Rudolf, . . . vgl. Nr. 813, 814, 815, 816

278 **Müller,** Konrad R. und Hermann Schreiber: Willy Brandt. Ein Essay. Hamburg: Knaus 1978, 94 S.

279 **Poppinga,** Anneliese: Konrad Adenauer: Geschichtsverständnis, Weltanschauung und Politische Praxis. Stuttgart: Deutsche Verlags-Anstalt 1975, 295 S.

280 **Porträts aus Politik und Politischer Wissenschaft.** Eugen Gerstenmaier, Gebhard Müller, Carlo Schmid, Dolf Sternberger und Herbert Weichmann. Frankfurt/Main: Fischer Taschenbuch Verlag 1982, 159 S. (Fischer Taschenbuch 4601) (Zeugen des Jahrhunderts 2)

281 **Prittie,** Terence, Horst Osterheld und François Seydoux: Konrad Adenauer. Leben und Politik. Stuttgart: Verlag Bonn Aktuell 1975, 152 S. (Bonn aktuell)

282 **Quarta,** Hubert Georg: Heinrich Lübke. Zeugnisse eines Lebens. Versuch einer biographischen Darstellung. Buxheim/Allg.: Martin Verlag Berger 1978, 253 S.

283 **Richardson,** Elmo: The presidency of Dwight D. Eisenhower. Lawrence, Kans.: Regents Press of Kansas 1979, 219 S. (American presidency series)

284 **Soell, Hartmut: Fritz Erler — eine politische Biographie. 2 Bde. Berlin, Bonn-Bad Godesberg: Dietz 1976, 699 und 532 S. (Internationale Bibliothek 100, 101)**

285 **Stern,** Carola: Gustav Heinemann, in: Aus dreißig Jahren. Rheinisch-Westfälische Politiker-Porträts. Hrsg. von Walter Först. Köln usw.: Grote 1979, 232—249

286 **Stern,** Carola: Willy Brandt in Selbstzeugnissen und Bilddokumenten. Reinbek bei Hamburg: Rowohlt 1975, 149 S. (Rowohlts Monographie 232)

287 **Volker,** Bernard: Franz Josef Strauß. Une certain idée de l'Allemagne. Avec la collab. de Michel Vey. Paris: Ed. Mengès 1980, 241 S.

288 **Voßke,** Heinz: Otto Grotewohl. Biographischer Abriß. Hrsg.: Institut für Marxismus-Leninismus beim ZK der SED. Berlin: Dietz 1979, 352

289 **Voßke,** Heinz und Gerhard Nitzsche: Wilhelm Pieck. Biographischer Abriß. Berlin (Ost) 1975, Dietz, 405 S. (Lizenzausgabe Frankfurt/M. 1975)

290 **Wiedemeyer,** Wolfgang: Karl Carstens. Im Dienste unseres Staates. Eine Biographie. Stuttgart: Verlag Bonn Aktuell 1980^2, 176 S.

291 **Winter,** Ingelore M.: Der unbekannte Adenauer. Düsseldorf usw.: Diederichs 1976, 206 S.

292 **Zierer,** Otto: Franz Josef Strauß. Lebensbild. München: Herbig 1978, 400 S.

7. Allgemeine Literatur zur Deutschlandfrage

293 **Alphand,** Hervé: L'étonnement d'être. Journal (1939–1973). Arthème Fayard, Paris 1977, 614 S.

294 **Ammon,** Herbert und Peter Brandt: Wege zur Lösung der „Deutschen Frage". Der emanzipatorische Anspruch der Linken unter dem Zwang zur Realpolitik, in: Befreiung, Berlin (1981), 21, 38–71

295 **Arndt,** Claus: Les aspects politiques et juridiques de la »Ostpolitik« allemande de 1970 à 1976, in: Politique étrangère. Paris 41 (1976), 269–279

296 **Arndt,** Claus: The effects of détente on the two German states, in: West European Politics, London 2 (1979), 237–245

297 **Ashkenasi,** Abraham: Modern German Nationalism. Cambridge, Mass.: Schenkman Publication; New York usw.: Wiley 1976, 222 S. (A Halsted Press book)

298 **Bahr,** Egon: Was wird aus den Deutschen? Fragen und Antworten. Reinbek: Rowohlt 1982, 237 S.

299 **Becker,** Josef: Die Deutsche Frage als Problem des internationalen Staatensystems, in: Politische Studien 31 (1980), H. 252, 379–412

300 **Bender,** Peter: Das Ende des ideologischen Zeitalters. Die Europäisierung Europas. Berlin: Severin & Siedler 1981, 269 S.

301 **Berglar,** Peter: Konkursverwalter oder Erneuerer der Nation? Das Phänomen Adenauer, in: Die Politische Meinung 20 (1975), H. 163, 22–32

302 **Bergmann,** Klaus: Was ist des deutschen Schülers Vaterland?, in: Geschichtsdidaktik 3 (1978), 302–312

303 **Berschin,** Helmut: Deutschland – ein Name im Wandel. Die deutsche Frage im Spiegel der Sprache. München: Olzog 1979, 104 S. (Geschichte und Staat. Sonderreihe: Analysen und Perspektiven 1)

304 **Beyme,** Klaus von: Détente and East-West economic relations, in: The Journal of Politics. Gainesvill. 43 (1981), 1192–1209

305 **Binoche,** Jacques: L'Allemagne et le Général de Gaulle, 1924–1970. Paris: Plon 1975, 228 S. (Coll. »L'Appel«)

306 **Birnbaum,** Karl E.: Die Menschenrechte und die Ost-West-Beziehungen, in: Europäische Rundschau 3 (1977), 49–65

307 **Bodensieck,** Heinrich: Deutschlandpolitischer Grundkonflikt der Bundesrepublik Deutschland, in: Politik und Kultur 5 (1978), 1, 48–58

308 **Borm,** William: Deutschlandpolitische Perspektiven der Freien Demokratischen Partei, in: Deutschland Archiv 9 (1976), 30–37

309* **Borowsky,** Peter: Deutschland 1970–1976. Hannover: Fackelträger 1980, 230 S. (Edition Zeitgeschehen)

310 **Boßmann,** Dieter (Hrsg.): Schüler über die Einheit der Nation. Ergebnisse einer Umfrage. Frankfurt/Main: Fischer Taschenbuch Verlag 1978, 248 S. (Fischer Taschenbuch 1936)

311 **Bracher,** Karl Dietrich: Zeitgeschichtliche Kontroversen. Um Faschismus, Totalitarismus, Demokratie. München: Piper 1976², 159 S. (Serie Piper 142)

312 **Bracher, Karl Dietrich: Europa in der Krise. Innengeschichte und Weltpolitik seit 1917. Frankfurt/Main usw.: Propyläen Verlag 1979 (ergänzte und erweiterte Textfassung), 579 S. (Zugl.: Propyläen Geschichte Europas 6)**

313 **Bracher,** Karl Dietrich: Geschichte und Gewalt. Zur Politik im 20. Jahrhundert. Berlin: Severin und Siedler 1981, 344 S.

Bracher, Karl Dietrich . . . vgl. Nr. 1009

314 **Brandt,** Peter und Herbert Ammon (Hrsg.): Die Linke und die nationale Frage. Dokumente zur deutschen Einheit seit 1945. Reinbek: Rowohlt 1981, 379 S. (rororo aktuell 4740)

315 **Brandt,** Peter und Herbert Ammon: Patriotismus von Links. Rückblick und Zustandsbeschreibung, in: Wolfgang Venohr (Hrsg.): Die deutsche Einheit kommt bestimmt. Bergisch Gladbach: Lübbe 1982, 119–159

316 **Brandt,** Peter und Günter Minnerup: Die deutsche Frage – Problemskizze und Thesen, in: Prokla 12 (1982), 2 (47), 91–118

317 **Bredow,** Wilfried von: Die Grundsatzverpflichtung, eine Nation zu sein, in: Liberal 17 (1975), 420–434

318 **Bücking,** Hans-Jörg: Der Rechtsstatus des Deutschen Reiches. Berlin: Berlin Verlag 1979, 318 S. (Völkerrecht und Politik 9)

319 **Bühl,** Walter Ludwig: Transnationale Politik. Internationale Beziehungen zwischen Hegemonie und Interdependenz. Stuttgart: Klett-Cotta 1978, 456 S.

320 **Büssen,** Friedrich: Die Wiedervereinigungspolitik der Bundesrepublik Deutschland. Internationale Tagung über die Probleme der Wiedervereinigung 21.–24. Juli 1981. o. O.: o. V. (1981), 30 S.

321 **CDU**-Bundesgeschäftsstelle (Hrsg.): Freiheit, Einheit, Menschenrechte. Bonn o. J., 128 S. (Dokumente zur Deutschlandpolitik)

322 **CDU**-Bundesgeschäftsstelle (Hrsg.): Die offene deutsche Frage. Deutschlandpolitisches Symposium, Bonn, 20. November 1979. Referate von Gottfried Zieger, Jens Hacker u. a. Bonn: Selbstverlag 1979, 136 S. (Dokumente zur Deutschlandpolitik)

323 **CDU**-Bundesgeschäftsstelle (Hrsg.): Menschenrechte für alle Deutschen. Bonn: Selbstverlag 1980, 72 S. (Dokumente zur Deutschlandpolitik)

324 **Conze,** Werner: The shaping of the German nation. A historical analysis. London: Prior 1979, 137 S. (Übers. a. d. Dtsch.)

325 **Cramer,** Dettmar: Ostpolitik auf der Waage, in: Politik und Kultur 2 (1975), 1, 19–30

326 **Cramer,** Dettmar: Das Deutschlandbild in der Öffentlichkeit, in: Politik und Kultur 6 (1979), 5, 28–34

327 **Czerwick,** Edwin: Oppositionstheorien und Außenpolitik. Eine Analyse sozialdemokratischer Deutschlandpolitik 1955 bis 1966. Königstein/Ts.: Hain 1981, 219 S. (Studien zum politischen System der Bundesrepublik Deutschland 27)

328 Die **deutsch-französischen Beziehungen** seit 1963. Köln, Paris 1978, 192 S. (Dokumente. Zeitschrift für übernationale Zusammenarbeit. Sonderausgabe Dezember 1978)

329 Die **deutsche** Frage in der politischen Bildung. Öffentliche Anhörung des Ausschusses für innerdeutsche Beziehungen des Deutschen Bundestages. Hrsg.: Deutscher Bundestag, Bonn 1978, 224 S. (Zur Sache 1978/2)

330 **Die deutsche Frage im Unterricht.** Beschluß der Kultusministerkonferenz vom 23. 11. 1978. Hrsg. vom Sekretariat der Ständigen Konferenz der Kultusminister der Länder in der Bundesrepublik. Neuwied: Luchterhand 1979, 23 S.

331 Die **deutsche** Teilung im Spiegel der Literatur. Beiträge zur Literatur und Germanistik der DDR. Hrsg.: Karl Lamers. Stuttgart: Verlag Bonn aktuell 1978, 150 S. (Bonn aktuell 64)

332 **Deutschlandpolitik** – permanente Herausforderung. Deutschland-Tagung der Exil-CDU Rotenburg a. d. Fulda 1977. Berlin 1977, 77 S.

333 **Deutschlandpolitik** der Nachkriegsjahre. Zeitgeschichtliche und didaktische Ortsbestimmung. Von Erich Kosthorst, Klaus Gotto und Hartmut Soell. Paderborn: Schöningh 1976, 87 S. (Sammlung Schöningh zur Geschichte und Gegenwart)

334 **Didaktische** Informationen zur Behandlung der deutschen Frage im Unterricht. Berlin: Der Senator für Schulwesen 1981, 176 S.

335 **Dittmann,** Knud: Adenauer und die deutsche Wiedervereinigung. Die politische Diskussion des Jahres 1952. Düsseldorf: Droste 1981, 349 S.

336 **Diwald,** Hellmut: Geschichte der Deutschen. Frankfurt/Main usw.: Propyläen Verlag 1978, 760 S.

337 **Dornberg,** John: The new Germans. Thirty years after. New York: Macmillan 1976, 293 S.

338 **Dreher,** Klaus: Ein Kampf um Bonn. München: List 1979, 244 S.

339 **Ehmke,** Horst: Was ist des Deutschen Vaterland?, in: Stichworte zur ‚Geistigen Situation der Zeit'. Hrsg. von Jürgen Habermas. Bd. 1: Nation und Republik. Frankfurt/Main: Suhrkamp 1979, 51–76

340 **Eisenmann,** Peter: Außenpolitik der Bundesrepublik Deutschland. Von der Westintegration zur Verständigung mit dem Osten. Ein Studienbuch. Krefeld: Sinus-Verlag 1982, 240 S. (Gegenwart und Zeitgeschichte 7)

341 **Eisenmann,** Peter: Einheit der Nation – mit der SPD? Deutsche Nation 1978 – Torso oder Fiktion, in: Die Politische Meinung 23 (1978), H. 179, 15–22

342 **Elemente der Deutschlandpolitik.** Mit Beitr. von Egon Franke, Peter Lorenz und Uwe Ronneburger, in: Politik und Kultur 8 (1981), 5, 40–67

343 **Erwartungen.** Kritische Rückblicke der Kriegsgeneration. Hrsg. von Rudolf Birkl und Günter Olzog. München: Olzog 1980, 310 S. (Dokumente unserer Zeit 4)

344 **Fenner,** Christian: Demokratischer Sozialismus und Sozialdemokratie. Realität und Rhetorik der Sozialismusdiskussion in Deutschland. Frankfurt/M.: Campus 1977, 227 S.

345 **Fetscher,** Iring: Die Suche nach der nationalen Identität, in: Stichworte zur ‚Geistigen Situation der Zeit'. Hrsg. von Jürgen Habermas. Bd. 1: Nation und Republik. Frankfurt/Main: Suhrkamp 1979, 115–131

346 **Fetscher,** Iring: Es gibt nur eine sanfte Lösung der deutschen Frage oder gar keine, in: Kämpfen für die Sanfte Republik. Hrsg. von Freimut Duve u. a. Reinbek: Rowohlt 1980, 32–44

347 **Feuchtwanger,** Edgar Joseph (Hrsg.): Deutschland, Wandel und Bestand. Eine Bilanz nach 100 Jahren. Frankfurt/Main: Suhrkamp 1976, 205 S. (Suhrkamp-Taschenbücher 335) (Upheaval and continuity)

348 **Fischer,** Alexander, Günter Moltmann und Klaus Schwabe (Hrsg.): Rußland-Deutschland-Amerika. Russia-Germany-America. Festschrift für Fritz T. Epstein zum 80. Geburtstag. Wiesbaden: Steiner 1978, 438 S.

349 **Fischer,** Kurt Gerhard (Hrsg.): Die deutsche Frage im politischen Unterricht. Stuttgart: Metzler 1977, 96 S. (Politische Didaktik. Vierteljahresschrift für Theorie und Praxis des Unterrichts. 1977. H. 2)

350 **Foerster, Roland G., Christian Greiner, Georg Meyer, Hans-Jürgen Rautenberg und Norbert Wiggershaus: Anfänge westdeutscher Sicherheitspolitik 1945–1956. Bd. 1: Von der Kapitulation bis zum Pleven-Plan. München: Oldenbourg 1982, 940 S.**

351 **Fraenkel,** Ernst: Deutschland und die westlichen Demokratien. Stuttgart usw.: Kohlhammer 1979^{7}, 237 S.

352 **Franck,** Dieter (Hrsg.): Die fünfziger Jahre. Als das Leben wieder anfing. München: Piper 1981, 199 S.

353 **Franz,** Otmar (Hrsg.): Die Zukunft der Bundesrepublik Deutschland. Stuttgart: Seewald 1975, 213 S.

354 **Friemel,** Michael: Die Deutschlandfrage von 1943–1973. Stuttgart: Metzler 1979, 83–309 (Sonderveröffentlichung aus: Materialien zum historisch-politischen Unterricht. Bd. 1: Versäumte Lektionen. Hrsg. von Helmut Hoffacker. Stuttgart 1975)

355 **Gehle,** Heinz: Ringen um Deutschland. Eine Analyse der Deutschland-Politik. Im Auftrag der Staats- und Wirtschaftspolitischen Gesellschaft e. V. Düsseldorf: NWZ-Verlag 1979, 226 S.

356 **Germany transformed.** Political culture and the new politics. Kendall L. Baker, Russell J. Dalton, Kai Hildebrandt, Cambridge, Mass., usw.: Harvard University Press 1981, 381 S.

357 **Glaser,** Hermann (Hrsg.): Bundesrepublikanisches Lesebuch. München: Hanser 1978, 770 S.

358 **Glatzeder,** Sebastian J.: Die Deutschlandpolitik der FDP in der Ära Adenauer. Konzeptionen in Entstehung und Praxis. Baden-Baden: Nomos Verlagsgesellschaft 1980, 121 S. (Schriften der Friedrich-Naumann-Stiftung)

359 **Göttinger Arbeitskreis** (Hrsg.): Politische Systeme in Deutschland. Berlin: Duncker & Humblot 1980, 167 S. (Studien zur Deutschlandfrage 4)

360 **Grasemann,** Hans-Jürgen: Das Bundesverfassungsgericht und die Deutschlandfrage. Zum Mandat der Verfassungsgerichtsbarkeit, in: Deutsche Studien 16 (1978), 109–120

361 **Greiffenhagen,** Martin und Sylvia: Ein schwieriges Vaterland. Zur Politischen Kultur Deutschlands. München: List 1979, 484 S.

362 **Grieser,** Helmut: Literaturbericht. Deutsche Geschichte seit 1945, in: Geschichte in Wissenschaft und Unterricht 32 (1981), 372–390, 437–453 und 506–520

363 **Grosser,** Alfred: Was ist deutsche Außenpolitik? Waldemar-Besson-Gedächtnis-Vorlesung, 19. Juni 1974. Konstanz: Universitätsverlag 1975, 33 S. (Konstanzer Universitätsreden 74)

364 **Grosser,** Alfred: Gegen den Strom. Aufklärung als Friedenspolitik. München: Hanser 1975, 153 S.

365 **Grosser, Alfred: Deutschlandbilanz. Geschichte Deutschlands seit 1945. München: Hanser 1975[5] (durchgesehen und erweitert), 534 S. (L'Allemagne de notre temps.)**

366 **Grosser,** Alfred: Das Bündnis. Die westeuropäischen Länder und die USA seit dem Krieg. München: Hanser 1978, 504 S. (Aus d. Franz.: Les Occidentaux. Les pays d'Europe et les Etats-Unis depuis la guerre. Edition Fayard Paris 1978)

367 **Grosser,** Alfred und Henri Ménudier: La vie politique en Allemagne fédérale. Paris: Colin 1978[3] (überarbeitet), 303 S. (Collection U prisme 58)

368 **Guerin,** Barbara: L'évolution du statut juridique de l'Allemagne de 1945 au Traité Fondamental. Düsseldorf: Droste 1978, 230 S.

369 **Guz,** Eugeniusz: Międzynerodowa pozycja Republiki Fedralnej Niemiec. (Die internationale Position der Bundesrepublik Deutschland), in: Sprawy Międzynarodowe, Warschau (1980), H. 5, 31–46

370* **Habel,** Fritz Peter und Helmut Kistler: Entscheidungen in Deutschland 1949–1955. Die Kontroversen um die außen-, deutschland- und wirtschaftspolitische Orientierung in der Bundesrepublik Deutschland. Bonn: Bundeszentrale für politische Bildung 1977, 160 S. (Kontrovers)

371 **Hacke,** Christian: Die Ost- und Deutschlandpolitik der CDU/CSU – Wege und Irrwege der Opposition seit 1969. Köln: Verlag Wissenschaft und Politik 1975, 148 S. (Bibliothek Wissenschaft und Politik 12.)

372 **Hacke,** Christian: Die ost- und deutschlandpolitische Argumentation der CDU/CSU seit 1973, in: Aus Politik und Zeitgeschichte B 34/35, 1975, 3–22

373 **Hacke,** Christian: Henry Kissinger und das deutsche Problem, in: Deutschland Archiv 8 (1975), 973–987

374 **Hacker,** Jens: Neue Chancen für nationale Frage? Das gesamtdeutsche Vakuum in Bonner und DDR-Sicht, in: Die Politische Meinung 23 (1978), H. 177, 41–53

375 **Haftendorn,** Helga: Ostpolitik revisited, in: The World Today. London 32 (1976), 222–229

376 **Haftendorn,** Helga, Lothar Wilker und Claudia Wörmann: Die Außenpolitik der Bundesrepublik Deutschland. Berlin: Wissenschaftlicher Autoren-Verlag 1982, 594 S. (WAV-Studienbücher: Recht und Politik)

377 **Hanrieder, Wolfram: Fragmente der Macht. Die Außenpolitik der Bundesrepublik. München: Piper 1981, 194 S. (Serie Piper 231)**

378 **Hanrieder,** Wolfram und Graeme P. Auton: The foreign policies of West Germany, France and Britain. Englewood Cliffs, N. Y.: Prentice-Hall 1980, 314 S.

379 **Hanrieder,** Wolfram und Hans Rühle (Hrsg.): Im Spannungsfeld der Weltpolitik:

30 Jahre deutsche Außenpolitik (1949–1979). Stuttgart: Verlag Bonn Aktuell 1981, 359 S. (Studien zur Politik 6)

380 **Heimeshoff,** Erich: Der Rechtsstatus Deutschlands und die Ostverträge, in: Deutsche Richterzeitung Bd. 54 (1976), 308–311

381 **Heimeshoff,** Erich: Der Streit um die kommerzielle Fluchthilfe, in: Zeitschrift für Rechtspolitik 11 (1978), 97–100

382 **Heß,** Jürgen C.: Ist Deutschland doch teilbar?, in: Liberal 23 (1981), 890–900

383 **Heß,** Jürgen C.: Die Bundesrepublik Deutschland auf dem Wege zur Nation?, in: Neue Politische Literatur 26 (1981), 292–324

384* **Hillgruber,** Andreas: Deutsche Geschichte 1945–1975. Die deutsche Frage in der Weltpolitik. Frankfurt/Main usw.: Ullstein 1978[2] (erweitert), 197 S. (Deutsche Geschichte 9)

385 **Hillgruber,** Andreas: Europa in der Weltpolitik der Nachkriegszeit 1945–1963. München usw.: Oldenbourg Verlag 1979, 184 S. (Grundriß der Geschichte 18)

386 **Hoebink,** Hein: Westdeutsche Wiedervereinigungspolitik 1949–1961. Meisenheim a. G.: Hain 1978, 304 S.

387 Ist eine Wiedervereinigung noch möglich? Mit Beiträgen von Horst Ehmke, Hans-Günter Hoppe u. a., in: Informationsdienst, Bonn (1980), 1, 47–68

388 **Jacobsen,** Hans-Adolf: Kontinuität und Neubeginn. Vergleichende Betrachtungen zur Außenpolitik des Deutschen Reiches und der Bundesrepublik Deutschland, in: Politik und Kultur 2 (1975), 21–38

389 **Jacobsen,** Hans-Adolf: Zur Kontinuität deutscher Außenpolitik 1919–1975. (Aspekte und Probleme), in: Vom Sinn der Geschichte. Hrsg. von Otmar Franz. Stuttgart: Seewald 1976, 245–266

390 **Jacobsen, Hans-Adolf: Von der Strategie der Gewalt zur Politik der Friedenssicherung. Beiträge zur deutschen Geschichte im 20. Jahrhundert. Düsseldorf: Droste 1977, 372 S.**

391 **Jacobsen,** Hans-Adolf: Vom „Kalten Krieg" zur multilateralen Entspannungspolitik in Europa (1953–1978). Aspekte und Perspektiven, in: Politik und Kultur 5 (1978), 3, 43–59

392 **Jacobsen,** Hanns-Dieter: Die wirtschaftlichen Beziehungen zwischen West und Ost. Strukturen, Formen, Interessen, Auswirkungen. Reinbek: Rowohlt 1975, 175 S. (rororo studium: Volkswirtschaftslehre 79)

393 **Jacobsen,** Hanns-Dieter: Die Entwicklung der wirtschaftlichen Ost-West-Beziehungen als Problem der Westeuropäischen und Atlantischen Gemeinschaft. Ebenhausen: Stiftung Wissenschaft und Politik 1975, 140 S. (SWP-Studien 242)

394 **Jäckel,** Eberhard: Geschichtliche Grundlagen der Bundesrepublik Deutschland, in: Was die Wirklichkeit lehrt. Golo Mann zum 70. Geburtstag. Frankfurt/Main: S. Fischer 1979, 205–223

395 **Jenke,** Martin: Ist die deutsche Wiedervereinigung noch möglich? Heusenstamm: Blick Bild Verlag 1975, 74 S. (Im Mittelpunkt der Diskussion 22)

396 **Jüttner,** Alfred: Was ist Deutschland?, in: Criticón 10 (1980), H. 60/61, 173–177

397 **Juhnke,** Johannes: Weg und Schicksal der deutschen Nation. Bonn 1977, 78 S. (Beiträge zur Kultur- und Zeitgeschichte. Hrsg.: Stiftung Ostdeutscher Kulturrat, Bonn. 1)

398 **Kaiser,** Karl: Die neue Ostpolitik, in: Aus Politik und Zeitgeschichte B 43/1979, 3–10

399 **Kaltenbrunner,** Gerd-Klaus (Hrsg.): Was ist deutsch? Die Unvermeidlichkeit, eine Nation zu sein. Mit Beiträgen von Wolfgang Strauss, Walter Hildebrandt, Heinz Karst u. a. München usw.: Herder 1980, 192 S. (Herderbücherei 9539 / Herderbücherei Initiative 39)

400 **Kelly,** Petra: Moskauer Vertrag und grüne Politik, in: Blätter für deutsche und internationale Politik 25 (1980), 914–920

401 **Kempner,** Robert M. W.: Die Nürnberger Prozesse – dreißig Jahre danach, in: Blätter für deutsche und internationale Politik 25 (1980), 1356–1361

402 **Kimminich,** Otto: Nation und staatliche Einheit, in: Europa, München (1979), 105–119

403 **Kimminich,** Otto: Die Rechtslage Deutschlands nach Grundgesetz und Grundvertrag, in: Politische Studien 31 (1980), H. 252, 367–378

404 **Knopp,** Guido (Hrsg.): Die Deutsche Einheit. Hoffnung, Alptraum, Illusion? Aschaffenburg: Pattloch 1981, 264 S. (Aschaffenburger Gespräche)

405 **Koch-Hillebrecht,** Manfred: Das Deutschenbild. Geschichte, Gegenwart, Psychologie. München: C. H. Beck 1977, 250 S. (Beck'sche Schwarze Reihe 162)

406 **Körner,** Klaus: Die deutsche Frage. (Von den Alliierten Deutschland-Konferenzen 1943 an bis zum Inkrafttreten des Grundlagenvertrages zwischen der Bundesrepublik und der DDR 1973). Sonderdruck aus: Handbuch der deutschen Außenpolitik. Hrsg. von Hans-Peter Schwarz. Köln 1975, 555–655

407 **Konfrontation, Entspannung, Zusammenarbeit.** Die Ostpolitik der kapitalistischen Staaten Europas und ihrer Zusammenschlüsse in den 70er Jahren. Autorenkollektiv. Hrsg. vom Institut für Internationale Beziehungen an der Akademie für Staats- und Rechtswissenschaft der DDR, Potsdam-Babelsberg. Berlin: Staatsverlag der DDR 1979, 271 S.

408 **Kopp,** Fritz: Maos Macht in Moskaus Rücken. Was Moskau und Ost-Berlin heute befürchten, in: Die Politische Meinung 20 (1975), H. 162, 87–91

409 **Kosthorst,** Erich: Die Teilung Deutschlands und die Entstehung zweier deutscher Staaten. Eine didaktische Analyse, in: Aus Politik und Zeitgeschichte B 2/1977, 36–44

410 **Kosthorst,** Erich; Klaus Gotto; Hartmut Soell: Deutschlandpolitik der Nachkriegsjahre. Zeitgeschichtliche und didaktische Ortsbestimmung. Paderborn: Schöningh 1978, 87 S. (Sammlung Schöningh zur Geschichte und Gegenwart)

411 **Kosthorst,** Erich: Zeitgeschichte und Zeitperspektive. Nationalsozialismus – Widerstand – Einheit der Nation im Geschichtsbewußtsein der Bundesrepublik Deutschland. Hrsg. von K.-E. Jeismann. Paderborn: Schöningh 1981, 197 S.

412 **Krasuski,** Jerzy: Poland, the German problem and the two German states (1944–1974), in: Polish Western Affairs. Poznań 15 (1974), 17–45

413 **Kreile,** Michael: Osthandel und Ostpolitik. Baden-Baden: Nomos Verlagsgesellschaft 1978, 242 S.

414 **Krejci,** Jaroslav: Social structure in divided Germany. London: Croom Helm 1976, 262 S.

415 **Kreuz,** Leo Ferdinand: Das Kuratorium Unteilbares Deutschland. Aufbau, Programmatik, Wirkung. Opladen: Leske & Budrich 1979, 242 S.

416 **Kühn,** Detlef: Deutschland und die deutsche Nation im Unterricht, in: Aus Politik und Zeitgeschichte B 49/1977, 3–10

417 **Kuhlmann,** James A. und Louis J. Mensonides (Hrsg.): Changes in European Relations. Leyden: Sijthoff 1976, 214 S. (East-West-Perspectives 1)

418 **Lades,** Hans: Die Nation gestern und heute, in: Pac Korrespondenz, Erlangen (1979), 60, 3–26

419 **Lepsius,** Mario Rainer: Die Teilung Deutschlands und die deutsche Nation, in: Lothar Albertin und Werner Link (Hrsg.): Politische Parteien auf dem Wege zur parlamentarischen Demokratie in Deutschland. Düsseldorf: Droste 1981, 417–449

420 **Lessing,** Clemens und Kurt Gerhard Fischer (Hrsg.): Überlegungen zu Stellenwert und Darstellung der deutschen Frage im politischen Unterricht. Stuttgart: Metzler 1977, 92 S.

421 **Levinson,** Charles: Wodka Cola. Die gefährliche Kehrseite der wirtschaftlichen Zusammenarbeit zwischen Ost und West. Reinbek: Rowohlt 1978, 237 S. (Aus d. Franz.: Vodka-Cola)

422 **Lewald,** Walter: Die deutsche Frage – eine offene Frage?, in: Blätter für deutsche und internationale Politik 23 (1978), 1258–1265

423 **Lewald,** Walter: Die deutsche Frage. Aufsätze zur Rechtslage Deutschlands. Frankfurt/ Main: Metzner 1980, 66 S.

424 **Lindemann,** Curt: Lebenslüge oder Selbstbestimmung? Zur Rechtsverbindlichkeit des Wiedervereinigungsgebots in der Präambel des Grundgesetzes, in: Liberal 21 (1979), 565–574

425 **Link,** Werner: Demokratische Staatsordnung und außenpolitische Orientierung. Die Einstellung zu den USA als Problem der deutschen Politik im 20. Jahrhundert, in: Lothar Albertin und Werner Link (Hrsg.): Politische Parteien auf dem Wege zur parlamentarischen Demokratie in Deutschland, Düsseldorf: Droste 1981, 63–89

426 **Livingston,** Robert Gerald: Germany Steps Up, in: Foreign Policy 22 (1976), 114–179

427 **Mahnke,** Hans Heinrich: Die Völkerrechtsforschung in der Bundesrepublik über die DDR. Deutschland- und Berlinfrage, Staatsangehörigkeits- und Seerecht. Entwicklungen und Tendenzen, in: Deutschland Archiv 12 (1979), 54–67

428 **Mahnke,** Hans Heinrich: Menschenrechte und nationales Interesse, in: Recht in Ost und West 22 (1978), 193–207

429 **Maier-Harloff,** Otmar: Die Entwicklung einer ostpolitischen Konzeption in der Sozialdemokratischen Partei Deutschlands von 1945–1961. Darmstadt, Stuttgart: Polyfoto – Dr. Vogt 1975, 203 S. (Diss.)

430 **Marienfeld,** Wolfgang: Das Deutschlandproblem in seiner geschichtlichen Entwicklung. Hrsg.: Niedersächsische Landeszentrale für politische Bildung. Hannover 1981, 144 S.

431 **Marx,** Werner: Deutsche Ostpolitik nach 1969, in: Union alternativ. Hrsg. von Gerhard Mayer-Vorfelder und Hubertus Zuber. Stuttgart: Seewald 1976, 85–97

432 **Masnata,** Albert: Wirtschafts-Kooperation West – Ost. Diessenhofen: Rüegger 1976, 180 S. (Le destin des echanges Ouest – Est)

433 **Ménudier,** Henri: La politique à l'Est de la République Fédérale d'Allemagne (L'Ostpolitik), in: Notes et Etudes Documentaires, Paris, Nr. 4311–4312, 13. Sept. 1976, 67 S.

434 **Meyer,** Michel: L'Allemagne inachevée. Paris: Denoël 1976, 237 S. (Regards sur le monde)

435 **Minnerup,** Günter: Die deutsche Frage und der Status quo in Europa. Anmerkungen zur Diskussion um die Friedens- und Deutschlandpolitik, in: Deutschland Archiv 14 (1981), 927–930

436 **Moarref,** Mohammad Bagher: Die Ost- und Deutschlandpolitik der Regierung der Großen Koalition – Beharrung und Wandel. Diss., München 1977 (Druck: 1978), 320 S.

437 **Möller,** Helmut: Stiftung Mitteldeutscher Kulturrat. Düsseldorf: Droste 1978, 146 S. (Ämter und Organisationen der Bundesrepublik Deutschland 57)

438 **Mommsen,** Hans: Zum Problem des deutschen Nationalbewußtseins in der Gegenwart, in: Der Monat 31 (1979), 2, 75–83

439 **Mommsen,** Hans: Nationalismus und transnationale Integrationsprozesse in der Gegenwart, in: Aus Politik und Zeitgeschichte B 9/1980, 3–14

440 **Mommsen,** Wolfgang J.: Die deutsche Frage als nationales und als europäisches Problem, in: Politik und Kultur 4 (1977), 1, 3–23

441 **Mommsen,** Wolfgang J.: „Wir sind wieder wer". Wandlungen im politischen Selbstverständnis der Deutschen, in: Stichworte zur ‚Geistigen Situation der Zeit'. Hrsg. von Jürgen Habermas. Bd. 1: Nation und Republik. Frankfurt/Main: Suhrkamp 1979, 185–209

442 **Moroz,** Piotr: Polityka wschodnia FDP w latach 1961–1970. Hrsg.: Instytut Śląski w Opolu. Warszawa: Wroclaw Państwowe Wydawnictwo Naukowe 1976, 207 S. (Übers.: Die Ostpolitik der FDP in den Jahren 1961–1970.)

443 **Müller,** Henning: Vom kalten Krieg in den „offenen Dialog"? Anmerkungen zur Geschichte der Westberliner Theater- und Kulturpolitik, in: Kürbiskern (1978), H. 4, 129–140

444 **Müller,** Horst: Die deutsche Frage in Wissenschaft und Unterricht. Rahmenbedingungen eines Konzepts deutschlandpolitischer Bildung in der gymnasialen Oberstufe. Frankfurt/Main: Haag & Herchen 1981, 258 S. (Studien zur Politikdidaktik 18)

445 **Nachrichten vom Zustand des Landes.** Hrsg. von Rudij Bergmann. Modautal-Neunkirchen: Anrich 1978, 288 S.

446 **Nagel,** Albrecht: Bewertung der neuen Ostpolitik. Informationsgrundlage: 10 Ziele und 59 Bewertungsvorschläge von 26 Autoren. Entwurf eines ostpolitischen Entscheidungsformulars zur Aktivierung der Willensbildung von Bürgern anläßlich der 180. Kyklos-Debatte. Schriesheim: Kyklos Presse 1978, 24 S. (Kyklos Papier 5)

447 **Niethammer,** Lutz: Bundesrepublik und Nation, in: Politik und Kultur 4 (1977), 2, 26–36

448* **Noack,** Paul: Die Außenpolitik der Bundesrepublik Deutschland. Stuttgart usw.: Kohlhammer 1981[2] (überarbeitet und erweitert), 216 S.

449 **Oppermann,** Thomas: Staatliche Einheit oder innere Freiheit? Zu den langfristigen Perspektiven der nationalen Frage in Deutschland, in: Europa-Archiv 33 (1978), 681–692

450 **Papcke,** Sven: Nationalismus oder Patriotismus? Zur „deutschen Sendung" in der Welt, in: Die Neue Gesellschaft 27 (1980), 620–627

451 **Paul-Calm,** Hanna: Ostpolitik und Wirtschaftsinteressen in der Ära Adenauer (1955–1963). Frankfurt/Main usw.: Campus-Verlag 1981, 295 S. (Campus Forschung 213)

452 **Picaper,** Jean-Paul: La politique extérieure de la R. D. A., in: Politique étrangère 5 (1975), 461–473

453 **Picht,** Robert (Hrsg.): Deutschland – Frankreich – Europa. Bilanz einer schwierigen Partnerschaft. München usw.: Piper 1978, 386 S.

454 **Pirker,** Theo: Die verordnete Demokratie. Grundlagen und Erscheinungen der „Restauration". Berlin: Verlag Olle und Wolter 1977, 295 S.

455* **Pfetsch,** Frank R.: Die Außenpolitik der Bundesrepublik. 1949–1980. München: Fink 1981, 285 S. (UTB. Uni-Taschenbücher 1114)

456 **Pöttering,** Hans-Gert: Adenauers Sicherheitspolitik 1955–1963. Ein Beitrag zum deutsch-amerikanischen Verhältnis. Mit e. Vorw. von Hans-Adolf Jacobsen. Düsseldorf: Droste 1975, 240 S. (Bonner Schriften zur Politik und Zeitgeschichte 10)

457 **Politische Systeme in Deutschland.** Mit Beitr. von Georg Brunner u. a. Berlin: Duncker & Humblot 1980, 167 S. (Studien zur Deutschlandfrage 4)

458 **Ress,** Georg: Die Rechtslage Deutschlands nach dem Grundlagenvertrag vom 21. Dezember 1972. Berlin usw.: Springer 1978, 436 S. (Beiträge zum ausländischen öffentlichen Recht und Völkerrecht. Max-Planck-Institut für Ausländisches Öffentliches Recht und Völkerrecht. 71)

459 **Ritter,** Helgine: Adenauer und Kissinger. Ein Vergleich ihrer Pläne zur Wiedervereinigung Deutschlands, in: Deutschland Archiv 10 (1977), 266–270

460 **Romoser,** George K.: The state of the German nation, in: European Journal of Political Research. Amsterdam 3 (1975), 425–435

461 **Roth, Margit: Zwei Staaten in Deutschland. Die sozialliberale Deutschlandpolitik und ihre Auswirkungen 1969–1978. Opladen: Westdeutscher Verlag 1981, 266 S. (Studien zur Sozialwissenschaft 50)**

462 **Roth,** Reinhold: Außenpolitische Innovation und politische Herrschaftssicherung. Eine Analyse von Struktur und Systemfunktion des außenpolitischen Entscheidungsprozesses am Beispiel der sozialliberalen Koalition 1969 bis 1973. Meisenheim 1976, 380 S. (Studien zum politischen System der Bundesrepublik Deutschland. Hrsg. von Heino Kaack, Bd. 14.)

463 **Rovan,** Joseph: L'Allemagne n'est pas ce que vous croyez. Paris: Ed. du Seuil 1978, 109 S. (Coll. „Intervention")

464 **Rumpf,** Helmut: Deutschlands Rechtslage seit 1973, in: Zeitschrift für Politik 22 (1975), 111–139

465 **Rumpf,** Helmut: Vom Niemandsland zum deutschen Kernstaat. Beiträge zur Entwicklung der Deutschlandfrage seit 1945. Hamburg: Joachim Heitmann Verlag 1979, 204 S.

466 **Runci,** Matthew Augustus: The confluence of domestic and international variables in West German foreign policy. Ann Arbor, Mich.: University Microfilms International 1976. 365 S. (Phil. Diss. University of Virginia 1975)

467 **Seiffert,** Wolfgang: Die deutsche Nation zwischen Politik und Recht, in: Politik und Kultur 6 (1979), 5, 35–44

468 **Seiffert,** Wolfgang: Kein Ende, sondern geduldige Weiterführung zielstrebiger Deutschlandpolitik. Erwiderung auf Wilfried von Bredow, in: Liberal 21 (1979), 578–585

469 **Smith,** Bradley F.: Der Jahrhundert-Prozeß. Die Motive der Richter von Nürnberg – Anatomie einer Urteilsfindung. Frankfurt/Main: Fischer 1977, 379 S. (Reaching judgment at Nuremberg: The untold story of how the Nazi war criminals were judged.)

470 **Soell,** Hartmut: Die deutschlandpolitischen Konzeptionen der SPD-Opposition 1949–1961, in: Deutschlandpolitik der Nachkriegsjahre. Zeitgeschichtliche und didaktische Ortsbestimmung. Von Erich Kosthorst, Klaus Gotto und Hartmut Soell. Paderborn: Schöningh 1976, 41–61

471 **Sommer,** Theo: Offensive Entspannung, in: Der SPD-Staat. Hrsg. von Frank Grube und Gerhard Richter, München: Piper 1977, 306–323 (Serie Piper 164)

472 **Sowden, John Kenneth: The German question 1945–1973. Continuity in change. Bradford: University Press; London: Crosby Lockwood Staples 1975, 404 S.**

473 **Schenck,** Guntram von: Die deutsche Nation, in: forum ds. Zeitschrift für Theorie und Praxis des demokratischen Sozialismus 4 (1979), 7–31

474 **Schenk,** Fritz: Mein doppeltes Vaterland. Erfahrungen und Erkenntnisse eines geborenen Sozialdemokraten. Würzburg: Naumann-Verlag 1981, 180 S.

475 **Scheuner,** Ulrich: Die deutsche einheitliche Staatsangehörigkeit: ein fortdauerndes Problem der deutschen Teilung, in: Europa-Archiv 34 (1979), 345–356

476 **Scheuner,** Ulrich: Der Gedanke der nationalen Einheit im Verhältnis der beiden deutschen Staaten, in: Politik und Kultur 7 (1980), 1, 3–25

477 **Schieder,** Theodor: Das deutsche Geschichtsbild – gestern und heute. Im Spiegel der deutschen Frage, in: Die Politische Meinung 20 (1975), H. 159, 25–35

478 **Schmid,** Günther: Politik des Ausverkaufs? Die Deutschlandpolitik der Regierung Brandt/Scheel. München: tuduv-Verlag 1975, 313 S.

479 **Schmid, Günther, Entscheidung in Bonn. Die Entstehung der Ost- und Deutschlandpolitik 1969/1970. Köln: Verl. Wissenschaft und Politik 1979², 455 S.**

480 **Schmid,** Günther: Henry Kissinger und die deutsche Ostpolitik. Kritische Anmerkungen zum ost- und deutschlandpolitischen Teil der Kissinger-Memoiren, in: Aus Politik und Zeitgeschichte B 8/1980, 10–20

481 **Schmid,** Karin: Die deutsche Frage im Staats- und Völkerrecht. Baden-Baden: Nomos Verlagsgesellschaft 1980, 207 S.

482* **Schmollinger,** Horst und Peter Müller: Deutschland 1970–1978. Hannover: Fackelträger 1979, 400 S.

483 **Schneider,** Herbert und Uwe Uffelmann: Zur Außenpolitik der Bundesrepublik Deutschland. Ein Reader für den historisch-politischen Unterricht. Paderborn: Schöningh 1977, 381 S. (Sammlung Schöningh zur Geschichte und Gegenwart)

484 **Schulz, Eberhard: Die deutsche Nation in Europa. Internationale und historische Dimensionen. Bonn: Europa Union Verlag 1982, 272 S. (Schriften des Forschungsinstituts der Deutschen Gesellschaft für Auswärtige Politik e. V., Bonn.)**

485 **Schumacher,** Hans: Ostpolitik – Dialog und Entspannung, in: Die Neue Gesellschaft 22 (1975), 110–114

486 **Schuster,** Rudolf: Vom Dissens in der Deutschlandpolitik, in: Politik und Kultur 5 (1978), 4, 63–69

487 **Schwarz,** Hans-Peter (Hrsg.): Handbuch der deutschen Außenpolitik. München usw.: Piper 1975, 848 S.

488 **Schwarz,** Hans-Peter: Adenauers Wiedervereinigungspolitik. Zwischen nationalem Wollen und realpolitischem Zwang, in: Die Politische Meinung 20 (1975), H. 163, 33–54

489 **Schwarz,** Hans-Peter: Brauchen wir ein neues deutschlandpolitisches Konzept?, in: Europa Archiv 32 (1977), 327–338

490 **Schwarz,** Hans-Peter (Hrsg.): Entspannung und Wiedervereinigung. Deutschlandpolitische Vorstellungen Konrad Adenauers 1955–1958. Stuttgart: Belser 1979, 120 S. (Rhöndorfer Gespräche 2)

491 **Schwarz, Hans-Peter: Die Ära Adenauer. Gründerjahre der Republik. 1949–1957. Stuttgart: Deutsche Verlags-Anstalt; Wiesbaden: Brockhaus 1981, 540 S. (Geschichte der Bundesrepublik Deutschland 2)**

492 **Schweisfurth,** Theodor: Verträge im Zeichen der Einheit der Nation, in: Politik und Kultur 7 (1980), 3, 58–68

493* **Schweitzer,** Carl Christoph: Die deutsche Nation. Aussagen von Bismarck bis Honecker. Köln: Verlag Wissenschaft und Politik 1979^2, 623 S. (Bibliothek Wissenschaft und Politik 15)

494 **Stefanowicz,** Janusz: The German problem in European politics, in: Studies in International Relations. Polen (1975), 6, 33–53

495 **Steininger,** Rolf: Deutschland und die Sozialistische Internationale nach dem Zweiten Weltkrieg. Die deutsche Frage, die Internationale und das Problem der Wiederaufnahme der SPD auf den internationalen sozialistischen Konferenzen bis 1951, unter besonderer Berücksichtigung der Labour Party. Darstellung und Dokumentation. Bonn: Verlag Neue Gesellschaft 1979, 433 S. (Friedrich-Ebert-Stiftung. Archiv für Sozialgeschichte. Beih. 7)

496 **Stuby,** Gerhard: Zwischen Kaltem Krieg und Entspannung. Politische und völkerrechtliche Aspekte der Ost-West-Beziehungen, in: Blätter für deutsche und internationale Politik 25 (1980), 397–412

497 **Teller,** Hans: Institutionen des Kalten Krieges gegen die DDR. Zur Geschichte des „Bundesministeriums für Gesamtdeutsche Fragen" 1949–1965, in: Zeitschrift für Geschichtswissenschaft 25 (1977), 893–909

498 **Thadden,** Rudolf von: Das schwierige Vaterland. Geschichte und Geschichtsbewußtsein als Problem der Deutschen, in: Aus Politik und Zeitgeschichte B 45/1979, 3–17

499 **Thadden,** Rudolf von: Gesellschaftsbewußtsein und Identitätsproblem der Deutschen, in: Politik und Kultur 7 (1980), 3, 3–13

500 **Tilford,** Roger (Hrsg.): The Ostpolitik and political change in Germany. Lexington, Mass.: Heath 1975, 111 S. (Saxon House studies)

501 **Tradition** und Neubeginn. Internationale Forschungen zur deutschen Geschichte im 20. Jahrhundert. Referate und Diskussionen eines Symposiums der Alexander von Humboldt-Stiftung vom 10. bis 15. September 1974 in Bad Brückenau. Hrsg.: Joachim Hütter, Reinhard Meyers und Dietrich Papenfuß. Köln: Heymanns 1975, 565 S. (Internationale Fachgespräche)

502 Vom **Umgang** mit der deutschen Frage. Hrsg.: Juso-Hochschulgruppe der TU Berlin. Berlin: Jungsozialisten-Hochschulgruppe der TU 1981, 71 S.

503 **Venohr,** Wolfgang (Hrsg.): Die deutsche Einheit kommt bestimmt. Bergisch Gladbach: Lübbe 1982, 192 S.

504 **Vogelsang, Thilo: Das geteilte Deutschland. München: Deutscher Taschenbuchverlag 1980[10], 406 S. (DTV-Weltgeschichte des 20. Jahrhunderts 11) (dtv-Taschenbuch 4011)**

505 **Voigt,** Dieter und Manfred Messing (Hrsg.): Beiträge zur Deutschlandforschung. Bd. 1. Beiträge von Horst David, Dieter Voigt u. a. Bochum: Brockmeyer 1982, 331 S.

506 **Voigt,** Karsten D.: Deutschlandpolitik heute – Was ist machbar?, in: Informationsdienst (1982), 113, 1–11

507 **Volle,** Angelika Elisabeth Charlotte: Deutsch-britische Beziehung. Eine Untersuchung des bilateralen Verhältnisses auf der staatlichen und nicht-staatlichen Ebene seit dem Zweiten Weltkrieg. Bonn 1976, 339 S. (Phil.-Diss. 1975)

508 **Weidenfeld,** Werner: Die Frage nach der Einheit der deutschen Nation. München usw.: Olzog 1981, 154 S. (Olzog-Studienbuch)

509 **Weigend,** Friedrich: Von geteilten und geeinten Nationen, in: Politik und Kultur 5 (1978), 4, 46–57

510 **Weiss,** Anne und Gerhard: Geschichte der deutschen Spaltung, 1945–1955. Köln: Pahl-Rugenstein 1975, 48 S. (Hefte zum Geschichts- und Sozialkundeunterricht 6)

511 **Wettig, Gerhard: Die Sowjetunion, die DDR und die Deutschland-Frage 1965–1976. Einvernehmen und Konflikt im sozialistischen Lager. Stuttgart: Verlag Bonn Aktuell 1977[2], 232 S. (Bonn aktuell 28)**

512 **Winters,** Peter Jochen: Was brachten die Verträge? Deutschlandpolitik gestern und morgen, in: Die Politische Meinung 25 (1980), H. 190, 36–44

513 **Wippermann,** Wolfgang: Der ‚deutsche Drang nach Osten'. Ideologie und Wirklichkeit eines politischen Schlagwortes. Darmstadt: Wissenschaftliche Buchgesellschaft 1981, 153 S. (Impulse der Forschung 35)

514 **Wolf,** Gerald: Die Deutschen. Eine Untersuchung ihres Status nach innerstaatlichem Recht der Bundesrepublik Deutschland und Völkerrecht. Diss. jur. Mainz 1978, 349 S.

515 **Wolff von Amerongen,** Otto (Hrsg.): Rechtsfragen der Integration und Kooperation in Ost und West. Berlin: Duncker & Humblot 1976, 463 S.

516 **Wolff von Amerongen,** Otto: Die Wirtschaft im Spannungsfeld Ost-West, in: Osteuropa 32 (1982), 3–9

517 **Zeller,** Karl: Was will die Sozialdemokratie der BRD mit jener Politik erreichen, die von ihr „Deutschlandpolitik" genannt wird?, in: Probleme des gegenwärtigen Sozialdemokratismus. Hrsg.: Akademie der Wissenschaften der ČSSR, Institut für Philosophie und Soziologie; Akademie der Wissenschaften der DDR, Zentralinstitut für Philosophie, Forschungsgruppe zur Kritik der bürgerlichen Ideologie. Berlin: Akademie-Verlag 1979, 46–78 (Zur Kritik der bürgerlichen Ideologie und des Revisionismus)

518 **Zorgbibe,** Charles: Aux origines de l'Ostpolitik les «Modèles Bahr», in: Studia Diplomatica. Brüssel 28 (1975), 543–548

II. DEUTSCHLANDPOLITIK VON 1941 BIS 1949

8. Deutschlandpläne der Alliierten 1941–1945

Anderson, Terry ... vgl. Nr. 650

519 **Backer, John H.: Die Entscheidung zur Teilung Deutschlands. Die amerikanische Deutschlandpolitik 1943–1948. München: Beck 1981, 215 S. (The Decision to Divide Germany. American Foreign Policy in Transition, Durham, N. C. 1978)**

520 **Bailey,** Thomas A.: The Marshall Plan summer. An eye-witness report on Europe and the Russians in 1947. Stanford, Calif.: Hoover Institution Press 1977, 246 S.

521 **Braunthal,** Gerard: The Anglo-Saxon model of democracy in the West-German political consciousness after World War II, in: Archiv für Sozialgeschichte 18 (1978), 245–277

522 „Deutschland als Ganzes". Das Potsdamer Abkommen – und was nach 30 Jahren daraus geworden ist, in: Die Politische Meinung 21 (1976), H. 164, 69–94

Divine, Robert ... vgl. Nr. 557

523 **Eggleston,** George T.: Roosevelt, Churchill and the World War II. opposition. A revisionist autobiography. Old Greenwich, Conn.: Devin-Adair 1980, 255 S.

524 **Faust,** Fritz: Das Potsdamer Abkommen vom 2. August 1945 und die europäische Sicherheit. Eine Betrachtung zur heutigen völkerrechtlichen Bedeutung, in: Sicherheitspolitik heute. Bad Honnef (1975), 2, 311–334

525 **Faust,** Fritz: Die wirtschaftliche und politische Einheit Deutschlands. Zum dreißigsten Jahrestag des Potsdamer Abkommens, in: Aus Politik und Zeitgeschichte B 31/1975, 3–20

526 **Fischer, Alexander: Sowjetische Deutschlandpolitik im Zweiten Weltkrieg. 1941–1945. Stuttgart: Deutsche Verlags-Anstalt 1975, 252 S. (Studien zur Zeitgeschichte.)**

527* **Fritsch-Bournazel,** Renata: Die Sowjetunion und die deutsche Teilung. Die sowjetische Deutschlandpolitik 1945–1979. Mit e. Vorw. von Alfred Grosser. Opladen: Westdeutscher Verlag 1979, 167 S. (L'Union Soviétique et les Allemandes)

528 **Gaddis,** John Lewis: Russia, the Soviet Union, and the Unites States: An interpretive history. New York usw.: Wiley 1978, 309 S. (America and the world)

529 **Gaddis, John Lewis: The United States and the Origins of the Cold War, 1941–1947. New York usw.: Columbia University Press, 1976², 396 S.**

530 **Gaddis,** John L.: Containment: A Reassessment, in: Foreign Affairs 55 (1977), S. 873–887

531 **Gati,** Charles (Hrsg.): Caging the Bear: Containment and the Cold War. Indianapolis, N. Y.: Bobbs-Merill 1974, 228 S.

532 **Geschichte der sowjetischen Außenpolitik, 1945 bis 1976. Autorenkollektiv: A. L. Adamischin, A. M. Alexandrow u. a. Hrsg.: Akademie der Wissenschaften der UdSSR, Institut für Geschichte der UdSSR. Berlin: Staatsverlag der DDR 1978² (ergänzt), 767 S. (Istorija vnesnej politiki SSSR)**

533 **Geschichte der Außenpolitik der UdSSR.** Istorija vnesnej politiki SSSR. Redaktion: Andrej A. Gromyko, B. N. Ponomareva, 2 Bde. Moskau: Izd. „Nauka" 1976. Bd. 1: 1917–1945. Von A. V. Berezkin, I. N. Zemskov (u. a.), 519 S. Bd. 2: 1945–1975. Von A. L. Adamischin, A. M. Alexandrow (u. a.), 670 S.

534 **Geschichte der UdSSR.** Von den Anfängen bis zur Gegenwart. Autorenkollektiv unter Ltg. von Günter Rosenfeld. Hrsg. vom Wissenschaftlichen Beirat für Geschichtswissenschaft beim Ministerium für Hoch- und Fachschulwesen. Berlin: Deutscher Verlag der Wissenschaften 1978, 680 S.

535 **Gostony,** Peter: Über die Entstehung der Nationalkomitees und der nationalen Militärformationen der osteuropäischen Nationen in der Sowjetunion während des Zweiten Weltkrieges, in: Militärgeschichtliche Mitteilungen (1976), H. 17, 75–98

536 **Graebner,** Norman A.: Cold War diplomacy. American foreign policy 1945–1975. New York usw.: Van Nostrand 1977², 248 S.

537 **Graml,** Hermann: Zwischen Jalta und Potsdam. Zur amerikanischen Deutschlandplanung im Frühjahr 1945, in: Vierteljahreshefte für Zeitgeschichte 24 (1976), 308–323

538 **Harriman: W. Averell und Elie Abel: In geheimer Mission. Als Sonderbeauftragter Roosevelts bei Churchill und Stalin, 1941–1946. Stuttgart: Seewald 1979, 436 S. (Special envoy to Churchill and Stalin, 1941–1946. New York 1975)**

539* **Hillgruber,** Andreas: Sowjetische Außenpolitik im Zweiten Weltkrieg. Mit e. Vorw. des Autors zur Taschenbuchausgabe. Königstein/Ts., usw.: Athenäum-Droste 1979, 154 S. (Athenäum-Droste-Taschenbuch Geschichte 7222)

540 **Hillgruber,** Andreas: Der Zweite Weltkrieg. 1939–1945. Kriegsziele und Strategien der großen Mächte. Stuttgart usw.: Kohlhammer 1982, 197 S.

541 **The impact of the Cold War.** Reconsiderations. To the memory of Daniel Malloy Smith ed. by Joseph M. Siracusa und Glen St. John Barclay. Port Washington, N. Y. usw.: Kennikat Press 1977, 208 S. (National university publications)

542 **Israelian,** Viktor: Die Antihitlerkoalition: die diplomatische Zusammenarbeit zwischen der UdSSR, den USA und England während des Zweiten Weltkrieges 1941–1945. Frankfurt/Main: Verlag Marxistische Blätter 1975, 438 S.

543* **Jacobsen,** Hans-Adolf: Der Weg zur Teilung der Welt. Politik und Strategie 1939–1945. Koblenz: Wehr und Wissen Verlag 1979², 672 S.

544 **Das Jahr 1945.** Wege in die Freiheit. Erlebnisse und Ereignisse. Hrsg. von Peter Altmann, Heinz Brüdigam und Max Oppenheimer i. A. des Präsidiums der VVN – Bund der Antifaschisten. – Frankfurt/Main: Röderberg 1980, 207 S.

545 **Keiderling,** Gerhard: Zur Haltung der Westmächte bei der Vorbereitung des militäri-

schen Vier-Mächte-Besatzungs- und Kontrollsystems für Deutschland (1943–1945), in: Jahrbuch für Geschichte (1975), H. 13, 293–349

Kimball, Warren ... vgl. Nr. 779

546 **Knapp,** Manfred: Das Deutschlandproblem und die Ursprünge des Europäischen Wiederaufbauprogramms. Eine Auseinandersetzung mit John Gimbels Untersuchung "The origins of the Marshall Plan", in: Politische Vierteljahresschrift 19 (1978), 48–65

547 **Kowalski,** Wodzimierz T.: Poczdamski ad Pokojowy. (Die Potsdamer Friedensordnung). Warschau: Verlag des Polnischen Verteidigungsministeriums 1974, 204 S.

548 **Kraut,** Alfred und Paul Lamatsch: Potsdam, die Welt-Tragödie. Vaterstetten: Arndt 1979, 287 S.

549 **Loth, Wilfried: Die Teilung der Welt. Geschichte des Kalten Krieges 1941–1955. München 1982[2], 356 S. (dtv-Weltgeschichte des 20. Jahrhunderts. dtv-Taschenbuch 4012)**

Lukacs, John ... vgl. Nr. 671

550 **Lunestad,** Geir: The American non-policy toward Eastern Europe 1943–1947. Universalism in an area not of essential interest to the United States. Oslo: Universitetsforlaget 1975, 653 S.

551 **Maddox,** Robert J.: Amerikanische Geschichtsrevisionisten und der Beginn des Kalten Krieges, in: Osteuropa 27 (1977), 427–434

552 **Martin,** Bernd: Verhandlungen über separate Friedensschlüsse 1942–1945. Ein Beitrag zur Entstehung des Kalten Krieges, in: Militärgeschichtliche Mitteilungen 7 (1976), H. 20, 95–113

553 **Matzner,** Egon: Zur Entstehung des Kalten Krieges, in: Europäische Rundschau 3 (1975), 55–69

554 **Mee,** Charles L.: Die Teilung der Beute. Die Potsdamer Konferenz 1945. Wien usw.: Molden 1977, 343 S.; München: Heyne 1979, 341 S. (Heyne Geschichte 32) (Meeting at Potsdam, New York 1975)

555 **Müller,** Manfred: Das Potsdamer Abkommen – Dokument der europäischen Friedenssicherung, in: Deutsche Außenpolitik 20 (1975), 1125–1135

556 **Nogee, Joseph L. und Robert H. Donaldson: Soviet foreign policy since World War II. New York usw.: Pergamon Press 1981, 319 S. (Pergamon policy studies on international politics)**

557 **Nübel,** Otto: Die amerikanische Reparationspolitik gegenüber Deutschland 1941–1945. Hrsg.: Bundesministerium für innerdeutsche Beziehungen. Frankfurt/Main: Metzner 1980, 226 S. (Dokumente zur Deutschlandpolitik. Beihefte. Bd. 4)

Paterson, Thomas G ... vgl. Nr. 681

558 **Poidevin,** Raymond: Frankreich und die Ruhrfrage, 1945–1951, in: Historische Zeitschrift 228 (1979), 317–334

Poidevin, Raymond ... vgl. Nr. 1403

559 **Das Potsdamer Abkommen.** Dokumentensammlung. Hrsg.: Historische Gedenkstätte des Potsdamer Abkommens Cecilienhof, Potsdam; Institut für Internationale

Politik und Wirtschaft, Berlin. Berlin: Staatsverlag der DDR, 1979^{2} (durchgesehen), 351 S.

560 **Das Potsdamer Abkommen** und die Deutschlandfrage. Hrsg. von Friedrich Klein und Boris Meissner. Bd. 1: Geschichte und rechtliche Grundfragen. Stuttgart: Braumüller 1977, 179 S. (Völkerrechtliche Abhandlungen 4,1)

561 **Sanakojew,** Sch. P. und B. L. Zybulewski: Teheran – Jalta – Potsdam. Dokumentensammlung. Aus d. Russ. Frankfurt/Main: Röderberg-Verlag 1978, 447 S.

562 **Schroeder,** Hans-Jürgen: Zur Genesis des Kalten Krieges, in: Neue Politische Literatur 21 (1976), 488–506

Santis, Hugh de ... vgl. Nr. 683

563 **Sharp,** Tony: The Wartime Alliance and the Zonal Division of Germany. Oxford: 1975, 220 S. Clarendon Press

Sharp, Tony ... vgl. Nr. 686

Smith, Arthur ... vgl. Nr. 687

564 Sovetskij Sojuz na meždunarodnych konferencijach perioda Velikoj Otečestvennoj vojny 1941–1945 gg. Izd. Ministerstvo Inostrannych del SSSR. (Red. Andrej A. Gromyko, I. N. Zemskov, u. a.). Tom 1.–6. (Die Sowjetunion auf den Konferenzen in der Zeit des Großen Vaterländischen Krieges 1941–1945. Hrsg.: Ministerium für Auswärtige Angelegenheiten der UdSSR)
1. Moskovskaja konferencija ministrov inostrannych del SSSR, SŠA i Velikobritannii (19.–30. oktjabrja 1943 g.) Sbornik dokumentov, 1978, 422 S. (Moskauer Außenministerkonferenz 19.–30. Oktober 1943)
2. Tegeranskaja konferencija rukovoditelej trech Sojuznych deržav – SSSR, SŠA i Velikobritannii (28 nojabrja – 1 dekabrja 1943 g.) Sbornik dokumentov. 1978, 198 S. (Teheraner Treffen der drei Verbündeten)
3. Konferencija predstavitelej SSSR, SŠA i Velikobritannii v Dumbarton-Okse (21 avgusta – 28 sentjabrja 1944 g.). Sbornik dokumentov. 1978, 294 S. (Konferenz in Dumbarton-Oaks)
4. Krymskaja konferencija rukovoditelej trech sojuznych deržav – SSSR, SŠA i Velikobritannii (4–11 fevralja 1945 g.). Sbornik dokumentov. 1979, 326 S. (Konferenz der drei Alliierten auf der Krim)
5. Konferencija Ob'edinennych Nacij v San-Francisko (25 aprelja – 26 ijuna 1945 g.). Sbornik dokumentov 1980, 710 S. (Konferenz der Vereinten Nationen in San Franzisko)
6. Berlinskaja (Potsdamskaja) Konferencija rukovoditelej sojuznych deržav – SSSR, SŠA i Velikobritannii (17 ijulja – 2 avgusta 1945 g.). Sbornik dokumentov. 1980, 551 S. (Potsdamer Konferenz)

565 **Stoler,** Mark A.: The politics of the second front. American military planning and diplomaty in coalition warfare, 1941–1943. Westport, Conn.: Greenwood Press 1977, 244 S.

566 **Stuby,** Gerhard: Dreißig Jahre Potsdamer Abkommen. Seine historische und aktuelle Relevanz, in: Blätter für deutsche und internationale Politik 20 (1975), 251–270

567 **Teheran, Jalta, Potsdam.** Dokumentensammlung. Hrsg. von Sch. P. Sanakojew und B. L. Zybulewski. Moskau: Progress; Berlin: Dietz (in Komm.) 1978, 447 S.

568 **Tolstoy,** Nicolai: Die Verratenen von Jalta. Englands Schuld vor der Geschichte. München usw.: Langen Müller 1978, 184 S. (Victims of Yalta, London 1978)

569 **U. S. occupation in Europe** after World War II. Papers and reminiscences from the April 23–24, 1976, conference. Held at the George C. Marshall Research Foundation, Lexington, Virginia, Hrsg. und eingel. von Hans A. Schmitt. Lawrence: The Regents Press of Kansas 1978, 172 S. (A George C. Marshall Research Foundation Publication)

Walton, Richard ... vgl. Nr. 694

Ward, Patricia ... vgl. Nr. 695

570 **Wasser,** Hartmut: Jalta: Legende ohne Ende, in: Merkur 36 (1982), 405, 321–325

571 **Wünschel,** Hans-Jürgen: Die Teilungspläne der Alliierten und die Forderung Frankreichs nach Abtrennung des linken Rheinufers 1943–1947, in: Jahrbuch für westdeutsche Landesgeschichte 5 (1979), 357–372

572 **Wyssozki,** Viktor N.: Unternehmen Terminal. Zum 30. Jahrestag des Potsdamer Abkommens. Berlin: Staatsverlag der DDR 1975, 207 S.

9. Zielvorstellungen der Emigration und des Widerstandes

573 Der antifaschistische Widerstandskampf der KPD im Spiegel des Flugblattes 1933–1945. Zusammengestellt und eingef. von Margot Pikarski und Günter Uebel. Frankfurt/Main: Röderberg 1978, 240 Bl. in Kassette, 63 S.

574 **Baerwald,** Friedrich: Zur politischen Tätigkeit deutscher Emigranten im Council for a Democratic Germany. Dokumentation, in: Vierteljahrshefte für Zeitgeschichte 28 (1980), 372–383

575 **Brandt,** Willy: Deutsche Sozialdemokraten und ihr Widerstand gegen den Nationalsozialismus, in: Tribüne 18 (1979), H. 71, 102–112

576 **Bremer,** Jörg: Die Sozialistische Arbeiterpartei (SAP). Untergrund und Exil 1933–1945. Frankfurt/Main: Campus-Verlag 1978, 322 S. (Campus. Forschung 35)

577 **Christen im Widerstand.** Die Bedeutung Dietrich Bonhoeffers für die Widerstandsbewegung im Dritten Reich und für die Christen in der Ökumene. 3. Tagung der Reihe ‚Christen antworten auf Herausforderungen' vom 23.–25. 2. 1979 in Bad Boll. Bad Boll 1979, 72 S. (Protokolldienst. Evangel. Akademie Bad Boll. 3/79)

578 **Demps,** Laurenz: Die vertraulichen „Mitteilungen für die Bevollmächtigten und ihre Beauftragten an der Front" des Nationalkomitees Freies Deutschland (NKFD) Nr. 4 vom Juli 1944, in: Bulletin des Arbeitskreises „Zweiter Weltkrieg" 3/4 (1975), 22–102

579 **Dengler,** Gerhard: Anfänge einer neuen deutschen Außenpolitik. Zu einigen Aspekten des Nationalkomitees „Freies Deutschland", in: Deutsche Außenpolitik 20 (1975), 518–528

580 **Der deutsche Widerstand und die CDU.** Dokumentation. Reden, Stellungnahmen, Erklärungen (1945–1978). Red.: Rüdiger von Voss und Klaus Gotto. Hrsg.: CDU-Bundesgeschäftsstelle. Bonn 1978, 191 S.

581 **Dow,** James Elstone: Count von Stauffenberg and the twentieth of July, in: Modern Age. Chicago Vol. 20 (1976), 206–213

582 **Exil** in der Sowjetunion. Berlin: Verlag Europäische Ideen 1976, 143 S.

583 **Exil.** Literarische und politische Texte aus dem deutschen Exil 1933–1945. Hrsg. von Ernst Loewy. Unter Mitarb. von Brigitte Grimm u. a. Stuttgart: Metzler 1979, 1277 S.

584 **Fabian,** Ruth und Corinna Coulmas: Die deutsche Emigration in Frankreich nach 1933. München usw.: Saur 1978, 136 S.

585 **Finker,** Kurt: Graf Moltke und der Kreisauer Kreis. Berlin (Ost): Union Verlag 1978, 335 S.

586 **Frenzel,** Max, Wilhelm Thiele und Artur Mannbar: Gesprengte Fesseln. Ein Bericht über den antifaschistischen Widerstand und die Geschichte der illegalen Parteiorganisation der KPD im Zuchthaus Brandenburg-Görden von 1933 bis 1945. Berlin: Militärverlag der DDR 1976², 367 S.

587 **Frieser,** Karl-Heinz: Krieg hinter Stacheldraht. Die deutschen Kriegsgefangenen in der Sowjetunion und das Nationalkomitee „Freies Deutschland". Mainz: von Hase & Koehler 1981, 381 S.

588 **Funke,** Otto: Die Ideale des antifaschistischen Widerstandskampfes – grundlegende Prinzipien der Außenpolitik der DDR, in: Deutsche Außenpolitik 23 (1978), 9, 5–14

589 **Gerstenmaier,** Eugen: Von Bolz bis zu Rommel und Wurm. Baden-Württemberg im Kampf gegen Hitler. Stuttgart: Evangelisches Verlagswerk 1978, 29 S.

Gerstenmaier, Eugen . . . vgl. Nr. 148

590 **Goguel,** Rudi: Antifaschistischer Widerstand und Klassenkampf. Die faschistische Diktatur 1933 bis 1945 und ihre Gegner. Bibliographie deutschsprachiger Literatur aus den Jahren 1945 bis 1973. Unter bibliographischer Mitarbeit von Jutta Grimann, Manfred Püschner und Ingrid Volz. Berlin: Militärverlag der DDR 1976, 567 S.

591 **Grant Duff,** Shiela: Fünf Jahre bis zum Krieg (1934–1939). Eine Engländerin im Widerstand gegen Hitler. Mit e. Vorwort von Allan Bullock. München: Beck 1978, 311 S. (Fife years to war)

592 **Grünwald,** Leopold: Sudetendeutscher Widerstand gegen Hitler. Der Kampf gegen das nationalsozialistische Regime in den sudetendeutschen Gebieten. München: Fides-Verlagsgesellschaft 1978, 104 S. (Veröffentlichungen des Sudetendeutschen Archivs in München. Bd. 12.)

593 **ders.:** Im Kampf für Frieden und Freiheit. Sudetendeutscher Widerstand gegen Hitler. München: Fides-Verlagsgesellschaft 1979, 180 S. (Veröffentlichungen des Sudetendeutschen Archivs in München. Bd. 13.)

594 **Haas,** Reimund: Kirchlicher Widerstand unter nationalsozialistischem Totalitarismus, in: Politische Studien 26 (1975), H. 220, 175–184

595 **Hachenburg,** Max: Lebenserinnerungen eines Rechtsanwalts und Briefe aus der Emigration. Hrsg. u. bearb. von Jörg Schadt. Stuttgart usw.: Kohlhammer 1978, 260 S. (Veröffentlichungen des Stadtarchivs Mannheim 5)

596 **Hanser,** Richard: Deutschland zuliebe. Leben und Sterben der Geschwister Scholl. Die Geschichte der Weißen Rose. München: Kindler 1980, 346 S. (A noble treason.)

597 **Heck,** Bruno (Hrsg.): Widerstand, Kirche, Staat. Eugen Gerstenmaier zum 70. Geburtstag. Frankfurt/Main usw.: Propyläen 1976, 269 S.

598 **Hermann,** Hans-Walter: Beiträge zur Geschichte der saarländischen Emigration 1935–1939, in: Jahrbuch für westdeutsche Landesgeschichte 4 (1978), 357–412

599 **Hildebrandt,** Klaus: Die ostpolitischen Vorstellungen im deutschen Widerstand, in: Geschichte in Wissenschaft und Unterricht 29 (1978), 213–241

600 **Hoffmann,** Peter: Widerstand, Staatsstreich, Attentat. Der Kampf der Opposition gegen Hitler. München: Piper 1979[3] (neu überarbeitet und erweitert), 1003 S.

601 **Kantorowicz,** Alfred: Politik und Literatur im Exil. Deutschsprachige Schriftsteller im Kampf gegen den Nationalsozialismus. Hamburg: Christians 1978, 346 S. (Hamburger Beiträge zur Sozial- und Zeitgeschichte 14)

602 **Kettenacker, Lothar (Hrsg.): Das ‚Andere Deutschland' im Zweiten Weltkrieg. The 'Other Germany' in the Second World War. Emigration und Widerstand in internationaler Perspektive. Stuttgart: Klett 1977, 258 S. (Veröffentlichungen des Deutschen Historischen Instituts London 2)**

603 **Klemperer,** Klemens von: Glaube, Religion, Kirche und der deutsche Widerstand gegen den Nationalsozialismus, in: Vierteljahrshefte für Zeitgeschichte 28 (1980), 293–309

604 **Kleßmann,** Christoph: Gegner des Nationalsozialismus. Zum Widerstand im Dritten Reich, in: Aus Politik und Zeitgeschichte B 46/1979, 25–37

605 **Kleßmann,** Christoph und Falk Pingel (Hrsg.): Gegner des Nationalsozialismus. Wissenschaftler und Widerstandskämpfer auf der Suche nach historischer Wirklichkeit. Frankfurt/Main usw.: Campus Verlag 1980, 307 S.

606 **Kluke,** Paul: Deutscher Widerstand. Eine Facette im Schlußakt der europäischen Tragödie, in: Beiträge zur Zeitgeschichte. Festschrift Ludwig Jedlicka zum 60. Geburtstag. St. Pölten: Niederösterreichisches Pressehaus 1976, 299–319

607 **Krink,** Alfred: Nationalsozialismus und Widerstand als erfahrbare Geschichte, in: Aus Politik und Zeitgeschichte B 22/1979, 3–18

608 **Kühn,** Heinz: Widerstand und Emigration. Die Jahre 1928–1945. Hamburg: Hoffmann und Campe 1980, 357 S.

609 **Kühnrich,** Heinz: Zur Erforschung und Darstellung der deutschen antifaschistischen Widerstandsbewegung während des Zweiten Weltkrieges. Ergebnisse und Aufgaben, in: Beiträge zur Geschichte der Arbeiterbewegung 17 (1975), 260–281

610 **Lange,** Dieter: Dokumente der Bewegung „Freies Deutschland" in Dänemark, in: Zeitschrift für Geschichtswissenschaft 23 (1975), 403–429

611 **Lange,** Dieter: Fritz Tarnows Pläne zur Umwandlung der faschistischen Deutschen Arbeitsfront in Gewerkschaften, in: Zeitschrift für Geschichtswissenschaft 24 (1976), 150–167

612 **Langkau-Alex,** Ursula: Volksfront für Deutschland? 1. Vorgeschichte und Gründung des „Ausschusses zur Vorbereitung einer deutschen Volksfront", 1933–1936. Frankfurt/Main: Syndikat 1977, 363 S.

613 **Leben im Exil.** Probleme der Integration deutscher Flüchtlinge im Ausland. 1933–

1945. In Verbindung mit Walter Hinck, Eberhard Lämmert und Hermann Weber. Hrsg. von Wolfgang Frühwald und Wolfgang Schieder. Hamburg: Hoffmann und Campe 1981, 285 S. (Historische Perspektiven 18)

614 **Leber,** Julius: Schriften, Reden, Briefe. Hrsg. von Dorothea Beck und Wilfried F. Schoeller. Mit einem Vorwort von Willy Brandt und einer Gedenkrede von Golo Mann. München: Leber 1976, 327 S.

615 **Lehmann,** Hans Georg: In Acht und Bann. Politische Emigration, NS-Ausbürgerung und Wiedergutmachung am Beispiel Willy Brandts. München: C. H. Beck 1976, 387 S.

616 **Lühe,** Irmgard von der: Eine Frau im Widerstand. Elisabeth von Thadden und das Dritte Reich. Gekürzte und überarbeitete Fassung des Buches: Elisabeth von Thadden. Freiburg i. Br.: Herder 1980, 158 S. (Herderbücherei 785)

617 **Matt,** Alphons: Hat es sich gelohnt? Gespräche und Dokumente über den Widerstand in Europa von 1930 bis 1945. Zürich usw.: Ringier 1980, 256 S.

618 **Misgeld,** Klaus: Die „Internationale Gruppe demokratischer Sozialisten“ in Stockholm 1942–1945. Zur sozialistischen Friedensdiskussion während des Zweiten Weltkrieges. Stockholm. Almqvist und Wiksell 1976, 216 S. (Studia Historica Upsalisiensia 79) (Acta Universitatis Upsaliensis)

619 **Neu-Isenburg** zwischen Anpassung und Widerstand. Dokumente über Lebensbedingungen und politisches Verhalten 1933–1945. Im Auftrag des Magistrats der Stadt Neu-Isenburg hrsg. von Dieter Rebentisch und Angelika Raab. Neu-Isenburg: Magistrat 1978, 343 S.

620 **Nielsen,** Frederic: Emigrant für Deutschland in der Tschechoslowakei, in England und in Kanada. Tagebuchaufzeichnungen, Aufrufe, Berichte aus den Jahren 1933–1943. Mit einem Sonderband: Zitate und Kommentare. Darmstadt: Bläschke 1977, 515 S. (Hauptw.), 89 S. (Sonderbd.)

621 **Norden,** Günther van: Widerstand im deutschen Protestantismus 1933–1945, in: Monatshefte für evangelische Kirchengeschichte des Rheinlands 27 (1978), 251–273

622 **Petrick,** Birgit: ‚Freies-Deutschland‘ – die Zeitung des Nationalkomitees ‚Freies Deutschland‘ (1943–1945): Eine kommunikationsgeschichtliche Untersuchung. München usw.: Saur 1979, 389 S. (Kommunikation und Politik 12)

623 **Peukert,** Detlev: Der deutsche Arbeiterwiderstand gegen das Dritte Reich. Erg. und erw. Fassung eines Vortrages. Berlin 1980, 68 S. (Landeszentrale für Politische Bildungsarbeit. Beiträge zum Thema Widerstand 13)

624 **Peukert,** Detlev: Die KPD im Widerstand. Verfolgung und Untergrundarbeit an Rhein und Ruhr 1933 bis 1945. Wuppertal: Hammer 1980, 460 S. (Düsseldorfer Schriften zur Neueren Landesgeschichte und zur Geschichte Nordrhein-Westfalens 2)

625 **Pike,** David: Deutsche Schriftsteller im sowjetischen Exil 1933–1945. Frankfurt/Main: Suhrkamp 1981, 585 S. (German writers in Soviet exile 1933–1945)

626 **Pingel,** Falk: Erinnern oder Vergessen? Überlegungen zum Gedenken an den Widerstand und an die Opfer des Nationalsozialismus, in: Aus Politik und Zeitgeschichte B 9–10/1981, 14–29

627 **Plum,** Günther: Die KPD in der Illegalität. Rechenschaftsbericht einer Bezirksleitung aus dem Jahre 1934 (Dokumentation), in: Vierteljahrshefte für Zeitgeschichte 23 (1975), 219–235

628 **Poppinga,** Onno, Hans Martin Barth und Hiltraut Roth: Ostfriesland. Biographien aus dem Widerstand. Frankfurt/Main: Syndikat 1977, 186 S.

629 **Prinz,** Friedrich: Jaksch und Benes im Londoner Exil und die Frage der Aussiedlung der Sudetendeutschen, in: Bohemia 15 (1974), 256–284

630 **Reynolds,** Nicholas: (Ludwig) Beck. Gehorsam und Widerstand. Das Leben des deutschen Generalstabschefs 1935–1938. Wiesbaden: Limes Verlag 1976, 283 S. (Treason was no crime.)

631 **Röder,** Werner: Quellen zur Geschichte der deutschsprachigen Emigration 1933–1945 im Archiv des Instituts für Zeitgeschichte, München, in: Jahrbuch für Internationale Germanistik 7 (1975), 142–170

632 **Röder,** Werner: Deutscher Widerstand im Ausland. Zur Geschichte des politischen Exils 1933–1945, in: Aus Politik und Zeitgeschichte B 31/1980, 3–22

633 **Roon,** Ger van: Hermann Kaiser und der deutsche Widerstand, in: Vierteljahrshefte für Zeitgeschichte 24 (1976), 259–286

634 **Roon,** Ger van: Widerstand im Dritten Reich. Ein Überblick. München: Beck 1979, 251 S. (Beck'sche Schwarze Reihe 191) (Het Duitse verzet tegen Hitler)

635 **Rückkehr unerwünscht.** Joseph Drexels „Reise nach Mauthausen“ und der Widerstandskreis Ernst Niekisch. Hrsg. von Wilhelm Raimund Beyer. Stuttgart: Deutsche Verlags-Anstalt 1978, 331 S.

636 **Rühle,** Jürgen: Unser Umgang mit dem überlieferten Prozeßmaterial über den 20. Juli 1944, in: Geschichte in Wissenschaft und Unterricht 31 (1980), 399–402

637 **Schabrod,** Karl: Widerstand gegen Flick und Florian. Düsseldorfer Antifaschisten über ihren Widerstand 1933–1945. Frankfurt/Main: Röderberg 1978, 205 S. (Bibliothek des Widerstandes.)

638 **Schaefer,** Alfred, Walter Uhlmann, Edu Wald und Bodo Gerstenberg: Die Widerstandskämpfer im Zuchthaus Brandenburg-Görden in den Jahren 1933–1945, in: Aus Politik und Zeitgeschichte B 18/1980, 3–32

639 **Scholder, Klaus: Die Mittwochsgesellschaft. Protokolle aus dem geistigen Deutschland 1932–1944. Berlin: Severin & Siedler 1982, 382 S.**

640 **Schüddekopf,** Otto-Ernst: Der deutsche Widerstand gegen den Nationalsozialismus. Seine Darstellung in Lehrplänen und Schulbüchern der Fächer Geschichte und Politik in der Bundesrepublik Deutschland. Im Auftrag der Forschungsgemeinschaft 20. Juli. Frankfurt/Main: Diesterweg 1977, 55 S. (Geschichte lehren und lernen)

641 **Thun-Hohenstein,** Romedio Galeazzo Graf von: Der Verschwörer. General Oster und die Militäropposition. Berlin: Severin & Siedler 1982, 304 S.

642 **Tutas,** Herbert E.: Nationalsozialismus und Exil. Die Politik des Dritten Reiches gegenüber der deutschen politischen Emigration 1933–1939. München: Hanser 1975, 354 S.

643 **Voges,** Michael: Klassenkampf in der „Betriebsgemeinschaft“. Die „Deutschland-Berichte“ der Sopade 1934–1940 als Quelle zum Widerstand der Industriearbeiter im Dritten Reich, in: Archiv für Sozialgeschichte 21 (1981), 329–383

644 **Vinke,** Hermann: Das kurze Leben der Sophie Scholl. Mit einem Interview von Ilse Aichinger. Ravensburg: O. Maier 1980, 189 S. (Mädchen & Frauen)

645 **Wegner-Korfes,** Sigrid: Der 20. Juli 1944 und das Nationalkomitee „Freies Deutschland": Aus persönlichen Unterlagen der Familie von Oberst Ritter Albrecht Mertz von Quirnheim, in: Zeitschrift für Geschichtswissenschaft 27 (1979), 535–544

Wehner, Herbert . . . vgl. Nr. 244

646 **Widerstand** und Exil der deutschen Arbeiterbewegung 1933–1945. Grundlagen und Materialien. Mit Beiträgen von Manfred Geis, Margrit Grubmüller, Ulrich Henke u. a. Hrsg.: Friedrich-Ebert-Stiftung. Bonn: Verlag Neue Gesellschaft 1981, 768 S. (Schriftenreihe der Bundeszentrale für politische Bildung 180)

647 **Widerstand,** Kirche, Staat. Eugen Gerstenmaier zum 70. Geburtstag. Hrsg. von Bruno Heck. Frankfurt/Main: Propyläen 1976, 269 S.

648 **Wolff,** Willy: An der Seite der Roten Armee. Zum Wirken des Nationalkomitees „Freies Deutschland" an der sowjetisch-deutschen Front 1943–1945. Berlin: Militärverlag der DDR 1975^2, 352 S. (Schriften des Militärgeschichtlichen Instituts der DDR)

649 **Zorn,** Gerda: Widerstand in Hannover. Gegen Reaktion und Faschismus 1920–1945. Frankfurt/Main: Röderberg 1977, 276 S. (Bibliothek des Widerstandes)

10. Deutschland im Spannungsfeld der internationalen Politik 1945–1949

650 **Anderson,** Terry H.: The United States, Great Britain, and the Cold War 1944–1947. Columbia: University of Missouri Press 1981, 256 S.

651 **Bergsdorf,** Wolfgang: „Von Jalta bis zur Spaltung". Besatzung und politischer Wiederaufbau Deutschlands 1945–1949. Melle: Knoth 1979, 112 S. (Grundlagen 4)

652 **Bonwetsch,** Bernd: Kalter Krieg als Innenpolitik: Überlegungen zu innenpolitischen Bedingungen des Ost-West-Konflikts nach 1945, in: Stadtverfassung, Verfassungsstaat, Pressepolitik. Festschrift für Eberhard Naujock. Hrsg. von Franz Quarthal u. a. Sigmaringen: Thorbecke 1980, 230–249

653 **Bown,** Colin und Peter J. Mooney: Cold war to détente. London: Heinemann 1976, 198 S. (Studies in modern history.)

654 **Brodzki,** Stanislaw: Potsdam: The Path to Peace, in: Polish Perspectives 18 (1975), 7/8, 3–10

Carden, Robert . . . vgl. Nr. 728

655 **Determinanten** der westdeutschen Restauration 1945–1949. Autorenkollektiv: Ernst-Ulrich Huster u. a. Frankfurt/Main: Suhrkamp 1975^2, 459 S. (edition suhrkamp 575)

656 **Diepenthal,** Wolfgang: Drei Volksdemokratien. Ein Konzept kommunistischer Machtstabilisierung und seine Verwirklichung in Polen, der Tschechoslowakei und der Sowjetischen Besatzungszone Deutschlands 1944–1948. Köln: Verlag Wissenschaft und Politik 1974, 231 S. (Abhandlungen des Bundesinstituts für ostwissenschaftliche und internationale Studien 29)

657 **Divine,** Robert A.: Eisenhower and the cold war. New York usw.: Oxford University Press 1981, 181 S.

658 **Freemann,** Clive und Gwynne Roberts: Der kälteste Krieg. Professor Adolf-Henning Frucht und das Kampfstoff-Geheimnis. Frankfurt/Main usw.: Ullstein 1982, 332 S. (The coldest war)

Fritsch-Bournazel, Renata . . . vgl. Nr. 527

659 **Gadja,** Eugeniusz: Polska Polityka Zagraniczna 1944–1947. Podstawowe Problemy. (Polnische Außenpolitik 1944–1947. Grundprobleme) Warschau: Verlag des Polnischen Verteidigungsministeriums 1974, 353 S.

660 **Gimbel,** John: The American reparations stop in Germany. An essay on the political uses of history, in: Historian 37 (1974/75), 276–296

661 **Gimbel, John: The Origins of the Marshall Plan. Stanford, Calif.: Stanford University Press 1976, 344 S.**

662 **Gimbel,** John: Byrnes und die Bizone. Eine amerikanische Entscheidung zur Teilung Deutschlands?, in: Wolfgang Benz / Hermann Graml (Hrsg.): Aspekte deutscher Außenpolitik im 20. Jahrhundert. Aufsätze Hans Rothfels zum Gedächtnis. Stuttgart: Deutsche Verlags-Anstalt 1976, S. 193–210

663 **Graebner, Norman A.: Cold War Diplomacy. American Foreign Policy 1945–1975. Princeton, New York: Van Nostrand 1977², 248 S.**

Graml, Hermann . . . vgl. Nr. 537

664 **Grosser,** Alfred: Les Occidentaux: Western Europe and the United States since Second World War, in: West European Politics 3 (1980), 158–165

665 **Hammond,** Harold Y.: Cold war and détente. The American foreign policy process since 1945. New York usw.: Harcourt Brace Jonavovich 1975², 370 S. (Titel d. 1. Aufl.: The cold war years)

Harriman, Averell . . . vgl. Nr. 538

Israelian, Viktor . . . vgl. Nr. 542

Jacobsen, Hans-Adolf . . . vgl. Nr. 543

666 **Kade,** Gerhard: Das Potsdamer Abkommen und die Außenpolitik der USA, in: Blätter für deutsche und internationale Politik 25 (1980), 999–1007

667 **Kreikamp,** Hans-Dieter: Die amerikanische Deutschlandpolitik im Herbst 1946 und die Byrnes-Rede in Stuttgart, in: Vierteljahreshefte für Zeitgeschichte 29 (1981), 269–285

668 **Krisch,** Henry: German Politics under Soviet Occupation. New York usw.: Columbia University Press 1974, 310 S.

669 **Link,** Werner: Der Marshall-Plan und Deutschland, in: Aus Politik und Zeitgeschichte B 50/1980, 3–18

670 **Loth,** Wilfried: Sozialismus und Internationalismus. Die französischen Sozialisten und die Nachkriegsordnung Europas 1940–1950. Stuttgart: Deutsche Verlags-Anstalt 1977, 360 S.

Loth, Wilfried . . . vgl. Nr. 549

671 **Lukacs,** John: 1945. Year Zero. The shaping of the modern age. Garden City, N. Y.: Doubleday 1978, 322 S.

672 **Mai,** Gunther: Westliche Sicherheitspolitik im Kalten Krieg. Der Korea-Krieg und die deutsche Wiederbewaffnung 1950. Boppard: Boldt 1977, 207 S. (Militärgeschichte seit 1945. 4)

673 **Maier,** Charles S. (Hrsg.): The origins of the Cold War and contemporary Europe. New York: New Viewpoints 1978, 255 S. (Modern Scholarship on European History)

674 **Mastny, Vojtech: Moskaus Weg zum Kalten Krieg. Von der Kriegsallianz zur sowjetischen Vormachtstellung in Osteuropa. München usw.: Oldenbourg 1980, 396 S. (Russia's road to the cold war, New York 1979)**

675 **Mettler,** Barbara: Demokratisierung und Kalter Krieg. Zur amerikanischen Informations- und Rundfunkpolitik in Westdeutschland 1945–1949. Berlin: Verlag Volker Spiess 1975, 208 S. (Rundfunkforschung Bd. 2)

676 **Morozow,** Michael: Der Georgier. Stalins Weg und Herrschaft. München usw.: Langen-Müller 1980[2] (durchgesehen), 340 S.

677 **Noack, Paul: Das Scheitern der europäischen Verteidigungsgemeinschaft. Entscheidungsprozesse vor und nach dem 30. August 1954. Düsseldorf: Droste 1977, 204 S. (Bonner Schriften zur Politik und Zeitgeschichte 17)**

678 **Nolte,** Ernst: Kalter Krieg und deutsche Ostpolitik, in: Neue Politische Literatur 20 (1975), 308–338 und 448–490

679 **Nolte,** Ernst: Marxismus – Faschismus – Kalter Krieg. Vorträge und Aufsätze 1964–1974. Stuttgart: Deutsche Verlags-Anstalt 1977, 399 S.

680 **Ott,** Erich: Die Bedeutung des Marshall-Plans für die Nachkriegsentwicklung in Westdeutschland, in: Aus Politik und Zeitgeschichte B 4/1980, 19–37

681 **Paterson,** Thomas G.: On every front. The making of the Cold War. New York: Norton 1979, 210 S. (Norton Essays in American History)

682 **Poidevin,** Raymond: Frankreich und die Ruhrfrage 1945–1951, in: Historische Zeitschrift 228 (1979), 317–334

Poidevin, Raymond . . . vgl. Nr. 1403

683 **Santis,** Hugh de: The diplomacy of silence. The American foreign service, the Soviet Union and the cold war, 1933–1947. Chicago: University of Chicago Press 1981, 270 S.

684 **Schneider,** Ulrich: Eine Doktrin wird geboren. Truman und der Kalte Krieg, in: Journal für Geschichte 2 (1980), 3, 26–30

685 **Schwarz, Hans-Peter: Vom Reich zur Bundesrepublik. Deutschland im Widerstreit der außenpolitischen Konzeptionen in den Jahren der Besatzungsherrschaft 1945–1949. Stuttgart: Klett-Cotta 1980[2] (erweitert), 910 S. (Neuwied: Luchterhand 1966)**

686 **Sharp,** Tony: The Origins of the 'Teheran Formula' on the Polish Frontiers, in: Journal of Contemporary History 12 (1977), 381–393

Sharp, Tony . . . vgl. Nr. 563

687 **Smith,** Arthur: Churchills deutsche Armee. Die Anfänge des Kalten Krieges 1943–1947. Bergisch Gladbach: Lübbe 1978, 205 S. (Churchill's German Army. Wartime Strategy and Cold War Politics, 1943–1947. Beverly Hills, Calif., 1977)

688 **Smith,** Geoffrey S.: Harry, We Hardly Know You: Revisionism, Politics and Diplomacy 1945–1954, in: American Political Science Review 70 (1976), 561–582

689 **Steele,** Richard W.: Franklin D. Roosevelt and his foreign policy critics, in: Political Science Quarterly, New York 94 (1979), 1, 15–32

690 **Thompson,** Kenneth W.: Interpreters and critics of the cold war. Washington, D. C.: University Press of America 1978, 113 S.

691 **The Truman White House.** The administration of the presidency 1945–1953. Hrsg.: Harry S. Truman Library Institute for National and International Affairs von Francis Howard Heller. Lawrence: The Regents Press of Kansas 1980, 247 S.

692 **Vysockij,** Viktor N.: Die deutschen Angelegenheiten auf den internationalen Beratungen der Jahre 1948 und 1949, in: Zeitschrift für Geschichtswissenschaft 23 (1975), 384–402

693 **Wagnleitner,** Reinhold: Die Kontinuität der britischen Außenpolitik nach dem Wahlsieg der Labour Party im Juli 1945, in: Zeitgeschichte 5 (1978), 273–291

694 **Walton,** Richard J.: Henry Wallace, Harry Truman and the Cold War. New York: Viking 1976, 388 S.

695 **Ward,** Patricia Dawson: The Threat of Peace. James F. Byrnes and the Council of Foreign Ministers 1945–1946. Ann Arbor, Mich.: University Microfilms International 1978, 293 S. (Phil. Diss. University of Texas 1975)

696 **Warner,** Geoffrey: Die britische Labour-Regierung und die Einheit Westeuropas 1948–1951, in: Vierteljahrshefte für Zeitgeschichte 28 (1980), 310–330

697 **Wolffsohn,** Michael: Die Debatte über den Kalten Krieg. Politische Konjunkturen – historisch-politische Analysen. Opladen: Leske und Budrich 1982, 61 S. (Kleine politische Texte 2)

Yergin, Daniel . . . vgl. 982

11. Besatzungspolitik und innenpolitische Entwicklung bis zur Gründung der Bundesrepublik und der DDR

698 **Abelshauser,** Werner: Wirtschaft in Westdeutschland, 1945–1948. Rekonstruktion und Wachstumsbedingungen in der amerikanischen und britischen Zone. Stuttgart: Deutsche Verlags-Anstalt 1975, 177 S. (Schriftenreihe der Vierteljahrshefte für Zeitgeschichte 30)

699 **Abelshauser,** Werner: Zur Entstehung der „Magnet-Theorie" in der Deutschlandpolitik. Ein Bericht von Hans Schlange-Schöningen über einen Staatsbesuch in Thüringen im Mai 1946, in: Vierteljahrshefte für Zeitgeschichte 27 (1979), 661–679

700 **Abelshauser,** Werner: Wiederaufbau vor dem Marshall-Plan. Westeuropas Wachstumschancen und die Wirtschaftsordnungspolitik in der zweiten Hälfte der vierziger Jahre, in: Vierteljahrshefte für Zeitgeschichte 29 (1981), 545–578

701 **Adamsen,** Heiner R.: Faktoren und Daten der wirtschaftlichen Entwicklung in der Frühphase der Bundesrepublik 1948–1954, in: Archiv für Sozialgeschichte 18 (1978), 217–244

702 **Konrad Adenauer** und die CDU der britischen Besatzungszone, 1946–1949. Dokumente zur Gründungsgeschichte der CDU Deutschlands. Hrsg.: Konrad-Adenauer-Stiftung. Vorwort: Helmut Kohl und Bruno Heck. Einl. u. Bearb.: Helmuth Pütz. Bonn: Eichholz-Verlag 1975, 882 S.

Konrad Adenauer . . . vgl. Nr. 251, 252, 276, 277, 279, 813, 814, 815, 816

703 **Ahrens,** Hanns D.: Demontage. Nachkriegspolitik der Alliierten. München: Universitas 1982, 293 S.

704 **Akten zur Vorgeschichte der Bundesrepublik Deutschland 1945–1949. Hrsg.: Bundesarchiv und Institut für Zeitgeschichte.**
Bd. 1: September 1945 – Dezember 1946. Bearb. von Walter Vogel und Christoph Weisz. München usw.: Oldenbourg 1976, 1197 S.
Bd. 2: Januar–Juni 1947. Bearb. von Wolfram Weber. München usw.: Oldenbourg 1979, 654 S.
Bd. 3: Mitte Juni 1947 – Dezember 1947. Bearb. von Günter Plum. München usw.: Oldenbourg 1982, 1062 S.
Bd. 5: Januar–September 1949. Bearb. von Hans-Dieter Kreikamp. München usw.: Oldenbourg 1981, 1150 S.

705 **Albertin,** Lothar und Werner Link (Hrsg.): Politische Parteien auf dem Weg zur parlamentarischen Demokratie in Deutschland. Entwicklungslinien bis zur Gegenwart. Erich Matthias zum 60. Geburtstag gewidmet. Düsseldorf: Droste 1981, 452 S.

706 **Albrecht,** Wilma: Die Entnazifizierung, in: Neue politische Literatur 24 (1979), 73–84

707 **Altendorf,** Hans: SPD und Parlamentarischer Rat. Exemplarische Bereiche der Verfassungsdiskussion, in: Zeitschrift für Parlamentsfragen 10 (1979), 405–420

708* **Ambrosius,** Gerold: Die Durchsetzung der sozialen Marktwirtschaft in Westdeutschland 1945–1949. Stuttgart: Deutsche Verlags-Anstalt 1977, 303 S. (Beiträge zur Wirtschafts- und Sozialpolitik in Deutschland nach 1945. 1) (Studien zur Zeitgeschichte 10)

709 **Auf dem Wege zur Republik 1945–1947.** Von Jürgen Weber u. a. Nebst Tondokumenten. München: Bayerische Landeszentrale für Politische Bildungsarbeit 1978, 351 S. (Bayerische Landeszentrale für Politische Bildungsarbeit. Arbeitshefte 61; 30 Jahre Bundesrepublik Deutschland 1)

710 Die **Auseinandersetzung** um die Länderverfassungen in Hessen und Bayern 1946. Dokumente. Hrsg. vom Institut für Marxistische Studien und Forschungen (IMSF). Frankfurt/Main: Verlag Marxistische Blätter 1978, 348 S. (Marxistische Paperbacks 87)

711 **Becker, Josef, Theo Stammen und Peter Waldmann (Hrsg.): Vorgeschichte der Bundesrepublik Deutschland. Zwischen Kapitulation und Grundgesetz. München: Fink 1979, 448 S. (Uni-Taschenbücher 854)**

712 **Behrendt,** Albert: Der FDGB und die Vereinigung von KPD und SPD zur SED, in: Zeitschrift für Geschichtswissenschaft 24 (1976), 1131–1144

713 **Bensing,** Manfred: Die Formierung der Arbeiterklasse zum Hegemon der antifaschistisch-demokratischen Umwälzung in der Sowjetischen Besatzungszone 1945/46 als

Zäsur in der Geschichte der Arbeiterklasse, in: Jahrbuch für Geschichte (1977), Bd. 17, 365–418

714 **Benz, Wolfgang, Günter Plum und Werner Röder: Einheit der Nation. Diskussionen und Konzeptionen zur Deutschlandpolitik der großen Parteien seit 1945. Stuttgart: Frommann-Holzboog 1978, 399 S. (Neuzeit im Aufbau 3)**

715 **Benz,** Wolfgang: Amerikanische Literaturpolitik und deutsche Interessen. Verlagswesen und Buchhandel in Bayern 1945–1946, in: Zeitschrift für bayerische Landesgeschichte 42 (1979), 705–731

716 **Benz,** Wolfgang: Grundgesetz der Alliierten? Die Entscheidung für die Staatsgründung im Sommer 1948, in: Politische Studien 24 (1979), N. 184, 6–17

717 **Benz, Wolfgang (Hrsg.): „Bewegt von der Hoffnung aller Deutschen." Zur Geschichte des Grundgesetzes. Entwürfe und Diskussion 1941–1949. München: Deutscher Taschenbuch Verlag 1979, 527 S. (dtv-Dokumente 2917)**

718 **Benz,** Wolfgang: Versuche zur Reform des öffentlichen Dienstes in Deutschland 1945–1952. Deutsche Opposition gegen alliierte Initiativen, in: Vierteljahrshefte für Zeitgeschichte 29 (1981), 216–245

719 **Bergsdorf,** Wolfgang: Besatzung und politischer Wiederaufbau Deutschlands. Zur Grundlegung der Bundesrepublik Deutschland, in: Aus Politik und Zeitgeschichte B 20/1979, 3–24

Bergsdorf, Wolfgang . . . vgl. Nr. 651

720 **Beyer,** Hans-Christoffer: Die verfassungspolitischen Auseinandersetzungen um die Sozialisierung in Hessen 1946. Marburg: Görich & Weiershäuser 1977, 413 S.

721 **Borchers,** Hans und Klaus W. Vowe: Die zarte Pflanze Demokratie. Amerikanische Reeducation in Deutschland im Spiegel ausgewählter politischer und literarischer Zeitschriften (1945–1949). Tübingen: Narr 1979, 178 S.

722 **Borsdorf,** Ulrich und Lutz Niethammer (Hrsg.): Zwischen Befreiung und Besatzung. Analysen des US-Geheimdienstes über Positionen und Strukturen deutscher Politik 1945. Wuppertal: Hammer 1976, 351 S.

723 **Bourke-White,** Margaret: Deutschland April 1945. Geschrieben und fotografiert von Margaret Bourke-White. Mit einer Einleitung von Klaus Scholder. München: Schirmer Mosel 1979, 183 S. (Dear fatherland rest quietly, Dt. Erstausgabe 1946)

724 **Boyens,** Armin: Die Kirchenpolitik der amerikanischen Besatzungsmacht in Deutschland von 1944 bis 1946, in: Kirchen in der Nachkriegszeit, Göttingen: Vandenhoeck & Ruprecht 1979, 7–99

725 **Brandt,** Peter: Antifaschismus und Arbeiterbewegung. Aufbau – Ausprägung – Politik in Bremen 1945/46. Hamburg: Christians 1976, 446 S. (Hamburger Beiträge zur Sozial- und Zeitgeschichte 11)

726 **Broszat,** Martin: Siegerjustiz oder strafrechtliche „Selbstreinigung". Aspekte der Vergangenheitsbewältigung der deutschen Justiz während der Besatzungszeit 1945–1949, in: Vierteljahreshefte für Zeitgeschichte 29 (1981), 477–544

727 **Brozio,** Norbert: Gewerkschaftlicher Wiederaufbau im nördlichen Ruhrgebiet 1945–1957. Münster: Edition Westfälisches Dampfboot 1980, 166 S. (Arbeitshefte zur materialistischen Wissenschaft 14)

728 **Carden,** Robert W.: Before Bizonia. Britain's economic dilemma in Germany, 1945/46, in: Journal of contemporary History 14 (1979), 535–555

729 **Chamberlin,** Brewster S.: Todesmühlen. Ein früher Versuch zur Massen-„Umerziehung" im besetzten Deutschland 1945–1946, in: Vierteljahrshefte für Zeitgeschichte 29 (1981), 420–436

730 **Christier,** Holger: Sozialdemokratie und Kommunismus. Die Politik der SPD und KPD in Hamburg 1945–1949. Hamburg: Leibniz-Verlag 1975, 348 S. (Hamburger Beiträge zur Sozial- und Zeitgeschichte 10)

731 **Dann,** Otto (Hrsg.): Köln nach dem Nationalsozialismus. Der Beginn des gesellschaftlichen und politischen Lebens in den Jahren 1945/46. Wuppertal: Hammer 1981, 260 S.

Determinanten ... vgl. Nr. 655

732 **Deutscher,** Isaac: Reportagen aus Nachkriegsdeutschland. Mit einem Vorwort von Tamara Deutscher. Aus dem Englischen und Polnischen übersetzt. Hamburg: Junius-Verlag 1980, 231 S.

Diepenthal, Wolfgang ... vgl. Nr. 656

733 **Doerry,** Thomas: Antifaschismus oder Antikommunismus. Antifaschistische Positionen in der deutschen Nachkriegszeit (1945–1951), in: Blätter für deutsche und internationale Politik 25 (1980), 539–548

734 **Domes,** Jürgen und Michael Wolffsohn: Setting the course for the Federal Republic of Germany: Major policy decisions in the Bi-Zonal Economic Council and party images, 1947–1949, in: Zeitschrift für die Gesamte Staatswissenschaft 135 (1979), 332–351

735 **Das Ende, das ein Anfang war.** Die letzten Tage des Dritten Reiches. Erinnerungen von Conrad Ahlers, Liselotte Funcke, Richard Jaeger, Georg Leber u. a. Freiburg i. Br.: Herder 1981, 127 S. (Herderbücherei 849)

736 **Eschenburg,** Theodor: Regierung, Bürokratie und Parteien 1945–1949. Ihre Bedeutung für die politische Entwicklung der Bundesrepublik, in: Vierteljahreshefte für Zeitgeschichte 24 (1976), 58–74

737 Die **Entstehung** der Verfassung für Rheinland-Pfalz. Eine Dokumentation. Bearbeitet von Helmut Klaas. Boppard: Boldt 1978, 869 S. (Veröffentlichungen der Kommission des Landtages für die Geschichte des Landes Rheinland-Pfalz 1)

738 **Faulk,** Henry: Group-captives. The reeducation of German prisoners of war in Britain 1945–1948. London: Chatto & Windus 1977, 233 S.

739 **Fisch,** Gerhard und Fritz Krause: SPD und KPD 1945/46. Einheitsbestrebungen der Arbeiterparteien. Dargestellt an Beispielen aus Südhessen. Frankfurt/Main: Verlag Marxistische Blätter 1978, 169 S. (Marxistische Paperbacks 86)

740 **Fischer,** Alexander: „Antifaschistisch-demokratischer" Neubeginn 1945. Sowjetische Deutschlandpolitik am Ende des „Dritten Reiches", in: Deutschland Archiv 8 (1975), 362–374

741 **Fischer,** Heinz-Dietrich: Reeducations- und Pressepolitik unter britischem Besatzungsstatut. Die Zonenzeitung „Die Welt" 1946–1950. Konzeption, Artikulation und Rezeption. Düsseldorf: Droste 1978, 545 S.

742 **Fleming,** Howard Allbright: The Social Democrats of Berlin and the founding of the SED 1945–1946. Part I., II. Ann Arbor, Mich., usw.: University Microfilms International 1982, 884 S. (Phil. Diss. Los Angeles 1975)

743 **Franck,** Dieter: Jahre unseres Lebens 1945–1949. Mit einem Vorwort von Theodor Eschenburg. München: Piper 1980, 199 S.

744 **Franke,** Konrad: Die niedersächsische SPD-Führung im Wandel der Partei nach 1945. Hildesheim: Lax 1980, 414 S. (Veröffentlichungen der Historischen Kommission für Niedersachsen und Bremen 35: Quellen und Untersuchungen zur allgemeinen Geschichte Niedersachsens in der Neuzeit 3)

745 **Gansberg,** Judith M.: Stalag: U.S.A. (The remarkable story of German POW's in America) New York: Crowell 1977, 23 S.

746 Gemeinsam begann es 1945. „Der Aufbau" schrieb das erste Kapitel. Einleitung von Rolf Maier und Karl Unger. Originalgetreuer Nachdruck des „Aufbau", Organ gegen den Faschismus (KGF), Bremen 1945/46. Frankfurt/Main: Röderberg 1978, Getr. Pag. (Röderberg Reprint)

747 **Gewerkschaftlicher Neubeginn.** Dokumente zur Gründung des FDGB und zu seiner Entwicklung von Juni 1945 bis Februar 1946. Hrsg. u. eingel. von Horst Bednareck u. a. Berlin: Verlag Das europäische Buch 1875, 284 S.

748 **Geyer,** Michael: Alliierte Militärregierungen: Okkupation, militärische Verwaltung, Staatsgründung, in: SOWI (Sozialwissenschaftliche Informationen für Unterricht und Studium) 1977, 98–104

Gimbel, John . . . vgl. Nr. 660, 661

749 **Glet,** Axel: Die Wiedergründung der SPD in Schleswig-Holstein 1945/46, in: Zeitschrift für schleswig-holsteinische Geschichte Bd. 105 (1980), 229–292

750 **Grabbe,** Hans-Jürgen: Die deutsch-alliierte Kontroverse um den Grundgesetzentwurf im Frühjahr 1949, in: Vierteljahrshefte für Zeitgeschichte 26 (1978), 393–418

Gradl, Johann Baptist . . . vgl. Nr. 155

751 **Graml,** Hermann: Zur Frage der Demokratiebereitschaft des deutschen Bürgertums nach dem Ende der NS-Herrschaft. Hermann Maus Bericht über eine Reise nach München im März 1946, in: Miscellanea. Festschrift für Helmut Krausnick zum 75. Geburtstag. Hrsg. von Wolfgang Benz u. a. Stuttgart: Deutsche Verlags-Anstalt 1980, 149–168

Graml, Hermann . . . vgl. 537

752 **Grebing,** Helga, Peter Pozorski und Rainer Schulze: Die Nachkriegsentwicklung in Westdeutschland 1945–1949. Bd. 1: Die wirtschaftlichen Grundlagen. Bd. 2: Politik und Gesellschaft. Stuttgart: Metzler 1980, 111 und 242 S. (Studienreihe Politika 7a und 7b)

753 **Grieser,** Helmut: Die ausgebliebene Radikalisierung. Zur Sozialgeschichte der Kieler Flüchtlingslager im Spannungsfeld von sozialdemokratischer Landespolitik und Stadtverwaltung 1945–1950. Wiesbaden: Steiner 1980, 185 S. (Vierteljahresschrift für Sozial- und Wirtschaftsgeschichte 69)

754 **Grube,** Frank und Gerhard Richter: Die Schwarzmarktzeit. Deutschland zwischen 1945 und 1948. Hamburg: Hoffmann und Campe 1979, 150 S.

755 **Grube,** Frank und Gerhard Richter: Die Gründerjahre der Bundesrepublik. Deutschland zwischen 1945 und 1955. Hamburg: Hoffmann und Campe 1981, 192 S.

756 **Die Gründung der Union.** Tradition, Entstehung und Repräsentanten. Hrsg. von Günter Buchstab und Klaus Gotto. Veröffentlichung der Konrad-Adenauer-Stiftung. München: Olzog 1981, 278 S. (Geschichte und Staat 254/255)

757 **Gruner,** Gert und Manfred Wilke (Hrsg.): Sozialdemokraten im Kampf um die Freiheit. Die Auseinandersetzungen zwischen SPD und KPD in Berlin 1945/46. Stenographische Niederschrift der Sechziger-Konferenz am 20./21. Dezember 1945. München: Piper 1981, 222 S. (Serie Piper 226)

758 **Gruner,** Wolf D.: Die Münchener Ministerpräsidentenkonferenz 1947. Letzte gesamtdeutsche Chance, die Spaltung zu verhindern?, in: Zeitschrift für bayerische Landesgeschichte 38 (1975), 760–776

759 **Halbritter,** Maria: Schulreformpolitik in der britischen Zone von 1945 bis 1949. Weinheim: Beltz 1979, 436 S. (Studien und Dokumentationen zur deutschen Bildungsgeschichte 13)

760 **Hauth,** Ulrich: Die Einheitspolitik von KPD und SED gegenüber der westdeutschen Sozialdemokratie (1945–1948). Frankfurt/Main usw.: Peter Lang 1978, 211 S. (Europäische Hochschulschriften 3, 109)

761 **Hearnden,** Arthur (Hrsg.): The British in Germany. Educational reconstruction after 1945. London: Hamilton 1978, 335 S.

762 **Heinemann,** Manfred (Hrsg.): Umerziehung und Wiederaufbau. Die Bildungspolitik der Besatzungsmächte in Deutschland und Österreich. Stuttgart: Klett-Cotta 1981, 326 S. (Veröffentlichungen der Historischen Kommission der Deutschen Gesellschaft für Erziehungswissenschaft 5)

763 **Heiter,** Heinrich: Vom friedlichen Weg zum Sozialismus zur Diktatur des Proletariats. Wandlungen der sowjetischen Konzeption der Volksdemokratie 1945–1949. Frankfurt/Main: Haag und Herchen 1977, 316 S.

764 **Henke,** Klaus-Dietmar: Aspekte französischer Besatzungspolitik in Deutschland nach dem Zweiten Weltkrieg, in: Miscellanea. Festschrift für Helmut Krausnick zum 75. Geburtstag, Stuttgart: Deutsche Verlags-Anstalt 1980, 169–191

765 **Henke,** Klaus-Dietmar: Politische Säuberung unter französischer Besatzung. Die Entnazifierung in Württemberg-Hohenzollern. Stuttgart: Deutsche Verlags-Anstalt 1981, 205 S. (Schriftenreihe der Vierteljahrshefte für Zeitgeschichte 42)

766 **Herbst,** Ludolf: Krisenüberwindung und Wirtschaftsneuordnung. Ludwig Erhards Beteiligung an den Nachkriegsplanungen am Ende des Zweiten Weltkrieges, in: Vierteljahrshefte für Zeitgeschichte 25 (1977), 305–340

767 **Hermes,** Peter: Sozialismus oder Volkspartei. Andreas Hermes und die Gründung der CDU in Berlin 1945, in: Politische Meinung 25 (1980), H. 193, 69–89

768 **Hesse,** Horst: Die Münchener Ministerpräsidentenkonferenz 1947, in: Politische Studien 28 (1977), H. 234, 403–408

769 Zur **historischen** Bedeutung der Vereinigung von KPD und SPD zur Sozialistischen Einheitspartei Deutschlands. Von Günter Benser, Helene Fiedler und Hans-Joachim Krusch, in: Beiträge zur Geschichte der Arbeiterbewegung 18 (1976), 195–214

770 **Hockerts,** Hans Günter: Sozialpolitische Entscheidungen im Nachkriegsdeutschland. Alliierte und deutsche Sozialversicherungspolitik 1945–1957. Stuttgart: Klett-Cotta 1980, 463 S. (Forschungen und Quellen zur Zeitgeschichte 1)

771 **Der Hoechst-Konzern** entsteht. Die Verhandlungen über die Auflösung von IG-Farben und die Gründung der Farbwerke Hoechst AG 1945–1953. T. 1. 2. Frankfurt/Main: Hoechst 1978, 236 S. (Dokumente aus Hoechst-Archiven 49/50)

772 **Hoyer,** Lutz: Revolution – Kleinbürgertum – Ideologie. Zur Ideologiegeschichte der LDPD in den Jahren 1945 bis 1952. Berlin: Buchverlag Der Morgen 1978, 292 S.

773 **Hudemann,** Rainer: Sozialstruktur und Sozialpolitik in der französischen Besatzungszone 1945–1949. Materialien und Forschungsprobleme, in: Jahrbuch für westdeutsche Landesgeschichte 5 (1979), 373–408

774 **Hurwitz,** Harold: Antikommunismus und amerikanische Demokratisierungsvorhaben im Nachkriegsdeutschland, in: Aus Politik und Zeitgeschichte B 29/1978, 29–46

775 **Jerchow,** Friedrich: Deutschland in der Weltwirtschaft 1944–1947. Alliierte Deutschland- und Reparationspolitik und die Anfänge der westdeutschen Außenwirtschaft. Düsseldorf: Droste 1978, 512 S.

776 **Johe,** Werner: Bürgermeister Rudolf Petersen. Ein Beitrag zur Geschichte der politischen Neuordnung in Hamburg 1945–1946, in: Jb. Inst. dtsch. Gesch. 3 (1974), 379–415

777 **Jung,** Horst-Wilhelm: Rheinland-Pfalz zwischen Antifaschismus und Antikommunismus. Zur Geschichte des Landesparlaments 1946–1948. Meisenheim a. G.: 1976, 139 S. (Marburger Abhandlungen zur politischen Wissenschaft 32)

Keiderling, Gerhard . . . vgl. Nr. 545

778 **Kempner,** Robert M. W.: Amerikanische Militärgerichte in Deutschland, in: Die Freiheit des Anderen, Baden-Baden: Nomos Verlagsgesellschaft 1981, 145-163

779 **Kimball,** Warren: Swords or ploughshares? The Morgenthau plan for defeated Nazi Germany, 1943–1946. Philadelphia, Pa.: Lippincott 1976, 172 S. (The America's alternatives series)

780 **Kirste,** Peter: Wirtschaftspolitik und antiimperialistische Umwälzung. Zur Erarbeitung wesentlicher Grundsatze der wirtschaftspolitischen Konzeption der KPD für die antifaschistisch-demokratische Umwälzung (Februar 1944 – April 1945), in: Jahrbuch Geschichte 14 (1977), 235–286

781 **Klekamp,** Johannes: Vom Zusammenbruch zum „Wirtschaftswunder“? Die Kölner Industrie in den Jahren 1945–1948, in: Geschichte in Köln (1980), H. 8, 119–149

782* **Kleßmann,** Christoph: Die doppelte Staatsgründung. Deutsche Geschichte 1945–1955. Göttingen: Vandenhoeck & Ruprecht 1983, 570 S.

783 **Kocka,** Jürgen: 1945: Neubeginn oder Restauration?, in: Carola Stern und Heinrich A. Winkler (Hrsg.): Wendepunkte deutscher Geschichte, 1848–1945, Frankfurt/Main: Fischer Taschenbuch Verlag 1979, 141–168

784 **Kocka,** Jürgen: Restauration oder Neubeginn? Deutschland 1945–1949, in: L'76. Demokratie und Sozialismus. Politische und literarische Beiträge. Köln (1979), H. 11, 112–136

785 **Köpper,** Ernst-Dieter: Gewerkschaften und Außenpolitik. Die Stellung der westdeutschen Gewerkschaften zur wirtschaftlichen und militärischen Integration der Bundesrepublik in die Europäische Gemeinschaft und in die NATO. Frankfurt/Main usw.: Campus Verlag 1982, 445 S. (Campus-Forschung 248)

786 **Kolende,** Evelin: Zur Entwicklung des antifaschistisch-demokratischen Volksvertretungssystems als Bestandteil der politischen Organisation der Gesellschaft antifaschistisch-demokratischen Charakters 1945 bis 1949 auf dem Boden der ehemaligen sowjetischen Besatzungszone. Diss. Potsdam 1979, 221 S.

787 **Koolen,** Bernhard: Die wirtschafts- und gesellschaftspolitische Konzeption von Viktor Agartz zur Neuordnung der westdeutschen Nachkriegsgesellschaft. Köln: Pahl-Rugenstein 1979, 173 S. (Pahl-Rugenstein-Hochschulschriften 27)

788 **Kosthorst,** Erich: Die Teilung Deutschlands und die Entstehung zweier deutscher Staaten, in: Aus Politik und Zeitgeschichte B 2/1977, 36–44

789 **Koszyk,** Kurt: „Umerziehung" der Deutschen aus britischer Sicht. Konzepte und Wirklichkeit der „Reeducation" in der Kriegs- und Besatzungsära, in: Aus Politik und Zeitgeschichte B 29/1978, 3–12

790 **Kreikamp,** Hans-Dieter: Die Entflechtung der I.G. Farbenindustrie A. G. und die Gründung der Nachfolgegesellschaften, in: Vierteljahrshefte für Zeitgeschichte 25 (1977), 220–251

Kreikamp, Hans-Dieter . . . vgl. Nr. 667

Krisch, Henry . . . vgl. Nr. 668

791 **Kropat,** Wolf-Arno: Hessen in der Stunde Null 1945/1947. Wirtschaft und Bildungswesen in Dokumenten (Hrsg. in Zusammenarbeit mit dem Hessischen Hauptstaatsarchiv). Wiesbaden: Selbstverlag der Historischen Kommission für Nassau 1979, 353 S. (Veröffentlichungen der Historischen Kommission für Nassau 26)

792 **Kukuck,** Horst-Albert: Etappen im Ringen um eine Wirtschaftskonzeption der CDU 1945–1949, in: Lothar Albertin und Werner Link (Hrsg.): Politische Parteien auf dem Wege zur parlamentarischen Demokratie in Deutschland. Düsseldorf: Droste 1981, 239–160

793 **Kultur auf Trümmern.** Berliner Berichte der amerikanischen Information Control Section, Juli–Dezember 1945. Hrsg. von Brewster S. Chamberlin. Stuttgart: Deutsche Verlags-Anstalt 1980, 252 S. (Schriftenreihe der Vierteljahrshefte für Zeitgeschichte 39)

794 **Lange,** Erhard H. M.: Die Diskussion um die Stellung des Staatsoberhauptes 1945–1949 mit besonderer Berücksichtigung der Erörterungen im Parlamentarischen Rat, in: Vierteljahrshefte für Zeitgeschichte 26 (1978), 601–651

795 **Lange,** Irmgard: Entnazifizierung in Nordrhein-Westfalen. Richtlinien, Anweisungen, Organisation. Siegburg: Respublica-Verlag 1976, 584 S. (Veröffentlichungen der staatlichen Archive des Landes Nordrhein-Westfalen: Reihe C. Quellen und Forschungen 2)

796 **Lange,** Wigand: Theater in Deutschland nach 1945. Zur Theaterpolitik der amerikanischen Besatzungsbehörden. Frankfurt/Main: Lang 1980, 775 S. (Europäische Hochschulschriften 1, 366)

797 **Lange-Quassowski,** Jutta-B.: Demokratisierung der Deutschen durch Umerziehung?, in: Aus Politik und Zeitgeschichte B 29/1978, 13–28

798 **Lange-Quassowski,** Jutta-B.: Neuordnung oder Restauration? Das Demokratiekonzept der amerikanischen Besatzungsmacht und die politische Sozialisation der Westdeutschen: Wirtschaftsordnung – Schulstruktur – Politische Bildung. Opladen: Leske und Budrich 1979, 312 S.

799 **Lattimore,** Bertram: The Assimilation of German Expellees into the West German Polity and Society since 1945: a case study of Eurin, Schleswig-Holstein, The Hague: Nijhoff 1974, 158 S.

800 **Laufer,** Rudolf: Industrie und Energiewirtschaft im Land Baden 1945–1952: Südbaden unter französischer Besatzung. Freiburg: Alber 1979, 411 S. (Forschungen zur oberrheinischen Landesgeschichte 28)

801 **Lein,** Albrecht: Antifaschistische Aktion 1945. Die „Stunde Null" in Braunschweig. Göttingen: Musterschmidt 1978, 480 S. (Göttinger politikwissenschaftliche Forschungen 2)

802 **Ley,** Richard: Föderalismusdiskussion innerhalb der CDU/CSU. Von der Parteigründung bis zur Verabschiedung des Grundgesetzes. Mainz: v. Hase & Koehler 1978, 194 S. (Beiträge zu Wissenschaft und Politik 17)

803 **Lindstrøm,** Anders Ture: Landet Slevig-Holstens politiske i hovedtraek 1945–1954. Utgivet af Studiaefdelingen ved Dansk Cetralbibliotek for Sydslevig. Flensborg: Selbstverlag 1975, 175 S.

804 **Lüdde-Neurath,** Walter: Regierung Dönitz. Die letzten Tage des Dritten Reiches. Mit einem umfangreichen Dokumentenanhang und dem „Dönitz-Tagebuch". Leoni a. Starnberger See: Druffel 1981[5], 204 S.

805 **Mägdefrau,** W./V. Wahl: Zur Politik und Ideologie des rechten sozialdemokratischen Führers Dr. Hermann L. Brill, in: Jahrbuch f. Regionalgeschichte, Weimar 5 (1975), 191–215

806 **Marshall,** Barbara: German attitudes to British Military Government 1945–47, in: Journal of contemporary History 15 (1980), 655–684

807 **Maser,** Werner: Nürnberg: Tribunal der Sieger, Düsseldorf usw.: Econ 1977, 700 S. (Trial of a nation)

808 **McCauley,** Martin: Liberal Democrats in the Soviet Zone of Germany, 1945–1947, in: Journal of Contemporary History 24 (1977), 779–789

809 **... mehr als ein Haufen Steine: Hamburg** 1945–1949. Hrsg. von Kurt Grobecker. Hamburger Abendblatt. Hamburg: Kabel 1981, 252 S.

810 **Meiser,** Hans: Der Nationalsozialismus und seine Bewältigung im Spiegel der Lizenzpresse der Britischen Besatzungszone von 1946 bis 1949. Diss. Osnabrück 1980, 352 S.

811 **Merritt,** Richard L.: American influences in the occupation of Germany, in: The Annals of the American Academy of Political and Social Science. Philadelphia 1976, Vol. 428, 91–103

Mettler, Barbara ... vgl. Nr. 675

812 **Mintzel,** Alf: Besatzungspolitik und Entwicklung der bürgerlichen Parteien in den

Westzonen (1945 – 1949), in: Dietrich Staritz (Hrsg.): Das Parteiensystem in der Bundesrepublik Deutschland: Geschichte, Entstehung, Entwicklung. Eine Einführung. Opladen: Leske und Budrich 1976, S. 73 – 89

813 **Morsey,** Rudolf: Die Bildung der ersten Regierungskoalition 1949. Adenauers Entscheidungen von Frankfurt und Rhöndorf am 20. und 21. August 1949, in: Historisches Jahrbuch, München 97/98 (1978), 418 – 438

814 **Morsey,** Rudolf: Die Bildung der ersten Regierungskoalition 1949. Adenauers Entscheidungen von Frankfurt und Rhöndorf am 20. und 21. August 1949, in: Aus Politik und Zeitgeschichte B 34/1979, 3 – 14

815 **Morsey,** Rudolf (Hrsg.): Konrad Adenauer und die Gründung der Bundesrepublik Deutschland. Stuttgart usw.: Belser 1979, 133 S. (Veröffentlichungen der Stiftung Bundeskanzler-Adenauer-Haus. Rhöndorfer Gespräche 3)

816 **Morsey,** Rudolf: Die Rhöndorfer Weichenstellung vom 21. August 1949. Neue Quellen zur Vorgeschichte der Koalitions- und Regierungsbildung nach der Wahl zum ersten Deutschen Bundestag. Dokumentation, in: Vierteljahrshefte für Zeitgeschichte 28 (1980), 508 – 544

817 **Mühlfriedel,** Wolf und Klaus Wiegand: Die SMAD und die industrielle Entwicklung in den Jahren der antifaschistisch-demokratischen Umwälzung, in: Jahrbuch für Geschichte Bd. 20 (1979), 79 – 110

818 **Müller,** Hartmut: Der Weg zum Grundgesetz. Eine Dokumentation. Staatsarchiv Bremen. Hrsg. vom Senator für Bildung und vom Senator für Wissenschaft und Kunst. Bremen 1979, 238 S.

819 **Müller-List,** Gabriele: Eine neue Moral für Deutschland? Die Bewegung für Moralische Aufrüstung und ihre Bedeutung beim Wiederaufbau 1947 – 1952, in: Aus Politik und Zeitgeschichte B 44/1981, 11 – 23

820 **Neave,** Airey: Nuremberg. A personal record of the trial of the major Nazi war criminals in 1945 – 46. London: Hodger & Stoughton 1978, 348 S.

821 **Neef,** Helmut: Entscheidende Tage im Oktober 1949. Die Gründung der Deutschen Demokratischen Republik. Berlin: Dietz 1979, 181 S. (Schriftenreihe Geschichte)

822 **Niethammer,** Lutz, Ulrich Borsdorf und Peter Brandt (Hrsg.): Arbeiterinitiative 1945. Antifaschistische Ausschüsse und Reorganisation der Arbeiterbewegung in Deutschland. Wuppertal: Hammer 1976, 782 S.

823 **Niethammer,** Lutz: Structural reform and a compact for growth. Conditions for a United Labor Union Movement in Western Europe after the collapse of fascism, in: The origins of the Cold War and contemporary Europe. New York: New Viewpoints 1978, 201 – 243

824 **Nübel,** Otto: Die amerikanische Reparationspolitik gegenüber Deutschland. 1941 – 1945. Hrsg.: Bundesministerium für innerdeutsche Beziehungen. Frankfurt/Main: Metzner 1980, 226 S. (Dokumente zur Deutschlandpolitik. Beih. 4)

825 **Ott,** Erich: SPD und Marshall-Plan, in: Neue Politik 24 (1979), 5, 34 – 44

Ott, Erich . . . vgl. Nr. 680

826 **Overesch,** Manfred: Gesamtdeutsche Illusion und westdeutsche Realität. Von den Vorbereitungen für einen deutschen Friedensvertrag zur Gründung des Auswärtigen

Amtes der Bundesrepublik Deutschland 1946–1949/51. Düsseldorf: Droste 1978, 204 S.

827 **Overesch, Manfred: Deutschland 1945–1949. Vorgeschichte und Gründung der Bundesrepublik Deutschland. Ein Leitfaden in Darstellung und Dokumenten. Königstein/Ts.: Athenäum-Verlag 1979, 274 S. (Athenäum-Droste Taschenbücher Geschichte 7221)**

828 **Overesch,** Manfred: Hermann Brill und die Neuanfänge deutscher Politik in Thüringen 1945, in: Vierteljahrshefte für Zeitgeschichte 27 (1979), 524–569

829 **Overesch,** Manfred: Die gesamtdeutsche Konferenz der Erziehungsminister in Stuttgart am 19./20. Februar 1948. Dokumentation, in: Vierteljahrshefte für Zeitgeschichte 28 (1980), 248–285

830 **Overesch,** Manfred: Gegen Deutschlands Teilung. Nationale Initiativen deutscher Ministerpräsidenten 1945/46, in: Deutschland Archiv 14 (1981), 148–161

831 **Overesch,** Manfred: Bremer Interzonenkonferenz Oktober 1946. Ihr historisch-politischer Stellenwert, in: Deutschland Archiv 14 (1981), 1172–1190

832 **Overesch,** Manfred: Die Diskussion eines deutschen Friedensvertrages 1946, in: Deutschland Archiv 15 (1982), 959–972

833 **Pakschies,** Günter: Umerziehung in der Britischen Zone 1945–1949. Untersuchungen zur britischen Reeducation-Politik. Weinheim usw.: Beltz 1979, 421 S. (Deutsches Institut für Internationale Pädagogische Forschung. Studien und Dokumentationen zur deutschen Bildungsgeschichte. Bd. 9)

834 **Der Parlamentarische Rat 1948–1949. Akten und Protokolle. Hrsg. für den Deutschen Bundestag von Kurt Georg Wernicke und für das Bundesarchiv unter Mitwirkung von Walter Vogel. Bd. 1: Vorgeschichte. Bearbeitet von Johannes Volker Wagner. Boppard: Boldt 1975, 457 S. Bd. 2: Der Verfassungskonvent auf Herrenchiemsee. Bearbeitet von Peter Bucher. Boppard: Boldt 1981, 676 S.**

835 **Perk,** Willi: Besatzungsmacht gegen Pressefreiheit. Geschichte der Zeitung „Westdeutsches Volksecho" 7. Mai 1946 – 4. Mai 1948. Frankfurt/Main: Verlag Marxistische Blätter 1979, 84 S. (Marxistische Paperbacks 89)

836 **Peterson,** Edward: Eine Beurteilung der Einwirkung Amerikas auf Deutschland 1945–1952, in: Joachim Hütter u. a. (Hrsg.) Tradition und Neubeginn. Internationale Forschungen zur deutschen Geschichte im 20. Jahrhundert. Köln: Heymanns 1975, 507–525 (Internationale Fachgespräche)

837 **Peterson,** Edward N.: The American occupation of Germany. Retreat to victory. Detroit: Wayne State University Press 1978, 376 S.

838 **Pfeifer,** Sylvia: Gewerkschaften und kalter Krieg 1945 bis 1949. Die Interzonenkonferenzen der deutschen Gewerkschaftsbünde, die Entwicklung des Weltgewerkschaftsbundes und der Ost-West-Konflikt. Köln: Pahl-Rugenstein 1980, 400 S.

839 **Pietsch,** Hartmut: Militärregierung, Bürokratie und Sozialisierung. Zur Entwicklung des politischen Systems in den Städten des Ruhrgebiets 1945 bis 1948. Duisburg: Braun 1978, 358 S. (Duisburger Forschungen 26)

840 **Pingel,** Falk: Politik deutscher Institutionen in den westlichen Besatzungszonen 1945–1948, in: Neue politische Literatur 25 (1980), 341–358

841 **Pingel,** Falk: „Die Russen am Rhein?“ Zur Wende der britischen Besatzungspolitik im Frühjahr 1946, in: Vierteljahrshefte für Zeitgeschichte 30 (1982), 98–116

842 **Piontkowitz, Heribert: Anfänge westdeutscher Außenpolitik 1946–1949. Das Deutsche Büro für Friedensfragen. Stuttgart: Deutsche Verlags-Anstalt 1978, 298 S. (Studien zur Zeitgeschichte)**

Pirker, Theo . . . vgl. Nr. 454

843 **Plato,** Alexander von (Hrsg.): Auferstanden aus Ruinen. Von der SBZ zur DDR (1945–1949) – ein Weg zu Einheit und Sozialismus? Köln: Verlag Rote Fahne 1979, 260 S. (Oktober-Taschenbuch 5)

844 **Plener,** Ulla: Die SPD und die Spaltung Deutschlands (1945–1949), in: Beiträge zur Geschichte der Arbeiterbewegung 16 (1974), 989–1006

Poidevin, Raymond . . . vgl. Nr. 682

845 **Prowe,** Diethelm: The New Nachkriegsgeschichte (1945–49): West Germans in Search of Their Historical Origins, in: Central European History 10 (1977), 312–328

846 **Reusch,** Ulrich: Die Londoner Institutionen der britischen Deutschlandpolitik, 1943–1948. Eine behördengeschichtliche Untersuchung, in: Historisches Jahrbuch. München 100 (1980), 318–443

847 **Rode,** Norbert: Britische Besatzungspolitik in Niedersachsen 1945–1947, in: Ergebnisse (1979), 7, 5–86

848 **Ross,** Dieter: Der deutsche Rundfunk – ein „Rundfunk der Alliierten“? Der Beitrag Hans Bredows zu Rundfunkpolitik in der Gründungsphase des NWDR, in: Rundfunk und Fernsehen 27 (1979), 252–263

849 **Rothenberger,** Karl-Heinz: Die Hungerjahre nach dem Zweiten Weltkrieg. Ernährungs- und Landwirtschaft in Rheinland-Pfalz 1945–1950. Boppard: Boldt 1980, 265 S. (Veröffentlichungen der Kommission des Landtages für die Geschichte des Landes Rheinland-Pfalz 3)

850 **Rudzio,** Wolfgang: Die ausgebliebene Sozialisierung an Rhein und Ruhr. Zur Sozialisierungspolitik von Labour-Regierung und SPD 1945–1948, in: Archiv für Sozialgeschichte 18 (1978), 1–39

851 **Rüddenklau,** Harald: Geschichte einer Okkupation. Deutschland unter fremder Besetzung, in: Wolfgang Venohr (Hrsg.): Die deutsche Einheit kommt bestimmt. Bergisch Gladbach: Lübbe 1982, 61–79

852 **Ruge-Schatz,** Angelika: Umerziehung und Schulpolitik in der französischen Besatzungszone 1945–1949. Frankfurt/Main: Lang 1977, 208 S. (Sozialwissenschaftliche Studien 1)

853 **Salzmann, Rainer (Hrsg.): Die CDU/CSU im Parlamentarischen Rat. Sitzungsprotokolle der Unionsfraktion. Stuttgart: Klett-Cotta 1981, 701 S. (Forschungen und Quellen zur Zeitgeschichte 2)**

854 **Sandford,** Gregory William: The commanding heights. The economic and social transformation of the Soviet zone of Germany 1945–46. Ann Arbor, Mich.: University Microfilms International 1981, 335 S. (Phil. Diss. University of Wisconsin 1979)

855 **Sauer,** Paul: Demokratischer Neubeginn in Not und Elend. Das Land Württemberg-Baden von 1945–1952. Ulm: Vaas 1978, 504 S.

856 **Scharf, Claus und Hans-Jürgen Schröder (Hrsg.): Politische und ökonomische Stabilisierung Westdeutschlands 1945–1949. Fünf Beiträge zur Deutschlandpolitik der westlichen Alliierten. Wiesbaden: Steiner 1977, 93 S. (Veröffentlichungen des Instituts für Europäische Geschichte Mainz, Abt. Universalgeschichte, Beih. 4)**

857 **Scharf, Claus und Hans-Jürgen Schröder (Hrsg.): Die Deutschlandpolitik Großbritanniens und die Britische Zone 1945–1949. Wiesbaden: Steiner 1979, 186 S. (Veröffentlichungen des Instituts für Europäische Geschichte Mainz, Abt. Universalgeschichte: Beih. 6)**

858 **Scheerer,** Reinhard: Evangelische Kirche und Politik. 1945–1949. Zur theologisch-politischen Ausgangslage in den ersten Jahren nach der Niederlage des Dritten Reiches. Köln: Pahl-Rugenstein 1981, 376 S. (Pahl-Rugenstein-Hochschulschriften. Gesellschafts- und Naturwissenschaften 91)

859 **Schewick,** Burkhard van: Die katholische Kirche und die Entstehung der Verfassung in Westdeutschland 1945–1950. Mainz: Matthias-Grünewald-Verlag 1980, 156 S. (Veröffentlichungen der Kommission für Zeitgeschichte B, 30)

860 **Schickel,** Alfred: Amerikanische Deutschlandpolitik 1945, in: Damals 12 (1980), 1067–1078

861 **Schlauch,** Wolfgang: Zur amerikanischen Deutschland- und Besatzungspolitik, in: Archiv für Sozialgeschichte 20 (1980), 566–571

862 **Schneider,** Ulrich: Der Kampf um Demokratisierung in Wirtschaft und Gesellschaft 1945–47. (Niedersachsen unter britischer Besatzung), in: Ergebnisse (1980), 9, 4–142

863 **Schumacher,** Martin: Staatsgründung im Wirtschaftsaufschwung. Anfänge und Entwicklungstendenzen der westdeutschen Nachkriegsdemokratie (1949–1953), in: Lothar Albertin und Werner Link (Hrsg.): Politische Parteien auf dem Wege zur parlamentarischen Demokratie in Deutschland. Düsseldorf: Droste 1981, 261–275

864 **Schwan,** Heribert und Rolf Steininger: Besiegt, besetzt, geteilt. Von der Invasion bis zur Spaltung Deutschlands. Eine historische Dokumentation. Oldenburg: Stalling 1979, 192 S.

865 **Schwan,** Heribert und Rolf Steininger (Hrsg.): Als der Krieg zu Ende ging. Frankfurt/Main usw.: Ullstein 1981, 159 S. (Ullstein-Dokumente zur Zeitgeschichte 1)

Schwarz, Hans-Peter ... vgl. Nr. 685

866 **Schwarzmaier,** Hansmartin (Hrsg.): Landesgeschichte und Zeitgeschichte: Kriegsende 1945 und demokratischer Neubeginn am Oberrhein. Karlsruhe: G. Braun (in Komm.) 1980, 448 S. (Oberrheinische Studien 5)

867 **Siegel,** Walter: Bayerns Staatswerdung und Verfassungsentstehung 1945/1946. Ein Beitrag zur politischen und rechtlichen Problematik bei der Entstehung der Verfassung des Freistaates Bayern von 1946. Bamberg: Bayerische Verlags-Anstalt 1978, 159 S.

868 **Skrjabina,** Elena: The Allies on the Rhine, 1945–1950. Carbondale: Southern Illinois Press 1980, 158 S.

869 **Die staatliche Neuordnung Deutschlands.** Die Berliner Blockade. Die Errichtung der Bundesrepublik Deutschland. Das Grundgesetz der Bundesrepublik Deutschland. Die Gründung der Deutschen Demokratischen Republik. Sonderausgabe für die Staats- und Kommunalbehörden sowie für Schulen und Bibliotheken. Berlin: Dokumenten-Verlag 1978, 587 S. (Ursachen und Folgen 26)

870 **Staritz,** Dietrich: Sozialismus in einem halben Land. Zur Programmatik und Politik der KPD/SED in der Phase der antifaschistisch-demokratischen Umwälzung in der DDR. Berlin: Klaus Wagenbach 9176, 197 S. (Politik 69)

871 **Steger,** Bernd: General Clays Stabskonferenzen und die Organisation der amerikanischen Militärregierung in Deutschland. Die „Clay-Minutes" als historische Quelle, in: Vierteljahrshefte für Zeitgeschichte 27 (1979), 113–130

872 **Steger,** Bernd: Die Stabskonferenz des amerikanischen Generalgouverneurs General Lucius D. Clay vom 26. Juni 1948. Dokumentation, in: Vierteljahrshefte für Zeitgeschichte 27 (1979), 131–150

873 **Steger,** Bernd: Konstruktionsfehler der bizonalen „Verfassung". Vorschläge Edmund Kaufmanns zur Überwindung struktureller Mängel des Vereinigten Wirtschaftsgebietes 1947/48 (Dokumentation), in: Vierteljahrshefte für Zeitgeschichte 29 (1981), 286–304

874 **Steininger,** Rolf: Zur Geschichte der Münchener Ministerpräsidentenkonferenz 1947, in: Vierteljahrshefte für Zeitgeschichte 23 (1975), 375–453

875 **Steininger,** Rolf: Reform und Realität. Ruhrfrage und Sozialisierung in der angloamerikanischen Deutschlandpolitik 1947/48, in: Vierteljahrshefte für Zeitgeschichte 27 (1979) 167–240

876 **Stolleis,** Michael: Rechtsordnung und Justizpolitik. 1945–1949, in: Europäisches Rechtsdenken in Geschichte und Gegenwart. Festschrift für Helmut Coing zum 70. Geburtstag. Hrsg. von Norbert Horn u. a. Bd. 1, München: Beck 1982, 383–407

877 **Sywottek,** Arnold: „Kriegswirtschaft" und „demokratische Wirtschaft". Zur Diskussion um „Übergangsgesellschaft" am Beispiel der Sowjetischen Besatzungszone Deutschlands 1945–1948, in: Industrielle Gesellschaft und politisches System. Festschrift für Fritz Fischer zum siebzigsten Geburtstag. Bonn: Verlag Neue Gesellschaft 1978, 151–171

878 **Taylor,** Eric und Willy Niessen: Frontstadt Köln. Endkampf 1945 an Rhein und Ruhr. Ein Bild-/Text-Band. Düsseldorf: Droste 1980, 151 S.

879 **Thiel,** Isolde van: Entstehung und Entwicklung des Parteiensystems der DDR 1945–1949 im Spiegel der „Pravda". (Mit einem Vergleich zu „Bol'sevik".) Frankfurt/Main: Lang 1981, 258 S. (Europäische Hochschulschriften 3, 155)

880 **Thies,** Jochen und Kurt von Daak: Südwestdeutschland Stunde Null. Die Geschichte der französischen Besatzungszone 1945–1948. Ein Bild-/Text-Band. Düsseldorf: Droste 1979, 148 S.

881 **Trees,** Wolfgang, Charles Whiting und Thomas Omansen: Drei Jahre nach Null. Geschichte der britischen Besatzungszone 1945–1948. Ein Bild-/Text-Band. Düsseldorf: Droste 1978, 221 S.

882 **Trittel,** Günter J.: Die Bodenreform in der Britischen Zone 1945–1949. Stuttgart: Deutsche Verlags-Anstalt 1975, 185 S. (Schriftenreihe der Vierteljahrshefte für Zeitgeschichte 31)

883 **Trouet,** Klaus (Hrsg.): US-Administration. Die Verwaltung des Werkes Hoechst 1945–1953. Frankfurt/Main: Hoechst 1976, 153 S. (Dokumente aus Hoechst-Archiven 48)

884 **Uertz,** Rudolf: Christentum und Sozialismus in der frühen CDU: Grundlagen und

Wirkungen der christlich-sozialen Ideen in der Union 1945–1949. Stuttgart: Deutsche Verlags-Anstalt 1981, 230 S. (Schriftenreihe der Vierteljahrshefte für Zeitgeschichte 43)

885 Unsere Stärke liegt in unserer revolutionären Einheit. Anschauungsmaterial zum 30. Jahrestag der Vereinigung von KPD und SPD im April 1946. Hrsg.: Institut für Marxismus-Leninismus beim ZK der SED. Berlin: Dietz 1976, 80 S.

886 **Vaillant,** Jerome: Der Ruf, unabhängige Blätter der jungen Generation (1945–1949). Eine Zeitschrift zwischen Illusion und Anpassung. München: Saur 1978, 250 S. (Kommunikation und Politik 11)

887 **Die Vereinigung von KPD und SPD zur Sozialistischen Einheitspartei Deutschlands in Bildern und Dokumenten. Hrsg.: Institut für Marxismus-Leninismus beim ZK der SED. Berlin: Dietz 1976, 319 S.**

888 **Vogel,** Walter: Besatzungspolitik in Westdeutschland nach dem Zweiten Weltkrieg im Spannungsfeld zwischen Ideologie und Macht, in: Geschichte in Wissenschaft und Unterricht 26 (1976), 129–145

889 **Vogel,** Walter: Organisatorische Bemühungen um die Reichseinheit in den westlichen Besatzungszonen 1945–1949, in: Aus der Arbeit des Bundesarchivs. Hrsg. von Heinz Boberach und Hans Booms. Boppard: Boldt 1977, 456–479

890 **Vogelsang,** Thilo: (Konrad) Adenauer und die USA. Bemerkungen zur Grundlegung der Beziehungen (1948–1950), in: Beiträge zur Zeitgeschichte, Festschrift Ludwig Jedlicka zum 60. Geburtstag. St. Pölten: Niederösterreichisches Pressehaus 1976, 335–345

891 **Vorgeschichte und Anfänge der Bundesrepublik** Deutschland. Hrsg. vom Arbeitskreis Sozialwissenschaftliche Informationen, Max-Planck-Institut für Geschichte, Göttingen, in: Sozialwissenschaftliche Informationen für Unterricht und Studium 6 (1977), 97–137

892* **Vorgeschichte** und Entstehung der DDR. Hrsg.: Friedrich-Ebert-Stiftung. Bonn: Verlag Neue Gesellschaft 1982, 66 S. (Die DDR. Realitäten – Argumente)

893 Vor den Toren der Wirklichkeit. Deutschland 1946/47 im Spiegel der Nordwestdeutschen Hefte. Ausgew. und eingel. von Charles Schüddekopf. Berlin: Dietz 1980, 385 S.

894 **Wagner,** Johannes Volker: Deutschland nach dem Krieg. Kapitulation, Neubeginn, Teilung: eine illustrierte Dokumentation. Bochum: Brockmeyer 1975, 439 S.

895 **Webb,** Robert Geoffrey: Britain and the future of Germany: British planning for German dismemberment and reparations 1942–1945. Ann Arbor, Mich.: University Microfilms International 1982, 377 S.

896 **Weber,** Hermann: Die deutschen Kommunisten 1945 in der SBZ. Probleme bei der kommunistischen Kaderbildung vor der SED-Gründung, in: Aus Politik und Zeitgeschichte B 31/1978, 24–31

897 **Weber, Hermann (Hrsg.): Parteiensystem zwischen Demokratie und Volksdemokratie. Dokumente und Materialien zum Funktionswandel der Parteien in der SBZ/DDR 1945–1950. Köln: Verlag Wissenschaft und Politik 1982, 608 S.**

898 **Der Weg nach Pankow.** Zur Gründungsgeschichte der DDR. Kolloquien des Instituts für Zeitgeschichte. München usw.: Oldenbourg 1980, 91 S.

899 **Weiss** (Vajs), Grigorij: Am Morgen nach dem Kriege. Erinnerungen eines sowjetischen Kulturoffiziers. Berlin: Verlag der Nationen 1981, 251 S. (Utrom, posle vojny)

900 **Weißleder,** Wolfgang: Die Gründung der Deutschen Wirtschaftskommission: Zentrale Staatsorgane der antifaschistisch-demokratischen Ordnung auf dem Weg zum Zweijahresplan, in: Jahrbuch für Wirtschaftsgeschichte (1977), T. IV, 45–62

901 **Wenzlau,** Joachim Reinhold: Der Wiederaufbau der Justiz in Nordwestdeutschland 1945 bis 1949. Königstein/Ts.: Athenäum 1979, 372 S. (Justiz und Gesellschaft 8) (Athenäum Rechtswissenschaft)

902 **Werkentin,** Falco: Notstand, Herrenchiemsee 1948. Geist oder „Ungeist" der Väter des Grundgesetzes, in: Berliner Hefte (1979), 13, 53–69

903 **Westdeutschlands Weg zur Bundesrepublik 1975–1949. Beiträge von Mitarbeitern des Instituts für Zeitgeschichte. München: Beck 1976, 201 S. (Beck'sche Schwarze Reihe 137)**

904 **Whiting,** Charles: Norddeutschland Stunde Null. April–September 1945. Ein Bild-/Text-Band. Unter Mitarbeit von Friedrich Gehendges und Bernd F. Schulte. Düsseldorf: Droste 1980, 179 S.

905 **Winkler, Heinrich August (Hrsg.): Politische Weichenstellungen im Nachkriegsdeutschland 1945–1953. Göttingen: Vandenhoeck & Ruprecht 1979, 297 S. (Geschichte und Gesellschaft, Sonderheft 5)**

906 **Wittig,** Wolfgang: Zur Praxis der Entnazifizierung in Bayern, in: Die Freiheit des Anderen. Baden-Baden: Nomos Verlagsgesellschaft 1981, 165–183

907 **Wollstein,** Günter: Rudolf Nadolny: Außenminister ohne Verwendung, in: Vierteljahrshefte für Zeitgeschichte 28 (1980), 47–93

908 **Wünschel,** Hans-Jürgen: Schicksalsjahre der Pfalz. Dokumente zur Geschichte von Rheinland-Pfalz. Neustadt/Weinstraße: Meininger 1979, 96 S.

909 **Wuermeling,** Henric L.: Die weiße Liste. Umbruch der politischen Kultur in Deutschland 1945. Berlin: Ullstein 1981, 300 S.

910 Der Zerfall der alliierten Koalition. Die Errichtung der Bizone. Diskussion über die Frage der deutschen Einheit . . . Sonderausgabe für die Staats- und Kommunalbehörden sowie für Schulen und Bibliotheken. Berlin: Dokumenten-Verlag 1977, 527 S. (Ursachen und Folgen 25)

911 **Ziemke,** Earl Frederick: The U. S. Army in the Occupation of Germany, 1944–1946. Washington, D. C.: Center of Military History, United States Army 1975, 477 S.

912 Zwischen Verständigungsbereitschaft, Anpassung und Widerstand. Die Liberal-Demokratische Partei Deutschlands in Berlin und in der Sowjetischen Besatzungszone 1945–1949. Eine Dokumentation zur Sonderausstellung der FDP-Bundestagsfraktion im Reichstagsgebäude. Zusammengestellt und kommentiert von Karl-Heinz Grundmann. Bonn: Bundesgeschäftsstelle der FDP 1978, 147 S.

III. DEUTSCHLAND VON 1949 BIS ZUR GEGENWART

12. Die Deutschlandpolitik der ehemaligen Alliierten und die Viermächteverantwortlichkeit

913 **Arbatow,** Georgij A. und Willem Oltmans: Der sowjetische Standpunkt. Über die Westpolitik der UdSSR. München: Rogner & Berhard 1981, 349 S.

914 **Barry,** Donald D. und Carol Barner-Barry: Contemporary Soviet politics. An introduction. Englewood Cliffs, N. Y.: Prentice-Hall 1978, 406 S.

915 **Beam,** Jacob D.: Multiple exposure. An American ambassador's unique perspectives on East-West issues. New York: Norton 1978, 317 S.

916 **Beletzki, V. N.: Die Politik der Sowjetunion in den deutschen Angelegenheiten in der Nachkriegszeit (1945–1976). Berlin: Staatsverlag der DDR 1977, 429 S.**

917 **Bollinger,** Klaus und Günther Urban: USA – UdSSR vom „kalten Krieg" zur friedlichen Koexistenz. Potsdam: Akademie für Staats- und Rechtswissenschaft 1977, 112 S. (Aktuelle Beiträge der Staats- und Rechtswissenschaft 166)

Bown, Colin . . . vgl. Nr. 653

918 **Brahm,** Heinz, Hans-Hermann Höhmann und Christian Meier: Sowjetische Politik heute. Probleme und Alternativen. Köln 1978, 28 S. (Berichte des Bundesinstituts für Ostwissenschaftliche und Internationale Studien 14/1978)

919 **Brauch,** Hans Günter: Atomare Diplomatie und der Beginn des Kalten Krieges. Ein Literaturbericht, in: Zeitschrift für Politik 24 (1977), 304–331

920 **Braune-Steininger,** Franz: Die Bedeutung des 20. Parteitages der KPdSU für die sowjetische Außenpolitik. München: Minerva-Publikation 1981, 131 S. (Minerva-Fachserie: Rechts- und Staatswissenschaften)

921 **Bredow,** Wilfried von: Ursprünge und Aussichten der Ost-West-Entspannung. Zur Geschichtsschreibung und Politologie der Détente, in: Blätter für deutsche und internationale Politik 21 (1976), 1265–1280

922 **Bull,** Hedley: Von der Verantwortung der Weltmächte. Die Vereinigten Staaten, die Sowjetunion und die Weltordnung, in: Europa Archiv 35 (1980), 547–556

923 **Buttlar, Walrab von: Ziele und Zielkonflikte der sowjetischen Deutschlandpolitik 1945–1947. Stuttgart: Klett-Cotta 1980, 300 S.**

924 **Catudal, Honoré M.: Kennedy in der Mauer-Krise. Eine Fallstudie zur Entschei-**

dungsfindung in USA. Einf. von Martin J. Hillenbrand. Berlin: Berlin Verlag 1981, 344 S. (Politologische Studien 18) (Kennedy and the Berlin wall crisis, 1980)

Catudal, Honoré M. . . . vgl. Nr. 1546, 1547, 1548

925 **Czempiel,** Ernst-Otto (Hrsg.): Amerikanische Außenpolitik im Wandel. Von der Entspannungspolitik Nixons zur Konfrontation unter Reagan. Mit Beiträgen von Lothar Broch u. a. Stuttgart usw.: Kohlhammer 1982, 170 S.

926 **Davis,** Lynn Etherigde: The Cold War Begins. Soviet-American Conflict over Eastern Europe. Princeton. N. Y.: Princeton University Press 1974, 427 S.

927 **DePorte,** A. W.: Europe between the superpowers. The enduring balance. New Haven: Yale University Press 1979, 256 S.

928 **Dirnecker,** Rupert: Sowjetische Weltpolitik unter Breschnew. Berlin: Duncker & Humblot 1981, 140 S. (Abhandlungen des Göttinger Arbeitskreises 3. Veröffentlichung. Der Göttinger Arbeitskreis, Nr. 426)

Divine, Robert . . . vgl. Nr. 657

929 **Draper,** Theodore: Der „Kalte Krieg" und seine Propheten, in: Europäische Rundschau 8 (1980), 71–92

930 **Edmonds,** Robin: Soviet Foreign Policy 1962–1973. The Paradox of Super Power. London usw.: Oxford University Press 1975, 197 S.

931 **Erps,** Willi: Wandlungen des sowjetischen Deutschland-Begriffs, in: Politische Studien 31 (1980), 619–627

932 **Etzold, Thomas H. und John Lewis Gaddis (Hrsg.): Containment: Documents on American Policy and Strategy, 1945–1950. New York: Columbia University Press 1978, 449 S.**

933 **Fichter,** Michael: Besatzungsmacht und Gewerkschaften. Zur Entwicklung und Anwendung der US-Gewerkschaftspolitik in Deutschland 1944–1948. Opladen: Westdeutscher Verlag 1982, 306 S. (Schriften des Zentralinstituts für sozialwissenschaftliche Forschung der FU Berlin 40)

934 **Frankel, Joseph: British Foreign Policy 1945–1973. London usw.: Oxford University Press 1975, 364 S.**

935 **From the cold war to detente.** First International Slavic Conference, held in Banff, Alberta, Canada, Sept. 4–7, 1974. Ed. by Peter J. Potichnyj, Jane P. Shapiro. General ed.: Roger E. Kanet. New York usw.: Praeger 1976, 223 S. (Praeger Special Studies in International Politics and Government)

936 **Frowein,** Jochen A.: Viermächteverantwortung für Deutschland, in: Politik und Kultur 2 (1975), 3/4, 3–14

937 **Gelberg,** Ludwik: Die Rolle der Großmächte in der Deutschen Frage, in: Osteuropa Recht 1 (1976), 1–16

Geschichte der sowjetischen Außenpolitik . . . vgl. Nr. 532

Geschichte der Außenpolitik der UdSSR . . . vgl. Nr. 533

938 **Ginsburgs,** George and Alvin Z. Rubinstein (Hrsg.): Soviet foreign policy toward Western Europe. New York usw.: Praeger 1978, 295 S. (Praeger special studies)

939 **Görtemaker, Manfred: Die unheilige Allianz. Die Geschichte der Entspannungspolitik 1943–1979. München: Beck 1979, 253 S.**

Graebner, Normann ... vgl. Nr. 536

940 **Hacke,** Christian: Henry Kissinger und das deutsche Problem, in: Deutschland Archiv 8 (1975), 973–987

941 **Hamburg,** Roger: Soviet policy in West Europe, in: Current History, Philadelphia, 80 (1981), 466, 220–221, 232–234 und 240

Hammond, Harold Y. ... vgl. Nr. 665

942 **Hanhardt,** Arthur M. Jr.: The Germanys and the superpowers: a return to cold war?, in: Current History, Philadelphia 80 (1981), 465, 145–148 und 179–180

943 **Huyn,** Hans Graf: Der Angriff. Der Vorstoß Moskaus zur Weltherrschaft. Wien usw.: Molden 1978, 276 S.

944* **Jaenecke, Heinrich: Die deutsche Teilung. Von der Potsdamer Konferenz bis zum Grundvertrag. Frankfurt/Main usw.: Ullstein 1979 (erweitert), 408 S. (Ullstein-Buch. Zeitgeschichte. 33051)**

945 **Krippendorff,** Ekkehart und Michael Lucas: ‚Eines Tages werden wir Amerikaner über die Zerstörung Europas nachdenken müssen.' Die USA und Westeuropa, in: Weltpolitik. Frankfurt/Main usw.: Campus 1981, 10–28

946 **Kuppe,** Johannes: Vergleich der sowjetischen und der DDR-Außenpolitik unter besonderer Berücksichtigung der Frage nach dem Spielraum der DDR-Deutschlandpolitik 1964–1969. München: Frank 1977, 398 S.

947 **LaFeber, Walter: America, Russia and the Cold War, 1945–1971. New York usw.: Wilney 1976^3, 339 S.**

948 **LaFeber,** Walter: Kissinger and Acheson: the secretary of state and the Cold War, in: Political Science Quarterly. New York Vol. 92 (1977), 189–197

949 **Lang,** Martin: Stalin's Strafjustiz gegen deutsche Soldaten. Die Massenprozesse gegen deutsche Kriegsgefangene in den Jahren 1949 und 1950 in historischer Sicht. Unter Mitw. von Helmuth von Dressler und Karlhans Mayer. Herford: Mittler 1981, 147 S.

950 **Larrabee,** F. Stephan: The politics of reconciliation: soviet policy towards West Germany 1964–1972. Vol. I., II. Ann Arbor, Mich., usw.: University Microfilms International 1982, 401 S. (Phil. Diss. Columbia 1978)

951 **Leonhard,** Wolfgang: Am Vorabend einer neuen Revolution? Die Zukunft des Sowjetkommunismus. München usw.: Bertelsmann 1975, 431 S.

952 **Lichtenstein,** Nelson (Hrsg.): The Kennedy Years. New York: Facts on File 1976, 621 S. (Political Profiles)

953 **Link,** Werner: Deutsche und amerikanische Gewerkschaften und Geschäftsleute 1945–1975. Eine Studie über transnationale Beziehungen. Düsseldorf: Droste Verlag 1978, 296 S.

954 **Löwenthal,** Richard (Hrsg.): Die Sowjetunion als Weltmacht. Berlin: Duncker & Humblot 1976, 144 S.

Loth, Wilfried ... vgl. Nr. 549

955 **Lüders,** Carl Heinz: Ideologie und Machtdenken in der Außen- und Sicherheitspolitik der Sowjetunion. Breshnew denkt anders. Baden-Baden: Nomos Verlagsgesellschaft 1981, 113 S. (Militär, Rüstung, Sicherheit 6)

Mai, Gunther . . . vgl. 672

Maier, Charles S. . . . vgl. Nr. 673

Mastny, Vojtech . . . vgl. Nr. 674

956 **Meier,** Christian und Fred Oldenburg: Sowjetische Deutschland-Politik Mitte der 70er Jahre, in: Osteuropa 26 (1976), 779–790

957 **Meier,** Christian und Fred Oldenburg: Der 26. KPdSU-Kongreß und die Beziehungen der Sowjetunion zu beiden deutschen Staaten. Köln 1981, 31 S. (Berichte des Bundesinstituts für ostwissenschaftliche und internationale Studien 26/1981).

958 **Meissner,** Boris: Der sowjetische Nationsbegriff und die Frage des Fortbestands der deutschen Nation, in: Europa-Archiv 32 (1977), 315–324

959 **Meissner,** Boris: Die besonderen Wesenszüge und Entwicklungstendenzen der sowjetischen Außenpolitik, in: Im Dienste Deutschlands und des Rechtes. Festschrift für Wilhelm Georg Grewe. Hrsg. von Friedrich I. Kroneck und Thomas Oppermann. Baden-Baden: Nomos Verlagsgesellschaft 1981, 275–298

960 **Mélandri,** Pierre: Les États-Unis et le Plan Pleven: Octobre 1950–Juillet 1951, in: Relations Internationales 11 (1977), 201–229

Morozow, Michael . . . vgl. Nr. 676

Noack, Paul . . . vgl. Nr. 677

Nogee, Joseph L. . . . vgl. Nr. 556

961 **Nollau,** Günther: Sowjetische Außen- und Deutschlandpolitik nach dem XXV. Parteitag, in: Deutschland Archiv 9 (1976), 344–347

962 **Nolte,** Ernst: Kalter Krieg und deutsche Ostpolitik, in: Neue Politische Literatur 20 (1975), 308–338

963 **Nolte, Ernst: Der Weltkonflikt in Deutschland. Die Bundesrepublik und die DDR im Brennpunkt des Kalten Krieges 1949–1961. München: Piper 1981, 189 S. (Serie Piper 222)**

964 **Nolte,** Hans-Heinrich: Gruppeninteressen und Außenpolitik. Die Sowjetunion in der Geschichte Internationaler Beziehungen. Göttingen usw.: Musterschmidt 1979, 148 S.

965 **Potichnyj,** Peter J. und Jane P. Shapiro (Hrsg.): From the Cold War to Détente. New York, N. Y. usw.: Praeger 1976, 223 S. (Praeger Special Studies in International Politics and Government)

966 **Rotermund,** Rainer, Ursula Schmiederer und Helmut Becker-Panitz: Die Sowjetunion und Europa. Gesellschaftsform und Außenpolitik der UdSSR. Frankfurt/Main usw.: Campus Verlag 1979, 203 S. (Campus: Kritische Sozialwissenschaft)

967 **Ruehl,** Lothar: Rußlands Weg zur Weltmacht. Düsseldorf usw.: Econ Verlag 1981, 623 S.

968 **Schmiederer,** Ursula: Die Außenpolitik der Sowjetunion. Stuttgart usw.: Kohlhammer 1980, 196 S.

969 **Schenk,** Rainer: Die Viermächteverantwortung für Deutschland als Ganzes, insbesondere deren Entwicklung seit 1969. Bern usw.: Lang 1976, 199 S. (Augsburger Schriften zum Staats- und Völkerrecht 6)

970* **Schulz,** Eberhard: Die sowjetische Deutschlandpolitik, in: Osteuropa Handbuch Sowjetunion, Bd. 2: Außenpolitik, Köln usw.: Böhlau 1977, 229–291

971 **Schweigler, Gebhard: Von Kissinger zu Carter. Entspannung im Widerstreit von Innen- und Außenpolitik 1969–1981. München usw.: Oldenbourg 1982, 514 S. (Schriften des Forschungsinstituts der Deutschen Gesellschaft für Auswärtige Politik. Reihe: Internationale Politik und Wirtschaft 47)**

972 **Simes,** Dimitri K.: Detente and Conflict: Soviet Foreign Policy, 1972–1977. Beverly Hills usw.: Sage Publications 1977, 64 S. (The Washington Papers 44)

973 **Skowronek,** Paul George: U. S. – Soviet military liaison in Germany since 1947. Ann Arbor, Mich. usw.: University Microfilms International 1982, 237 S. (Phil. Diss. Colorado 1976)

974 **Sonnenfeldt,** Helmut: Rußland, Amerika und die Entspannung, in: Europäische Rundschau, Wien 6 (1978), 4, 15–34

975 **Spanier, John W.: American Foreign Policy since World War II. New York: Praeger 1977[7], 354 S.**

976 **Storost,** Ulrich: Alliierte Kommandatur und Bundesverfassungsgericht. Bemerkungen zu einem offenen Dissens, in: Der Staat 21 (1982), 113–126

977 **Timmermann,** Heinz: Tendenzen und Motivationen sowjetischer Westeuropapolitik: relative Stabilität statt Revolution. Köln: 1975, 29 S. (Berichte des Bundesinstituts für ostwissenschaftliche und internationale Studien 27/1975)

The **Truman** White House ... vgl. Nr. 691

978* **Weltproblem zwischen den Machtblöcken. Das Zwanzigste Jahrhundert III. Hrsg. von Wolfgang Benz und Hermann Graml. Frankfurt/M.: Fischer Taschenbuch Verlag 1981, 506 S. (Fischer Weltgeschichte 36)**

979 **Wettig,** Gerhard: Die sowjetische Note vom 10. März 1952 – Wiedervereinigungsangebot oder Propagandawerkzeug? Köln: 1981, 62 S. (Sonderveröffentlichung des Bundesinstituts für ostwissenschaftliche und internationale Studien, Oktober 1981)

980 **Wettig,** Gerhard: Die Bundesrepublik Deutschland als Faktor der sowjetischen Westpolitik, in: Beiträge zur Konfliktforschung 12 (1982), 45–71

981 **Yanov,** Alexander: Détente after Brezhnev: The Domestic Roots of Soviet Foreign Policy. Hrsg. Institute of International Studies, University of California, Berkeley, Calif. 1977, 87 S. (Policy Papers in International Affairs)

Vysockij, Viktor ... vgl. Nr. 692

982 **Yergin, Daniel: Der zerbrochene Frieden. Der Ursprung des Kalten Krieges und die Teilung Europas. Frankfurt/M.: Societäts-Verlag 1979, 480 S. (Shattered peace. The origins of the Cold War and the national security state. Boston 1977)**

deZayas, Alfred ... vgl. Nr. 1679, 1680

13. Sicherheitspolitik

983 **Abschreckung und Entspannung in Europa.** Die Vereinigten Staaten und die europäische Sicherheit. Hrsg.: Institut für Strategische Studien des US Army War College. Mit Beiträgen von Harold C. Deutsch u. a. München: Bernard & Graefe 1981, 140 S. (Bernard & Graefe aktuell 22.)

984 **Afheldt,** Horst: Zur Sicherheitspolitik für die Bundesrepublik, in: Merkur 30 (1976), 335, 312–331

985 **Albrecht,** Ulrich: Disengagement, atomwaffenfreie Zone, Neutralisierung. Alternativen zur gegenwärtigen Sicherheitspolitik der Bundesrepublik, in: Blätter für deutsche und internationale Politik 26 (1981), 659–671

986 **Andrén,** Nils und Karl E. Birnbaum (Hrsg.): Beyond détente: prospects for East-West cooperation and security in Europe. Leyden: Sijthoff 1976, 199 S. (East-West perspectives 3)

987 **Andrén,** Nils und Karl E. Birnbaum (Hrsg.): Belgrade and beyond. The CSCE process in perspective. Maryland: Sijthoff & Noordhoff 1980, 180 S. (East-West Perspectives 5)

988 **Arndt,** Claus: The effects of detente on the two German states, in: West European Politics 2 (1979), 237–245

989 **Aspekte der deutschen Wiederbewaffnung bis 1955.** Mit Beiträgen von Hans Buchheim u. a. Boppard: Boldt 1975, 228 S. (Militärgeschichte seit 1945, 1)

990 **Bailey-Wiebecke,** Ilka: Die UN-Wirtschaftskommission für Europa (ECE) vor dem KSZE-Folgetreffen in Madrid. Entspannungsfortschritte im multilateralen Bereich? Köln 1980, 61 S. (Berichte des Bundesinstituts für ostwissenschaftliche und internationale Studien 25/1980)

991 **Baudissin,** Wolf Graf von: Zur sicherheitspolitischen Situation, in: Politik und Kultur 5 (1978), 2, 16–25

992 **Baudissin,** Wolf Graf von: Sicherheitspolitische Probleme im Entspannungsprozeß der 80er Jahre, in: Deutsche Studien 20 (1982), 78, 137–149

993 **Beitel,** Werner: Die Außenwirtschaftsbeziehungen der Sowjetunion unter dem Gesichtspunkt der Ost-West-Zusammenarbeit. Stiftung Wissenschaft und Politik. Ebenhausen 1980, 141 S.

994 **Das Belgrader KSZE-Folgetreffen.** Der Fortgang des Entspannungsprozesses in Europa. In Beiträgen und Dokumenten aus dem Europa-Archiv. Hrsg. von Hermann Volle und Wolfgang Wagner. Bonn: Verlag für Internationale Politik 1978, 212 S. (Beiträge und Dokumente aus dem Europa-Archiv)

995 **Benedict,** Hans-Jürgen: Das Tabu Sicherheitspolitik, in: Vorgänge 15 (1976), 22, 47–59

996 **Bertram,** Christoph: Von der Sicherheit, in: Merkur 30 (1976), 335, 301–311

997 **Bertram,** Christoph: La sécurité européenne et le problème allemand, in: Politique étrangère, Paris 44 (1979), 21–31

998 **Bertram,** Christoph: Die Unsicherheiten Europas, in: Europäische Rundschau 9 (1981), 23–34

999 **Birnstiel,** Fritz: Krieg oder Frieden in Europa?, in: Aus Politik und Zeitgeschichte B 3/1981, 39–54

1000 **Birrenbach,** Kurt: European security: NATO, SALT and equilibrium, in: Orbis. Philadelphia 22 (1978), 297–308

1001 **Blech,** Klaus: Die KSZE als Schritt im Entspannungsprozeß. Bemerkungen zu allgemeinen Aspekten der Konferenz, in: Europa-Archiv 30 (1975), 681–692

1002 **Blum,** Josuha: Die Zivile Verteidigung der Bundesrepublik Deutschland. Eine kritische Bestandsaufnahme. München: Lehmanns 1975, 109 S. (Wehrforschung aktuell 3)

1003 **Blumenwitz,** Dieter: Selbstbestimmung und Menschenrechte im geteilten Deutschland, in: Jahrbuch für Internationales Recht Bd. 17, 1974 (1975), 11–35

1004 **Bock,** Siegfried: Festigung der Sicherheit in Europa. Kernstück der Schlußakte von Helsinki, in: Deutsche Außenpolitik 20 (1975), 1623–1639

1005 **Bönisch,** Alfred: Internationale Entspannung und Friedensforschung in der BRD, in: Deutsche Außenpolitik 20 (1975), 1854–1872

1006 **Borcier,** Paul: Die Versammlung der Westeuropäischen Union. Ihr Beitrag zur Verteidigung und zum Aufbau Europas seit 1955. Informationsbroschüre. Paris 1975, 67 S.

1007 **Borcke,** Astrid von: Wie expansionistisch ist das Sowjetregime? Westliche Perzeptionen und östliche Realitäten. Köln 1981, 30 S. (Berichte des Bundesinstituts für ostwissenschaftliche und internationale Studien 6/1981)

1008 **Borm,** William: Thesen zu einer europäischen Friedensordnung 1990, in: Aus Politik und Zeitgeschichte B 32/1980, 3–15

1009* **Bracher,** Karl Dietrich: Europa und Entspannung. Frankfurt/Main usw.: Ullstein 1982, 115 S. (Ullstein-Buch 34106)

1010 **Brauch,** Hans Günter: Abrüstungsamt der Bundesregierung – Ein Vorschlag für eine aktive Friedenspolitik, in: Aus Politik und Zeitgeschichte B 8/1978, 17–29

1011 **Brauch,** Hans Günter: Fortsetzung der Entspannungspolitik oder neuer Kalter Krieg? Institutionelle und konzeptionelle Aspekte einer militärischen Entspannungspolitik, in: Vorgänge 19 (1980), 2 (H. 44), 57–72

1012 **Brauch,** Hans Günter, Maria Lunderius und Peter Schlotter: Dringliches Plädoyer für eine europäische Sicherheitskonferenz. Vorschläge von Friedensforschern zur Madrider KSZE-Folgekonferenz, in: Vorgänge 20 (1981), H. 49, 13–21

1013 **Bredow,** Wilfried von: Zur Dialektik der Ost-West-Entspannung, in: Liberal 19 (1977), 510–525

1014 **Bredow,** Wilfried von: Legitimationsprobleme gegenwärtiger und künftiger Sicherheitspolitik, in: Liberal 22 (1980), 444–454

1015 **Bredow,** Wilfried von: Die Entspannungspolitik in der Außenpolitik der Bundesrepublik Deutschland, in: Liberal 22 (1980), 904–912

1016 **Bredthauer,** Karl D.: Ende der Entspannung?, in: Blätter für deutsche und internationale Politik 21 (1976), 129–139

1017 **Bruns,** Wilhelm: Friedliche Koexistenz. Ideologie und Außenpolitik kommunistischer Staaten. Hamburg 1976, 52 S. (Veröffentlichungen der Landeszentrale für politische Bildung, Hamburg)

1018 **Bruns,** Wilhelm: Die Position der DDR zur Abrüstung, in: Deutschland Archiv 12 (1979), 938–950

1019 **Bruns,** Wilhelm: Ohne Vertrauen keine Abrüstung. Zum Konzept vertrauensbildender Maßnahmen, in: Die Neue Gesellschaft 26 (1979), 883–887

1020 **Bruns,** Wilhelm: Ohne Vertrauen keine Abrüstung – Zur Position der DDR gegenüber vertrauensbildenden Maßnahmen, in: Deutschland Archiv 15 (1982), 596–605

1021 **Charisius,** Albrecht und Klaus Engelhardt: Militarismus heute – Hauptfeind von Entspannung und Sicherheit, in: Einheit 32 (1977), 729–736

1022 **Coffey,** Joseph I.: Detente, arms control and European security, in: International Affairs. London 52 (1976), 39–52

1023 **Cramer,** Dettmar: Wie friedlich ist die friedliche Koexistenz?, in: Politik und Kultur 4 (1977), 36–43

1024 **Crean,** G. G.: European Security – The CSCE Final Act: Text and Commentary. Toronto: Canadian Institute of International Affairs 1976, 75 S. (Behind the Headlines. Vol. 35 No. 2 + 3)

1025 **Czempiel,** Ernst-Otto: Nachrüstung und Systemwandel. Ein Beitrag zur Diskussion um den Doppelbeschluß der NATO, in: Aus Politik und Zeitgeschichte B 5/1982, 22–46

1026 **Czempiel,** Ernst-Otto: Die Strategie des westlichen Bündnisses zur Sicherung des Friedens in Europa, in: Deutsche Studien 20 (1982) 78, 150–158

1027 **Delbrück, Jost, Norbert Ropers und Gerda Zellentin (Hrsg.): Grünbuch zu den Folgewirkungen der KSZE. Köln: Verlag Wissenschaft und Politik 1977, 541 S. (Deutsche Gesellschaft für Friedens- und Konfliktforschung. DGFK-Veröffentlichungen 3)**

1028 **Deist,** Wilhelm: The Wehrmacht and German rearmament. London usw.: Macmillan St. Antony's 1981, 151 S. (St. Antony's/Macmillan series)

1029 **Dettke, Dieter: Allianz im Wandel. Amerikanisch-europäische Sicherheitsbeziehungen im Zeichen des Bilateralismus der Supermächte. Frankfurt/Main: Metzner 1976, 244 S. (Schriften des Forschungsinstituts der Deutschen Gesellschaft für Auswärtige Politik. Reihe: Rüstungsbeschränkung und Sicherheit 12)**

1030 Marian **Dobrosielski:** Z teorii i praktyki pokejowego wspólistnienia. Filozofia-ideologia-polityka. (Aus Theorie und Praxis der friedlichen Koexistenz. Philosophie-Ideologie-Politik.) Książka i Wiedza, Warschau 1976, 198 S.

1031 **Doernburg,** Stefan: Zwischen Helsinki und Belgrad, in: Deutsche Außenpolitik 22 (1977), 4, 5–14

1032 **Douglass,** Joseph D.: Soviet military strategy in Europe. New York usw.: Pergamon Press 1980, 238 S. (Pergamon policy studies on the Soviet Union and Eastern Europe) (An Institute for Foreign Policy Analysis book)

1033 **Duke,** Francis: The development of West Germany's Ostpolitik: European security and the German problem, in: Millennium. London 4 (1975/76), 235–250

1034 **East-West relations** and the future of eastern Europe. Politics and economics. Hrsg.: Morris Bornstein, Zvi Gitelman u. a. London usw.: Allen Unwin 1981, 301 S.

1035 **Entspannung.** Krise und Hoffnung. 10. Internationale Konferenz der Studiengesellschaft für Fragen mittel- und osteuropäischer Partnerschaft und der Conference on European Problems, Mai 1976. Hrsg. von Alfred Domes. Bonn usw.: Edition Atlantic Forum 1977, 287 S. (Hanns-Seidel-Stiftung e. V. Schriftenreihe 8)

1036 **Entspannungsbegriff** und Entspannungspolitik in Ost und West. Mit Beiträgen von Rupert Dirnecker, Boris Meissner u. a. Berlin: Duncker & Humblot 1979, 85 S. (Göttinger Arbeitskreis. Studien zur Deutschlandfrage 3) (Veröffentlichung. Göttinger Arbeitskreis. Nr. 422)

1037 **Entspannungspolitik** nach Helsinki – eine Zwischenbilanz. Bergedorfer Gesprächskreis zu Fragen der freien industriellen Gesellschaft. 55. Tagung am 27. und 28. November 1976 in Hamburg. Hamburg 1976, 136 S. (Bergedorfer Gesprächskreis. Protokoll-Nr. 555)

1038 **Ernst,** Klaus-Dieter: Zu einigen Fragen des Kampfes der sozialistischen Staaten für effektive Maßnahmen der Rüstungsbegrenzung und Abrüstung, in: Deutsche Außenpolitik 20 (1975), 1640–1659

1039 **Europäische Sicherheit** und der Rüstungswettlauf. Zusammengestellt von Marek Thee. Hrsg.: Hessische Stiftung Friedens- und Konfliktforschung. Frankfurt/Main usw.: Campus Verlag 1979, 210 S. (Studien aus der Hessischen Friedens- und Konfliktforschung)

1040 **Europas Sicherheit.** Probleme der westlichen Welt in den 80er Jahren, in: Bergedorfer Gesprächskreis zu Fragen der Freien Industriellen Gesellschaft. Hamburg (1980), 66, 1–96

1041 A European security policy? The attitudes of candidates for the European Parliament. Von Carsten Lehmann Sorensen, Ian Gordon u. a., in: Scandinavian Political Studies. Oslo 3 (1980), 347–371

1042 **Fahl,** Gundolf: Rüstungsbeschränkung durch internationale Verträge. Berlin: Berlin Verlag 1980, 260 S. (Studien zur internationalen Sicherheit 1)

1043 **Falin,** Walentin: Frieden, Sicherheit und Zusammenarbeit in Europa, in: West-Ost-Journal, Wien 14 (1981), 2/3, S. 10, 12

1044 **Fallenbuchl,** Zbigniew M. und Carl H. McMillan (Hrsg.): Partners in East-West economic relations. The determinants of choice. New York usw.: Pergamon Press 1980, 461 S. (Pergamon policy studies on Soviet Union and Eastern Europe)

1045 **Finis Germaniae?** Zur Lage Deutschlands nach den Ostverträgen und Helsinki. Symposion aus Anlaß des 70. Geburtstages von Herbert Krüger vom 11. bis 13. Dezember 1975 in Kassel. Hrsg. von Ingo von Münch, Thomas Oppermann und Rolf Stödter. Frankfurt/Main: Metzner 1977, 179 S.

1046 **Fischer,** Per: Das Ergebnis von Belgrad. Das KSZE-Folgetreffen in seiner Bedeutung für den Entspannungsprozeß, in: Europa-Archiv 33 (1978), 221–230

1047 **Fischer,** Oskar: Für Sicherheit und Zusammenarbeit in Europa, in: Einheit 30 (1975), 947–953

1048 **Forndran, Erhard und Paul J. Friedrich (Hrsg.): Rüstungskontrolle und Sicherheit in Europa. Mit einem Vorwort von Ulrich Scheuner. Bonn: Europa Union Verlag 1979, 374 S. (Schriften des Forschungsinstituts der Deutschen Gesellschaft für Auswärtige Politik. Rüstungsbeschränkung und Sicherheit 14)**

1049 **Friedliche Koexistenz in Europa.** Entwicklungstendenzen der Auseinandersetzung zwischen Sozialismus und Imperialismus. Hrsg.: Institut für Internationale Politik und Wirtschaft der DDR. Gesamtredaktion: Peter Klein und Stefan Doernberg. Berlin: Staatsverlag der DDR 1977, 336 S.

1050 **Füllenbach, Josef und Eberhard Schulz (Hrsg.): Entspannung am Ende? Chancen und Risiken einer Politik des Modus vivendi. München usw.: Oldenbourg 1980, 381 S. (Schriften des Forschungsinstituts der Deutschen Gesellschaft für Auswärtige Politik, Bonn. Reihe: Internationale Politik und Wirtschaft 43)**

1051 **Fursdon,** Edward: The European Defense Community. A history. London: Macmillan 1980, 360 S. New York, N. Y.: St. Martin's Press 1980, 360 S.

1052 **Gerdes, Dirk: Abschreckung und Entspannung. Legitimatorische Folgeprobleme bundesrepublikanischer Entspannungspolitik. Meisenheim a. Glan: Hain 1976, 182 S. (Studien zum politischen System der Bundesrepublik Deutschland 13)**

1053 **Görtemaker,** Manfred: Der gebändigte Kontinent. Verteidigung und Entspannung in Europa. Analyse und Dokumente. Bonn: Osang 1979, 216 S.

1054 **Görtemaker,** Manfred: Perspektiven der westlichen Sicherheit in den 80er Jahren, in: Zivilverteidigung, Bonn 1980, 2, 5–11

Görtemaker, Manfred . . . vgl. Nr. 939

1055 **Grigorenko,** Pjotr: Kann das Kaninchen sich retten? Anmerkungen zur KSZE-Konferenz in Madrid, in: Die Politische Meinung 25 (1980), 192, 55–62

1056 **Groll,** Götz von: Die Schlußakte der KSZE, in: Außenpolitik 26 (1975), 243–265

1057 **Groll,** Götz von: Das Belgrader KSZE-Folgetreffen, in: Außenpolitik 28 (1977), 355–366

1058 **Gromyko,** Andrej: Entspannung – Hauptaufgabe für die Zukunft, in: Sozialismus: Theorie und Praxis. Moskau (1980), 12, 6–18

1059 **Große,** Wolfgang: Probleme gegenwärtiger Entspannungs- und Rüstungskontrollpolitik, in: Politische Studien 31 (1980), 253, 495–503

1060 **Große-Jütte,** Annemarie und Rüdiger Jütte (Hrsg.): Entspannung ohne Frieden. Versäumnisse europäischer Politik. Mit einem Vorwort von Wolf Graf von Baudissin. Eine Veröffentlichung des Instituts für Friedensforschung und Sicherheitspolitik an der Universität Hamburg. Frankfurt/Main: Fischer 1977, 298 S.

1061 **Guha,** Anton-Andreas: Der Tod in der Grauzone. Ist Europa noch zu verteidigen? Frankfurt/Main: Fischer 1980, 239 S. (Fischer-Taschenbuch. Informationen zur Zeit 4217)

1062 **Guz,** Eugeniusz und Hans Achim Weseloh: Der Kongreß von Helsinki. KSZE. Konferenz über Sicherheit und Zusammenarbeit in Europa. Stuttgart: Verlag Bonn Aktuell 1975, 94 S. (Bonn aktuell 35)

1063 **Guz,** Eugeniusz und Hans Achim Weseloh: KSZE Belgrad. Das erste Folgetreffen der Konferenz über Sicherheit und Zusammenarbeit in Europa. Stuttgart: Verlag Bonn Aktuell 1979, 108 S. (Bonn aktuell 58)

1064 **Hacke,** Christian: Drift nach Osten. Der Nachrüstungsbeschluß und Anti-Amerikanismus-Tendenzen in der SPD, in: Die Politische Meinung 26 (1981), 196, 22–37

1065 **Hacker,** Jens: Die Vorstellungen der DDR über die europäische Sicherheit, in: Internationales Recht und Diplomatie 1975/1976, 127–137

1066 **Hänisch,** Werner: Sicherheit und Zusammenarbeit in Europa – Ergebnisse und Tendenzen, in: Jahrbuch der Internationalen Politik und Wirtschaft. Berlin (Ost) (1975), 78–93

1067 **Haftendorn, Helga (Hrsg.): Verwaltete Außenpolitik. Sicherheits- und entspannungspolitische Entscheidungsprozesse in Bonn. Köln: Verlag Wissenschaft und Politik 1978, 294 S. (Bibliothek Wissenschaft und Politik 20)**

1068 **Hagen,** Lawrence S. (Hrsg.): The crisis in Western security. London usw.: Croom Helm 1982, 247 S.

1069 **Hahslach,** Karl-Heinz und Manfred Opel: Grauzone. Der atomare Fehdehandschuh des Kreml. Gütersloh: Bernard & Graefe 1981, 163 S. (Arbeitskreis für Wehrforschung. Bernard & Graefe aktuell 10)

1070 **Hartwig,** Klaus Dieter: Verteidigungspolitik als Moment der westeuropäischen Integration. Frankfurt/Main: Haag & Herchen 1977, 388 S.

1071 **Haselkorn,** Avigdor: The evolution of Soviet security strategy, 1965–1975. New York, N. Y.: Crane, Russak 1978, 139 S. (National Strategy Information Center. Strategy paper 31)

1072 **Heck,** Bruno: Verlust des Gleichgewichts. Koexistenz ist stets auch Kalter Krieg, in: Die Politische Meinung 25 (1980), H. 190, 5–13

1073 **Heisenberg,** Wolfgang: Sicherheitspolitische Probleme im deutsch-amerikanischen Verhältnis, in: Aus Politik und Zeitgeschichte B 41/1982, 3–18

1074 **Heitzer,** Heinz: Der Warschauer Vertrag und der Kampf um Frieden und kollektive Sicherheit in Europa, in: Deutsche Außenpolitik 21 (1976), 178–188

1075 **The Helsinki Forum** and East-West scientific exchange, in: Joint Hearing before the Committee on Science and Technology and the Committee on Foreign Affairs. House of Representatives. Washington. 96. Congr. 1980. 2. Sess. January 31, 323 S.

1076 **Holst,** Johan Jörgen: Abschreckung und Stabilität im Verhältnis zwischen NATO und Warschauer Pakt, in: Europa-Archiv 36 (1981), 9–20

1077 **Hubatschek,** Gerhard und Dieter Farwick: Entscheidung in Deutschland. Warschauer Pakt contra NATO. Eine militärische Analyse. Berg am See: Vowinckel 1978, 174 S.

1078 **Hütter, Joachim: SPD und nationale Sicherheit. Internationale und innenpolitische Determinanten des Wandels der sozialdemokratischen Sicherheitspolitik 1959–1961. Meisenheim a. G.: Hain 1975, 244 S. (Studien zum politischen System der Bundesrepublik Deutschland 10)**

1079 **Jacobsen,** Hans-Adolf: Vom „Kalten Krieg" zur multilateralen Entspannungspolitik in Europa (1953–1978), in: Politik und Kultur 5 (1978), 3, 43–59

1080 **Jacobsen,** Hans-Adolf: Erfordernisse einer künftigen realen Entspannungspolitik in Europa. Sechs Perspektiv-Thesen, in: Beiträge zur Konfliktforschung 8 (1978), 55–69

1081 **Jones,** David C.: Perspektiven der Sicherheit und Strategie in den achtziger Jahren, in: Information für die Truppe. Bonn (1982), H. 1, 3–25

1082 **Juette,** Ruediger (Hrsg.): Détente and peace in Europe. A publication of the Institute of Peace Research and Security Policy at the University of Hamburg. Frankfurt/Main usw.: Campus 1977, 148 S. (Campus special studies)

1083 **Jung,** Kurt: KSZE und deutsche Frage, in: Politik und Kultur 4 (1977), 6, 16–24

1084 **Kade,** Gerhard, Peter Löwen u. a. (Hrsg.): Von der Entspannung zur Abrüstung. Köln: Pahl-Rugenstein 1975, 79 S. (Hefte zu politischen Gegenwartsfragen 23)

1085 **Kade,** Gerhard: Was wird aus der Entspannung?, in: Blätter für deutsche und internationale Politik 25 (1980), 1301–1311

1086 **Kade,** Gerhard: Generale für den Frieden. Interviews. Köln: Pahl-Rugenstein 1981, 375 S.

1087 **Kaiser, Karl und Karl Markus Kreis (Hrsg.): Sicherheitspolitik vor neuen Aufgaben. Frankfurt/Main: Metzner 1977, 447 S. (Schriften des Forschungsinstituts der Deutschen Gesellschaft für Auswärtige Politik. Reihe: Rüstungsbeschränkungen und Sicherheit 13)**

1088 **Karst,** Heinz: Sicherheit und Sicherheitspolitik, in: Konservative Bilanz der Reformjahre. Hrsg. von Lothar Bossle. Würzburg: Naumann 1981, 211–224

1089 **Keiderling,** Gerhard: Der Mythos von der „sowjetischen Gefahr" und der Gründung der NATO, in: Zeitschrift für Geschichtswissenschaft 24 (1976), 1093–1109

1090 **Kelleher,** Catherine McArdle: Germany and the politics of nuclear weapons. New York usw.: Columbia University Press 1975, 372 S.

1091 **Keutel,** Helmut: Zum Problem kernwaffenfreier Zonen, in: Deutsche Außenpolitik 22 (1977), 1, 99–114

1092 **Kiersch,** Gerhard und Reimund Seidelmann (Hrsg.): Sicherheit und Entspannung in Europa. Die Antwort des demokratischen Sozialismus. Frankfurt/Main: Europäische Verlagsanstalt 1977, 188 S. (basis arbeitsergebnisse. Texte der Hochschulinitiative Demokratischer Sozialismus)

1093 **Kokot,** Józef: Od Poczdamu do Helsinek – koniec okresu powojennego w Europie. (Von Potsdam nach Helsinki – das Ende der Nachkriegszeit in Europa). Oppeln: Instytut Śląski 1974, 265 S.

1094 **Krell,** Gert: „Entspannung" oder „Eindämmung"? Zur Strategie der Friedenssicherung im Ost-West-Konflikt, in: Frankfurter Hefte 35 (1980), H. 9, 11–17

1095 **Krell,** Gert und Dieter S. Lutz: Nuklearrüstung im Ost-West-Konflikt. Potentiale, Doktrinen, Rüstungssteuerung. Baden-Baden: Nomos Verlagsgesellschaft 1980, 217 S. (Militär, Rüstung, Sicherheit 5)

1096 **Kries,** Hansjürgen von (Hrsg.): Friede durch Zusammenarbeit in Europa. Berlin: Berlin Verlag 1980, 342 S. (Studien zur internationalen Sicherheit 3)

1097 **Krolikowski,** Herbert: DDR – Faktor im Kampf um Frieden und Sicherheit, in: Einheit 34 (1979), 461–467

1098 **Kühne,** Winrich: Ost-West-Verhaltensregeln im Kontext von Sicherheit und Entspannung. Untersuchung ihrer normativen Funktion, insbesondere im Blick auf die Schlußakte von Helsinki (KSZE). Ebenhausen bei München 1976, 99 S. (Stiftung Wissenschaft und Politik Eggenberg. SWP-Studien 244)

1099 **Kunter,** Wilhelm: Die strategische Lage in Europa. Rückblick und Ausblick, in: Österreichische Militärische Zeitschrift 19 (1981), 1–6

1100 **Kurscheid,** Raimund: Kampf dem Atomtod! Schriftsteller im Kampf gegen eine deutsche Wiederbewaffnung. Köln: Pahl-Rugenstein 1981, 406 S. (Pahl-Rugenstein-Hochschulschriften. Gesellschafts- und Naturwissenschaften 84. Serie Literatur und Geschichte)

1101 **Kusnezow,** Wladlen: Internationale Entspannungspolitik. Aus sowjetischer Sicht. Wien: Europaverlag 1975, 182 S.

1102 **Laboor, Ernst: Auf dem Weg nach Helsinki 1954–1975. Die Berliner Außenministerkonferenz 1954 – Beginn des Kampfes der Sowjetunion um die Gesamteuropäische Konferenz für Sicherheit und Zusammenarbeit in Europa. Berlin: Akademie-Verlag 1977, 110 S. (Schriften des Zentralinstituts für Geschichte 51)**

1103 **Laquer,** Walter: Europa vor der Entscheidung. München: Kindler 1978, 371 S. (A continent of stray)

1104 **Lauk,** Kurt J.: Die nuklearen Optionen der Bundesrepublik Deutschland. Berlin: Duncker & Humblot 1979, 514 S. (Forschungsinstitut für Politische Wissenschaft und Europäische Fragen. Demokratie und Frieden 15)

1105 **Leebaert,** Derek (Hrsg.): European security: prospects for the 1980s. Lexington, Mass. usw.: Heath 1979, 302 S. (Lexington Books)

1106 **Lellouche,** Pierre (Hrsg.): La sécurité de l'Europe dans les années 80. Les relations est-ouest et le théatre européen. Paris: Institut Français des Relations Internationales 1980, 415 S.

1107 **Lellouche,** Pierre: Europe and her defense, in: Foreign Affairs 59 (1981), 813–834

1108 **Lewytzkyj, Borys: Sowjetische Entspannungspolitik heute. Stuttgart: Seewald 1976, 286 S. (Zeitpolitische Schriftenreihe 14)**

1109 **Link,** Werner: Entspannungspolitik – Bewährungsprobe westlicher Zusammenarbeit, in: Aus Politik und Zeitgeschichte B 37/1979, 3–18

1110 **Lonski,** Paul von: Rüstungs-Kontrollpolitik. Stand und künftige Entwicklung. München: Bernard & Graefe 1979, 123 S. (Arbeitskreis für Wehrforschung. Reihe Bernard & Graefe aktuell 5)

1111 **Lutz,** Dieter S. (Hrsg.): Eurokommunismus und NATO. Zukunftsprobleme europäischer Sicherheit. Mit einem Vorwort von Wolf Graf Baudissin. Eine Veröffentlichung des Instituts für Friedensforschung und Sicherheitspolitik an der Universität Hamburg. Bonn: Osang 1979, 199 S.

1112 **Lutz,** Dieter S.: Kriegsgefahr und Kriegsverhütung in den 80er Jahren, in: Aus Politik und Zeitgeschichte B 3/1981, 23–28

1113* **Lutz,** Ernst: Lexikon zur Sicherheitspolitik. Mit einem Vorwort von Wolf Graf von Baudissin. München: Beck 1980, 345 S. (Beck'sche Schwarze Reihe 216)

1114 **Lwow,** Michail: Gesamteuropäische Konferenz: Erfahrung und Bedeutung, in: Sozialismus. Theorie und Praxis. Moskau (1976), 7, 86–95

1115 **Mahnke,** Hans Heinrich: Die Konferenz über Sicherheit und Zusammenarbeit in Europa (KSZE) und die deutsche Frage, in: Deutschland Archiv 8 (1975), 922–933

1116 **Mahncke,** Dieter: Die Sicherheitspolitik der Bundesrepublik Deutschland zu Beginn der sechziger Jahre, in: Politik und Kultur 2 (1975), 5, 39–58

1117 **Mahncke,** Dieter: Die Sicherheitspolitik der Bundesrepublik Deutschland, in: Politik und Kultur 3 (1976), 5, 3–27

1118 **Mahnke,** Hans Heinrich: Die Prinzipienerklärung der KSZE-Schlußakte und das Völkerrecht. Völkerrechtliche Aspekte der deutschen Frage, in: Recht in Ost und West 21 (1977), 45–56, 111–123

1119 **Mechtersheimer,** Alfred: Hat SALT III noch eine Chance?, in: Aus Politik und Zeitgeschichte B 41/1980, 3–25

1120 **Mechtersheimer,** Alfred: Sicherheitspolitik in der Sackgasse, in: Tutzinger Studien (1980), 2, 19–25

1121 **Meier,** Christian: Die Bukarester WPO-Erklärung und die KSZE-Thematik. Mitarb. von Patrick von Foelkersam. Köln 1977, 34 S. (Berichte des Bundesinstituts für ostwissenschaftliche und internationale Studien 12/1977)

1122 **Meissner,** Boris und Alexander Uschakow (Hrsg.): Probleme der Konferenz über Sicherheit und Zusammenarbeit in Europa. Berlin: Berlin-Verlag 1975, 210 S. (Politologische Studien 4)

1123 **Meyer,** Gerhard: Für ein stabiles Gebäude der Sicherheit und Zusammenarbeit in Europa, in: Deutsche Außenpolitik 20 (1975), 1285–1292

1124 **Militärpolitik** kontra europäische Sicherheit und Entspannung. Zur Reorganisation der Bundeswehr der BRD. Ein dokumentarischer Abriß. Autorenkollektiv des Militärgeschichtlichen Instituts der DDR: Albrecht Charisius u. a. Berlin: Militärverlag der DDR 1975, 196 S. (Schriften des Militärgeschichtlichen Instituts der Deutschen Demokratischen Republik)

1125 **Milstein,** Michail und Karl D. Bredthauer: „Auf der Grundlage der Gleichheit und der gleichen Sicherheit ...". Abrüstung, Rüstungsbegrenzungs-Verhandlungen und sicherheitspolitische Alternativen aus sowjetischer Sicht, in : Blätter für deutsche und internationale Politik 27 (1982), 284–303

1126 **Mohr,** Manfred: Die Grundprinzipien des allgemein-demokratischen Völkerrechts und die Konferenz von Helsinki, in: Deutsche Außenpolitik 22 (1977), 2, 24–37

1127 **Müller,** Adolf: Die Tschechoslowakei auf der Suche nach Sicherheit. Berlin: Berlin-Verlag 1977, 407 S. (Politologische Studien 8)

1128 **Müller,** Friedemann: Sicherheitspolitische Aspekte der Ost-West-Wirtschaftsbeziehungen, in: Aus Politik und Zeitgeschichte B 37/1977, 30–38

1129 **Müller,** Friedemann: Ost-West-Handel und Sicherheitspolitik, in: Außenpolitik 30 (1979), 171–818

1130 **Müller,** Manfred: Die DDR und der Kampf um die Abrüstung, in: Deutsche Außenpolitik 24 (1979), H. 7, 26–39

1131 **Multan,** Wojciech: Problemy rozbrojenia europejskiego 1945–47. Warszawa: Pánstwowe Wyd. Naukowe 1979, 404 S.

1132 **Mutz,** Reinhard: Sicherheitspolitik und demokratische Öffentlichkeit in der BRD. Probleme und Analyse, Kritik und Kontrolle militärischer Macht. München: Oldenbourg 1978, 206 S. (Forschungsergebnisse bei Oldenbourg)

1133 **NATO.** Strategie und Streitkräfte. Die Rolle der Militärorganisation des Nordatlantikpakts in der aggressiven Politik des Imperialismus 1949–1975. Militärhistorischer Abriß. Autorenkollektiv: Militärhistorisches Institut der Polnischen Armee; Militärhistorisches Institut der DDR. Berlin: Militärverlag der DDR 1976, 489 S. (Schriften des Militärgeschichtlichen Instituts)

1134 **Nawrocki,** Joachim: Korb drei wird hochgehängt. Der in Helsinki vereinbarte freiere Informationsaustausch wird konterkariert, in: Deutschland Archiv 9 (1976), 144–152

1135 **Nerlich,** Uwe: Détente und Westpolitik. Zum Verhältnis von außenpolitischem Pluralismus und innerer Stabilität in Westeuropa, in: Europa Archiv 31 (1976), 105–112

1136 **Nerlich,** Uwe (Hrsg.): Die Einhegung sowjetischer Macht. Kontrolliertes militärisches Gleichgewicht als Bedingung europäischer Sicherheit. Baden-Baden: Nomos Verlagsgesellschaft 1982 (Internationale Politik und Sicherheit 14)

1137 **Nier,** Kurt: DDR verwirklicht erfolgreiche Politik der friedlichen Koexistenz, in: Deutsche Außenpolitik 21 (1976), 12, 1765–1773

1138 **Nötzold,** Günter: Intersystemare ökonomische Beziehungen und Entspannungspolitik, in: Sozioökonomische Probleme der intersystemaren Wirtschaftsbeziehungen. Hrsg. von Kurt P. Tudyka und Marian Sucha. Nijmegen: Universität Nijmegen 1979, 9–20

1139 **Nötzold,** Jürgen: Die zweite KSZE-Folgekonferenz in Madrid, in: Außenpolitik 33 (1982), 138–146

1140 **Nolte,** Hans-Heinrich: Militarismus in der sowjetischen Gesellschaft und internationaler Rüstungswettlauf, in: Das Argument 24 (1982), 131, 75–90

1141 **Odprężenie w stosunkach Wschód-Zachód.** Dyskusje. (Die Entspannung in den Ost-West-Beziehungen. Diskussion.) Mit Michal Dobroczyński, Ryszard Wojna, Mieczyslaw F. Rakowski (u. a.), in: Sprawy Międzynarodowe, Warschau 30 (1977), 1, 123–141

1142 **Oeser,** Ingo: Im Kampf um reale Ergebnisse der militärischen Entspannung, in: Einheit 30 (1975), 1161–1169

1143 **Oldenburg,** Fred und Gerhard Wettig: Zur Rolle der DDR in der Entspannungspolitik, in: Beiträge zur Konfliktforschung 9 (1979), 2, 65–88

1144 **Opitz,** Eckhart: Über Schwierigkeiten im Umgang mit der Entspannungs- und Sicherheitspolitik, in: Die Neue Gesellschaft 24 (1977), 272–279

1145 **Oststaaten und europäische Sicherheit 1972–1975.** Analysen und Dokumentation. Bearb. von Boris Meissner, in: Internationales Recht und Diplomatie. Köln, Jg. 1975/76, 453 S.

1146 **Die Ost-West-Beziehungen. Ein Überblick. Zusammenfassung des Berichts der trilateralen Sonderarbeitsgruppe der Trilateral Commission. Von Jeremy R. Azrael, Richard Löwenthal, Tohru Nakagawa. Bonn: Europa Union Verlag 1979, 110 S. (Arbeitspapiere zur internationalen Politik 10. Forschungsinstitut der Deutschen Gesellschaft für Auswärtige Politik) (An overview of East-West relations)**

1147 Die Ost-West-Beziehungen in Europa nach Belgrad. Mit Beiträgen von Wladimir Gantmann u. a., in: Wissenschaft und Frieden, Wien (1979), 1, 4–43

1148 **Patzina,** Reinhard: Zur Bedeutung von Gewaltverbot und Selbstbestimmungsrecht in den Ostverträgen und in der Schlußakte von Helsinki, in: Österreichische Zeitschrift für Öffentliches Recht und Völkerrecht 29 (1978), 1/2, 57–74

1149 **Pawelczyk,** Alfons: Vor der KSZE in Madrid, in: Merkur 34 (1980), 974–981

1150 **Pohly,** Winfried und Axel Braun: Die europäische Entspannungspolitik und die Möglichkeit zur Entstehung regionaler Machtzentren. Überlegungen zu Perspektiven der Weltpolitik, in: Kritik 8 (1980), H. 25, 27–40

1151 **Pigasse,** Jean-Paul: Le deuxième pilier. Donnés et réflections sur la sécurité Européenne. Documentation recueillié par Bruno Cavalie. Paris 1980, 221 S. (Les sept épées. No. 15)

1152 **Pfeiffer,** Gerhard: Die internationale Abrüstungsdiskussion im Jahre 1980. Kein Durchbruch, aber auch kein Abbruch, in: Europa-Archiv 36 (1981), 185–192

1153 **Poser,** Günter: Militärmacht Sowjetunion 1980. Daten, Tendenzen, Analyse. München: Olzog 1980, 172 S. (Geschichte und Staat 237)

Pöttering, Hans-Gert ... vgl. Nr. 456

1154 **Rakowski,** Mieczyslaw: Umdenken in Europa, in: Europäische Rundschau. Wien 4 (1976), 3, 3–14

1155 **Rasch,** Harold: Entspannung – jetzt erst recht?, in: Blätter für deutsche und internationale Politik 25 (1980), 153–162

1156 **Rasch,** Harold: Warum nicht neutral? Plädoyer für eine neue Außenpolitik, in: Blätter für deutsche und internationale Politik 26 (1981), 301–318

1157 **Rausch,** Wolf Werner und Christian Walther (Hrsg.): Evangelische Kirche in Deutschland und die Wiederaufrüstungsdiskussion in der Bundesrepublik 1950–1955. Gütersloh: Mohn 1978, 175 S. (Gütersloher Taschenbücher Siebenstern 292)

1158 **Revesz,** Laszlo: Zusammenarbeit mit Regierenden oder Regierten? Die osteuropäische Haltung zur Frage der menschlichen Beziehungen und des freien Informationsflusses an der Konferenz über Sicherheit und Zusammenarbeit in Europa. Ms. gedr. Bern 1974, 88 S. (Schweizerisches Ostinstitut. SOI-Sonderdruck 5)

1159 **Richter,** Nikolaus und Hermann Schmidtendorf: Zur sicherheitspolitischen Konzeption von CDU und CSU, in: Frankfurter Hefte 36 (1981), 5, 13–22

1160 **Rittberger,** Volker (Hrsg.): Abrüstungsplanung in der Bundesrepublik. Aufgaben, Probleme, Perspektiven. Mit Beiträgen von Ulrich Albrecht u. a. Baden-Baden: Nomos Verlagsgesellschaft 1979, 183 S. (Studien zur Abrüstungsplanung 1)

1161 **Röpcke,** Jochen: Osthandel, Liberalisierung, Rüstungswettlauf. Kritische Anmerkungen zur Ost-West-Kooperation, in: Die Politische Meinung 20 (1975), H. 161, 21–43

1162 **Rotfeld,** Adam Daniel: Bezpieczenstwo Europy a stosunki miezy NRD a RFN. (Die Sicherheit Europas und die Beziehungen zwischen der DDR und der BRD), in: Sprawy Miedzynarodowe, Warschau (1980), N. 2, 43–62

1163 **Rovan,** Joseph: La république fédérale et la tentation neutraliste, in: Esprit. Paris (1982), H. 4, 26–42

1164 **Royen, Christoph: Die sowjetische Koexistenzpolitik gegenüber Westeuropa. Voraussetzungen, Ziele, Dilemmata. Baden-Baden: Nomos Verlagsgesellschaft 1978, 174 S. (Internationale Politik und Sicherheit 2)**

1165 **Royen,** Christoph: Polens Entwicklung im europäischen Entspannungsprozeß der 70er Jahre. Eine Fallstudie zum Problem kommunistischer Systemstabilisierung in Widerstreit zwischen Abgrenzung und Öffnung. Ebenhausen bei München: Stiftung Wissenschaft und Politik 1979, 125 S. (SWP-S 268)

1166 **Ruehl,** Lothar: Die Nichtentscheidung über die „Neutronenwaffe". Ein Beispiel verfehlter Bündnispolitik, in: Europa-Archiv 34 (1979), 137–150

1167 **Ruehl,** Lothar: Das Verhandlungsangebot der NATO an die Sowjetunion. Suche nach einem Gleichgewicht bei den „eurostrategischen" Waffen, in: Europa-Archiv 35 (1980), 215–226

1168 **Ruehl,** Lothar: The European nuclear balance – A German view, in: NATO's Fifteen Nations. Amstelveen 26 (1981), H. 5, 46–50

1169 **Rühle,** Hans: Entspannung so oder so? Auf der Suche nach einer westlichen Strategie, in: Die Politische Meinung 21 (1976), H. 167, 33–47

1170 **Ruth,** Friedrich: Sicherheitspolitik der NATO: Abschreckung und Rüstungskontrolle, in: Europa Archiv 37 (1982), 135–144

1171 **Samjatin,** Leonid: Die Welt braucht militärische Entspannung, in: Blätter für deutsche und internationale Politik 25 (1980), 29–33

1172 **Sanin,** Wladimir: Erfolgreiche Entspannungspolitik, in: Deutschland Archiv 8 (1975), 821–824

1173 **Schissler, Jakob: Symbolische Sicherheitspolitik. Die Bedeutung der KSZE-Schlußakte für die Sicherheitspolitik der Bundesrepublik Deutschland. München: Minerva-Publikation 1980, 233 S. (Politik – Recht – Gesellschaft 2)**

1174 **Schissler,** Jakob: US-Menschenrechtspolitik und KSZE. Innen- und außenpolitischer Entscheidungsprozeß vor der Belgrader Nachfolgekonferenz, in: Politische Vierteljahresschrift 21 (1980), 363–381

1175 **Schmidt,** Manfred G.: Staatsapparat und Rüstungspolitik in der Bundesrepublik Deutschland, 1966–1973. Schranken und Folgenprobleme der Staatsinterventionspolitik im Militär- und Rüstungssektor. Lollar (Gießen): Achenbach 1975, 247 S.

1176 **Schneider,** Eberhard: Überlegungen zur Entspannung in einer pluralistischen Welt. Köln 1979, 52 S. (Berichte des Bundesinstituts für ostwissenschaftliche und internationale Studien 40/1979)

1177 **Schneider,** Eberhard: Überlegungen zur Entspannung in einer pluralistischen Welt, in: Aus Politik und Zeitgeschichte B 32/1980, 16–32

1178 **Schubert, Klaus von (Hrsg.): Sicherheitspolitik der Bundesrepublik Deutschland. Dokumentation 1945–1977. Unter Mitarbeit von Klaus Brinker und Sabine Radloff. Köln: Verlag Wissenschaft und Politik 1980², Teil 1: 456 S.; Teil 2: 635 S.**

1179 **Schubert,** Klaus von: Bedingungen des Überlebens. Sicherheitspolitik und politische Moral zwischen Militärstrategie und Waffentechnik, in: Aus Politik und Zeitgeschichte B 10/1980, 1–36

1180 **Schulz,** Eberhard: Unorthodoxe Gedanken zwischen Helsinki und Belgrad. Versuch einer Bilanz über ein Kapitel Entspannungspolitik, in: Osteuropa 27 (1977), 378–388

1181* **Schwarz,** Hans-Peter: Zwischenbilanz der KSZE. Stuttgart: Seewald 1977, 136 S.

1182 **Schwarz, Hans-Peter und Boris Meissner (Hrsg.): Entspannungspolitik in Ost und West. Köln: Heymanns 1979, 307 S. (Studien zu Politik 4)**

1183 **Schwarz,** Hans-Peter: „Europäische Interessen" im Ost-West-Verhältnis. Ein Scheinproblem, in: Beiträge zur Konfliktforschung 12 (1982), 5–26

1184* **Schwarz,** Klaus-Dieter (Hrsg.): Sicherheitspolitik. Analysen zur politischen und militärischen Sicherheit. Bad Honnef-Erpel: Osang Verlag 1978[3] (neu bearbeitet), 673 S.

Schweigler, Gebhard . . . vgl. Nr. 971

1185 **Schweisfurth,** Theodor: KSZE und Deutsche Frage, in: Deutschland Archiv 10 (1977), 936–948

1186 **Die Sicherheit des Westens.** Neue Dimensionen und Aufgaben. Karl Kaiser, Winston Lord, Thierry de Montbrial, David Watt. Bonn: Forschungsinstitut der Deutschen Gesellschaft für Auswärtige Politik 1981, 53 S.

1187 **Sicherheit und Frieden.** Politik zwischen Verteidigung und Rüstungskontrolle. Hrsg. von Wolfgang Fechner und Dieter O. A. Wolf. Themenausgabe „Entspannung und Abrüstung" der Wochenzeitung „Das Parlament" vom 16. September z. erg. und weitere Artikel. Bonn 1979, 222 S. (Schriftenreihe der Bundeszentrale für politische Bildung 147)

1188 **Sicherheit für unsere Freiheit.** Zur verteidigungspolitischen Lage der Bundesrepublik Deutschland, Ergebnisse des sicherheitspolitischen Forums der CDU in Kiel am 13./14. Januar 1978. Hrsg. von Heiner Geissler. Stuttgart: Bonn Aktuell 1978, 153 S. (Bonn aktuell 57)

1189 **Šedivý,** Jaroslav: Grundfragen des Friedens und der Sicherheit in den internationalen Beziehungen, in: Europa-Archiv 32 (1977), 851–858

1190 **Seidelmann, Reimund: Die Entspannungspolitik der Bundesrepublik Deutschland. Entwicklungsursachen, Konzepte und Perspektiven. Frankfurt/Main usw.: Campus Verlag 1982, 194 S. (Campus Forschung 266)**

1191 **Seidler,** Franz W.: Krieg oder Frieden. Möglichkeiten und Grenzen der Sicherheitspolitik. Eine Einführung mit ergänzenden Tabellen und Zeichnungen. München: Bernard & Graefe 1980, 186 S. (Arbeitskreis für Wehrforschung. Bernard & Graefe aktuell 9)

1192 **Sonnenfeldt,** Helmut: Rußland, Amerika und die Entspannung, in: Europäische Rundschau 6 (1978), 4, 15–34

1193 **Spittmann,** Ilse: Mit halbem Herzen. DDR-Reaktion auf Helsinki, in: Deutschland Archiv 8 (1975), 898–899

1194 **Steinhoff,** Johannes: Wohin treibt die NATO? Probleme der Verteidigung Westeuropas. Hamburg: Hoffmann und Campe 1976, 279 S.

1195 **Stratmann,** Klaus-Peter: Schwächen der NATO-Verteidigung und Angriffs-Optionen des Warschauer Pakts. Kritische Anmerkungen zur derzeitigen „Strategiedebatte", in: Aus Politik und Zeitgeschichte B 37/1977, 18–29

1196 **Stratmann,** Klaus-Peter: Das „eurostrategische" Kräfteverhältnis. Zweifelhafte Bewertung als Folge der Anwendung unterschiedlicher Kriterien, in: Europa-Archiv 36 (1981), 387–398

1197 **Stratmann,** Klaus-Peter: NATO-Strategie in der Krise? Militärische Optionen von

NATO und Warschauer Pakt in Mitteleuropa. Baden-Baden: Nomos Verlagsgesellschaft 1981, 267 S.

1198 **Stoessel,** Walter J.: Conflict or cooperation in the 1980s?, in: The Atlantic Community Quarterly. Washington 19 (1981/82), 441–448

1199 **Strasser,** Johano: Sicherheit als destruktives Ideal, in: L'80. Köln (1980), H. 17, 5–19

1200 **Stuby,** Gerhard: Zwischen Kaltem Krieg und Entspannung. Politische und völkerrechtliche Aspekte der Ost-West-Beziehungen, in: Blätter für deutsche und internationale Politik 25 (1980), 397–412

1201 **Stützle,** Walther: Sicherheitspolitik heute. Kritik und Antwort, in: Beiträge zur Konfliktforschung 6 (1976), 3, 21–43

1202 **Sywotteck,** Arnold: Die Opposition der SPD und KPD gegen die westdeutsche Aufrüstung in der Tradition sozialdemokratischer und kommunistischer Friedenspolitik seit dem 1. Weltkrieg, in: W. Huber und J. Schwertfeger (Hrsg.): Frieden, Gewalt, Sozialismus. Studien zur Geschichte der sozialistischen Arbeiterbewegung. Stuttgart: Klett 1976, 496–510

1203 **Thema: Sicherheitspolitik.** Mit Beiträgen von Klaus von Schubert u. a., in: Die Neue Gesellschaft 29 (1982), 304–406

1204 **Tiedtke,** Stephan: Militärische Bündnisbeziehungen in Osteuropa und die Entspannung, in: Aus Politik und Zeitgeschichte B 11/1980, 33–45

1205 **Tolmein,** Horst Günter: Aufmarsch gegen die Bundesrepublik Deutschland. Die militärische Feindlage zwischen Ost und West. Landshut: Verlag Politisches Archiv 1976, 270 S.

1206 **Tradition** in Bundeswehr und Nationaler Volksarmee, in: Deutsche Studien 18 (1980), 305–397

1207 **Urban,** G. R. (Hrsg.): Detente. London: Temple Smith 1976, 368 S.

1208 **Ustinow,** Dimitri: Militärische Entspannung – ein Gebot der Zeit, in: Sozialismus: Theorie und Praxis, Moskau (1980), 1, 13–21

1209 **Verheugen,** Günter: Chancen und Grenzen der Entspannungspolitik, in: Politik und Kultur 7 (1980), 6, 3–27

1210 **Verteidigung im Bündnis. Planung, Aufbau und Bewährung der Bundeswehr, 1950–1972. Hrsg.: Militärgeschichtliches Forschungsamt. München: Bernard & Graefe 1975, 502 S.**

1211 **Verteidigungsbereitschaft** als Aufgabe politischer Bildung. München: Olzog 1978, 131 S. (Politische Studien. Sonderheft 2/1978)

1212 **Vohrer,** Manfred: The international situation and European security, in: Proceedings. Assembly of Western European Union. Paris. 26. Ord. Sess. 1980. P. 1. Doc. 845

1213 **Voigt,** Karsten D.: Friedenspolitische Aufgaben der demokratischen Linken, in: Kritik 8 (1980), H. 25, 8–20

1214 **Voigt,** Karsten D.: Die sicherheitspolitische Diskussion, in: Die Neue Gesellschaft 28 (1981), 409–412

1215 **Voigt,** Karsten D.: Sozialdemokratische Sicherheitspolitik. Die Position des demokratischen Sozialismus zu militärischen Sicherheitsproblemen, in: Sozialismus. Hamburg 40 (1982), 25–34

1216 **Voigt,** Karsten D.: Das Risiko eines begrenzten Nuklearkrieges in Europa. Zur Diskussion über die westliche Militärdoktrin und den NATO-Doppelbeschluß vom Dezember 1979, in: Europa Archiv 37 (1982), 151–160

1217 Voraussetzungen und Ziele der Entspannung in den 80er Jahren – Der europäische Schauplatz, in: Bergedorfer Gesprächskreis zu Fragen der Freien Industriellen Gesellschaft, Hamburg, 1981, 67, 1–108

1218 **Voslenskij,** Michael: DDR und friedliche Koexistenz, in: Deutschland Archiv 8 (1975), 1030–1034

1219 **Vukadinović,** Radovan: The Belgrade meeting of the Conference on Security and Cooperation in Europe, in: Survey 5 (1978), 226–241

1220 **Wagner,** Wolfgang: Das Ost-West-Verhältnis nach der sowjetischen Intervention in Afghanistan. Die Eskalation der Enttäuschungen in der Periode der Détente, in: Europa-Archiv 35 (1980), 135–146

1221* **Walpuski,** Günter und Dieter O. A. Wolf: Einführung in die Sicherheitspolitik. Ein Lehr- und Studienbuch. Unter Mitarbeit von Karlheinz Koppe u. a. München usw.: Oldenbourg 1979, 312 S.

1222 **Weidenfeld,** Werner: Europa vor den neuen Krisen der Weltpolitik, in: Außenpolitik 31 (1980), 386–393

1223 **Well,** Günther van: Belgrad 1977, Das KSZE-Folgetreffen und seine Bedeutung für den Entspannungsprozeß, in: Europa-Archiv 32 (1977), 577–585

1224 **Well,** Günther van: Entspannungspolitik: schwieriger und unsicherer geworden, in: Auslandskurier 21 (1980), 3, S. 10

1225 **Wellenstein,** Edmond P.: Wirtschaftliche Ost-West-Zusammenarbeit im Rahmen der KSZE. Perspektiven für das Madrider Folgetreffen, in: Europa Archiv 35 (1980), 599–604

1226 **Welter,** Fernand: Belgrad 1977: Der Westen mit Blick auf die KSZE-Nachfolgekonferenz, in: Beiträge zur Konfliktforschung 7 (1977), 3, 67–76

1227 **Wettig,** Gerhard: Freiere Begegnungen und Dialoge zwischen Ost und West. Zur Problematik einer umfassenden Koexistenz in Europa, in: Aus Politik und Zeitgeschichte B 11/1975, 3–37

1228 **Wettig,** Gerhard: Praktische Probleme bei der Begegnung, beim Dialog und beim Informationsaustausch zwischen Ost und West, in: Aus Politik und Zeitgeschichte B 38/1975, 21–41

1229 **Wettig,** Gerhard: Frieden und Sicherheit in Europa. Probleme bei der Konferenz für Sicherheit und Zusammenarbeit in Europa (KSZE) und bei der wechselseitigen Truppenreduzierung in Europa (MBFR). Stuttgart: Seewald 1975, 264 S. (Militärpolitische Schriftenreihe 12)

1230 **Wettig,** Gerhard: Die Verwirklichung der KSZE-Schlußakte durch die UdSSR und die DDR, in: Deutschland Archiv 10 (1977), 389–415

1231 **Wettig,** Gerhard: Die Folgen der KSZE aus östlicher Sicht. Köln 1977, 44 S. (Berichte des Bundesinstituts für ostwissenschaftliche und internationale Studien 7/1977)

1232 **Wettig,** Gerhard: Östliche Entspannungspolitik zwischen Zusammenarbeit und Abgrenzung, in: Aus Politik und Zeitgeschichte B 19/1977, 33–38

1233 **Wettig,** Gerhard: Der Kampf um die freie Nachricht. Zürich: Edition Interfrom 1977, 96 S. (Texte und Thesen. Sachgebiet Politik 83)

1234 **Wettig,** Gerhard: Argumentationslinien der UdSSR und der DDR im Blick auf die Verwirklichung ihrer KSZE-Verpflichtungen. Köln 1977, 44 S. (Berichte des Bundesinstituts für ostwissenschaftliche und internationale Studien 11/1977)

1235 **Wettig,** Gerhard: Die Menschenrechtsproblematik auf der KSZE-Folgekonferenz, in: Aus Politik und Zeitgeschichte B 27/1978, 25–45

1236 **Wettig,** Gerhard: Sicherheitspolitik und KSZE-Treffen Belgrad, in: Außenpolitik 29 (1978), 287–196

1237 **Wettig,** Gerhard: Sowjetische Entspannungspolitik. Eine zusammenfassende Bewertung. Köln 1978, 25 S. (Sonderveröffentlichung des Bundesinstituts für ostwissenschaftliche und internationale Studien)

1238 **Wettig,** Gerhard: Die Warschauer-Pakt-Staaten auf der Belgrader KSZE-Folgekonferenz, in: Osteuropa 28 (1978), 473–493

1239 **Wettig,** Gerhard: Das Abschreckungskonzept als Theorie der Friedenssicherung. Darstellung, Analyse, Kritik. Köln 1979, 62 S. (Berichte des Bundesinstituts für ostwissenschaftliche und internationale Studien 8/1979)

1240 **Wettig,** Gerhard: Das Ringen zwischen Ost und West um Sicherheit. SALT, MBFR und die Optionen der westlichen Politik, in: Aus Politik und Zeitgeschichte B 26/1979, 20–30

1241 **Wettig,** Gerhard: Das Konzept der stabilen Abschreckung in den Ost-West-Beziehungen. Köln 1979, 46 S. (Berichte des Bundesinstituts für ostwissenschaftliche und internationale Studien 18/1979)

1242 **Wettig,** Gerhard: Die sicherheitspolitische Dimension der Entspannung, in: Osteuropa 29 (1979), 997–1007

1243 **Wettig,** Gerhard: Die Sowjetunion und die eurostrategische Problematik, in: Politische Vierteljahresschrift 21 (1980), 346–362

1244 **Wettig,** Gerhard: Entspannung und Sicherheit. Konzeptionelle Überlegungen an einer kritischen Wegemarke, in: Aus Politik und Zeitgeschichte B 11/1980, 18–32

1245 **Wettig,** Gerhard: Der Wandel der Rahmenbedingungen für Sicherheitsvereinbarungen in Europa, in: Aus Politik und Zeitgeschichte B 26/1981, 3–28

1246 **Wettig,** Gerhard: Die USA, die UdSSR und das Problem der Rüstungskontrolle, in: Aus Politik und Zeitgeschichte B 48/1980, 13–29

1247 **Wettig,** Gerhard: Die sicherheitspolitische Debatte in Europa. Köln 1981, 47 S. (Sonderveröffentlichung des Bundesinstituts für ostwissenschaftliche und internationale Studien)

1248 **Wettig, Gerhard: Konflikt und Kooperation zwischen Ost und West. Entspannung in Theorie und Praxis. Außen- und sicherheitspolitische Analyse. Bonn: Osang 1981, 217 S.**

1249 **Wettig,** Gerhard: Entspannungsinteressen in Ost und West. Köln 1981, 61 S. (Berichte des Bundesinstituts für ostwissenschaftliche und internationale Studien 16/1981)

1250 **Wettig,** Gerhard: Instrumentarien der Entspannungspolitik, Köln 1981, 89 S. (Berichte des Bundesinstituts für ostwissenschaftliche und internationale Studien 17/1981)

1251 **Wettig,** Gerhard: Der euro-strategische Datenvergleich als Instrument der sowjetischen Politik. Köln 1981, 49 S. (Sonderveröffentlichung des Bundesinstituts für ostwissenschaftliche und internationale Studien. Juli 1981)

1252 **Wettig,** Gerhard: Die sowjetischen Sicherheitsvorstellungen und die Möglichkeiten eines Ost-West-Einvernehmens. Baden-Baden: Nomos Verlagsgesellschaft 1981, 149 S. (Osteuropa und der internationale Kommunismus. Hrsg.: Bundesinstitut für ostwissenschaftliche und internationale Studien 10)

1253 **Wettig,** Gerhard: Umstrittene Sicherheit. Friedenswahrung und Rüstungsbegrenzung in Europa. Berlin: Berlin Verlag 1982, 192 S. (Studien zur internationalen Sicherheit 8)

1254 **Wieck,** Hans-Georg: Das Nordatlantische Bündnis – Kontinuität und Wandel, in: Im Dienste Deutschlands und des Rechtes. Festschrift für Wilhelm Georg Grewe. Hrsg. von Friedrich I. Kroneck und Thomas Oppermann. Baden-Baden: Nomos Verlagsgesellschaft 1981, 403–418

1255 **Wilker,** Lothar: Die Sicherheitspolitik der SPD 1956–1966. Zwischen Wiedervereinigung und Bündnisorientierung. Bonn-Bad Godesberg: Verlag Neue Gesellschaft 1977, 345 S. (Schriftenreihe des Forschungsinstituts der Friedrich-Ebert-Stiftung 135)

1256 **Willms,** Bernard: Politische Koexistenz. Zur Theorie des Ost-West-Konflikts. Paderborn: Schöningh 1982, 195 S. (Sammlung Schöningh zur Geschichte und Gegenwart)

1257 **Winkler,** Theodor: Die Nuklearpolitik der Schwellenmächte: Berlin: Berlin Verlag 1980, 199 S. (Studien zur internationalen Sicherheit 4)

1258 **Wörner,** Manfred: Grundfragen künftiger Sicherheitspolitik in einer instabilen Welt, in: Sonde 13 (1980), 2/3, 29–36

1259 **Wörner,** Manfred: The challenge of international security, in: The Atlantic Community Quarterly. Washington 19 (1981/82), 435–440

1260 **Wohlrabe,** Jürgen: Was kostet die Entspannung: Vortrag in der Berliner Kongreßhalle, gehalten im Frühjahr 1978, Berlin 1978, 31 S.

1261 **Wolf,** Dieter O. A.: Das „Recht zum Krieg" in der amerikanischen Außen- und Sicherheitspolitik. Überlegungen zur verfassungsrechtlichen und politischen Auseinandersetzung zwischen Präsident und Kongreß um die „War Powers" und ihre Auswirkungen auf die westeuropäische Sicherheit, in: Zeitschrift für Politik 28 (1981), 50–64

1262 **Woyke,** Wichard: Die NATO in den siebziger Jahren. Eine Bestandsaufnahme. Opladen: Leske und Buderich 1977, 157 S.

1263 **Woyke,** Wichard: Von der „Politik der Entspannung" zur „wirklichen Entspannung", in: Aus Politik und Zeitgeschichte B 41/1982, 31–46

1264 **Wust,** Harald: Sicherheitspolitik der Bundesrepublik Deutschland. Vortrag auf dem Kongreß der NATO-Reserveoffiziere, in: Soldat und Technik 21 (1978), 459–465

1265 **Wust,** Harald: Die Sicherheitspolitik der Bundesrepublik Deutschland, in: Information für die Truppe (1978), 11, 3–29

1266 **Yost,** David S.: Beyond SALT II: European security and the prospects for SALT III, in: Orbis. Philadelphia 24 (1980), 625–655

1267 **Zellentin, Gerda (Hrsg.): Annäherung, Abgrenzung und friedlicher Wandel in Europa. Mit Beiträgen von Wilfried von Bredow, Gerhard Wettig u. a. Boppard: Boldt 1976, 495 S. (Veröffentlichungen der Deutschen Gesellschaft für Friedens- und Konfliktforschung e. V. 2)**

1268 **Zimmermann,** Friedrich: Die Sicherheit der Bundesrepublik Deutschland, in: Politische Studien 31 (1980), H. 251, 253–262

14. Die Deutschlandfrage in der UNO und der internationalen Politik

1269 **Zur Entspannungspolitik in Europa.** Hrsg. Deutsche Gesellschaft für Friedens- und Konfliktforschung. Red.: Graf Wolf von Baudissin u. a. Baden-Baden: Nomos Verlagsgesellschaft 1980, 924 S. (DGFK-Jahrbuch 1979/80)

1270 **Arntz,** Joachim: Der Begriff der Friedensbedrohung in Satzung und Praxis der Vereinten Nationen. Berlin: Duncker & Humblot 1975, 198 S. (Schriften zum Völkerrecht 46)

1271 **Blumenwitz,** Dieter: Die beiden deutschen Staaten in den Vereinten Nationen, in: Politik und Kultur 4 (1977), 3, 54–64

1272 **Blumenwitz,** Dieter: Die beiden deutschen Staaten in den Vereinten Nationen, in: Zeitschrift für Politik 24 (1977), 101–121

1273 **Brill,** Heinz: Ist eine Revision der UNO-Satzung möglich? Ein Beitrag zum Feindstaatenproblem, in: Europäische Wehrkunde 31 (1982), 156–160

1274 **Bruns,** Wilhelm: Die uneinigen Vereinten. Zum Verhalten der beiden deutschen Staaten bei der 29. UN-Generalversammlung, in: Deutschland Archiv 8 (1975), 592–601

1275 **Bruns,** Wilhelm: Mehr Bürde als Würde. Zur Mitgliedschaft im Weltsicherheitsrat, in: Die Neue Gesellschaft 23 (1976), 1031–1034

1276 **Bruns,** Wilhelm: Die UNO-Politik der DDR. Das Verhältnis der DDR zum UNO-System und ihr Verhalten im UNO-System. Hamburg: 1976 Reprografie-Zentrum, 498 S. (Diss.)

1277 **Bruns,** Wilhelm: Die beiden deutschen Staaten in der UNO. Zur 30. Generalversammlung, in: Deutschland Archiv 9 (1976), 376–386

1278 **Bruns,** Wilhelm: Mehr Konflikt als Kooperation. Die beiden deutschen Staaten auf der 31. UN-Generalversammlung, in: Deutschland Archiv 10 (1977), 966–974

1279 **Bruns, Wilhelm: Die UNO-Politik der DDR. UNO. DDR. Stuttgart: Verlag Bonn Aktuell 1978, 210 S. (Bonn aktuell 41)**

1280 **Bruns,** Wilhelm: Die beiden deutschen Staaten auf der 32. Generalversammlung der Vereinten Nationen, in: Deutschland Archiv 11 (1978), 490–497

1281 **Bruns,** Wilhelm: Die beiden deutschen Staaten in der UNO, in: Aus Politik und Zeitgeschichte B 12/1978, 19–31

1282 **Bruns,** Wilhelm: Politik der selektiven Mitgliedschaft. Das Verhältnis der DDR zu den UN-Sonderorganisationen, insbesondere zur UNESCO, in: Vereinte Nationen 26 (1978), 154–159

1283 **Bruns,** Wilhelm: Uneinig bei den Vereinten. Die beiden deutschen Staaten auf der 33. Generalversammlung der UNO, in: Deutschland Archiv 12 (1979), 485–494

1284 **Bruns,** Wilhelm: Mehrheitsfähigkeit und Opportunität. Die beiden deutschen Staaten in der 34. UNO-Generalversammlung, in: Deutschland Archiv 13 (1980), 589–601

1285 **Bruns, Wilhelm: Die Uneinigen in den Vereinten Nationen. Bundesrepublik Deutschland und DDR in der UNO. Köln: Verlag Wissenschaft und Politik 1981[2], 160 S. (Bibliothek Wissenschaft und Politik 25)**

1286 **Deutschland** und die Vereinten Nationen. Symposium 2.–3. Oktober 1979. Köln usw.: Heymann 1981, 149 S. (Schriften zur Rechtslage Deutschlands 3)

1287 **Dietze,** Gottfried: Deutschland – wo bis du? Suchende Gedanken aus Washington. München: Olzog 1980, 160 S. (Geschichte und Staat 240)

1288 **Dittmar,** Peter: Eine Karte, die nicht sticht. China, die Bundesrepublik und die DDR, in: Deutschland Archiv 12 (1979), 160–167

1289 **The Federal Republic of Germany and the German Democratic Republic in international relations. Hrsg. von Günther Doecker und Jens A. Brückner. Mitarb. von Ralph Freiberg. 3 Bde. Dobbs Ferry, N. Y.: Oceana Publication; Alphen a. d. R.: Sijthoff & Noordhoff 1979, 1: Confrontation and co-operation. 495 S. 2: Organizations. 486 S. 3: Organizations (cont'd). 384 S.**

1290 Die friedliche Wiedervereinigung Koreas. Fragen und Antworten. Research Center for Peace and Unification. Seoul: Research Center for Peace and Unification 1980, 125 S.

1291 **Gasteyger, Curt: Die beiden deutschen Staaten in der Weltpolitik. München: Piper 1976, 193 S. (Piper Sozialwissenschaft. Internationale Politik 37)**

1292 **Genscher,** Hans-Dietrich: Perspektiven deutscher UN-Politik, in: Vereinte Nationen. Koblenz 27 (1979), 1, 1–6

1293 **Grille,** Dietrich: Die Vision der Wiedervereinigung in gesamteuropäischer Perspektive, in: Pac Korrespondenz 1976, H. 51, 8–23

1294 **Grille,** Dietrich: Die Vision der Wiedervereinigung in gesamteuropäischer Perspektive, in: Politische Studien 28 (1977), H. 238, 587–598

1295 **Hiscocks,** Richard: Der Sicherheitsrat der Vereinten Nationen. Wachstum und Wirkung. Stuttgart: Koehler 1975, 416 S.

1296 **Hucke,** Dietmar: Die DDR – aktives Mitglied der UNO, in: Deutsche Außenpolitik 23 (1978), 10, 17–21

1297 **Ipsen,** Knut: Die UN-Mitgliedschaft der beiden deutschen Staaten und die deutsche Frage, in: Politik und Kultur 2 (1975) 1, 3–18

1298 **International Peace** and Inter-System Relations in Divided Countries. Hrsg. Se-Jin Kim. Proceedings of the 2nd Korean-German Conference, September 23–28, 1976 in Seoul. Seoul: Research Center for Peace and Unification 1977, 157 S.

1299 **Kim,** Se-Jen und Chi-Won Kang (Hrsg): Korea: A nation in Transition. Research Center for Peace and Unification, Seoul 1978, 304 S.

1300 **Kindermann,** Gottfried-Karl (Hrsg.): Inter-system detente in Germany and Korea. World peace promotion through inter-system detente in Germany and Korea. A comparative evaluation. München: tuduv Verlagsgesellschaft 1976, 288 S. (tuduv Reihe: Politologie – Soziologie 2)

1301 **Korea and Germany.** The status and future prospects of divided nations. Die Situation und Zukunft des geteilten Staates Korea im Vergleich mit Deutschland. Hrsg. von Kim Youn-Soo und Friedrich Büßen. Kiel: Deutsche Korea-Studien Gruppe 1978, 200 S. (Monographien der Deutschen Korea-Studien Gruppe 1)

1302 **Korea**'s Quest for Peaceful Unification. Its History and Prospects for the Future. Research Center for Peace and Unification. Seoul 1978, 102 S.

1303 Korean unification problems in the 1970s. Hrsg. von Chong-Shik Chung, Hak-Joon Kim. Research Center for Peace and Unification Seoul: 1980, 390 S.

1304 **Krakau,** Knud: Feindstaatenklauseln und Rechtslage Deutschlands nach den Ostverträgen. Frankfurt/Main: Metzner 1975, 277 S. (Veröffentlichungen aus dem Institut für Internationale Angelegenheiten der Universität Hamburg 1)

1305 **Lindemann,** Beate: Bilanz der deutschen UN-Mitgliedschaft, in: Außenpolitik 31 (1980), 314–322

1306 **Mahnke,** Hans Heinrich: Die Prinzipienerklärung der KSZE-Schlußakte und das Völkerrecht. Völkerrechtliche Aspekte der deutschen Frage, in: Recht in Ost und West 21 (1977), 45–56

1307 **Majonica,** Ernst: China, Europa und die deutsche Frage, in: Politik und Kultur 4 (1977), 5, 56–65

1308 **Mampel,** Siegfried: Bemerkungen zum Bericht der DDR an das Menschenrechtskomitee der Vereinten Nationen, in: Recht in Ost und West 22 (1978), 149–157

1309 **Mattick,** Kurt: Die Bundesrepublik in der UNO, in: Die Neue Gesellschaft 24 (1977), 360–364

1310 **Meißner,** Friedrich: Die Menschenrechtsbeschwerde vor den Vereinten Nationen. Baden-Baden: Nomos Verlagsgesellschaft 1976, 109 S. (Völkerrecht und Außenpolitik 24)

1311 **Menudier,** Henri: Frankreich und das deutsche Problem, in: Deutschland Archiv 10 (1977), 1034–1050

1312 **Menudier,** Henri: Das Deutschlandbild der Franzosen in den 70er Jahren. Gesammelte Aufsätze 1973–1980. Bonn: Europa Union Verlag 1981, 262 S.

1313 **Moldt,** Ewald: Die Deutsche Demokratische Republik als Mitglied der UNO, in: UNO-Bilanz 1973/74. Berlin (Ost), 1974, 5–18

1314 **Nam,** Ki-whan: Völkerrechtliche und staatsrechtliche Probleme des zweigeteilten Korea und die Frage der Vereinigung der koreanischen Nation. Frankfurt/Main: Lang 1975, 239 S. (Europäische Hochschulschriften. Reihe 2. Rechtswissenschaft 113)

1315 **Noack,** Paul: Internationale Rahmenbedingungen der Deutschlandpolitik in den Jahren 1963 bis 1969, in: Politik und Kultur 2 (1975), 5, 59–73

1316 **Reusch,** Jürgen: Die nationale Frage in der BRD heute und die Politik der Pekinger Führer, in: Marxistische Blätter 13 (1975), 55–61

1317 **Saeter,** Martin: The Federal Republic, Europe and the world. Perspectives on West German foreign policy. Oslo usw.: Universitetsforlaget 1980, 119 S. (Norwegian foreign policy studies 31)

1318 **Scheuner,** Ulrich: Deutschland in der Welt, in: CDU-Grundsatzdiskussion. Hrsg. von Richard von Weizsäcker. München: Goldmann 1977, 163–169 (Goldmann Sachbuch 1191)

1319 **Seiffert,** Wolfgang: Korea auf den Pfaden der deutschen Ostpolitik?, in: Deutschland Archiv 15 (1982), 258–261

1320 **Trützschler** von Falkenstein, Werner: Die sich ändernde Bedeutung der Feindstaatenartikel (Artikel 53 und 107 der Satzung der Vereinten Nationen) für Deutschland. Frankfurt/Main: Lang 1975, 160 S. (Augsburger Schriften zum Staats- und Völkerrecht 5)

1321 **Unser,** Günther: Die UNO-Krise und die beiden deutschen Staaten in den Vereinten Nationen, in: Politische Studien 27 (1976), H. 227, 251–266

Völkerrechtliche Verträge. Vgl. UNO, Beistandspakte, Menschenrechte, See-, Luft- und Weltraumrecht, Kriegsverhütungsrecht, Deutschlandfrage. Textausgabe. Hrsg. von Friedrich Berber in Gemeinschaft mit Albrecht Randelshofer. 2. neubearb. Aufl. München: Deutscher Taschenbuch-Verlag 1979, 476 S. (Beck-Texte. 5031)

1322 **Vogel,** Uwe und Günter Poser: Afrika und deutsche Sicherheit. Bonn 1980, 47 S. (Deutsche Afrika-Stiftung. Schriftenreihe H. 5)

1323 **Wechmar,** Rüdiger Frhr. von: Die Bundesrepublik Deutschland in den Vereinten Nationen, in: Vereinte Nationen, Koblenz 27 (1979), 113–120

1324 **Wechmar,** Rüdiger Frhr. von: Die Rolle der Bundesrepublik Deutschland in den Vereinten Nationen, in: Im Dienste Deutschlands und des Rechtes. Festschrift für Wilhelm Georg Grewe. Hrsg. von Friedrich I. Kroneck und Thomas Oppermann. Baden-Baden: Nomos Verlagsgesellschaft 1981, 391–401.

1325 **Weers,** Egge: Bonn will UNO stärken. Außenminister vor der 33. Generalversammlung in New York, in: Auslandskurier 19 (1978), 10, 10–11

1326 **Weizsäcker,** Richard Frhr. von: Deutsche Frage im internationalen Zusammenhang, in: Politik und Kultur 4 (1977), 3, 11–21

1327 Kim **Youn-Soo:** Korea auf dem Weg der friedlichen Wiedervereinigung?, in: Koreanische Studien 1 (1979), 1–3

1328 **Youn-Soo,** Kim: Homogenität und Heterogenität in der Politik geteilter Staaten. Internationale Tagung über die Probleme der Wiedervereinigung 21.–24. Juli 1981, o. O. u. o. Verl. 1981, 31 S.

15. Die Haltung der blockfreien Staaten zur Deutschlandfrage

1329 **Haas-Heye,** Johannes: Im Urteil des Auslands – Dreißig Jahre Bundesrepublik. München: Beck 1979, 237 S. (Beck'sche Schwarze Reihe 194)

Hoffmann, Johannes . . . vgl. Nr. 15

1330 **Der gefesselte Riese.** Die Bundesrepublik Deutschland aus der Sicht ausländischer Korrespondenten. Düsseldorf usw.: Econ 1981, 302 S.

1331 **Im Urteil des Auslands.** Dreißig Jahre Bundesrepublik. Hrsg. von Johannes Haas-Heye. München: Beck 1979, 236 S. (Beck'sche Schwarze Reihe 194)

1332 **Knapen,** Ben: Het Duitse onbehagen, in: International Spectator. 's-Gravenhage 36 (1982), 174–179

1333 **Niebuhr,** Siegfried: Das Bild der Deutschen im Ausland, in: dpa Hintergrund, Hamburg (1979), HG 2824, 1–12

1334 **Nordeuropa** – Positionen zur Entspannung. Hrsg.: Institut für Internationale Beziehungen an der Akademie für Staats- und Rechtswissenschaft der DDR. Berlin: Staatsverlag der DDR 1979, 87 S.

1335 **Oschlies,** Wolf: „Im Lande bleiben, wenn Krieg ist." Das Bild der DDR in der jugoslawischen Presse, in: Deutschland Archiv 14 (1981), 569–571

1336 **Petersen,** Nikolaj: Deutschland-Politik aus nordischer Sicht, in: Europa Archiv 32 (1977), 285–292

1337 **Plate,** Bernard von: Die Politik der europäischen Neutralen im Ost-West-Verhältnis, in: Europa-Archiv 30 (1975), 711–718

1338 **Scholz,** Günther: Wandlungen des Deutschlandbildes im Ausland, in: Politik und Kultur 7 (1980), 3, 69–75

16. Politische, wirtschaftliche und militärische Integration der Bundesrepublik Deutschland in des westliche Staatensystem

1339 **Albrecht,** Ulrich: Zur Rolle der Bundesrepublik Deutschland in der NATO, in: Blätter für deutsche und internationale Politik 25 (1980), 808–821

1340 **Andreotti,** Giulio: Zwei Künder Europas. Die Freundschaft Adenauer – De Gasperi, in: Die politische Meinung 20 (1975), H. 163, 107–112

1341 **Axt,** Heinz-Jürgen: Aktuelle Tendenzen der Bonner Westeuropa-Politik, in: Blätter für deutsche und internationale Politik 20 (1975), 922–1007

1342 **Axt,** Heinz-Jürgen: Kontinuität und Wandel sozialdemokratischer Westeuropapolitik von 1945 bis heute, in: Blätter für deutsche und internationale Politik 24 (1979), 37–62 und 174–196

1343 **Axt,** Heinz-Jürgen: Westeuropa als neue Weltmacht? Entwicklungsstand und Ambitionen der EG-Außenpolitik, in: Blätter für deutsche und internationale Politik 25 (1980), 789–807

1344 **Bahr,** Egon: Europa in der Globalität, in: Merkur 35 (1981), 399, 765–771

1345 **Begemann,** Dieter und Peter Pahmeyer: Sicherheit für Deutschland? Der „Doppelbeschluß" der NATO und die Glaubwürdigkeit der SPD, in: Blätter für deutsche und internationale Politik 26 (1981), 270–286

1346 Der Beitrag des **Deutschen Bundestages** und des Bundesrates zur Bildung des europäischen Bewußtseins und zur Gemeinschaftsentwicklung: Verfahrensweisen und institutionelle Mittel. Bericht für die Konferenz der europäischen Parlamentspräsidenten in Rom am 26. und 27. September 1975. o. O. u. J. (1975), 13 gez. Bl.

1347 **Corterier,** Peter: Deutsch-amerikanische Beziehungen – Krisengerede oder politische Kooperation?, in: Die neue Gesellschaft 27 (1980), 646–650

1348 **Corterier,** Peter: Zur sicherheitspolitischen Lage der Bundesrepublik Deutschland nach dem Doppelbeschluß der NATO, in: Die neue Gesellschaft 28 (1981), 618–621

1349 **Corterier,** Peter: General report on alliance political developments. Rapport général sur les développements politiques de l'alliance. North Atlantic Assembly. Political Committee. Assemblée de l'Atlantique Nord. Commission: Politique. (in 2 Bdn) o. O. 1979, 39 und 52 S.

1350 **Czempiel,** Ernst-Otto: Die Bundesrepublik – eine heimliche Großmacht? Zur Diskussion über die Grundlagen bundesrepublikanischer Außenpolitik, in: Aus Politik und Zeitgeschichte B 26/1979, 3–19

1351 **Czempiel,** Ernst-Otto: Deutschland – USA: Kooperation und Irritationen, in: Außenpolitik 33 (1981), 14–29

1352 **Dankert,** Jochen; Wilhelm Ersil und Karl-Heinz Werner: Politik in Westeuropa. Integrationsprozesse vom Ende des 2. Weltkrieges bis zur Gegenwart. Berlin: Deutscher Verlag des Wissens 1975, 480 S.

1353 **Dettke, Dieter: Allianz im Wandel. Amerikanisch-europäische Sicherheitsbeziehungen im Zeichen des Bilateralismus der Supermächte. Frankfurt/Main: Metzner 1976, 244 S. (Schriften des Forschungsinstituts der Deutschen Gesellschaft für Auswärtige Politik. Reihe: Rüstungsbeschränkung und Sicherheit 12)**

1354 **deZayas,** Alfred M.: Deutsch-amerikanische Schulbuchrevision, in: Aus Politik und Zeitgeschichte B 28–29/1979, 37–46

1355 **Dönhoff,** Marion Gräfin: Bonn and Washington: The strained relationship, in: Foreign Affairs 57 (1979), 1052–1064

1356 **Draper,** Theodore: The Western misalliance, in: The Washington Quarterly 4 (1981), 13–69

1357 **Draper,** Theodore: Das Dilemma des Westens. USA und Europa am transatlantischen Scheideweg, in: Der Monat 33 (1982), 2 (283), 6–13

1358 **Edinger,** Lewis J.: The German-American connection in the 1980s, in: Political Science Quarterly. New York 95 (1980/81), 589–606

1359 **Eisenmann,** Peter: Kontroverse Deutschland- und Europapolitik Kurt Schumachers und Konrad Adenauers politische Grundkonzeptionen, in: Politische Studien 31 (1980), H. 253, 505–515

1360 **Europa und Deutsche Frage.** Beiträge von Johann Baptist Gradl, u. a. Deutschlandtagung der Exil-CDU vom 2.–4. März 1979 in Lübeck/Travemünde. Hrsg.: Deutschlandbüro der CDU. Berlin 1979, 71 S.

1361 **Europäische politische Zusammenarbeit.** EPZ. Eine Dokumentation der Bundesregierung. Hrsg.: Presse- und Informationsamt der Bundesregierung. Bonn 1978[3], 260 S. (Berichte und Dokumentationen)

1362 **Everling,** Ulrich: Möglichkeiten und Grenzen der Europapolitik. Zum Stand der europäischen Integration, in: Europa Archiv 33 (1978), 101–110

1363 **Feld,** Werner J. und Helmut Wagner: West Germany and European unification: Economic and political interests and policy motivations, in: Revue d'intégration européenne, Montreal 4 (1980), 58–81

1364 **Ferdinand,** Horst: Die Beziehungen zwischen dem Europäischen Parlament und den nationalen Parlamenten, in: Aus Politik und Zeitgeschichte B 7/1981, 17–30

1365 **Frank,** Paul: La coopération franco-allemande une nécessité politique, in: Politique étrangère 46 (1981), 947–955

1366 **Gazzo,** Emanuele: Das gestörte Bild der Deutschen. Zur aktuellen Kritik der Bundesrepublik in Europa, in: Europa Archiv 32 (1977), 823–831

1367 **Gemper,** Bodo B.: Die Europäische Gemeinschaft in der Krise. Die Wirtschaftsbeziehungen der Bundesrepublik Deutschland und der Schweiz als Paradigma für die Gestaltung des Atlantischen Bündnisses, in: Die neue Ordnung 36 (1982), 1–14

1368 **Gillessen,** Günther: Sieben Argumente für Europa. Plädoyer für den europäischen Bundesstaat. Bonn: Europa Union Verlag 1978[2] (überarbeitet), 76 S.

1369 **Griffith,** William E.: The West German-American relationship. The threat of deterioration, in: The Washington Quarterly 2 (1979), 3, 83–89

1370 **Groeben,** Hans von der: The role of European integration in the West German economic order, in: Zeitschrift für die gesamte Staatswissenschaft 135 (1979), 493–509

1371 **Haftendorn,** Helga: Außenpolitische Prioritäten der Bundesrepublik Deutschland in den sechziger Jahren, in: Politik und Kultur 2 (1975), 3/4, 79–98

1372 **Hahn,** Walter F. und Robert L. Pfaltzgraff (Hrsg.): Atlantic community in crisis. A redefinition of the Transatlantic relationship. An Institute for Foreign Policy Analysis Book. New York usw.: Pergamon Press 1978, 386 S. (Pergamon policy studies)

1373 **Hahn,** Walter F.: Bündnis im Zwiespalt. Die unterschiedlichen Konzepte innerhalb der NATO, in: Die politische Meinung 25 (1980), H. 190, 14–22

1374 **Hallstein,** Walter: Die Europäische Gemeinschaft. Düsseldorf usw.: Econ 1979[5] (überarbeitet und erweitert), 499 S.

1375 **Herber,** Rolf: Aktuelle Auswirkungen des europäischen Gemeinschaftsrechts auf das deutsche Gesellschaftsrecht, in: Der Volks- und Betriebswirt 50 (1980), H. 7/8, 19–25

1376 **Herz,** Thomas A.: Europa in der öffentlichen Meinung. Zur politischen Mobilisierung in Deutschland und Frankreich zwischen 1962 und 1977. Bonn: Europa-Union Verlag 1977, 198 S. (Europäische Studien des Instituts für Europäische Politik 10)

1377 **Herzog,** Horst: Doppelte Loyalität. Ein Problem für die zur Europäischen Gemeinschaft entsandten Beamten der Mitgliedsstaaten. Berlin: Duncker & Humblot 1975, 102 S. (Schriften zum Völkerrecht 47)

1378 **Hurwitz,** Leon (Hrsg.): Contemporary perspectives on European integration. Attitudes, nongovernmental behaviour and collective decision making. London: Aldwych Press 1980, 292 S. (European Studies 4)

1379 **Huyn,** Hans Graf: Der Weg nach Europa. Hrsg.: Arbeitskreis „Deutschland- und Außenpolitik" der CSU. München 1979, 23 S.

1380 **Immerschmitt,** Wolfgang: Die Verhandlungen zur Gründung der Europäischen Wirtschaftsgemeinschaft, in: Zeitgeschichte 7 (1979/80), 327–345

1381 **Jansen,** Jürgen: Britische Konservative und Europa. Debattenaussagen im Unterhaus zur westeuropäischen Integration 1945–1972. Baden-Baden: Nomos Verlagsgesellschaft 1978, 277 S.

1382 **Jansen,** Thomas und Dieter Mahncke (Hrsg.): Persönlichkeiten der Europäischen Integration. Vierzehn biographische Essays. Bonn: Europa Union Verlag 1981, 538 S. (Europäische Schriften 56)

1383 **Jaspert,** Günter: Der Bundesrat und die europäische Integration. Mitwirkung bei der nationalen und gemeinschaftlichen Willensbildung, in: Aus Politik und Zeitgeschichte B 12/1982, 17–32

1384 **Joffe,** Josef: European-American relations: the enduring crisis, in: Foreign Affairs 59 (1981), 835–851

1385 **Johnson,** Paul M.: Washington and Bonn: dimensions of change in bilateral relations, in: International Organization, Wisconsin, 33 (1979), 451–480

1386 **Kade,** Gerhard: Sicher in die achtziger Jahre? Die NATO-Beschlüsse und die Entwicklung der internationalen Beziehungen, in: Blätter für deutsche und internationale Politik 25 (1980), 16–29

1387 **Kaldor,** Mary: The disintegration West. London: Allen Lane 1978, 219 S.

1388 **Kaltefleiter,** Werner: Neubau der Allianz? Die NATO gewinnt aus der Krise neue Zustimmung, in: Die politische Meinung 25 (1980), 188, 16–22

1389 **Katzenstein,** Peter J.: Die Stellung der Bundesrepublik Deutschland in der amerikanischen Außenpolitik. Drehscheibe, Anker oder Makler?, in: Europa Archiv 31 (1976), 347–356

1390 **Klein,** Eckart: Aktuelle Bedeutung des Deutschland-Vertrages, in: Außenpolitik 31 (1980), 394–405

1391* **Knapp,** Manfred (Hrsg.): Die deutsch-amerikanischen Beziehungen nach 1945. Frankfurt/Main usw.: Campus 1975, 268 S. (Campus-Paperbacks)

1392 **Knapp,** Manfred: Bonn – Washington. Kooperation und Konkurrenz, in: Außenpolitik 29 (1978), 385–398

1393 **Knapp,** Manfred, Werner Link, Hans-Jürgen Schröder und Klaus Schwabe: Die USA und Deutschland 1918–1975. Deutsch-amerikanische Beziehungen zwischen Rivalität und Partnerschaft. München: Beck 1978, 254 S. (Beck'sche Schwarze Reihe 177)

1394 **Lipgens,** Walter: Die Anfänge der europäischen Einigungspolitik 1945–1950. Teil 1: 1945–1947. Mit zwei Beiträgen von Wilfried Loth. Stuttgart: Klett 1977, 674 S.

1395 **Machowski,** Heinrich: Zur politischen Ökonomie der Beziehungen zwischen dem RGW und der EWG, in: Aus Politik und Zeitgeschichte B 12/1982, 33–44

1396 **Martin,** Albrecht: Die Einigung Europas und das Ringen um die Wiedervereinigung, in: Politik und Kultur 7 (1980), 4, 70–77

1397 **Morgan,** Roger: Dimensions of West German foreign policy, in: West European Politics. London 4 (1981), 87–96

1398 **Müller-Roschach,** Herbert: Die deutsche Europapolitik 1949–1977. Eine politische Chronik. Bonn: Europa Union Verlag 1980, 467 S. (Europäische Schriften des Instituts für Europäische Politik 55)

1399 Nordatlantikpakt – Warschauer Pakt. Ein Vergleich zweier Bündnisse. Mit Beiträgen von Josef Köpfer, Ferdinand Otto Mischke u. a. München 1980, 364 S. (Bayerische Landeszentrale für politische Bildungsarbeit. Zur Diskussion gestellt D 16)

1400 The **North Atlantic Treaty Organisation.** Facts and figures. Brussels: NATO Information Service 1981[10], 380 S.

1401 **Papcke,** Sven: Westeuropäische Integration und deutsche Einheit, in: Die neue Gesellschaft 26 (1979), 432–435

Picht, Robert . . . vgl. Nr. 453

1402 **Pistone,** Sergio: La Germania e l'unita europea. Napoli: Guida Ed. 1978, 268 S. (I Tascabili 51)

1403 **Poidevin, Raymond und Jacques Bariety: Frankreich und Deutschland. Die Geschichte ihrer Beziehungen 1815–1975. München: Beck 1982, 498 S.**

Poidevin, Raymond . . . vgl. Nr. 558

1404 **Pridham,** Geoffrey: The European policy of Franz Josef Strauß and its implications for the Community, in: Journal of Common Market Studies. Oxford 18 (1980), 313–332

1405 **Rigby,** Brian: The Western Alliance. East Sussex: Wayland 1979, 96 S. (People, politics and powers)

1406 **Rogers,** Bernard W.: Die NATO in den achtziger Jahren. Ein Jahrzehnt der Herausforderungen, in: Europa-Archiv 35 (1980), 673–682

1407 **Rummel,** Reinhardt: Neue Entwicklungen in der atlantischen Partnerschaft, in: Liberal 19 (1977), 828–840

1408 **Sasse,** Christoph: Osthandel der EG und Deutschlandfrage, in: Politik und Kultur 5 (1978), 4, 30–45

1409 **Sattler,** Martin J.: Der deutsch-französische Zusammenarbeitsvertrag. Eine Untersuchung zur Vertragsmacht des Bundes und der Länder. Meisenheim a. G.: Hain 1976, 156 S.

1410 **Schlotter,** Peter: Die Bundesrepublik Deutschland und die militärische Integration Westeuropas, in: Beiträge zur Konfliktforschung 6 (1976), 2, 35–54

1411 **Schmidt,** Helmut: Politik der verläßlichen Partnerschaft. Europäer und Amerikaner vor den Aufgaben der achtziger Jahre, in: Europa-Archiv 36 (1981), 197–208

1412 **Schmitt,** Matthias: Handel – Kooperation – Integration zwischen Ost und West. Köln: Deutscher Instituts-Verlag 1977, 64 S. (Beiträge zur Wirtschafts- und Sozialpolitik 42. 3/1977)

1413 **Schmitz,** Kurt Thomas: Deutsche Einheit und Europäische Integration. Der sozialdemokratische Beitrag zur Außenpolitik der Bundesrepublik Deutschland unter besonderer Berücksichtigung des programmatischen Wandels einer Oppositionspartei. Bonn: Verlag Neue Gesellschaft 1978, 215 S. (Forschungsinstitut der Friedrich-Ebert-Stiftung; Reihe: Politik- und Gesellschaftsgeschichte 1)

1414 **Schneider,** Heinrich: Leitbilder der Europapolitik. Bd. 1: Der Weg zur Integration. Bonn: Europa-Union Verlag 1977, 375 S. (Europäische Studien des Instituts für Europäische Politik 9)

1415 **Schulz,** Eberhard: Moskau und das Problem der Integration in Westeuropa, in: Europa-Archiv 30 (1975), 383–392

1416 **Schulz, Eberhard: Moskau und die europäische Integration. München usw.: Oldenbourg 1977², 267 S. (Schriften des Forschungsinstituts der Deutschen Gesellschaft für Auswärtige Politik. Reihe: Internationale Politik und Wirtschaft 38)**

1417 **Schulz, Eberhard: Die Ostbeziehungen der Europäischen Gemeinschaft. Von nationalstaatlicher Politik zu gemeinsamer Verantwortung. München: Oldenbourg 1977, 272 S. (Schriften des Forschungsinstituts der Deutschen Gesellschaft für Auswärtige Politik. Reihe: Internationale Politik und Wirtschaft 40)**

1418 **Schwarz,** Hans-Peter: Die Politik der Westbindung oder die Staatsräson der Bundesrepublik, in: Zeitschrift für Politik 22 (1975), 307–337

1419 **Schwarz,** Hans-Peter: Adenauer und Europa, in: Vierteljahrshefte für Zeitgeschichte 4 (1979), 471–523

1420 **Schwarz,** Jürgen (Hrsg.): Der Aufbau Europas. Pläne und Dokumente. 1945–1980. Unter Mitarbeit von Hildegard Kunz und Madeleine Frfr. von Buttlar. Mit einem Vorwort von Louise Weiß. Bonn: Osang 1980, 698 S.

1421 **Schweigler,** Gebhard: A new political giant? West German foreign policy in the 1970s, in: The World Today. London 31 (1975), 134–141

1422 **Schweitzer,** Carl-Christoph: Die nationalen Parlamente in der Gemeinschaft – ihr schwindender Einfluß in Bonn und Westminster auf die Europagesetzgebung. Bonn: Europa Union Verlag 1978, 91 S.

1423 **Seligmann,** Rafael: Inhalte und Methoden (Ziel – Mittel – Relation) der westdeutschen Außenpolitik in ihrer Anfangsphase, in: Politische Studien 26 (1975), H. 220, 165–173

1424 **Serfaty,** Simon: The United States and Europe, in: Washington Quarterly 4 (1981), 70–86

1425 **Siborowa,** M.: Neue Tendenzen in den Beziehungen USA – BRD, in: Deutsche Außenpolitik 20 (1975), 1523–1539

1426 **Simonian,** Haig: Frankreich, Deutschland und Europa, in: Europa-Archiv 36 (1981), 171–184

1427 **Sloan,** Stanley R.: Krise der Entspannung – Krise des Atlantischen Bündnisses?, in: Europa-Archiv 35 (1980), 407–414

1428 **Steindorff,** Ernst: Europäisches Gemeinschaftsrecht und deutsches internationales Privatrecht. Ein Beitrag zum ordre public und zur Sonderanknüpfung zwingenden Rechts, in: Europarecht 16 (1981), 426–441

1429 **Steinhaus,** Kurt: Welche Westpolitik? Probleme des zukünftigen Verhältnisses der Bundesrepublik zu den USA und Westeuropa, in: Blätter für deutsche und internationale Politik 25 (1980), 1053–1061

1430 **Stern,** Fritz: Germany in a semi-Gaullist Europe, in: Foreign Affairs 58 (1980), 867–886

1431 **Stewart,** Michael: The development of the European Community. Vortrag, gehalten in Bonn am 6. Januar 1976. Deutsche Gesellschaft für Auswärtige Politik e. V., Bonn 1976, 23 S.

1432 **Story,** Jonathan: The Franco-German alliance within the community, in: The World Today, London 36 (1980), 209–217

1433 **Strizek,** Helmut und Gisela Hammer-Strizek: Europäische Einigung. Bilanz und Perspektiven. Bonn: Verlag Neue Gesellschaft 1978, 127 S. (Reihe praktische Demokratie)

1434 **Studien zur Geschichte Englands und der deutsch-britischen Beziehungen.** Festschrift für Paul Kluke. Hrsg.: Lothar Kettenacker, Manfred Schlenke, Hellmut Seier. München: Fink 1981, 397 S.

1435 **Thiel,** Elke: Dollar-Dominanz, Lastenteilung und amerikanische Truppenpräsenz in Europa. Zur Frage kritischer Verknüpfung währungs- und stationierungspolitischer Zielsetzungen in den deutsch-amerikanischen Beziehungen. Baden-Baden: Nomos Verlagsgesellschaft 1979, 202 S. (Internationale Politik und Sicherheit 6)

1436 **Thomas,** Siegfried: Der Schumannplan in der „Europapolitik" der BRD (1949–1952), in: Zeitschrift für Geschichtswissenschaft 24 (1976), 275–291

1437 **Thomas,** Siegfried: Der Weg in die NATO. Zur Integrations- und Remilitarisierungspolitik der BRD 1949–1955. Frankfurt/Main: Verlag Marxistische Blätter 1978, 372 S.

1438 **Uschakow,** Alexander: Probleme eines Rahmenabkommens EG – RGW, in: Recht in Ost und West 25 (1981), 133–141

1439 **Vardamis,** Alex A.: Die Vereinigten Staaten und die Bundesrepublik Deutschland als Partner in der NATO, in: Europa-Archiv 34 (1979), 162–172

1440 **Vernant,** Jacques: Paris–Bonn et les problèmes de la défense, in: Défense nationale. Paris 31 (1975), 97–102

1441 **Vigier,** Jean-Pierre: L'Europe sous une hégémonie germano-américaine?, in: Le Monde diplomatique. Paris 23 (1976), Nr. 273, 1–7

Volle, Angelika ... vgl. Nr. 507

1442 **Vorländer,** Hans: Die Dauerkrise der Europäischen Gemeinschaft. Vor der Alternative von Integrationsverfall oder geänderter Integrationspolitik, in: Aus Politik und Zeitgeschichte B 29/30 1981, 3–23

Warner, Geoffrey ... vgl. Nr. 695

1443 **Watt,** Donald C.: Großbritannien und Europa 1951–1959. Die Jahre konservativer Regierung, in: Vierteljahrshefte für Zeitgeschichte 28 (1980), 389–409

1444 **Wehler,** Hans-Ulrich: Zum drittenmal: Deutscher Anti-Amerikanismus, in: Der Monat 32 (1981), H. 4 (Nr. 281), 30–35

1445 **Weidenfeld, Werner: Konrad Adenauer und Europa. Die geistigen Grundlagen der westeuropäischen Integrationspolitik des ersten Bonner Bundeskanzlers. Bonn: Europa Union 1976, 438 S. (Europäische Studien des Instituts für Europäische Politik 7)**

1446 **Weidenfeld,** Werner: Die Europapolitik Konrad Adenauers, in: Europa, München (1979), 33–40

1447 **Weisenfeld,** Ernst: Helmut und Valéry – Eine vorläufige Bilanz der deutsch-französischen Zusammenarbeit seit 1974, in: Dokumente 36 (1980), 99–105

1448 **Williams,** Geoffrey: The permanent alliance. The European-American partnership 1945–1984. Leyden: Sijthoff 1977, 407 S. (Atlantic Series 10)

1449 Wirtschaftliche und wissenschaftlich-technische Zusammenarbeit der RGW-Länder. Hrsg.: Institut für Ausländisches Recht und Rechtsvergleichung an der Akademie für Staats- und Rechtswissenschaften der DDR, Potsdam-Babelsberg. Zusammengestellt und bearbeitet von Lothar Rüster. Berlin: Staatsverlag der DDR 1981, 344 S.

1450 **Wolff,** Thomas A.: U.S. – West German competition in exporting manufactured products to Eastern Europe and the Soviet Union, in: Jahrbuch der Wirtschaft Osteuropas 7 (1977), 431–456

1451 **Ziebura,** Gilbert: Die deutsch-amerikanischen Beziehungen und die Krise des westlichen Bündnissystems, in: Österreichische Zeitschrift für Politikwissenschaft 11 (1982), 175–186

1452 **Zorgbibe,** Charles: La construction politique de l'Europe 1946–1976. Paris: Presses Universitaires de France 1978, 189 S. (Collection SUP. L'historien 32)

17. Die Integration der DDR in das östliche Staatensystem

1453 **Abkommen** und Verträge in der wissenschaftlich-technischen Zusammenarbeit der Mitgliedsländer des RGW. Materialien der internationalen Konferenz der Akademie für Staats- und Rechtswissenschaft der DDR vom 16. bis 20. Mai 1977 in Potsdam-Babelsberg. Bearbeitet von Manfred Müller und Günter Schönfeld. Potsdam: Akademie für Staats- und Rechtswissenschaft der DDR 1978, 222 S. (Aktuelle Beiträge der Staats- und Rechtswissenschaft 193)

1454 **Antal,** Endre: Die Beteiligung der RGW-Länder am Welthandel unter besonderer Berücksichtigung ihres Agraraußenhandels. Berlin: Duncker & Humblot (in Komm.) 1979, 240 S. (Osteuropastudien der Hochschulen des Landes Hessen 1, 97)

1455 **Beckmann,** Jürgen: Die Nationale Volksarmee in der Warschauer Vertragsorganisation, in: Berliner Hefte (1977), 4, 40–51

1456 **Bethkenhagen,** Jochen: Bedeutung und Möglichkeiten des Ost-West-Handels mit Energierohstoffen. Berlin: Duncker & Humblot 1975, 302 S. (Sonderheft. Deutsches Institut für Wirtschaftsforschung 104)

1457 **Bethkenhagen,** Jochen und Heinrich Machowski: Integration im Rat für gegenseitige Wirtschaftshilfe. Entwicklung, Organisation, Erfolge und Grenzen. Berlin: Berlin Verlag 1976^2 (erweitert), 135 S. (Politologische Studien. 5)

1458 **Bethkenhagen,** Jochen (Hrsg.): DDR und Osteuropa. Wirtschaftssystem, Wirtschaftspolitik, Lebensstandard. Opladen: Leske und Budrich 1981, 372 S.

1459 **Bontschek,** Frank: Die Tschechoslowakei und die DDR. Eine Analyse ihrer Beziehungen. Köln 1975, 63 S. (Berichte des Bundesinstituts für ostwissenschaftliche und internationale Studien 24/1975)

1460 **Bontschek,** Frank: Die Volksrepublik Polen und die DDR: Ihre Beziehungen und ihre Probleme. Köln 1975, 87 S. (Berichte des Bundesinstituts für ostwissenschaftliche und internationale Studien 10/1975)

1461 **Brabant,** Jozef M. van: Socialist economic integration. Aspects of contemporary economic problems in Eastern Europe. Cambridge usw.: University Press 1980, 362 S. (Soviet and East European studies. National Association for Soviet and East European Studies)

1462 **Brezinski,** Horst Dieter: Internationale Wirtschaftsplanung im RGW. Paderborn usw.: Schöningh 1978, 224 S. (Schriften der Gesamthochschule Paderborn. Reihe Wirtschaftswissenschaften 1)

1463 **Bruder,** Hans, Willi Kunz und Siegfried Leidreiter: Internationale ökonomische Organisation der RGW-Länder. Hrsg.: Zentralinstitut für Sozialistische Wirtschaftsführung beim ZK der SED. Berlin: Dietz 1980, 151 S. (Schriften zur sozialistischen Wirtschaftsführung)

1464 **Brus,** Włodzimierz: Economic reform and Comecon-integration in the decade 1966–1975, in: Wirtschaft und Gesellschaft. Festschrift für Ota Šik zum 60. Geburtstag. Berlin: Duncker & Humblot 1979, 163–176

1465 **Bryson,** Ph.: The Red Miracle in the International Area: Economic Foundations of East German Foreign Policy, in: East-Central Europe. Vol. 3 (1976), 1, 84–96

1466 **Buchta,** Bruno: Auf dem Wege zum RGW. Die ökonomische Hilfe der UdSSR für die volksdemokratischen Länder Europas und die Entwicklung ihrer ökonomischen Zusammenarbeit von 1944/45 bis Anfang der fünfziger Jahre. Berlin: Deutscher Verlag der Wissenschaften 1979, 191 S.

1467 **Bündnispolitik im Sozialismus.** Autoren: Heinz Buske u. a. Akademie für Gesellschaftswissenschaften beim ZK der SED, Institut für Geschichte der deutschen Arbeiterbewegung. Berlin: Dietz 1981, 298 S.

1468 **Burens,** Peter-Claus: Die DDR und der „Prager Frühling". Bedeutung und Auswirkungen der tschechoslowakischen Erneuerungsbewegung für die Innenpolitik der DDR im Jahre 1968. Berlin: Duncker & Humblot 1981, 188 S. (Beiträge zur Politischen Wissenschaft 41)

1469 **Damus,** Renate: RGW, wirtschaftliche Zusammenarbeit in Europa. Opladen: Leske und Budrich 1979, 327 S. (UTB. Uni-Taschenbücher 879)

1470 Die wirtschaftliche Stellung der DDR im RGW. Eine vergleichende statistische Untersuchung über das wirtschaftliche Entwicklungsniveau und den Lebensstandard der europäischen RGW-Länder anhand des Statistischen Jahrbuchs des RGW. Bearbeitet von Immo Wernicke u. a. Gesamtdeutsches Institut. Bonn 1981, 71 S. Als Manuskript vervielfältigt.

1471 Die **DDR** im Warschauer Pakt und im Rat für gegenseitige Wirtschaftshilfe. Hrsg.: Friedrich-Ebert-Stiftung. Bonn: Verlag Neue Gesellschaft 1981, 41 S. (Die DDR. Realitäten – Argumente)

1472 **DDR – UdSSR.** 30 Jahre Beziehungen 1949 bis 1979. Dokumente und Materialien. Halbbd. I., II. Berlin: Staatsverlag der DDR 1982, 816 S.

1473 Deutsch-sowjetische Freundschaft. Ein historischer Abriß von 1917 bis zur Gegenwart. Von einem Autorenkollektiv unter der Leitung von Günter Gorski. Berlin: Deutscher Verlag der Wissenschaften 1975, 406 S.

1474 **Doehler,** Edgar und Rudolf Falkenberg: Militärische Traditionen der DDR und der NVA. Berlin: Militärverlag der DDR 1979, 152 S. (Serie Politik und Landesverteidigung.)

1475 Dokumente und Materialien der Zusammenarbeit zwischen der Sozialistischen Einheitspartei Deutschlands und der Kommunistischen Partei der Sowjetunion 1977 bis 1979. Auswahl der Dokumente und Zusammenstellung der Chronik: Willi Münzner, Volker Steinke u. a. Berlin: Dietz 1981, 351 S.

1476 **Faddejew,** N. W.: Der Rat für gegenseitige Wirtschaftshilfe. Berlin (Ost): Die Wirtschaft 1975, 336 S. (Aus d. Russ.)

1477 **Förtsch,** Eckhart und Hans-Joachim Müller: Ansätze einer Internationalisierung der Forschungspolitik im RGW-Bereich, in: Deutschland Archiv 11 (1978), 712–725

1478 **Franzmeyer,** Fritz: Zum Stand der wirtschaftspolitischen Beziehungen zwischen RGW und EG, in: Europa Archiv 32 (1977), 9–17

1479 **Frenzke,** Dietrich: Das Rechtsverhältnis zwischen der DDR und der UdSSR. 1. Völkerrechtliche Klassifikationen. 2. Staatsrechtliche Klassifikationen, in: Recht in Ost und West 23 (1979), 151–167; 193–209

1480 **Frenzke,** Dietrich: Das Rechtsverhältnis zwischen der DDR und der UdSSR, in: Recht in Ost und West 23 (1979), 151–167, 193–209

1481 **25 Jahre Warschauer Vertrag** – unentwegtes Wirken zur Stärkung der Einheit der sozialistischen Gemeinschaft und zur Festigung des Friedens. Materialien der wissenschaftlichen Konferenz des Instituts für internationale Beziehungen am 15. und 16. April 1980 in Berlin. Teil I.–II. Potsdam: Akademie der Staats- und Rechtswissenschaft 1980 (Aktuelle Beiträge der Staats- und Rechtswissenschaft 221)

1482 **Gelberg,** Ludwik: The Warsaw Treaty 1955–1975, in: Polish Perspectives 18 (1975), 9, 8–17

1483 **Grabowski,** Wolfgang: 20 Jahre Vertrag über die Beziehungen zwischen der DDR und der UdSSR, in: Deutsche Außenpolitik 20 (1975), 1311–1321

1484 **Grunddokumente des RGW.** Zusammengestellt und bearbeitet von Lothar Rüster. Hrsg.: Institut für ausländisches Recht und Rechtsvergleichung an der Akademie für Staats- und Rechtswissenschaft der DDR. Berlin: Staatsverlag der DDR 1978, 349 S. (Sovet Ekonomičeskoj Vzaimopomošči)

1485 **Hacker,** Jens: Zwanzig Jahre Warschauer Pakt, in: Osteuropa 25 (1975), 299–318

1486 Die Haltung der SED zur Lage in Polen 1980–1981 im Spiegel der DDR-Presse. Bearbeitet von Johannes Kuppe und Thomas Ammer. Bonn: Gesamtdeutsches Institut 1982, 293 S. (Als Manuskript vervielfältigt.)

1487 Handel DDR – UdSSR im Zeichen verminderten Wachstums. Verteuerungen und Begrenzung der Rohstofflieferungen belasten DDR-Wirtschaft. Bearbeitet von Jochen Bethkenhagen und Horst Lambrecht, in: DIW Wochenbericht 47 (1980), 7, 69–76

1488 **Hegemann,** Margot: Kurze Geschichte des RGW. Unter Mitarbeit von Hedi Kätzel. Berlin: Deutscher Verlag der Wissenschaften 1980, 375 S.

1489 **Heller,** Ilse: Die Entwicklung der kulturellen Zusammenarbeit zwischen der DDR und der UdSSR 1956 bis 1973, in: Zeitschrift für Geschichtswissenschaft 23 (1975), 373–383

1490 **Hübner,** Christa: Die Deutsch-Polnische Gesellschaft für Frieden und gute Nachbarschaft, in: Zeitschrift für Geschichtswissenschaft 27 (1979), 409–422

1491 **Hümmler,** Heinz: Bündnispolitik. Berlin: Dietz 1978, 64 S. (ABC des Marxismus-Leninismus)

1492 Die Integration der beiden deutschen Staaten in die Paktsysteme. Hindernis oder Voraussetzung für Entspannung und geregeltes Nebeneinander. Hrsg. Friedrich-Ebert-Stiftung. Bonn: Verlag Neue Gesellschaft 1980² (überarbeitet), 59 S. (Die DDR. Realitäten – Argumente)

1493 **Kuppe,** Johannes: Vergleich der sowjetischen und DDR-Außenpolitik unter besonderer Berücksichtigung der Frage nach dem Spielraum der DDR-Deutschlandpolitik 1964–1969. München: Frank 1977, 398 S.

1494 **Lammich,** Siegfried: Die DDR und die übrigen sozialistischen Länder Europas. Ein verfassungsrechtlicher Vergleich, in: Deutschland Archiv 11 (1978), 52–62

1495 **Laschke,** Michael: Investitions- und Rohstoffprobleme während der sozialistischen Industrialisierung in den europäischen RGW-Ländern in der zweiten Hälfte der fünfziger Jahre, in: Jahrbuch für Wirtschaftsgeschichte (1980), T. 1, 43–61

1496 **Lentz,** Michael: Die Wirtschaftsbeziehungen DDR-Sowjetunion 1945–1961. Eine politologische Analyse. Opladen: Leske und Budrich 1979, 293 S. (Forschungstexte Wirtschafts- und Sozialwissenschaften)

1497 **Mahnke,** Hans Heinrich: Der neue Freundschafts- und Beistandspakt zwischen Sowjetunion und DDR, in: Deutschland Archiv 8 (1975), 1160–1175

1498 **Mahnke,** Hans Heinrich (Hrsg.): Beistands- und Kooperationsverträge der DDR. Köln: Verlag Wissenschaft und Politik 1982, 167 S.

1499 **Meier,** Christian und Fred Oldenburg: Der Vertrag DDR/UdSSR als Modell für den integrativen Bilateralismus in der sozialistischen Staatengemeinschaft, in: Beiträge zur Konfliktforschung 6 (1976), 103–137

1500 **Meier,** Christian und Fred Oldenburg: Freundschaft ohne Alternative. Zu den Beziehungen zwischen UdSSR und DDR, in: Deutsche Studien 15 (1977), 57, 87–101

1501 **Meissner,** Boris: Die Bündnisverträge zwischen der DDR und der Sowjetunion, in: Aus Politik und Zeitgeschichte B 43/1979, 11–25

1502 **Michalowski,** Stanislaw: Polen und die DDR. Hauptprobleme ihrer aktuellen Wirtschaftsbeziehungen, in: Deutschland Archiv 9 (1976), 800–807

1503 **Moreton,** N. Edwina: East Germany and the Warsaw Alliance. The Politics of Détente. Boulder/Colorado: Westview Press 1978, 267 S. (A Westview Replica Edition)

1504 **Müller,** Manfred: Kontinuität sozialistischer Europapolitik, in: Deutsche Außenpolitik 21 (1976), 487–497

1505 **Nelles,** Toni: Die Entwicklung enger Waffenbrüderschaft der NVA mit der Sowjetarmee und den anderen sozialistischen Armeen zu Beginn der sechziger Jahre, in: Beiträge zur Geschichte der Arbeiterbewegung 17 (1975), 415–427

1506 **Oldenburg,** Fred und Christian Meier: Der Vertrag über Freundschaft, Zusammenarbeit und gegenseitigen Beistand zwischen der Sowjetunion und der DDR vom 7. Oktober 1975. Motive, Inhalte, Konsequenzen. Köln 1975, 60 S. (Berichte des Bundesinstituts für ostwissenschaftliche und internationale Studien 59/1975)

1507 **Oldenburg,** Fred und Christian Meier: Zum Verhältnis UdSSR/DDR nach dem 25. Parteitag der KPdSU. Köln 1976, 72 S. (Berichte des Bundesinstituts für ostwissenschaftliche und internationale Studien 43/1976)

1508 **Oldenburg,** Fred: Die SED und die Klassenkämpfe in Polen, in: Deutschland Archiv 14 (1981), 1045–1058

1509 **Die Organisation des Warschauer Vertrages. Dokumente und Materialien 1955–1980. Hrsg.: Ministerium für Auswärtige Angelegenheiten der Deutschen Demokratischen Republik. Berlin: Staatsverlag der DDR 1980² (erweitert), 252 S.**

1510 **Oschlies,** Wolf: Polen – Publizistische Spitzen gegen die „Abgrenzung" der DDR, in: Kurzinformation. Bundesinstitut für ostwissenschaftliche und internationale Studien. Köln 1978, Februar, 1–4

1511 **Planung im RGW.** Zusammenarbeit der RGW-Länder in der Planung. Autorenkollektiv unter Leitung von Gerhard Proft. Berlin: Verlag Die Wirtschaft 1980, 191 S.

1512 **Quilitzsch,** Siegmar: Annäherung und Angleichung. Gesetzmäßigkeiten in der sozialistischen Staatengemeinschaft, in: Deutsche Außenpolitik 21 (1976), 659–672

1513 **Quilitzsch,** Siegmar: Unzerstörbarer Bruderbund. 20 Jahre Staatsvertrag DDR/UdSSR, in: Einheit 30 (1975), 989–994

1514 **Quilitzsch,** Siegmar: Vertiefte Zusammenarbeit zwischen den Staaten der sozialistischen Gemeinschaft, in: Deutsche Außenpolitik 20 (1975), 1773–1790

1515 **Rilling,** Rainer: Wissenschaft-technische Kooperation zwischen sozialistischen Industriestaaten, in: Deutschland Archiv 11 (1978), 727–744

1516 **Rühmland,** Ullrich: 25 Jahre Warschauer Pakt. Fakten, Trends, Veränderungen, in: Wehrwissenschaftliche Rundschau 30 (1981), 3, 77–84

1517 **Rüster,** Lothar: Die internationalen ökonomischen Organisationen der RGW-Länder. Rechtsfragen. Berlin: Staatsverlag der DDR 1980, 157 S.

1518 **Schiavone,** Guiseppe: The institutions of Comecon. London: Macmillan 1981, 260 S.

1519 **Schroeder,** Friedrich-Christian: Verschärfung der „Parasitenbekämpfung" in der DDR. Vergleich zu den übrigen sozialistischen Staaten, in: Deutschland Archiv 9 (1976), 834–842

1520 **Schweisfurth,** Theodor: Die neue vertragliche Bindung der DDR an die Sowjetunion. Zum „Vertrag über Freundschaft, Zusammenarbeit und gegenseitigen Beistand" vom 7. Oktober 1975, in: Europa-Archiv 30 (1975), 753–764

1521 **Seiffert,** Wolfgang: Die Rechtsentwicklung im RGW. 30 Jahre Comecon. Anmerkungen zu den „Grunddokumenten des RGW", in: Deutschland Archiv 12 (1979), 149–159

1522 **Seiffert,** Wolfgang: Zu den völkerrechtlichen Grundlagen der Stationierung sowjetischer Truppen in der DDR, in: Deutschland Archiv 15 (1982), 473–476

1523 **Sikora,** Franz: Sozialistische Solidarität und nationale Interessen. Polen, Tschechoslowakei, DDR. Köln: Verlag Wissenschaft und Politik 1977, 247 S. (Abhandlungen des Bundesinstituts für ostwissenschaftliche und internationale Studien 31)

1524 **Sölle,** Horst: Die Außenhandelsbeziehungen der DDR mit der UdSSR 1976 – 1980, in: Außenhandel. Moskau (1976), 8, 6 – 9

1525 **Sozialistische ökonomische Integration.** Fragen der Theorie und Praxis. Autorenkollektiv aus der DDR, UdSSR, UVR und VRP, Red. d. deutschsprachigen Ausgabe: Gerhard Huber und Günter Pöggel. Berlin (Ost): Die Wirtschaft 1979, 152 S. (Sozialismus – Erfahrungen, Probleme und Perspektiven)

1526 **Spittmann,** Ilse: Das 15. ZK-Plenum und der neue Vertrag mit Moskau, in: Deutschland Archiv 8 (1975), 1122 – 1127

1527 **Tiedtke,** Stephan: Die Warschauer Vertragsorganisation. Zum Verhältnis von Militär- und Entspannungspolitik in Osteuropa. München usw.: Oldenbourg 1978, 195 S. (Forschungsergebnisse bei Oldenbourg)

1528 **Timmermann,** Heinz: Ost-Berlins Beziehungen zu Jugoslawien und der „Eurokommunisten“, in: Deutschland Archiv 10 (1977), 949 – 965

1529 **UdSSR – DDR:** Festes und unwiderrufliches Bündnis, in: Neue Zeit. Moskau (1975), 41, 12 – 13

1530 **Uschakow,** Alexander: Institutionelle Formen der Wirtschaftsbeziehungen zwischen der DDR und der UdSSR, in: Deutschland Archiv 13 (1980), 518 – 529

1531 **Viebig,** Gerhard: Beziehungen der unverbrüchlichen Freundschaft zwischen der DDR und der VRP, in: Deutsche Außenpolitik 24 (1979), H. 7, 5 – 16

1532 **Winters,** Peter Jochen: SED: Solidarität mit den Kriegsrechtsherren, in: Deutschland Archiv 15 (1982), 225 – 228

1533 Die wirtschaftliche Stellung der DDR im RGW. Eine vergleichende statistische Untersuchung über das wirtschaftliche Entwicklungsniveau und den Lebensstandard der europäischen RGW-Länder anhand des Statistischen Jahrbuchs des RGW. Bearbeitet von Immo Wernicke und Bernd Spindler. Bonn: Gesamtdeutsches Institut 1981, 71 S. (Als Manuskript vervielfältigt.)

18. Die Stellung Berlins

1534 **Abrassimow,** Pjotr: West-Berlin gestern und heute. Berlin: Staatsverlag der DDR 1981, 195 S. (Zapadnyj Berlin, včera i segodnja)

1535 **Alexandrow,** J.: Ein Abkommen, das allen nützt. Fünf Jahre Berlinabkommen, in: Deutschland Archiv 9 (1976), 921 – 923

1536 **Arndt,** Claus: Zur internationalen Situation Berlins, in: Politik und Kultur 6 (1979), 6, 54 – 61

1537 **Arnold-Forster,** Mark: Die Belagerung von Berlin. Von der Luftbrücke bis heute. Berlin: Ullstein 1980, 239 S. (The siege of Berlin)

1538 **Baesecke,** Helmut und Werner Maier: Finanzbeziehungen Berlin – Bund. Berlin: Landeszentrale für politische Bildungsarbeit 1981, 80 S.

1539 **Baumeister,** Dieter (Hrsg.): Berlin Fibel. Berichte zur Lage der Stadt. Berlin: Berlin Verlag 1975, 384 S. (Politische Dokumente 6)

1540* **Berlin.** Chronik der Jahre 1959 – 1960. Hrsg. im Auftrag des Senats von Berlin. Bearb. von Hans J. Reichhardt, Joachim Drogmann und Hanns U. Treutler. Landesarchiv Berlin, Abt. Zeitgeschichte. Berlin: Spitzing 1978, 951 S. (Schriftenreihe zur Berliner Zeitgeschichte 9)

1541 Berlin und die Europa-Wahl, in: Deutsches Monats-Magazin, Meerbusch (1979), 2, 10 – 13

1542 Themenausgabe **Berlin.** Mit Beiträgen von Richard von Weizsäcker, Dietrich Stobbe, Joachim Nawrocki u. a., in: Das Parlament 30 (1980), 2, 1 – 14

1543 Wirtschaftspolitik in Berlin. Vom Notopfer zur Milliardensubvention. Arbeitsgruppe Berlinförderung: Christoph Albrecht, Lutz Beling u. a. Frankfurt/Main: Campus 1979, 320 S.

1544 **Bernhard,** Marianne: „Es gibt nur ein Berlin . . ." Chronik einer Hauptstadt. Wien usw.: Meyster 1980, 223 S.

1545 **Bowers,** Stephen Reed: The West Berlin issue in the era of Superpower detente: East Germany and the politics of West Berlin 1968 – 1974. Ann Arbor, Mich.: University Microfilms International 1982, 353 S.

1546 **Catudal,** Honoré M.: The Berlin agreement of 1971: has it worked?, in: The International and Comparative Law Quarterly. London Vol. 25 (1976), 766 – 8800

1547 **Catudal,** Honoré M.: Kennedy and the Berlin wall crisis, in: Revue de droit international. Genève 55 (1977), 161 – 183

1548 **Catudal,** Honoré M.: The diplomacy of the Quadripartite Agreement on Berlin. A new era in East-West politics. Berlin: Berlin-Verlag 1977, 335 S. (Politologische Studien/Political Studies 12)

1549 **Catudal,** Honoré M.: A balance sheet of the Quadripartite Agreement on Berlin. Evaluation and documentation. Berlin: Berlin-Verlag 1978, 303 S. (Politologische Studien/Political Studies 13)

Catudal, Honoré M . . . vgl. Nr. 924

1550 **Collier,** Richard: Bridge across the sky. The Berlin Blockade and airlift: 1948 – 1949. New York usw.: McGraw-Hill 1978, 239 S.

1551 **Corcelle,** Charles: Les Alliés occidentaux à Berlin depuis 1945. Pour bien comprendre les problèmes d'une ville isolée et divisée. Paris: Ed. Albatros 1976, 389 S.

1552 **Cramer,** Dettmar: Widersprüchliche Berlinpolitik, in: Deutschland Archiv 10 (1977), 350 – 352

1553 **Delmas,** Claude: Le mur de Berlin. Il y vingt ans . . ., in: Défense nationale. Paris 37 (1981), Août-Sept., 109 – 125

1554 **Dülffer,** Jost: Berlin-Politik zwischen zweiter Berlin-Krise und Viermächteabkommen, in: Neue Politische Literatur 20 (1975), 224 – 235

1555 25 Jahre Bürgermeister-Reuter-Stiftung. Berlin 1978, 38 S. (Presse- und Informationsamt des Landes Berlin. Berliner Forum 3/78)

1556 **Gerlach,** Heribert: Die Berlinpolitik der Kennedy-Administration. Eine Fallstudie zum außenpolitischen Verhalten der Kennedy-Regierung in der Berlinkrise 1961. Frankfurt 1977

1557 **Greese,** Karl und Wilfriede Otto: Zum Schutz des Sozialismus und des Friedens. Der 13. August 1961, in: Beiträge zur Geschichte der Arbeiterbewegung, Berlin, 23 (1981), 483–497

1558 **Greese,** Karl und Wilfried Hanisch: Der 13. August 1961 – ein Erfolg der Sicherheits- und Militärpolitik der SED, in: Militärgeschichte 20 (1981), 389–398

1559 **Hacker,** Jens: Berlin als ständiger Streitpunkt. Über die Interpretation von Dokumenten, in: Politische Meinung 23 (1978), H. 179, 5–14

1560 **Harrell,** Edward J.: Berlin: Rebirth, reconstruction and division, 1945–1948: A study of alliied cooperation and conflict. Ann Arbor, Mich. usw.: University Microfilms International 1980, 287 S. (Phil. Diss. Florida State University 1965)

1561 **Hartkopf,** Günter: Kulturelles Engagement des Bundes in Berlin, in: Politik und Kultur 4 (1977), 5, 20–29

1562 **Haupt, Michael: Die Berliner Mauer. Vorgeschichte , Bau, Folgen. Literaturbericht und Bibliographie zum 20. Jahrestag des 13. August 1961. München: Bernhard und Graefe 1981, 230 S. (Schriften der Bibliothek für Zeitgeschichte 21)**

1563 **Henkys,** Reinhard: Erhöhte Sicherheit für Berlin. 5 Jahre nach dem Viermächte-Abkommen, in: Evangelische Kommentare 10 (1977), 331–333

1564 **Henning,** Ottfried: Die Bundespräsenz in West-Berlin. Entwicklung und Rechtscharakter. Köln: Verlag Wissenschaft und Politik 1976, 367 S. (Bibliothek Wissenschaft und Politik 16)

1565 **Hillenbrand,** Martin J. (Hrsg.): Die Zukunft Berlins. Berlin usw.: Ullstein 1981, 365 S.

1566 **Höcker,** Claus: Die alliierte Präsenz in Berlin. Grundlage der Lebensfähigkeit einer geteilten Stadt, in: dpa Hintergrund, Hamburg (1979), HG 2857/58, 1–22

1567 **Höfelmann,** Günter: Berlin – Krisenherd und Prüfstein der Entspannung. Paderborn: Schöningh 1980, 79 S. (Reihe Exempel 15605); Arbeitsheft, 34 S. (Reihe Exempel 15606)

1568 **Hoppe,** Hans-Günter: Zur Berlin-Politik, in: Politik und Kultur 3 (1976), 2, 15–20

1569 **Ipsen,** Knut: Völkerrechtliche Probleme östlicher Beteiligungen an internationalen Veranstaltungen in West-Berlin, in: Politik und Kultur 5 (1978), 1, 19–30

1570 **Italiaander,** Rolf, Arnold Bauer und Herbert Krafft: Berlins Stunde Null 1945. Ein Bild-/Text-Band. Düsseldorf: Droste 1979, 174 S.

1571 **Jung,** Otmar: Vierseitiges Abkommen und sowjetischer Sektor Berlins, in: Recht in Ost und West 19 (1975), 217–223

1572 **Kirillov,** G.: West-Berlin: past and future, in: International Affairs Moskau (1976), 7, 75–80

1573 **Kotow,** Julij: Verkannte Realitäten. Zur Regierungserklärung des Westberliner Senats, in: Neue Zeit. Moskau (1975), 21, 10–11

1574 **Lau,** Karlheinz: Berlin – Probleme einer geteilten Stadt. Frankfurt/Main: Verlag Diesterweg 1981, 88 S.

1575 **Laufenberg,** Walter: Berlin (West), Nachkriegsentwicklung und Entwicklungschancen. Unter besonderer Berücksichtigung des Reiseverkehrs. Frankfurt/Main: Haag und Herchen 1978, 231 S.

1576 **Lerche,** Peter: Die Rechtsprechung des Bundesverfassungsgerichts in Berliner Fragen, in: Bundesverfassungsgericht und Grundgesetz. Festgabe aus Anlaß des 25jährigen Bestehens des Bundesverfassungsgerichts. Hrsg. von Christian Starck. Bd. 1: Verfassungsgerichtsbarkeit. Tübingen: Mohr 1976, 715–747

1577 **Lorenz,** Peter: Berlins nationale Aufgabe verlangt Dynamik, in: Politik und Kultur 4 (1977), 1, 69–72

1578 **Lummer,** Heinrich: Berlin und die deutsche Ostpolitik, in: Union alternativ. Hrsg. von Gerhard Mayer-Vorfelder und Hubertus Zuber. Stuttgart: Seewald 1976, 98–112

1579 **Mahnke,** Hans Heinrich: Zum Status von Berlin, in: Deutschland Archiv 8 (1975), 835–842

1580 **Mahnke,** Hans Heinrich: Rechtliche Aspekte des Status von Berlin (Ost), in: Recht in Ost und West 23 (1979), 185–193

1581 **Mampel,** Siegfried: Der Status von Berlin (Ost) nach zehn Jahren Viermächteabkommen, in: Recht in Ost und West 25 (1981), 225–232

1582 **Das Mauerbuch.** Texte und Bilder aus Deutschland von 1945 bis heute. Hrsg. Manfried Hammer, Edelgard Abenstein, Daniel Danisch, Wolf Deinert, Helmut Diehl und Sieghard Pohl. Berlin: Oberbaumverlag 1981, 299 S.

1583 **Merritt,** Richard L.: Political disintegration in postwar Berlin, in: From national development to global community. Essays in honor of Karl W. Deutsch. Hrsg. von Richard L. Merritt u. a. London usw.: Allen & Unwin 1981, 206–230

1584 **Mikulska-Góralska,** Barbara: Kryzys berliński, 1948–1949 (Berlin-Krise, 1948–1949). Warszawa: Książka i Wiedza 1980, 312 S.

1585 **Mitrović,** Tomislav: Das Berlin-Problem im Lichte des KSZE-Schlußdokuments, in: Internationale Politik, Belgrad, 28 (1977), H. 647, 20. März 1977, 10–13

1586 **Mussgnug,** Reinhard: Die Bindung Berlins an die Entscheidungen des Bundesverfassungsgerichts, in: Im Dienst an Recht und Staat. Festschrift für Werner Weber. Hrsg. von Hans Schneider und Volkmar Götz, Berlin: Duncker & Humblot 1974, 157–186

1587 **Nauber,** Horst: Das Berliner Parlament. Struktur und Arbeitsweise des Abgeordnetenhauses von Berlin. Mit Beiträgen von Wolfgang Beer, Hubertus Benner u. a. Berlin 1980^3 (vollständig überarbeitet und erweitert), 468 S.

1588 **Naumann,** Konrad: Unsere Hauptstadt – unser aller Sache, in: Einheit 31 (1976), 894–900

1589 **Naumann,** Konrad: Berlin – 30 Jahre Hauptstadt der DDR, in: Einheit 34 (1979), 964–972

1590 **Nawrocki,** Joachim und Johannes Völckers: 30 Jahre Wiedergutmachung. Und eine Chronik der Berlin-Besuche emigrierter Mitbürger. Berlin 1981, 46 S. (Presse- und Informationsamt des Landes Berlin. Berliner Forum 3/81)

1591 **Nawrocki,** Joachim: Im ganzen bewährt. Das Berlin-Abkommen nach zweieinhalb Jahren Praxis, in: Deutschland Archiv 8 (1975), 22–32

1592 **Nawrocki,** Joachim: Berlin-Konferenz, Berlin-Hilfe, Berlin-Strategie. Ein langfristiges Konzept für Berlin wird erst im Ansatz sichtbar, in: Deutschland Archiv 8 (1975), 951–963

1593 **Nawrocki,** Joachim: Der aggressive Anspruch. Widersprüche sowjetischer Berlin-Politik, in: Deutschland Archiv 8 (1975), 704–707

1594 **Nekrassow,** Viktor: Zu beiden Seiten der Mauer. Erfahrungen und Erlebnisse. Frankfurt/Main usw.: Ullstein 1980, 153 S. (Ullstein Kontinent 38005)

1595 **Nelson,** Daniel J.: Wartime origins of the Berlin dilemma. Alabama: University of Alabama Press 1978, 219 S.

1596 **Noll,** Jochen: Eine Lösung des Berlin-Problems steht noch aus, in: Frankfurter Hefte 30 (1975), 11–20

1597 **Orlov,** M. I. und I. J. Androsov: Problema Zapadnogo Berlina v meždunarodnych otnošenijach 1945–1975, in: Voprosy Istorij. God. 1977, 8, 71–105 (Übers.: Das Problem West-Berlin in den internationalen Beziehungen 1945–1975)

1598 **Petschull,** Jürgen: Die Mauer. August 1961. Zwölf Tage zwischen Krieg und Frieden. Hamburg: Gruner + Jahr 1981, 273 S. (Reihe ‚stern'-Bücher)

1599 **Reed,** Gary Frank: Berlin and the division of liberty, in: Political Theory. Beverly Hills, Cal. 8 (1980), 365–380

1600* **Rühle,** Jürgen und Gunter Holzweißig: 13. August 1961. Die Mauer von Berlin. Hrsg. von Ilse Spittmann. Köln: Verlag Wissenschaft und Politik 1981, 176 S. (Edition Deutschland Archiv)

1601 **Schiedermair,** Hartmut: Der völkerrechtliche Status Berlins nach dem Viermächte-Abkommen vom 3. September 1971. Hrsg.: Max-Planck-Institut für ausländisches öffentliches Recht und Völkerrecht. Berlin usw.: Springer 1975, 223 S. (Beiträge zum ausländischen öffentlichen Recht und Völkerrecht 64)

1602 **Schiedermair,** Hartmut: Das Verbot des Rechtsmißbrauchs und die Regelung des Transitverkehrs nach Berlin, in: Zeitschrift für Ausländisches Öffentliches Recht und Völkerrecht. Stuttgart usw. 38 (1978), 1/2, 160–181

1603 **Schütz,** Klaus: Berlin in the age of détente, in: The world today 31 (1975), 29–35

1604 **Schütz,** Klaus: Berlin im Ost-West-Verhältnis, in: Politik und Kultur 3 (1976), 4, 70–77

1605 **Schütz,** Klaus: Verträge mit Leben erfüllen, in: Politik und Kultur 3 (1976), 2, 30–33

1606 **Schumacher,** Hanns H.: Die Eingliederung von Berlin (West) in den Hoheitsbereich der Europäischen Gemeinschaft, in: Europarecht 15 (1980), 183–189

1607 **Schwemmer,** Anton: 7 Themen zur Berlin-Frage und Deutschland-Problematik. Ein Unterrichtsmodell für Schule und außerschulische Bildung. Regensburg: Bischöfliches Jugendamt 1979, 104 S.

1608 **Sonnenfeld,** Renata: West-Berlin und internationale Abkommen, in: Osteuropa 25 (1979), 142–154

1609 **Spangenberg,** Dietrich: 1961 (Mauerbau) – 1971 (Viermächte-Abkommen) – 1981, in: Politik und Kultur 8 (1981), 4, 63–65

1610 **Stobbe,** Dietrich: Stellung Berlins im Machtgefüge, in: Politik und Kultur 6 (1979), 6, 48–53

1611 **Stobbe,** Dietrich: Berlin und die Entspannung. Bilanz und Perspektiven, in: West-Ost-Journal, Wien 13 (1980), 1/2, 1–2

1612 **Stobbe,** Dietrich: Bindungen. Das Verhältnis Berlins zum Bund und das Viermächte-Abkommen, in: Europa Archiv 32 (1977), 477–486

1613 **Tanter,** Raymond: Modelling and managing international conflicts. The Berlin crises. Beverly Hills, London: Sage Publications 1974, 272 S. (Sage library of social research. Vol. 6)

1614 **Ungers,** Oswald Mathias: Die Stadt in der Stadt – Planung für Berlin, in: Politik und Kultur 5 (1978), H. 1, 3–18

1615 **Vernant,** Jacques: L'Allemagne et Berlin. L'ancien et le nouveau, in: Défense nationale. Paris 32 (1976), 127–136

1616 **Das vierseitige Abkommen** über Westberlin und seine Realisierung. Dokumente 1971–1977, Hrsg.: Ministerium für Auswärtige Angelegenheiten der DDR. Ministerium für Auswärtige Angelegenheiten der UdSSR. Berlin: Staatsverlag der DDR 1977, 335 S.

1617 Was wußten die westlichen Geheimdienste von der Mauer? (Dokumentation), in: Deutschland Archiv 14 (1981), 880–892

1618 **Well,** Günther van: Die Teilnahme Berlins am internationalen Geschehen: ein dringender Punkt auf der Ost-West-Tagesordnung, in: Europa-Archiv 31 (1976), 647–656

1619 **Well,** Günther van: Berlin-Politik zwischen rechtlichen Ansprüchen und politischen Erwägungen, in: Politik und Kultur 7 (1980), 4, 59–69

1620 **Wettig,** Gerhard: Zur Lage Berlins vor dem Viermächte-Abkommen. Köln 1976, 15 S. (Berichte des Bundesinstituts für ostwissenschaftliche und internationale Studien 17/1976)

1621 **Wettig,** Gerhard: Die praktische Anwendung des Berlin-Abkommens durch UdSSR und DDR, 1972–1976. Köln 1976, 61 S. (Berichte des Bundesinstituts für ostwissenschaftliche und internationale Studien 31/1976)

1622 **Wettig,** Gerhard: Die Berliner Zugangsproblematik vor dem Vier-Mächte-Abkommen von 1971. Köln 1978, 29 S. (Berichte des Bundesinstituts für ostwissenschaftliche und internationale Studien 1/1978)

1623 **Wettig,** Gerhard: Das Problem des Transits nach West-Berlin. Köln 1978, 40 S. (Berichte des Bundesinstituts für ostwissenschaftliche und internationale Studien 20/1978)

1624 **Wettig,** Gerhard: Die Rechtslage Berlins nach den interalliierten Vereinbarungen nach 1944/45. Eine Ost-West-Kontroverse und ihre Grundlage, in: Deutsche Studien 16 (1978), H. 64, 317–339

1625 **Wettig,** Gerhard: Die Bindungen West-Berlins seit dem Vier-Mächte-Abkommen. Köln 1978, 64 S. (Berichte des Bundesinstituts für ostwissenschaftliche und internationale Studien 34/1978)

1626 **Wettig,** Gerhard: Das Problem des Zugangs nach West-Berlin seit dem Vier-Mächte-Abkommen. Die Wende zur Ost-West-Entspannung und ihre Auswirkungen für Berlin, in: Beiträge zur Konfliktforschung 8 (1978), 3, 17–41

1627 **Wettig,** Gerhard: Die Bindungen West-Berlins als Verhandlungs- und Vertragsgegenstand der Vier Mächte 1970/1971, in: Deutschland Archiv 12 (1979), 278–290

1628 **Wettig,** Gerhard: Die Transformation des Berlin-Konflikts seit dem Inkrafttreten des Vier-Mächte-Abkommens, in: Deutsche Studien 17 (1979), H. 68, 317–331

1629 **Wettig,** Gerhard: Das Problem der Bindungen West-Berlins bei der Anwendung des Vier-Mächte-Abkommens, in: Deutschland Archiv 12 (1979), 920–937

1630 **Wettig,** Gerhard: Die Statusprobleme Ost-Berlins 1949–1980. Köln 1980, 44 S. (Berichte des Bundesinstituts für ostwissenschaftliche und internationale Studien 44/1980)

1631 **Wettig,** Gerhard: Die Durchführung des Berlin-Transits nach dem Vier-Mächte-Abkommen 1972–1981. Köln 1981, 47 S. (Berichte des Bundesinstituts für ostwissenschaftliche und internationale Studien 5/1981)

1632* **Wettig,** Gerhard: Das Vier-Mächte-Abkommen in der Bewährungsprobe. Berlin im Spannungsfeld von Ost und West. Berlin: Berlin Verlag 1981, 279 S. (Politologische Studien 22)

1633 **Wetzlaugk,** Udo: Die alliierten Schutzmächte in Berlin. Berlin: Landeszentrale für politische Bildungsarbeit 1982, 77 S. (Politik – kurz und aktuell 36)

1634 **Zieger,** Gottfried: Berlin 1945 bis zum Viermächte-Abkommen 1971, in: Berlin-Fibel. Berlin 1975, 11–66

1635 **Zieger,** Gottfried: Berlin-Klauseln in den Verträgen der Bundesrepublik Deutschland, in: Politik und Kultur 2 (1975), 3/4, 15–70

1636 **Zivier, Ernst R.: Der Rechtsstatus des Landes Berlin. Eine Untersuchung nach dem Viermächte-Abkommen vom 3. September 1971. Berlin: Berlin Verlag 1977[3] (erneuert und erweitert) (Völkerrecht und Politik 8)**

1637 Zum 13. August. 15 Jahre Berliner Mauer. 15 Jahre Unmenschlichkeit. Bad Oeynhausen: Ost- und mitteldeutsche Vereinigung der CDU Ostwestfalen-Lippe 1976, 32 S.

19. Das Saarproblem

1638 **Altmeyer,** Klaus: Saarstatut und Volksbefragung 1954/55. Europäische Autonomie oder Deutschland?, in: Damals. Zeitschrift für geschichtliches Wissen 12 (1980), 831–850

1638a **Kraus,** Albert: Die Saarfrage 1945–1955 im politisch-publizistischen Echo der Jahre 1975–1977, in: Saarheimat 21 (1977), 198–203

1639 **Krause,** Peter: Verfassungsentwicklung im Saarland 1958–1979, in: Jahrbuch des Öffentlichen Rechts der Gegenwart 29 (1980), 393–466

1640 **Schneider,** Dieter Marc: Saarpolitik und Exil 1933–1955, in: Vierteljahrshefte für Zeitgeschichte 25 (1977), 467–545

1641 **Schuhn,** Werner: Vor 20 Jahren. Am 1. Januar 1957 kehrte das Saarland zu Deutschland zurück. Endgültige Lösung eines Grenzlandschicksals durch die deutsch-französische Aussöhnung, in: Kreis Trier-Saarburg (1977), 170–185

20. Die Vertreibungsgebiete und die Grenzfrage

1642 Auf der Suche nach Heimat. Probleme der sozialen Integration der Spätaussiedler aus osteuropäischen Ländern. Tagung vom 21.–23. 4. 1978. Locum 1978, 85 S. (Locumer Protokolle 9/1978)

1643 Die Auslegung der Ostverträge und Fragen der gesamtdeutschen Staatsangehörigkeit der Ostdeutschen. Von Henn-Jüri Uibopuu, Alexander Uschakow u. a. Hrsg.: Kulturstiftung der Deutschen Vertriebenen. Bonn 1980, 146 S.

1644 **Batowski,** Henryk: Neue Grenzen in Ostmitteleuropa nach dem Zweiten Weltkrieg, in: Österreichische Osthefte. Wien 19 (1977), 1, 1–11

1645 **Bismarck,** Philipp von: Der Beitrag der Vertriebenen zur Friedenspolitik, in: Kirche im Spannungsfeld der Politik. Festschrift für Bischof D. Hermann Kunst zum 70. Geburtstag. Hrsg. von Paul Collmer u. a. Göttingen: Schwartz 1977, 269–275

1646 **Bittermann,** Gabriele: Die Oder-Neisse-Linie. Literaturbericht und Bibliographie, in: Bibliothek für Zeitgeschichte, Stuttgart, Jahresbibliographie 1972 (1974), 89–444 S.

1647 **Böddeker,** Günter: Die Flüchtlinge. Die Vertreibung der Deutschen im Osten. München usw.: Herbig 1980, 383 S.

1648 **Brastislava,** Danubius: Thesen zur Aussiedlung der Deutschen aus der Tschechoslowakei, in: Deutschland Archiv 12 (1979), 712–727

1649 Als **Deutsche unter Deutschen leben.** Eingliederung der Aussiedler. Zusammengestellt von Egon Ludwig. Bonn: Bundeszentrale für politische Bildung 1978, 112 S. (Schriftenreihe der Bundeszentrale für politische Bildung 137)

1650 **Dönhoff,** Marion Gräfin: Namen, die keiner mehr nennt. Ostpreußen: Menschen und Geschichte. Neue illustrierte Ausgabe. Düsseldorf usw.: Diederichs 1980, 168 S.

1651 **Entwurzelung und Integration.** Rechtliche, soziale und politische Probleme von Flüchtlingen und Emigranten. Wien: Braunmüller 1979, 191 S. (Abhandlungen zu Flüchtlingsfragen 11)

1652 **Evert,** Hans-Jürgen: Jenseits von Elbe und Oder. Ein Diskussionsbeitrag zur Geschichte des deutschen Ostens. Berg am See: Vowinckel 1982, 246 S.

1653 **25 Jahre Flüchtlingsforschung.** Ein Rückblick auf Flucht, Vertreibung und Massenauswanderung. Wien: Braunmüller 1975, 300 S. (Abhandlungen zu Flüchtlingsfragen 10)

1654 **Frowein,** Jochen A.: Die deutschen Grenzen in völkerrechtlicher Sicht, in: Europa-Archiv 34 (1979), 591–599

1655 **Geflohen und vertrieben.** Augenzeugen berichten. Hrsg.: Rudolf Mühlfenzl. Unter

Mitarbeit von Fritz Peter Habel u. a. Nach der Fernseh-Dokumentation ,Flucht und Vertreibung' von Eva Berthold und Jost von Morr. Königstein/Ts.: Athenäum 1981, 271 S.

1656* **Grube,** Frank und Gerhard Richter: Flucht und Vertreibung. Deutschland zwischen 1944 und 1947. Hamburg: Hoffmann und Campe 1980, 234 S.

1657 **Hager,** Bodo und Fritz Wandel: Probleme der sozio-kulturellen Integration von Spätaussiedlern. Mit besonderem Bezug auf Jugendliche aus Oberschlesien, in: Osteuropa 28 (1978), 193–209

Hecker, Hellmuth . . . vgl. Nr. 13

1658 **Karklins,** Rasma: Interviews mit deutschen Spätaussiedlern aus der Sowjetunion. Köln 1978, 33 S. (Berichte des Bundesinstituts für ostwissenschaftliche und internationale Studien 42 (1978)

1659 **Kieser,** Egbert: Danziger Bucht 1945. Dokumentation einer Katastrophe. Genehmigte Auswertung der Ostdokumentation des Bundesarchivs. Esslingen am Neckar: Bechtle 1978, 328 S.

1660 **Kornrumpf,** Martin: In Bayern angekommen. Die Eingliederung der Vertriebenen. Zahlen, Daten, Namen. München: Olzog 1979, 367 S. (Dokumente unserer Zeit 3)

1661 **Kornrumpf,** Martin: 46 Protokolle 1946 bis 1950. Flüchtlingsausschuß des Bayerischen Landtags. Gräfelfing bei München: Selbstverlag 1981, 126 S. (Kornrumpf: Kleiner unter Großen 1)

1662 **Langnickel,** Hans: Thesen zur Integration von Spätaussiedlern, in: Osteuropa 28 (1978), 1018–1022

1663* **Lehmann,** Hans Georg: Der Oder-Neiße-Konflikt. München: Beck 1979, 294 S.

1664 **Lorenz,** Franz (Hrsg.): Schicksal Vertreibung. Aufbruch aus dem Glauben. Dokumente und Selbstzeugnisse vom religiösen, geistigen und kulturellen Ringen. Hrsg. im Auftrag der Arbeitsgemeinschaft der katholischen Vertriebenen-Organisationen. Köln: Wienand 1980, 404 S.

1665 **Materialien zu Oder-Neisse-Fragen.** Eine Dokumentation zur Rechtslage Deutschlands und der Deutschen nach dem Völkerrecht und dem Grundgesetz unter besonderer Berücksichtigung der Gebiete östlich von Oder und Neisse. Ausgewählt von Herbert Czaja. Bonn: Kulturstiftung der deutschen Vertriebenen 1979, 128 S. (Schriftenreihe der Kulturstiftung der deutschen Vertriebenen 9)

1666 **Menschenrechte und Selbstbestimmung** unter Berücksichtigung der Ostdeutschen. Von Lelix Ermacora, Dieter Blumenwitz, Jens Hacker und Herbert Czaja. Hrsg.: Kulturstiftung der deutschen Vertriebenen. Bonn 1980, 119 S.

1667 **Noskova,** A. F. und T. J. Grigor'iants: Zgozheletskii Dogovor 1950 g., in: Sovetskoe Slavianovedenie (1975), 5, 3–13 (Görlitzer Vertrag zwischen Polen und der DDR 1950)

1668 **Pfundtner,** Raimund: Spätaussiedler. Tragödie: Ursachen – Folgen – Perspektiven. Hannover: Fackelträger-Verlag 1979, 151 S. (Edition Zeitgeschehen)

1669 **Pozorny,** Reinhard: Wir suchten die Freiheit. Schicksalsweg der sudetendeutschen Volksgruppe. Vlotho/Weser: Verlag für Volkstum und Zeitgeschichtsforschung 1978, 402 S.

1670 **Robenjšek,** Petr: Zur Frage der sozio-kulturellen Merkmale deutschstämmiger Spätaussiedler aus Osteuropa, in: Osteuropa 29 (1979), 476–483

1671 **Robejšek,** Petr: Probleme und Möglichkeiten der Integration deutschstämmiger Spätaussiedler. Soziale Erfahrung und Eingliederung, in: Osteuropa 29 (1979), 563–578

Seidl-Hohenveldern, Ignaz ... vgl. Nr. 2748

Sharp, Tony ... vgl. Nr. 686

1672 **Sonnewald,** Bernd: Die Entstehung und Entwicklung der ostdeutschen Landsmannschaften von 1947 bis 1952. Diss. Berlin 1975, 310 S.

1673 **Stamm,** Hans-Ulrich: Schicksal in sieben Jahrhunderten. Aus der leidvollen Geschichte Ostpreußens. Hamburg: Staats- und Wirtschaftspolitische Gesellschaft 1976, 216 S. (Dokumente, Analysen, Kommentare 6)

1674 **Suchenwirth,** Richard: Der deutsche Osten. Aufstieg und Tragödie. Berg: Türmer 1978, 336 S.

1675 **Verdross,** Alfred, Bruno Simma und Rudolf Geiger: Territoriale Souveränität und Gebietshoheit. Zur völkerrechtlichen Lage der Oder-Neisse-Gebiete. Bonn: Kulturstiftung der deutschen Vertriebenen 1980, 152 S.

1676 **Verletzung von Menschenrechten.** Eine Dokumentation der Verletzungen von Rechtspflichten zum Schutz der Menschenrechte gegenüber Deutschen in den Gebieten des Deutschen Reiches östlich von Oder und Neiße und außerhalb der Grenzen des Deutschen Reiches. Hrsg. i. A. des Bundes der Vertriebenen, Kulturstiftung der deutschen Vertriebenen. Bonn 1980[2] (neu bearbeitet), 102 S.

1677 **Wenig,** Hans: Danzig. Gdańsk. Betrachtung der Stadt in 4 Jahrhunderten. Hamburg: Hoffmann und Campe 1980, 375 S.

1678 **Weisau,** Otto: Der Einfluß der Ostverträge auf die völkerrechtliche Position der Bundesrepublik Deutschland in ihrer Deutschland- und Ostpolitik (unter besonderer Berücksichtigung der Gebiets- und Grenzregelungen). Jur. Diss. Würzburg 1978, 189 S.

1679 **deZayas,** Alfred M.: Die Anglo-Amerikaner und die Vertreibung der Deutschen. Vorgeschichte, Verlauf, Folgen. München: Beck 1981[6] (erweitert), 304 S. (Nemesis at Potsdam, 1977)

1680 **deZayas,** Alfred M.: The Legality of Mass Population Transfers: The German Experience 1945–48. in: East European Quarterly 12 (1978) S. 1–23 und 143–160

21. Entwicklung der Bundesrepublik

a) Allgemein

1681 **Adamietz,** Horst: Die fünfziger Jahre. Bremer Parlamentarier 1951–1959. Bremen: Hauschild 1978, 528 S.

1682 **Albrecht,** Norbert und Ralf Husemann: Deutschland. Die Geschichte der Bundesrepublik. 3 Bände München: Ringier 1979, 600 S.

1683 **Alt,** Franz: Es begann mit Adenauer. Der Weg zur Kanzlerdemokratie. Freiburg i. Br.: Herder 1975, 142 S. (Herderbücherei. Die gelbe Serie 521)

1684 **An der Einheit festhalten.** Parteitag und Deutschland-Tagung der Exil-CDU, Fulda 1981. Mit Beiträgen von Wolfgang Hamberger, Alfred Dregger, Johann Baptist Gradl, Heiner Geißler u. a. Berlin 1981, 96 S.

1685 **Arend,** Peter: Die innerparteiliche Entwicklung der SPD 1966–1975. Bonn: Eichholz-Verlag 1975, 209 S. (Sozialwissenschaftliche Studien zur Politik. Veröffentlichungen des Sozialwissenschaftlichen Forschungsinstituts 7)

1686 **Arnold,** Hans: Kulturexport als Politik? Aspekte deutscher auswärtiger Kulturpolitik. Tübingen usw.: Horst Erdmann Verlag 1976, 309 S.

1687 **Atomwaffen und Ethik.** Der deutsche Protestantismus und die atomare Aufrüstung 1954–1961. Dokumente und Kommentare. Hrsg. von Christian Walther unter Mitarbeit von Wolf Werner Rausch u. a. München: Kaiser 1981, 186 S. (Studienbücher zur kirchlichen Zeitgeschichte 3)

1688 **Badstübner,** Rolf und Siegfried Thomas: Restauration und Spaltung. Entstehung und Entwicklung der BRD 1945–1955. Köln: Pahl-Rugenstein 1975, 512 S. (Kleine Bibliothek 73)

1689 **Badstübner,** Rolf: Restaurationsapologie und Fortschrittsverteufelung. Das entspannungsfeindliche bürgerliche Nachkriegsgeschichtsbild in der BRD. Frankfurt/Main: Verlag Marxistische Blätter 1978, 152 S. (Zur Kritik der bürgerlichen Ideologie 87)

1690 **Bärsch,** Claus-Ekkehard: Dreißig Jahre Grundgesetz. Justiz und Demokratie in der Verfassung der Bundesrepublik Deutschland, in: Politische Studien 30 (1979), H. 245, 239–248

1691 **Balfour,** Michael: West Germany. A contemporary history. London usw.: Croom Helm 1982, 307 S.

1692 **Baring, Arnulf: Machtwechsel. Die Ära Brandt – Scheel. In Zusammenarbeit mit Manfred Görtemaker. Stuttgart: Deutsche Verlags-Anstalt 1982, 831 S.**

1693 **Becker,** Josef (Hrsg.): Dreißig Jahre Bundesrepublik. Tradition und Wandel. München: Vögel 1979, 223 S. (Schriften der Philosophischen Fakultäten der Universität Augsburg 17)

1694 **Beiträge** zu einer Geschichte der Bundesrepublik Deutschland. Von Ulrich Albrecht u. a. Köln: Pahl-Rugenstein 1979, 526 S. (Kleine Bibliothek 170)

1695 **Bellers,** Jürgen: Reformpolitik und EWG-Strategie der SPD. Die innen- und außenpolitischen Faktoren der europapolitischen Integrationswilligkeit einer Oppositionspartei (1957–63). München: Tuduv-Verlagsgesellschaft (in Komm.) 1979, 570 S. (Tuduv-Studien. Reihe Sozialwissenschaften 12)

1696 **Bethlen,** Stefan Graf (Hrsg.): Osthandel in der Krise. München: Olzog 1976, 256 S. (Berichte und Studien der Hanns-Seidel-Stiftung 10)

1697 **Bolz,** Wolfgang und Rolf Feldner: Deutsch-deutsche Begriffe zur politischen Soziologie. Stichworte zur politischen Bildung. Hrsg. von der Niedersächsischen Landeszentrale für Politische Bildung. Hannover 1978, 96 S. (Gesamtdeutsche Probleme. Schriftenreihe der Niedersächsischen Landeszentrale für Politische Bildung 8)

1698 **Braun,** Hans: Das Streben nach „Sicherheit" in den 50er Jahren. Soziale und politische

Ursachen und Erscheinungsweisen, in: Archiv für Sozialgeschichte 18 (1978), 279–306

1699 **Braunthal,** Gerard: The Anglo-Saxon model of democracy in the West German political consciousness after World War II, in: Archiv für Sozialgeschichte 18 (1978), 245–277

1700 **Braunthal,** Gerard: West Germany moves into the 1980's, in: Current History, Philadelphia, 80 (1981), 466, 193–196 und 223–224

1701 **Burkett,** Tony: Germany 1948–1978: Evolution of the Bonn Republic, in: Parlamentary Affairs, London 32 (1979), 176–192

1702 **Czempiel,** Ernst-Otto: Die Bundesrepublik – eine heimliche Großmacht? Zur Diskussion über die Grundlagen bundesrepublikanischer Außenpolitik, in: Aus Politik und Zeitgeschichte B 26/1979, 3–19

1703 **Dahrendorf,** Ralf: Die Staatsräson der Bundesrepublik Deutschland. Konstanz: Universitätsverlag 1976, 32 S. (Konstanzer Universitätsreden 81)

1704 **Demokratie als Auftrag.** 3 Jahrzehnte Bundesrepublik Deutschland. Hrsg.: Presse- und Informationsamt der Bundesregierung. Bonn 1979, 192 S.

1705 30 Jahre Bundesrepublik Deutschland. 1949–1979. Dokumente, Bilder, Plakate. Eine Ausstellung des Bundesarchivs. Koblenz 1979, 235 S.

1706 30 Jahre Bundesrepublik Deutschland. Bilder, Daten, Dokumente. Eine Dokumentation des „Schüler-Magazin" für die junge Generation. Hrsg. von Helmuth Decher. Bielefeld: Decher 1979, 146 S.

1707 **Düwell, Kurt: Entstehung und Entwicklung der Bundesrepublik Deutschland (1945–1961). Eine dokumentierte Einführung. Köln usw.: Böhlau 1981, 403 S. (Böhlau-Studien-Bücher)**

1708 **Ellwein, Thomas: Das Regierungssystem der Bundesrepublik Deutschland. Köln usw.: Westdeutscher Verlag 1977[4] (völlig neu bearbeitet), 769 S.**

1709 **Fragen an die deutsche Geschichte.** Ideen, Kräfte, Entscheidungen von 1800 bis zur Gegenwart. Historische Ausstellung im Reichstagsgebäude in Berlin. Katalog. Hrsg.: Deutscher Bundestag, Presse- und Informationszentrum. Bonn 1981[6], 475 S.

1710 **Jäckel,** Eberhard: Geschichtliche Grundlagen der Bundesrepublik Deutschland, in: Was die Wirklichkeit lehrt. Golo Mann zum 70. Geburtstag, Hrsg. von Hartmut von Hentig und August Nitschke. Frankfurt/Main: S. Fischer 1979, 203–223

1711 **Jobert,** Michel: De l'Allemagne, in: Politique étrangère 44 (1979), 7–19

1712 **Joffe,** Josef: Die Außenpolitik der Bundesrepublik Deutschland im Zeitalter der Entspannung, in: Europa-Archiv 34 (1979), 719–730

1713 **Jungwirth,** Nikolaus und Gerhard Kromschröder: Die Pubertät der Republik. Die 50er Jahre der Deutschen. Frankfurt/Main: Fricke 1978, 207 S.

1714 **Klett,** Roderich und Wolfgang Pohl (Hrsg.): Stationen einer Republik. Stuttgart: Deutsche Verlags-Anstalt 1979, 215 S.

1715 **Klett,** Roderich (Hrsg.): Reden auf die Republik. Stuttgart: Deutsche Verlags-Anstalt 1979, 124 S.

1716 **Krockow,** Christian Graf von: 30 Jahre streitbare Demokratie – Zum Problem des Wertewandels, in: Grundgesetz und sozialer Wandel. Opladen: Leske 1979, 5–12 (Gegenwartskunde. Sonderheft 1/1979)

1717 **Linder,** Bertrand: La Bundeswehr à travers les forces politiques, sociales et religieuses en RFA, in: Revue d'Allemagne et des pays de langue allemande 12 (1980), 385–412

1718 **Löwenthal,** Richard: Stabilität ohne Sicherheit. Vom Selbstverständnis der Bundesrepublik Deutschland, in: Der Monat 30 (1978), 1, 75–84

1719 **Löwenthal,** Richard: Why German stability is so insecure. On the self-awareness of the Bonn Republic, in: Encounter 51 (1978), 6, 31–37

1720 **Löwke,** Udo Friedrich: Die SPD und die Wehrfrage 1949 bis 1955. Bonn: Verlag Neue Gesellschaft 1976, 185 S. (Theorie und Praxis der deutschen Sozialdemokratie)

1721 **Lütkehaus,** Ludger: Einige „hergebrachte Grundsätze" der deutschen Geschichte. Erinnerungen anläßlich des dreißigjährigen Bestehens der Bundesrepublik, in: Frankfurter Hefte 34 (1979), 8, 31–38

1722 **Maehl,** William Harvey: Germany in Western civilization. Alabama: University of Alabama Press 1979, 833 S.

1723 **Merritt,** Anna J. und Richard L. Merritt (Hrsg.): Public opinion in semisovereign Germany. The HICOG surveys, 1949–1955. Urbana: University of Illinois Press 1980, 273 S.

1724 „Modell Deutschland" aus der Sicht des Auslands, in: Prokla 10 (1980), 4 (41), 1–158

1725 **Möller,** Martin: Das Verhältnis von Evangelischer Kirche und Sozialdemokratischer Partei in den Jahren 1945 bis 1950. Grundlagen der Verständigung und der Beginn des Dialoges. Marburg: Görich & Weiershäuser 1979, 312 S.

1726 **Morgan, Roger: Washington und Bonn. Deutsch-amerikanische Beziehungen seit dem Zweiten Weltkrieg. München: Piper 1975, 266 S. (Piper Sozialwissenschaft. Internationale Politik 28) (The United States and West Germany 1945–1973. A study in alliance politics, London 1974)**

1727 **Morgan,** Roger P.: West Germany's foreign-policy-agenda. Beverly Hills: Sage Publication 1978, 80 S. (The Washington Papers 54)

1728 **Morgan,** Roger: The Ostpolitik and West Germany's External Relations, in: Roger Tilford (Hrsg.): The Ostpolitik and the change in Germany. Lexington, Mass.: Lexington Books 1975, 95–108

1729 **Nachkriegsgesellschaften** im historischen Vergleich. Frankreich, Großbritannien, Bundesrepublik Deutschland. München usw.: Oldenbourg 1982, 72 S. (Kolloquien des Instituts für Zeitgeschichte)

1730 **Nakai,** Takeshi: Die deutsche Sozialdemokratie zwischen Nationalismus und Internationalismus 1945–1952. Niederkassel: Hövelborn 1975, 320 S.

1731 **Narr, Wolf-Dieter und Dietrich Thränhardt (Hrsg.): Die Bundesrepublik Deutschland. Entstehung, Entwicklung und Struktur. Königstein/Ts.: Hain 1979, 336 S. (Neue Wissenschaftliche Bibliothek 102)**

1732 **Niethammer,** Lutz: Bundesrepublik und Nation, in: Politik und Kultur 4 (1977), 2, 26–36

1733 **Ockenfels,** Winfried und Baldur Wagner: Signale in die achtziger Jahre. Die politische Landschaft der Bundesrepublik Deutschland. Zahlen, Daten, Fakten, Meinungen. München: Olzog 1980, 232 S. (Geschichte und Staat 238/239)

1734 **Ott,** Erich: Die Wirtschaftskonzeption der SPD nach 1945. Marburg: Verlag Arbeiterbewegung und Gesellschaftswissenschaften 1978, 298 S. (Schriftenreihe für Sozialgeschichte und Arbeiterbewegung 12)

1735 **Paterson,** William E. und Gordon Smith (Hrsg.): The West German model. Perspectives on a stable state. London: Cass 1981, 176 S.

1736 **Prittie,** Terence: Kanzler in Deutschland. Vom „Alten" zum „Macher". Stuttgart: Klett-Cotta 1981, 300 S. (The velvet chancellors)

1737 **Rakowski,** Mieczyslaw: Dymisja kanzlerza. (Über den Rücktritt Brandts.) Warszawa: Czytelnik 1975, 259 S.

1738 **(Republika Federalna Niemiec)** RFN 1969–1977. Szkice do bilansu polityki gabinetów socjal-liberalnych. (Bundesrepublik Deutschland. BRD 1969–1977. Skizzen zur Bilanz der Politik der sozial-liberalen Kabinette.) Pod. red. Janusza Sawczuka. Opole: Wyd. Instytutu Śląskiego 1979, 220 S.

1739 **Ridder,** Helmut: Dreißig Jahre Grundgesetz – drei Jahrzehnte antidemokratischer Widerstand, in: Blätter für deutsche und internationale Politik 24 (1979), 528–536

1740 **Rudolph,** Hagen: Die verpaßten Chancen. Die vergessene Geschichte der Bundesrepublik. Hamburg: Gruner + Jahr 1979, 343 S. (Ein Stern-Buch)

1741* **Rupp,** Hans Karl: Politische Geschichte der Bundesrepublik Deutschland. Entstehung und Entwicklung. Eine Einführung. Stuttgart usw.: Kohlhammer 1978, 229 S.

1742 **Schmid,** Klaus-Peter: Le Monde und die Bundesrepublik Deutschland, in: Aus Politik und Zeitgeschichte B 12/1979, 19–23

1743 **Schmid,** Carlo und Ludwig Erhard: Die dreißig Jahre danach. Was brachte die demokratische Ordnung den Deutschen?, in: Lutherische Monatshefte 14 (1975), 239–241

1744 **Schmollinger,** Horst und Peter Müller: Zwischenbilanz. 10 Jahre sozial-liberale Politik 1969–1979. Hannover: Fackelträger 1980, 230 S. (Geschichte + Gesellschaft)

Schwarz, Hans-Peter . . . vgl. Nr. 491

1745 **Sontheimer, Kurt: Die verunsicherte Republik. Die Bundesrepublik nach 30 Jahren. München: Piper Verlag 1979, 149 S. (Serie Piper 189)**

1746 **Steinbach,** Peter: Geschichte der Bundesrepublik Deutschland. Geschichte und Aspekte der Verfassungsordnung. Berlin: Wissenschaftlicher Autoren-Verlag 1982, 444 S. (WAV-Studienbücher: Geschichte und Theorie der Politik)

1747 **Tendenzwende?** Zur geistigen Situation der Bundesrepublik (Vorträge). Stuttgart: Klett 1975, 108 S.

1748 **Thomas,** Siegfried: An der Wiege der BRD-Außenpolitik, in: Zeitschrift für Geschichtswissenschaft 23 (1975), 17–34

1749 **Vogel,** Johanna: Kirche und Wiederbewaffnung. Die Haltung der Evangelischen Kirche in Deutschland in den Auseinandersetzungen um die Wiederbewaffnung der Bundesrepublik 1949–1956. Göttingen: Vandenhoeck & Ruprecht 1978, 304 S. (Arbeiten zur kirchlichen Zeitgeschichte, B. 4)

Vogelsang, Thilo ... vgl. Nr. 504

1750 **Wagner,** Dietrich: FDP und Wiederbewaffnung. Die wehrpolitische Orientierung der Liberalen in der Bundesrepublik Deutschland 1949–1955. Boppard: Boldt 1978, 182 S. (Militärgeschichte seit 1945. 5)

b) Verfassung und Staatsaufbau

1751 **Abendroth,** Wolfgang: Arbeiterklasse, Staat und Verfassung. Materialien zur Verfassungsgeschichte und Verfassungstheorie der Bundesrepublik. Hrsg. u. eingel. von Joachim Perels. Frankfurt/Main: Europäische Verlags-Anstalt 1975, 302 S. (Studien zur Gesellschaftstheorie)

1752 **Bandorf,** Wolf-Rüdiger: Der Bundesrat als Instrument der Parteipolitik. Diss. Mannheim 1978, 168 S.

1753 **Baruzzi,** Arno: Europäisches „Menschenbild" und das Grundgesetz für die Bundesrepublik Deutschland. Freiburg i. Br. usw.: Alber 1979, 117 S. (Fermenta philosophica)

1754 **Becker,** Hans Joachim: Rechtsprechung des Bundesverfassungsgerichts zum Grundgesetz, in: Jahrbuch des öffentlichen Rechts des Gegenwart 28 (1979), 305–379

1755 **Bellers,** Jürgen und Klaus Wehmeier: Medienberichterstattung als Faktor im außenpolitischen Entscheidungsprozeß, in: Politische Vierteljahresschrift 21 (1980), 321–345

1756 **Benda,** Ernst: Zukunftsfragen der Parlamentarischen Demokratie, in: Zeitschrift für Parlamentsfragen 9 (1978), 510–521

1757 **Berger,** Wolfgang: Die unmittelbare Teilnahme des Volkes an staatlichen Entscheidungen durch Volksbegehren und Volksentscheid. Diss. Freiburg 1978, 319 S.

1758 **Beyme, Klaus von: Das politische System der Bundesrepublik Deutschland. Eine Einführung. München: Piper 1979, 242 S. (Serie Piper 186)**

1759 **Bleckmann,** Albert: Grundgesetz und Völkerrecht. Ein Studienbuch. Berlin: Duncker & Humblot 1975, 407 S.

1760 **Blumenwitz,** Dieter: Der deutsche Inlandsbegriff im Lichte des Staats- und Völkerrechts, in: Staatsrecht, Völkerrecht, Europarecht. Festschrift für Hans-Jürgen Schlochauer. Hrsg. von Ingo von Münch. Berlin usw.: de Gruyter 1981, 25–43

1761 **Bos,** Werner: Der Bundesrat als Träger der auswärtigen Gewalt. Augsburg: Blasaditsch 1977, 149 S. (Diss. Tübingen 1976)

1762 **Brünneck,** Alexander von: Politische Justiz gegen Kommunisten in der Bundesrepublik Deutschland 1949–1968. Frankfurt/Main: Suhrkamp 1978, 404 S. (Edition Suhrkamp 944)

1763 **Buchheim,** Hans: Das Grundgesetz und das Konzept des modernen Verfassungsstaates. Hrsg.: Kultusministerium Rheinland-Pfalz. Mainz: v. Hase & Koehler 1977, 29 S.

1764 **Däubler,** Wolfgang und Gudrun Küsel (Hrsg.): Verfassungsgericht und Politik.

Kritische Beiträge zu problematischen Urteilen. Reinbek bei Hamburg: Rowohlt 1979, 220 S. (rororo 4439)

1765 **Dahrendorf,** Ralf: Die Verfassung der Freiheit heute – Politische Demokratie in einem neuen sozialökonomischen Klima, in: IBM Nachrichten. Stuttgart 27 (1977), H. 235, 75–82

1766 **Doehring,** Karl: Das Staatsrecht der Bundesrepublik Deutschland unter besonderer Berücksichtigung der Rechtsvergleichung und des Völkerrechts. Ein Lehrbuch. Frankfurt/Main: Metzner 1980^2 (neu bearbeitet), 400 S.

1767 **30 Jahre Bundesrat, 1949–1979.** Beiträge zum 30jährigen Bestehen des Bundesrates der Bundesrepublik Deutschland. Hrsg. von der Pressestelle des Bundesrates. Bonn 1979, 122 S.

1768 Freiheitliche Verfassungspolitik – Erfahrungen und Maßstäbe des Grundgesetzes. Mit Beiträgen von Fred Jürgen Heidemann u. a. Stuttgart: Verlag Bonn Aktuell 1979, 205 S. (Konrad-Adenauer-Stiftung. Studien zur politischen Bildung 3)

1769 **Fromme,** Friedrich Karl: Gesetzgebung im Widerstreit. Wer beherrscht den Bundesrat? Die Kontroverse seit 1969. Stuttgart: Verlag Bonn Aktuell 1980^2 (überarbeitet), 229 S. (Bonn aktuell 38)

1770 **Garlicki,** Leszek: Parlament a rzad w Republice Federalnej Niemiec. Hrsg.: Instytut Państwa i Prawa Polskiej Akademii Nauk. Wroclaw usw.: Wydawnictwo Polskiej Akademii Nauk 1978, 327 S. (Übers.: Parlament und Regierung in der Bundesrepublik Deutschland. Mit dt. Zusammenfassung. S. 321–327)

1771 **Goerlich,** Helmut: Grundrechte als Verfahrensgarantien. Ein Beitrag zum Verständnis des Grundgesetzes für die Bundesrepublik Deutschland. Baden-Baden: Nomos Verlagsgesellschaft 1981, 446 S.

1772 **Grosser,** Alfred: 30 Jahre Grundgesetz – Beobachtungen von außen, in: Politische Vierteljahresschrift 20 (1979), 190–197

1773 **Grundgesetz** und sozialer Wandel. Zum 30jährigen Bestehen des Grundgesetzes. Opladen: Leske und Budrich 1979, 138 S. (Gegenwartskunde. Sonderheft 1/1979)

1774 **Häberle,** Peter: Verfassung als öffentlicher Prozeß. Materialien zu einer Verfassungstheorie der offenen Gesellschaft. Berlin: Duncker & Humblot 1978, 723 S. (Schriften zum Öffentlichen Recht 353)

1775 **Hättich,** Manfred: Geschichtlichkeit und Kontinuität des Grundgesetzes in: Aus Politik und Zeitgeschichte B 45/1979, 19–23

1776 **Handbuch des politischen Systems der Bundesrepublik Deutschland. Hrsg. von Kurt Sontheimer und Hans H. Röhring. München usw.: Piper 1977, 761 S.**

1777 **Hanrieder,** Wolfram F. und Hans Rühle (Hrsg.): Im Spannungsfeld der Weltpolitik: 30 Jahre deutsche Außenpolitik. Red.: Wolfgang Pordzik. Stuttgart: Verlag Bonn Aktuell 1981, 359 S. (Konrad-Adenauer-Stiftung für Politische Bildung und Studienförderung. Studien zur Politik 6)

1778 **Hattenhauer,** Hans: Dreißig Jahre Grundgesetz. Was ist die „freiheitliche demokratische Grundordnung"?, in: Die neue Ordnung in Kirche, Staat, Gesellschaft, Kultur. Paderborn 33 (1979), 161–175

1779 **Hennis,** Wilhelm: Vom gewaltenteilenden Rechtsstaat zum teleokratischen Programmstaat. Zur „lebenden Verfassung" der Bundesrepublik, in: Res Publica. Studien zum Verfassungswesen. Dolf Sternberger zum 70. Geburtstag. München: Fink 1977, 170–195

1780 **Hesse, Konrad: Grundzüge des Verfassungsrechts der Bundesrepublik Deutschland. Heidelberg: Müller 1982[13] (ergänzt), 306 S.**

1781 **Hummel-Liljegren,** Hermann: Rechtsstaat, Sozialstaat, Sozialer Rechtsstaat. München: Ehrenwirth 1976, 89 S. (Sozialwissenschaftliche Texte)

1782 **Die Justiz und die Nazis.** Zur Strafverfolgung von Nazismus und Neonazismus seit 1945. Von Michael Ratz u. a. Frankfurt/Main: Röderberg 1979, 184 S.

1783 **Der Kampf um das Grundgesetz.** Über die politische Bedeutung der Verfassungsinterpretation. Referate und Diskussionen eines Kolloquiums aus Anlaß des 70. Geburtstages von Wolfgang Abendroth. Hrsg. von Peter Römer. Frankfurt/Main: Syndikat 1977, 265 S.

1784 **Klatt,** Hartmut (Hrsg.): Der Bundestag im Verfassungsgefüge der Bundesrepublik Deutschland. Beiträge zum dreißigjährigen Bestehen des Deutschen Bundestages. Bonn: Presse- und Informationszentrum des Deutschen Bundestages 1980, 181 S.

1785 **Kommentar zum Grundgesetz** für die Bundesrepublik Deutschland. Von Bruno Schmidt-Bleibtreu und Franz Klein. Neuwied usw.: Luchterhand 1980[5] (völlig neu bearb. und erweitert), 1393 S.

1786 **Kriele,** Martin: Einführung in die Staatslehre. Die geschichtlichen Legitimationsgrundlagen des demokratischen Verfassungsstaates. Reinbek: Rowohlt 1975, 352 S. (rororo studium. Rechtswissenschaften. Bd. 35)

1787 **Kriele, Martin: Legitimitätsprobleme der Bundesrepublik. München: Beck 1977, 298 S. (Beck'sche Schwarze Reihe 168)**

1788 **Krohn,** Maren: Die gesellschaftlichen Auseinandersetzungen um die Notstandsgesetze. Köln: Pahl-Rugenstein 1981, 368 S. (Pahl-Rugenstein-Hochschulschriften. Gesellschafts- und Naturwissenschaften 61)

1789 **Lamprecht,** Rolf und Wolfgang Malanowski (Hrsg.): Richter machen Politik. Auftrag und Anspruch des Bundesverfassungsgericht. Frankfurt/Main: Fischer Taschenbuch Verlag 1979, 287 S. (Fischer Taschenbuch 4211)

1790 **Lange,** Erhard H. M.: Entstehung des Grundgesetzes und Öffentlichkeit: Zustimmung erst nach Jahren, in: Zeitschrift für Parlamentsfragen 10 (1979), 378–404

1791 **Lautner,** Gerd: Die freiheitliche demokratische Grundordnung. Versuch einer Inhaltserklärung ihrer vom Bundesverfassungsgericht aufgeführten Elemente. Kronberg/Ts.: Athenäum Verlag 1978, 100 S.

1792 **Lehmbruch,** Gerhard: Verfassungspolitische Alternativen der Politikverflechtung. Bemerkungen zur Strategie der Verfassungsreform, in: Zeitschrift für Parlamentsfragen 8 (1977), 461–474

1793 **Lehmbruch,** Gerhard: Parteiensystem und Interessenverbände in der Politikentwicklung, in: Sozialer Wandel in Westeuropa. Verhandlungen des 19. Deutschen Soziologentages. Hrsg. von Joachim Matthes. Frankfurt/Main usw.: Campus Verlag 1979, 591–610

1794 **Leibholz,** Gerhard: 25 Jahre Grundgesetz. Vortrag, in: Fragen der Freiheit. Koblenz (1975), H. 113, 3–15

1795 **Lohmar,** Ulrich: Das Hohe Haus. Der Bundestag und die Verfassungswirklichkeit. Stuttgart: Deutsche Verlags-Anstalt 1975, 235 S.

1796 **Magiera,** Siegfried: Parlament und Staatsleitung in der Verfassungsordnung des Grundgesetzes. Eine Untersuchung zu den Grundlagen der Stellung und Aufgaben des Deutschen Bundestages. Berlin: Duncker & Humblot 1979, 359 S. (Veröffentlichungen des Instituts für Internationales Recht an der Universität Kiel 81)

1797 **Magis,** Norbert: Die Mitwirkungsrechte des Bundespräsidenten im Bereich der Auswärtigen Gewalt. Ein Beitrag zur Stellung des Staatsoberhauptes im parlamentarischen Regierungssystem des Bonner Grundgesetzes. Diss. Bonn 1978, 323 S.

1798 **Maier,** Hans: Das Grundgesetz in der deutschen Verfassungsgeschichte, in: Politische Vierteljahresschrift 20 (1979), 156–167

1799 **Matz,** Ulrich: Demokratische Ordnung nach dem Grundgesetz, in: Politische Vierteljahresschrift 20 (1979), 183–189

1800 **Maunz,** Theodor: Die gegenwärtige Gestalt des Grundgesetzes, in: Bayerische Verwaltungsblätter 110 (1979), 513–518

1801 **Mayer,** Udo und Gerhard Stuby (Hrsg.): Das lädierte Grundgesetz. Beiträge und Dokumente zur Verfassungsgeschichte 1949–1976. Köln: Pahl-Rugenstein 1977, 357 S. (Kleine Bibliothek 83)

1802 **Merten,** Detlef und Rudolf Morsey (Hrsg.): 30 Jahre Grundgesetz. Vorträge und Diskussionsbeiträge der 47. Staatswissenschaftlichen Fortbildungstagung 1979 der Hochschule für Verwaltungswissenschaften Speyer. Berlin: Duncker & Humblot 1979, 170 S. (Schriftenreihe der Hochschule Speyer 78)

1803 **Mewing,** Joachim: Die Prüfungskompetenz des Bundespräsidenten bei der Gesetzesausfertigung, insbesondere beim teilnichtigen Gesetz. Berlin: Duncker & Humblot 1977, 117 S. (Schriften zum öffentlichen Recht 333)

1804 **Murswieck,** Axel: Regierungsreform durch Planungsorganisation. Eine empirische Untersuchung zum Aufbau von Planungsstrukturen im Bereich der Bundesregierung. Opladen: Westdeutscher Verlag 1975, 199 S. (Studien zur Sozialwissenschaft 31)

1805 **Murswiek,** Dietrich: Die verfassungsgebende Gewalt nach dem Grundgesetz für die Bundesrepublik Deutschland. Berlin: Duncker & Humblot 1978, 276 S. (Schriften zum öffentlichen Recht 343)

1806 **Oberreuter,** Heinrich: Parlamentarisches System der Bundesrepublik Deutschland – Stärken und Schwächen, in: Aus Politik und Zeitgeschichte B 44/1980, 3–8

1807 **Patz,** Günther: Parlamentarische Kontrolle der Außenpolitik. Fallstudien zur politischen Bedeutung des Auswärtigen Ausschusses des Deutschen Bundestages. Meisenheim a. Glan: Hain 1976, 190 S. (Studien zum politischen System der Bundesrepublik Deutschland 7)

1808 **Pikart,** Eberhard: Theodor Heuss und Konrad Adenauer. Die Rolle des Bundespräsidenten in der Kanzlerdemokratie. Stuttgart, usw.: Belser 1976, 176 S.

1809 **Pfetsch,** Frank R.: Einführung in die Außenpolitik der Bundesrepublik Deutschland. Eine systematisch-theoretische Grundlegung. Opladen: Westdeutscher Verlag 1981, 210 S. (Studienbücher zur Sozialwissenschaft 43)

1810 **Rau,** Helmut: Die Staatsauffassungen der großen Parteien in der Bundesrepublik Deutschland – ein didaktischer Aufsatz, in: Eichholzbrief. Bonn (1977), 20–33

1811 **Rausch,** Heinz: Bundestag und Bundesregierung. Eine Institutionenkunde. München: Beck 1976[4] (überarbeitet und erweitert), 356 S. (Beck'sche Elementarbücher)

1812 **Reif,** Hans: Grundgesetz: Zur Ausgangslage, in: Liberal 21 (1979), 325–330

1813 **Ridder,** Helmut: Die soziale Ordnung des Grundgesetzes. Leitfaden zu den Grundrechten einer demokratischen Verfassung. Opladen: Westdeutscher Verlag 1975, 168 S.

1814 **Ridder,** Helmut: Probleme des Grundgesetzes und der Grundgesetzinterpretation, in: Politische Vierteljahresschrift 20 (1979), 168–182

1815 **Röhrich,** Wilfried: Die repräsentative Demokratie. Ideen und Interessen. Opladen: Westdeutscher Verlag 1981, 223 S. (Studienbücher zur Sozialwissenschaft 40)

1816 **Römer,** Peter (Hrsg.): Der Kampf um das Grundgesetz. Über die politische Bedeutung der Verfassungsinterpretation. Referate und Diskussionen eines Kolloquiums aus Anlaß des 70. Geburtstages von Wolfgang Abendroth. Frankfurt/Main: Syndikat 1977, 265 S.

1817 **Säcker,** Horst: Das Bundesverfassungsgericht. Status, Funktion, Rechtsprechungsbeispiele. München: C. H. Beck 1975, 163 S. (Beck'sche Elementarbücher)

1818 **Sarcinelli,** Ulrich: Das Staatsverständnis der SPD. Ein Beitrag zur Analyse des sozialdemokratischen Staatsverständnisses auf der Grundlage der SPD-Programm- und Grundsatzdiskussionen in den Jahren 1969 bis 1975. Meisenheim a. G.: Hain 1979, 174 S. (Studien zum politischen System der Bundesrepublik Deutschland 24)

1819* **Schäfer,** Friedrich: Der Bundestag. Eine Darstellung seiner Aufgaben und seiner Arbeitsweise. Opladen: Westdeutscher Verlag 1975[2] (neu bearbeitet und erweitert), 388 S.

1820 **Schenke,** Wolf-Rüdiger: Die Verfassungsorgantreue. Berlin: Duncker & Humblot 1977, 161 S. (Schriften zum öffentlichen Recht 325)

1821 **Scheuner,** Ulrich: Staatstheorie und Staatsrecht. Gesammelte Schriften. Hrsg. von Joseph Listl und Wolfgang Rüfner. Berlin: Duncker & Humblot 1978, 875 S.

1822 **Scheuner,** Ulrich: Die Kontrolle der Staatsmacht im demokratischen Staat. Die Eingrenzung der Macht in der Verfassungsordnung der Bundesrepublik Deutschland. Hannover 1977, 85 S. (Schriftenreihe der Niedersächsischen Landeszentrale für Politische Bildung. Verfassungsrecht und Verfassungswirklichkeit 14)

1823 **Schiffers,** Reinhard: Die Entstehung des Gesetzes über das Bundesverfassungsgericht und die Erfahrungen der Weimarer Zeit, in: Lothar Albertin und Werner Link (Hrsg.): Politische Parteien auf dem Wege zur parlamentarischen Demokratie in Deutschland. Düsseldorf: Droste 1981, 277–300

1824 **Schlaich,** Klaus: Wählbarkeitsbeschränkungen für Beamte nach Art. 137 Abs. 1 GG und die Verantwortung des Gesetzgebers für die Zusammensetzung der Parlamente, in: Archiv des Öffentlichen Rechts 105 (1980), 188–243

1825 **Schuster,** Jürgen: Parlamentarismus in der BRD. Rolle und Funktionen des Bundestages bei der politischen Machtausübung des Imperialismus. Akademie für Staats- und Rechtswissenschaften der DDR. Berlin: Dietz 1976, 191 S.

1826 **Schweitzer,** Carl Christoph: Der Abgeordnete im parlamentarischen Regierungssystem der Bundesrepublik. Opladen: Leske und Budrich 1979, 312 S. (UTB. Uni-Taschenbücher 814)

1827 **Schweitzer,** Carl-Christoph: Der Auswärtige Ausschuß des Deutschen Bundestages im außenpolitischen Entscheidungssystem, in: Aus Politik und Zeitgeschichte B 19/1980, 3–24

1828 **Schwerpunkte** im Kräftefeld von Bund und Ländern. Formen des Zusammenwirkens im deutschen Föderalismus. Hrsg. von Friedrich Schäfer. Köln: Heymanns 1975, 176 S. (Verfassung und Verfassungswirklichkeit. 9; Jahrbuch 1974)

1829 **Seidel,** Peter: Die Zustimmung der Bundesregierung zu Verträgen der Bundesländer mit auswärtigen Staaten gemäß Art. 32 III GG. Berlin: Duncker & Humblot 1975, 176 S. (Schriften zum öffentlichen Recht 268)

1830 **Siegel,** Walter: 30 Jahre Bayerische Verfassung: Entstehung, Inhalt, Entwicklung, in: Hanns Seidel und die Stiftung. München (1977), 51–62

1831 **Sontheimer, Kurt: Grundzüge des politischen Systems der Bundesrepublik Deutschland. München usw.: Piper 1980[8] (völlig überarbeitet), 256 S.**

1832 **Stadtmüller,** Georg: Dreißig Jahre Grundgesetz, in: Konservativ heute, Heiningen 10 (1979), 138–143

1833 **Steffani, Winfried: Parlamentarische und präsidentielle Demokratie. Strukturelle Aspekte westlicher Demokratien. Opladen: Westdeutscher Verlag 1979, 358 S.**

1834 **Steffani,** Winfried: Dreißig Jahre Deutscher Bundestag, in: Aus Politik und Zeitgeschichte B 32/33 1979, 3–18

1835 **Stein,** Ekkehart: Staatsrecht. Tübingen: Mohr 1980[7] (neu bearbeitet), 344 S.

1836 **Stern,** Klaus: Das Staatsrecht der Bundesrepublik Deutschland. Band 1: Grundbegriffe und Grundlagen des Staatsrechts, Strukturprinzipien der Verfassung. München: Beck 1977, 860 S.

1837 **Stern,** Klaus: Das Staatsrecht der Bundesrepublik Deutschland. Band 2: Staatsorgane, Staatsfunktionen, Finanz- und Haushaltsverfassung, Notstandsverfassung. München: Beck 1980, 1544 S.

1838 **Thaysen,** Uwe: Grenzlinien der Regierbarkeit 1974–1979. Fragen zum 30jährigen Bestehen der Bundesrepublik Deutschland, in: Aus Politik und Zeitgeschichte B 20/1979, 25–52

1839 **Thielemann,** Holger: Verfassungsänderungen seit 1949 im Überblick, in: Grundgesetz und sozialer Wandel. Opladen: Leske 1979, 87–92 (Gegenwartskunde. Sonderheft 1/1979)

1840 **Verfassung.** Beiträge zur Verfassungstheorie. Hrsg. von Manfred Friedrich. Darmstadt: Wissenschaftliche Buchgesellschaft 1978, 458 S. (Wege der Forschung 452)

1841 **Verfassung und Geschichte** der Bundesrepublik Deutschland im Unterricht. Bonn 1980, 353 S. (Schriftenreihe der Bundeszentrale für politische Bildung 161)

1842 **Vogel,** Bernhard: Machtkontrolle und Machtbalance. Zur Rolle des Bundesrates, in: Res Publica. Studien zum Verfassungswesen. Dolf Sternberger zum 70. Geburtstag. München: Fink 1977, 384–391

1843 **Zuck,** Rüdiger: Das Bundesverfassungsgericht als Dritte Kammer, in: Zeitschrift für Rechtspolitik 11 (1978), 189–195

1844 **Zundel,** Rolf: Das verarmte Parlament. Der Preis der Stabilität. München: Olzog 1980, 110 S. (Geschichte und Staat. Sonderreihe: Analysen und Perspektiven 7)

1845 **Zur Verfassung unserer Demokratie.** Vier republikanische Reden. Von Max Güde, Ludwig Raiser, Helmut Simon und Carl Friedrich von Weizsäcker. Reinbek: Rowohlt 1978, 92 S. (rororo aktuell 4279)

c) Parteien, Wahlen, Fragen der politischen Willensbildung

1846 **Albertin,** Lothar (Hrsg.): Politischer Liberalismus in der Bundesrepublik. Mit Beiträgen von Lothar Albertin, Klaus Allerbeck u. a. Göttingen: Vandenhoeck & Ruprecht 1980, 298 S. (Sammlung Vandenhoeck)

1847 **Bergsdorf,** Wolfgang: Politik und Sprache. München: Olzog 1978, 186 S. (Geschichte und Staat 213)

1848 **Bodensieck,** Heinrich: Das Wiedervereinigungsangebot im westdeutschen Geschichtsunterricht. Karl Dietrich Erdmann zum 70. Geburtstag, in: Geschichte in Wissenschaft und Unterricht 31 (1980), 205–229

1849 **Bretschneider,** Michael: Mitgliederzahlen der Parteien und ihre räumliche Verteilung 1977. Deutsches Institut für Urbanistik. Berlin 1978, 162 S.

1850 **Buchhaas,** Dorothee: Die Volkspartei. Programmatische Entwicklung der CDU 1950–1973. Düsseldorf: Droste 1981, 366 S. (Beiträge zur Geschichte des Parlamentarismus und der politischen Parteien 68)

1851 **Bundestagswahl 1976.** Eine Analyse der Wahl zum 8. Deutschen Bundestag am 3. Oktober 1976. Mannheim 1976, 95 S., 28 S. Tabellenanhang (Berichte der Forschungsgruppe Wahlen e. V., Mannheim 12)

1852 **Butterwege,** Christoph: SPD und Staat heute. Ein Beitrag zur Staatstheorie und zur Geschichte der westdeutschen Sozialdemokratie. Berlin: Verlag Das Europäische Buch 1979, 672 S.

1853 **Cerny,** Karl H. (Hrsg.): Germany at the polls. The Bundestag election of 1976. Washington, D. C. 1978, 251 S. (American Enterprise Institute for Public Relations. AEI studies 208)

1854 **Cless,** Olaf: Sozialismusforschung in der Bundesrepublik. Das herrschende DDR-Bild und seine Dogmen. Köln: Pahl-Rugenstein 1978, 222 S. (Kleine Bibliothek 122)

1855 **Focke,** Franz: Sozialismus aus christlicher Verantwortung. Die Idee eines christlichen Sozialismus in der katholisch-sozialen Bewegung und in der CDU. Wuppertal: Hammer 1982^2, 400 S.

1856 **Forndran,** Erhard: Sozialismus und Nationalismus. Dargestellt an Hand der Beiträge Willi Eichlers zum demokratischen Sozialismus, in: Aus Politik und Zeitgeschichte B 20/1980, 21–30

1857 **Gabbe,** Jörg: Parteien und Nation. Zur Rolle des Nationalbewußtseins für die politischen Grundorientierungen der Parteien in der Anfangsphase der Bundesrepublik. Meisenheim a. G.: Hain 1976, 347 S. (Studien zum politischen System der Bundesrepublik Deutschland 15)

1858 **Graf,** William David: The German left since 1945. Socialism and social democracy in the German Federal Republic. Cambridge usw.: The Oleander Press 1976, 318 S.

1859 **Greven,** Michael Thomas: Parteien und politische Herrschaft. Zur Interdependenz von innerparteilicher Ordnung und Demokratie in der Bundesrepublik Deutschland. Meisenheim a. G.: Hain 1977, 414 S. (Studien zum politischen System der Bundesrepublik Deutschland 8)

1860 **Grube,** Frank und Gerhard Richter (Hrsg.): Der SPD-Staat. München: Piper 1977, 351 S. (Serie Piper 164)

1861 **Günther,** Klaus: Sozialdemokratie und Demokratie, 1946–1966. Die SPD und das Problem der Verschränkung innerparteilicher und bundesrepublikanischer Demokratie. Bonn: Verlag Neue Gesellschaft 1979, 300 S. (Politik und Gesellschaftsgeschichte 6)

1862 **Guggenberger,** Bernd: Bürgerinitiativen in der Parteiendemokratie. Von der Ökologiebewegung zur Umweltpartei. Stuttgart usw.: Kohlhammer 1980, 216 S.

1863 **Gurland,** Arcadius R. L.: Die CDU/CSU. Ursprünge und Entwicklung bis 1953. Hrsg. von Dieter Emig. Frankfurt/Main: Europäische Verlags-Anstalt 1980, 550 S.

1864 **Gutjahr-Löser,** Peter: CSU. Porträt einer Partei. München: Olzog 1979, 151 S. (Geschichte und Staat 216)

1865 **Hartwich,** Hans-Hermann: Zum Bedeutungswandel des Demokratiebegriffs in der Bundesrepublik, in: Gegenwartskunde 30 (1981), 5–22

1866 **Haungs,** Peter: Parteiendemokratie in der Bundesrepublik Deutschland. Berlin: Colloquium Verlag 1980, 106 S. (Beiträge zur Zeitgeschichte 3)

1867 **Henning,** Friedrich: F.D.P. Die Liberalen. Porträt einer Partei. München: Olzog 1982, 173 S. (Geschichte und Staat 218)

1868 **Heydemann,** Günther: Geschichtswissenschaft im geteilten Deutschland. Entwicklungsgeschichte, Organisationsstruktur, Funktionen, Theorie- und Methodenprobleme in der Bundesrepublik Deutschland und in der DDR. Frankfurt/Main: Lang 1980, 267 S. (Erlanger historische Studien 6)

1869 **Holzer,** Horst: Medien in der Bundesrepublik Deutschland. Entwicklungen 1970–1980. Köln: Pahl-Rugenstein 1980, 189 S. (Kleine Bibliothek Politik – Wissenschaft – Zukunft 190)

1870 **Horn,** Wolfgang: Parteienstaat und Parteiendemokratie. Bemerkungen zur Parteienrechtsprechung des Bundesverfassungsgerichts, in: Lothar Albertin / Werner Link, (Hrsg.): Politische Parteien auf dem Weg zur parlamentarischen Demokratie in Deutschland. Düsseldorf: Droste 1981, 345–361

1871 **Huster,** Ernst-Ulrich: Die Politik der SPD 1945–1950. Frankfurt/Main usw.: Campus Verlag 1978, 232 S. (Campus Studium: Kritische Sozialwissenschaft)

1872 **Jesse,** Eckhard: Die Parteien der Bundesrepublik Deutschland und das Wahlrecht, in: Aus Politik und Zeitgeschichte B 51/1977, 3–23

1873 **Jesse,** Eckhard: Literaturführer. Parlamentarische Demokratie. Pluralismustheorie, Politisches System der Bundesrepublik Deutschland, Parlamentarismus, Wahlen, Streitbare Demokratie, Systemvergleich. Opladen: Leske und Budrich 1981, 295 S. (UTB. Uni-Taschenbücher 1089)

1874 **Kaack,** Heino: Die F.D.P. Grundriß und Materialien zu Geschichte, Struktur und Programmatik. Meisenheim a. G.: Hain 1978[2] (neu bearbeitet), 269 S. (Studien zum politischen System der Bundesrepublik Deutschland 18)

1875 **Kaack, Heino und Reinhold Roth (Hrsg.): Handbuch des deutschen Parteiensystems. Struktur und Politik in der Bundesrepublik zu Beginn der achtziger Jahre. Band 1: Parteistrukturen und Legitimation des Parteiensystems. Band 2: Programmatik und politische Alternativen der Bundestagsparteien. Opladen: Leske und Budrich 1980, 400 S. und 396 S. (UTB. Uni-Taschenbücher 1018, 1019)**

1876 **Kaltefleiter,** Werner: Wandlungen des deutschen Parteiensystems 1949–1974, in: Aus Politik und Zeitgeschichte B 14/1975, 3–10

1877 **Klatt,** Hartmut: Das Sozialprofil des Deutschen Bundestages 1949–1976. Das parlamentarische Personal kommt aus der Mittelschicht, in: Grundgesetz und sozialer Wandel. Opladen: Leske 1979, 65–80 (Gegenwartskunde. Sonderheft 1/1979)

1878 **Klönne,** Arno: Die westdeutsche Parteiendemokratie – zwischen Stabilität und Erstarrung?, in: Lebendige Verfassung – das Grundgesetz in Perspektive. Hrsg. von Arno Klönne, Theo Rasehorn u. a. Neuwied usw.: Luchterhand 1981, 49–90

1879 **Klotzbach,** Kurt: Der Weg zur Staatspartei. Programmatik, praktische Politik und Organisation der deutschen Sozialdemokratie 1945–1965. Berlin usw.: Dietz Nachf. 1982, 656 S.

1880 **Kremendahl,** Hans: Vertrauenskrise der Parteien?, in: Politik – Kurz und Aktuell. Berlin (1978), H. 29, 3–87

1881 **Lameyer,** Johannes: Streitbare Demokratie. Eine verfassungshermeneutische Untersuchung. Berlin: Duncker & Humblot 1978, 226 S. (Schriften zum Öffentlichen Recht 336)

1882 **Lange,** Erhard H. M.: Wahlrecht und Innenpolitik. Entstehungsgeschichte und Analyse der Wahlgesetzgebung und Wahlrechtsdiskussion im westlichen Nachkriegsdeutschland, 1945–1956. Meisenheim a. G.: Hain 1975, 883 S. (Marburger Abhandlungen zur politischen Wissenschaft 26)

1883 **Lange,** Erhard H. M.: Vom Wahlrechtsstreit zur Regierungskrise. Die Wahlrechtsentwicklung Nordrhein-Westfalens bis 1956. Köln: Kohlhammer/Grote 1980, 199 S. (Beiträge zur neueren Landesgeschichte des Rheinlandes und Westfalens 8)

1884 **Liese,** Hans-J.: Zielvorstellungen der Parteien. München: Olzog 1976, 182 S. (Geschichte und Staat 163)

1885 **Lipphardt,** Hanns-Rudolf: Die Gleichheit der politischen Parteien vor der öffentlichen Gewalt. Kritische Studie zur Wahl- und Parteienrechtsjudikatur des Bundesverfassungsgerichts. Berlin: Duncker & Humblot 1975, 740 S. (Schriften zum öffentlichen Recht 271)

1886 **Lompe,** Klaus: Zwanzig Jahre Godesberger Programm der SPD, in: Aus Politik und Zeitgeschichte B 46/1979, 3–24

1887 **Martin,** Albrecht: Nation und Jugend, in: Politik und Kultur 3 (1976), 5, 28–38

1888 **Menudier,** Henri: Der deutsche Wahlkampf 1976 in der französischen Regionalpresse, in: Aus Politik und Zeitgeschichte B 25/1977, 18–29

1889 **Mintzel,** Alf: Die CSU. Anatomie einer konservativen Partei 1945–1972. Opladen: Westdeutscher Verlag 1975, 776 S. (Schriften des Zentralinstituts für sozialwissenschaftliche Forschung der Freien Universität Berlin 26)

1890 **Müchler,** Günter: CDU/CSU. Das schwierige Bündnis. München: Vögel 1976, 250 S. (Politik und politische Bildung)

1891 **Müller,** Emil-Peter: Die Jugendorganisationen der politischen Parteien. Köln: Deutscher Instituts-Verlag 1978, 59 S. (Beiträge zur Gesellschafts- und Bildungspolitik 30; 6/1978)

1892 **Nelles,** Wilfried und Reinhard Oppermann (Hrsg.): Partizipation und Politik. Beiträge zur Theorie und Praxis politischer Partizipation. Göttingen: Schwartz 1980, 442 S.

1893 **Norpoth,** Helmut: Wählerverhalten in der Bundesrepublik. Frankfurt/Main usw.: Campus Verlag 1980, 112 S. (Zentralarchiv für Empirische Sozialforschung, Köln. Beiträge zur empirischen Sozialforschung) (Arbeitsbücher zur sozialwissenschaftlichen Methodenlehre)

1894 **Oberndörfer,** Dieter (Hrsg.): Wählerverhalten in der Bundesrepublik Deutschland. Studien zu ausgewählten Problemen der Wahlforschung aus Anlaß der Bundestagswahl 1976. Berlin: Duncker & Humblot 1978, 531 S. (Ordo politicus 18)

1895 **Oberreuter,** Heinrich: Entwicklung des Parlamentarischen Systems in der Bundesrepublik Deutschland. Wandel und Herausforderung, in: Die Neue Ordnung 35 (1981), 253–265

1896 **Ockenfels,** Winfried und Baldur Wagner: Signale in die achtziger Jahre. Die politische Landschaft der Bundesrepublik Deutschland. – Zahlen, Daten, Fakten, Meinungen. München: Olzog 1980, 232 S. (Geschichte und Staat 238/239)

1897 **Olzog,** Günter und Hans-J. Liese: Die politischen Parteien in der Bundesrepublik Deutschland. Mit Text des Parteiengesetzes. München: Olzog 1980[12] (überarbeitet), 192 S. (Geschichte und Staat 104)

1898 Organisierter Kommunismus in der Bundesrepublik Deutschland. DKP – SDAJ – MSB Spartakus – KPD/KPD (ML)/KBW/KB. Von Helmut Bilstein u. a. Opladen: Leske und Budrich 1977[4] (überarbeitet und erweitert), 151 S. (Analysen 15)

1899 **Parteiprogramme.** Grundsatzprogrammatik und aktuelle Ziele. Das Parteiengesetz; Daten, Finanzen, Fakten. SPD, CDU, CSU, F.D.P., DKP, NPD, Die Grünen. Hrsg. von Fried Froemer. Einf. von Hans Kremendahl. Leverkusen: Heggen-Verlag 1982[13] (aktualisiert und erweitert), 524 S. (Heggen-Dokumentation 1)

1900 **Plener,** Ulla: SPD 1945–1949. Konzeption, Praxis, Ergebnisse. Berlin: Dietz 1981, 321 S. (Schriftenreihe Geschichte)

1901 **Politische Jugendorganisationen.** Programmatik, Beschlüsse, Forderungen und Thesen von Jungsozialisten, Junger Union, Jungdemokraten. Hrsg. von Peter Pulte. Leverkusen: Heggen-Verlag 1975, 356 S. (Heggen-Dokumentation 9)

1902 **Pridham,** Geoffrey: Christian democracy in Western Germany. The CDU/CSU in government and opposition, 1945–1976. London: Croom Helm 1977, 371 S.

1903 **Probst,** Ulrich: Die Kommunistischen Parteien der Bundesrepublik Deutschland. Einführung, Materialien, Bibliographie. München: Vögel 1980, 202 S. (Politik und politische Bildung)

1904 **Pross,** Helge: Was ist heute deutsch? Wertorientierungen in der Bundesrepublik, in: Die Freiheit des Anderen. Baden-Baden 1981, 389–417

1905 **Pütz,** Helmuth: Die CDU. Entwicklung, Aufbau und Politik der Christlich Demokratischen Union Deutschlands. Düsseldorf: Droste 1976[2], 250 S. (Ämter und Organisationen der Bundesrepublik Deutschland 30)

1906 **Rausch,** Heinz: Der Abgeordnete. Idee und Wirklichkeit. München 1980[4], 216 S. (Bayerische Landeszentrale für Politische Bildungsarbeit. Arbeitsheft 17)

1907 **Rommel,** Hans-Otto: Die Deutschen Jungdemokraten nach 1945, in: Liberal 22 (1980), 563–573

1908 **Rothmund,** Paul und Erhard R. Wiehn (Hrsg.): Die FDP/DVP in Baden-Württemberg und ihre Geschichte. Liberalismus als politische Gestaltungskraft im deutschen Südwesten. Stuttgart usw.: Kohlhammer 1979, 344 S. (Schriften zur politischen Landeskunde Baden-Württembergs 4)

1909 **Schacht,** Kurt: Die FPD. Zur Geschichte und Politik. Frankfurt/Main: Verlag Marxistische Blätter 1980, 131 S. (Marxistische Taschenbücher. Reihe Marxismus aktuell 145)

1910* **Schlangen,** Walter (Hrsg.): Die deutschen Parteien im Überblick. Von den Anfängen bis heute. Königstein/Ts.: Athenäum Verlag 1979, 302 S. (Athenäum-Droste-Taschenbücher. Geschichte 7217)

1911 **Schmollinger,** Horst W. und Richard Stöss: Die Parteien und die Presse der Parteien und Gewerkschaften in der Bundesrepublik Deutschland 1945–1974. Materialien zur Parteien- und Gewerkschaftsforschung. München: Verlag Dokumentation 1975, 480 S. (Berichte und Materialien des Zentralinstituts für sozialwissenschaftliche Forschung der Freien Universität Berlin 2)

1912 **Schönbohm,** Wulf: CDU. Porträt einer Partei. München: Olzog 1979, 176 S. (Geschichte und Staat 215)

1913 **Schönbohm,** Wulf und Günther E. Braun (Hrsg.): CDU-Programmatik. Grundlagen und Herausforderungen. München: Olzog 1981, 270 S. (Olzog-Studienbuch)

1914 **Schonauer,** Karlheinz: Geschichte und Politik der Jungsozialisten in der SPD 1946–1973. Der Wandel der SPD-Jugendorganisation von der braven Parteijugend zur innerparteilichen Opposition. Diss. Berlin 1981, 616 S.

1915 **Seifert,** Christfried: Entstehung und Entwicklung des Gewerkschaftsbundes Württemberg-Baden bis zur Gründung des DGB 1945 bis 1949. Marburg: Verlag Arbeiterbewegung und Gesellschaftswissenschaft 1980, 508 S. (Schriftenreihe für Sozialgeschichte und Arbeiterbewegung 20)

1916 **Seifert,** Karl-Heinz: Die politischen Parteien im Recht der Bundesrepublik Deutschland. Köln: Heymanns 1975, 527 S.

1917 **Smith,** Gordon: Democracy in Western Germany. Parties and politics in the Federal Republic. London: Heinemann 1979, 225 S.

1918 **Sontheimer,** Kurt: Die politischen Parteien der Bundesrepublik im Wahljahr 1980, in: Revue d'Allemagne et des pays de langue allemande. Strasbourg 12 (1980), 376–384

1919 **Staritz,** Dietrich (Hrsg.): Das Parteiensystem in der Bundesrepublik Deutschland: Geschichte, Entstehung, Entwicklung. Eine Einführung. Opladen: Leske und Budrich 1980², 276 S. (Uni-Taschenbücher; 577)

1920 **Steinbach,** Peter: Nationalsozialistische Gewaltverbrechen. Die Diskussion in der deutschen Öffentlichkeit nach 1945. Berlin: Colloquium Verlag 1981, 108 S. (Beiträge zur Zeitgeschichte 5)

1921 **Thaysen,** Uwe: Parlamentarisches Regierungssystem in der Bundesrepublik Deutschland. Daten, Fakten, Urteile im Grundriß. 2. Fassung. Opladen: Leske und Budrich 1976, 111 S. (UTB Uni-Taschenbücher 575)

1922 **Trautmann,** Helmut: Innerparteiliche Demokratie im Parteienstaat. Berlin: Duncker & Humblot 1975, 323 S. (Schriften zum Öffentlichen Recht 282)

1923 **Unger,** Ilse: Die Bayernpartei. Geschichte und Struktur 1945–1957. Stuttgart: Deutsche Verlags-Anstalt 1979, 297 S. (Studien zur Zeitgeschichte 16)

1924 **Wahl** zum Deutschen Bundestag. Wahlrecht, Wahlkampf, Wahlanalyse. Auswahlbibliographie mit Annotationen. Bonn: Selbstverlag d. Hrsg. 1976, 30 S. (Deutscher Bundestag. Wissenschaftliche Dienste. Bibliographien. 45)

1925 **Wahlstatistik in Deutschland.** Bibliographie der deutschen Wahlstatistik 1848–1975. Bearb. von Nils Diederich u. a. München: Verlag Dokumentation 1976, 206 S. (Berichte und Materialien des Zentralinstituts für sozialwissenschaftliche Forschung [ZI 6] der Freien Universität Berlin 4)

1926 **Weber, Jürgen: Die Interessengruppen im politischen System der Bundesrepublik Deutschland. Stuttgart usw.: Kohlhammer 1981² (überarbeitet und erweitert), 464 S.**

1927 **Weyer,** Hartmut: Die DKP. Programm, Strategie, Taktik. Bonn: Hohwacht-Verlag 1979, 103 S. (Demokratische Verantwortung 2)

1928 **Winge,** Sören: Die Wirtschaftliche Aufbau-Vereinigung (WAV) 1945–1953. Entwicklung und Politik einer „undoktrinären" politischen Partei in der Bundesrepublik in der ersten Nachkriegszeit. Uppsala: Alqvist & Wiksell (in Komm.) 1976, 251 S. (Studia Historica Upaliensia. Historika Institutionen vid Uppsala Universitet 78)

1929 **Woller,** Hans: Die Loritz-Partei. Geschichte, Struktur und Politik der Wirtschaftlichen Aufbau-Vereinigung (WAV) 1945–1955. Stuttgart: Deutsche Verlags-Anstalt 1982, 231 S. (Studien zur Zeitgeschichte 19)

1930 **Zahn,** Peter von: Profil der CDU. Hamburg: Glöss 1975, 190 S.

d) Gesellschaftsstruktur und Wirtschaftssystem

1931 **Abromeit,** Heidrun: Staat und Wirtschaft. Zum Staatsverständnis der Wirtschaftsöffentlichkeit in der Bundesrepublik. Frankfurt/Main usw.: Campus Verlag 1981, 271 S. (Campus Forschung 230)

1932 **Beier,** Gerhard: Volksstaat und Sozialstaat. Der Gründungskongreß des DGB in München 1949 und Hans Böcklers Beitrag zur Stellung der Gewerkschaften in Gesellschaft und Staat, in: Vom Sozialistengesetz zur Mitbestimmung. Zum 100. Geburtstag von Hans Böckler. Köln: Bund-Verlag 1975, 359—397

1933 **Bethkenhagen,** Jochen und Gerhard Fink: Perspektiven des Osthandels der Bundesrepublik Deutschland bis 1985. Köln 1978, 50 S. (Berichte des Bundesinstituts für Ostwissenschaftliche und Internationale Studien 48/1978)

1934 **Bethkenhagen,** Jochen, Hans Martin Duseberg und Maria Lodahl: Die Osteinfuhrstruktur der Bundesrepublik Deutschland und anderer westlicher Länder. Eine vergleichende Darstellung. Berlin: Duncker & Humblot 1978, 139 S. (Beiträge zur Strukturforschung 50/1978)

1935 **Bethkenhagen,** Jochen: Gefährdung oder Sicherung von Arbeitsplätzen als Folge der wirtschaftlichen Ost-West-Beziehungen? 10 Thesen, in: Sozioökonomische Probleme der intersystemaren Wirtschaftsbeziehungen. Hrsg. von Kurt P. Tudyka und Marian Sucha. Nijmegen 1979, 97—101

1936 **Beyme,** Klaus von: Gewerkschaften und Arbeitsbeziehungen in kapitalistischen Ländern. München: Piper 1977, 380 S.

1937 **Grüttner,** Waldemar: Ost-West-Kooperation als Instrument der Unternehmenspolitik. München usw.: Oldenbourg 1980, 211 S. (Wirtschaft und Gesellschaft in Südosteuropa 3)

1938 **Hartwich, Hans-Hermann: Sozialstaatspostulat und gesellschaftlicher Status quo. Opladen: Westdeutscher Verlag 1978^3, 461 S. (Schriften zur politischen Wirtschafts- und Gesellschaftslehre 1)**

1939 **Herrmann,** Anneliese: Spürbare Belastungen für den deutschen Osthandel, in: Ifo-Schnelldienst, München 33 (1980), 15, 4—14

1940 **Herrmann,** Anneliese: Der Osthandel der Bundesrepublik wächst langsamer, in: Ifo-Schnelldienst, München, 34 (1981), 14, 12—21

1941 **Bundeswehr, Staat, Gesellschaft.** Ein Cappenberger Gespräch. Referate von Franz-Josef Schulze und Carl-Gero von Ilsemann. Stuttgart: Kohlhammer; Köln: Grote 1981, 99 S. (Cappenberger Gespräche der Freiherr-vom-Stein-Gesellschaft 16)

1942 **Cornelsen,** Doris, Heinrich Machowski und Karl-Ernst Schenk (Hrsg.): Perspektiven und Probleme wirtschaftlicher Zusammenarbeit zwischen Ost- und Westeuropa. Berlin: Duncker & Humblot 1976, 204 S. (Deutsches Institut für Wirtschaftsforschung. Sonderheft. 114)

1943 Currency and economic reform. West Germany after World War II. A symposium. Hrsg. von Rudolf Richter, in: Zeitschrift für die Gesamte Staatswissenschaft, Tübingen 135 (1979), 297—532

1944 **Feindel-Mertz,** Hildegard: Erwachsenenbildung seit 1945. Ausgangsbedingungen und Entwicklungstendenzen in der Bundesrepublik. Köln: Kiepenheuer & Witsch 1975, 164 S. (Pocket-Wissenschaft. Pädagogik)

1945 **Gewerkschaften** in der Bundesrepublik Deutschland. Dokumente zur Stellung und Aufgabe der Gewerkschaften in Staat und Gesellschaft. Zusammengestellt und mit einer Einführung versehen von Helmuth C. F. Liesegang. Berlin usw.: de Gruyter 1975, 222 S. (Aktuelle Dokumente)

1946 **Glasstetter,** Werner: Die wirtschaftliche Entwicklung der Bundesrepublik Deutschland im Zeitraum 1950 bis 1975. Befunde und Aspekte. Berlin: Springer 1977, 261 S. (Heidelberger Taschenbücher 185)

1947 **Greiffenhagen,** Martin und Sylvia: Ein schwieriges Vaterland. Zur Politischen Kultur Deutschlands. München: List 1979, 485 S. (Fischer Taschenbuch 3453)

1948 **Greiffenhagen,** Martin, Sylvia Greiffenhagen und Rainer Prätorius (Hrsg.): Handwörterbuch zur politischen Kultur der Bundesrepublik Deutschland. Ein Lehr- und Nachschlagewerk. Opladen, Wiesbaden: Westdeutscher Verlag 1981, 557 S. (Studien zur Sozialwissenschaft. Bd. 45)

1949 **Gutmann,** Gernot, Werner Klein, Spiros Paraskewopoulos und Helmut Winter: Die Wirtschaftsverfassung der Bundesrepublik Deutschland. Stuttgart: G. Fischer 1979² (überarbeitet), 288 S. (UTB. Uni-Taschenbücher 427)

1950 **Hartwich,** Hans-Hermann: Grundgesetz und Wirtschaftsordnung. Probleme des wirtschaftlichen, technischen und sozialen Wandels im Verhältnis zu Wirtschaftsordnung und Verfassung, in: Aus Politik und Zeitgeschichte B 4/1980, 3–18

1951 **Hermes,** Peter: Trends im Handel mit den RWG-Ländern, in: Außenpolitik 26 (1975), 363–376

1952 **Herrmann,** Günter: Fernsehen und Hörfunk in der Verfassung der Bundesrepublik Deutschland. Zugleich ein Beitrag zu weiteren allgemeinen verfassungsrechtlichen und kommunikationsrechtlichen Fragen. Tübingen: Mohr 1975, 422 S.

1953 **Hirsch,** Joachim: Der Sicherheitsstaat. Das „Modell Deutschland", seine Krise und die neuen sozialen Bewegungen. Frankfurt/Main: Europäische Verlags-Anstalt 1980, 186 S.

1954 **Knirsch,** Peter: Interdependenzen im Ergebnis der Ost-West-Wirtschaftsbeziehungen. Überarbeitete deutsche Fassung eines Vortrags, in: Osteuropa Wirtschaft 24 (1979), 102–120

1955 **Lambsdorff,** Otto Graf: Regionale Strukturpolitik in der Bundesrepublik Deutschland. Tübingen: Mohr 1980, 19 S. (Kieler Vorträge N. F.19)

1956 **Lambsdorff,** Otto Graf: Bewährung. Wirtschaftspolitik in Krisenzeiten. Düsseldorf usw.: Econ Verlag 1980, 318 S.

1957 **Langner,** Albrecht (Hrsg.): Katholizismus im politischen System der Bundesrepublik, 1949–1963. Paderborn: Schöningh 1978, 142 S. (Beiträge zur Katholizismusforschung. Reihe B)

1958 **Langner,** Albrecht (Hrsg.): Katholizismus, Wirtschaftsordnung und Sozialpolitik 1945–1963. Paderborn: Schöningh 1980, 256 S. (Beiträge zur Katholizismusforschung. Reihe B: Abhandlungen)

1959 **Masberg,** Dieter: Beschäftigungswirkungen der Ost-West-Wirtschaftsbeziehungen in der Bundesrepublik Deutschland und den Niederlanden. Nijmegen 1979, 64 S. (Universität Nijmegen: Lehrstuhl Internationale Beziehungen. Nijmegener Studien 2)

1960 **Meinhold,** Wilhelm: Zur aktuellen wirtschaftspolitischen Situation in den westlichen Industrienationen, speziell in der Bundesrepublik Deutschland, in: Zeitschrift für Politik 28 (1981), 424–442

1961 **Mommsen,** Hans: Die Gewerkschaften und die Durchsetzung des Sozialstaates in Deutschland, in: Gewerkschaftliche Monatshefte 32 (1981), 76–86

1962 **Müller,** Friedemann: Probleme für die intersystemaren Wirtschaftsbeziehungen nach Helsinki, in: Sozioökonomische Probleme der intersystemaren Wirtschaftsbeziehungen. Hrsg. von Kurt P. Tudyka und Marian Sucha. Nijmegen 1979, 21–33

1963 **Muszynski,** Bernhard: Wirtschaftliche Mitbestimmung zwischen Konflikt- und Harmoniekonzeption. Theoretische Voraussetzungen, geschichtliche Grundlagen und Hauptprobleme der Mitbestimmungsdiskussion der BRD. Meisenheim a. G.: Hain 1975, 397 S. (Studien zum politischen System der Bundesrepublik Deutschland 5)

1964 **Neumann,** Helga: Zur Machtstruktur in der Bundesrepublik Deutschland. Eine empirische Untersuchung über Artikulationschancen gesellschaftlicher Interessen im politischen Entscheidungsprozeß. Melle: Knoth 1979, 245 S. (Konrad-Adenauer-Stiftung. Forschungsbericht 1)

1965 **Noelle-Neumann,** Elisabeth: Werden wir alle Proletarier? Wertewandel in unserer Gesellschaft. Zürich: Edition Interfrom (Osnabrück: Fromm [in Komm.]) 1978, 111 S. (Texte + Thesen 102)

1966 Der deutsche **Osthandel** zu Beginn des Jahres 1977. Bonn 1977, 30 S. (Studienreihe. Bundesminister für Wirtschaft 17)

1967 Der deutsche **Osthandel** zu Beginn des Jahres 1978. Bonn 1978, 37 S. (Studienreihe. Bundesministerium für Wirtschaft 20)

1968 Der deutsche **Osthandel** zu Beginn des Jahres 1979. Bonn 1979, 46 S. (Studienreihe. Bundesministerium für Wirtschaft 25)

1969* **Pilz,** Frank: Das sozialstaatliche System der Bundesrepublik Deutschland. Grundzüge der Sozial- und Gesellschaftspolitik. München usw.: Rinhardt 1978, 208 S. (UTB. Uni-Taschenbücher 769)

1970 **Raschke,** Peter: Vereine und Verbände. Zur Organisation von Interessen in der Bundesrepublik Deutschland. München: Juventa 1978, 272 S. (Politisches Verhalten 5)

1971 **Roth,** Hans-Georg: 25 Jahre Bildungsreform in der Bundesrepublik. Bilanz und Perspektiven. Bad Heilbrunn (Obb.): Klinkhardt 1975, 142 S.

1972 **Schäfers, Bernhard: Sozialstruktur und Wandel der Bundesrepublik Deutschland. Ein Studienbuch zu ihrer Soziologie und Sozialgeschichte. Stuttgart: Enke 1979² (überarbeitet und erweitert), 335 S.**

1973 **Schäfers,** Bernhard: Grundzüge des sozialen Wandels in der Bundesrepublik seit 1949, in: Grundgesetz und sozialer Wandel. Opladen: Leske 1979, 13–29 (Gegenwartskunde. Sonderheft 1/1979)

1974 **Scharpf,** Fritz W.: Politischer Immobilismus und ökonomische Krise. Aufsätze zu den politischen Restriktionen der Wirtschaftspolitik in der Bundesrepublik. Kronberg/Ts.: Athenäum Verlag 1977, 115 S.

1975 **Scheuch,** Erwin K.: Die Sozialstruktur Deutschlands. Eine Bilanz 30 Jahre nach Gründung der Bundesrepublik Deutschland, in: Politik und Kultur 6 (979), 4, 37–56

1976 **Schickling,** Willi: Entscheidung in Frankfurt. Ludwig Erhards Durchbruch zur Freiheit. 30 Jahre Deutsche Mark, 30 Jahre Soziale Marktwirtschaft. Hrsg. von der Ludwig-Erhard-Stiftung. Stuttgart: Seewald 1978, 124 S.

1977 **Schmidt,** Hans-Jürgen: Erscheinungsform der Konjunkturzyklen in Berlin (West) im Vergleich zum Bundesgebiet. Berlin. Diss. FU Berlin 1978, 159 S.

1978 **Schmitt,** Matthias: Kompensationsgeschäfte im Ost-West-Handel – Notbehelf oder neue Strategie?, in: Wirtschaftspolitische Chronik 28 (1979), 99–117

1979 **Schreiber,** Joachim: Osthandel in der Optik der Bundesregierung, in: Sozioökonomische Probleme der intersystemaren Wirtschaftsbeziehungen. Hrsg. von Kurt P. Tudyka und Marian Sucha. Nijmegen 1979, 63–72

1980 **Schröder,** Klaus: Der Einfluß der Ost-West-Kooperation auf die Exportstruktur der RGW-Länder und auf die Beschäftigung der westlichen Ökonomien, in: Sozioökonomische Probleme der intersystemaren Wirtschaftsbeziehungen. Hrsg. von Kurt P. Tudyka und Marian Sucha. Nijmegen 1979, 81–95

1981 **Schuster,** Dieter: Die deutsche Gewerkschaftsbewegung. DGB. Bonn-Bad Godesberg: Vorwärts-Druck 1976[5] (verbessert und erweitert), 201 S.

1982 **Spies,** Werner E.: Bildungsplanung in der Bundesrepublik Deutschland. Entwicklung, Probleme, Neuansätze. Saarbrücken: Universitäts- und Schulbuchverlag 1976, 174 S. (Henns pädagogische Taschenbücher 68)

1983 **Stankovsky,** Jan: Binnenwirtschaftliche und soziale Folgen der Ost-West-Wirtschaftsbeziehungen, in: Sozioökonomische Probleme der intersystemaren Wirtschaftsbeziehungen. Hrsg. von Kurt P. Tudyka und Marian Sucha. Nijmegen 1979, 73–79

1984 **Vogel,** Rudolf: Zur Problematik des Osthandels, in: Südosteuropa-Mitteilungen 18 (1978), 3, 28–32

1985 **Voß, Werner: Die Bundesrepublik Deutschland. Daten und Analysen. Stuttgart usw.: Kohlhammer 1980, 232 S. (Kohlhammer Taschenbücher)**

1986 **Wandel,** Eckhard: Die Entstehung der Bank deutscher Länder und die deutsche Währungsreform 1948. Die Rekonstruktion des westdeutschen Geld- und Währungssystems 1945–1949 unter Berücksichtigung der amerikanischen Besatzungspolitik. Frankfurt/Main: Knapp 1980, 220 S. (Schriftenreihe des Instituts für Bankhistorische Forschung 3)

1987 **Winterstein,** Helmut: Das System der Sozialen Sicherung in der Bundesrepublik Deutschland. München: Vahlen 1980, 168 S. (WiSt-Taschenbücher)

1988 **Wissmann,** Matthias: Wie sieht die Jugend die deutsche Nation?, in: Eichholzbrief, Melle (1981), 2, 1–7

1989 **Zoll,** Ralf, Ekkehard Lippert und Tjarck Rössler (Hrsg.): Bundeswehr und Gesellschaft. Ein Wörterbuch. Opladen: Westdeutscher Verlag 1977, 379 S. (Studienbücher zur Sozialwissenschaft 34)

1990 **Zoll,** Ralf: Militär und Gesellschaft in der Bundesrepublik Deutschland. Zum Problem der Legitimität von Streitkräften, in: Aus Politik und Zeitgeschichte B 36/1978, 24–46

e) Deutschlandfrage in der Publizistik der BRD

1991 **Agee,** Joel: Zwölf Jahre. Eine Jugend in Ostdeutschland. München: Hanser 1982, 350 S.

1992 **Albertz,** Heinrich: Blumen für Stukenbrock. Biographisches. Stuttgart: Radius-Verlag 1981, 296 S.

1993 **Ash,** Timothy Garton: „Und willst du nicht mein Bruder sein . . .“ Die DDR heute. Hamburg: Spiegel-Verlag 1981, 207 S. (Spiegel-Buch)

1994 **Bodensieck,** Heinrich: Die deutschlandpolitische Verunsicherung der jungen Generation im „Westen“, in: Politik und Kultur 4 (1977), 4, 33–45

1995 **Brückner,** Peter: Versuch, uns und anderen die Bundesrepublik zu erklären. Berlin: Wagenbach 1978, 179 S. (Politik 81)

1996 **Buch,** Hans Christoph, Michael Krüger und Klaus Wagenbach (Hrsg.): Vaterland, Muttersprache. Deutsche Schriftsteller und ihr Staat seit 1945. Berlin: Wagenbach 1979, 352 S. (Quartheft 100)

1997 **Bundesrepublikanisches Lesebuch.** Drei Jahrzehnte geistiger Auseinandersetzung. Hrsg. von Hermann Glaser. München: Hanser 1978, 770 S.

1998 **Bussiek,** Hendrik: Notizen aus der DDR. Erlebnisse, Erfahrungen, Erkenntnisse in der unbekannten deutschen Republik. Frankfurt/Main: Fischer Taschenbuch Verlag 1979, 314 S. (Fischer Taschenbuch 3417)

1999 **Delagarde,** Jean-Pierre: Die Deutschen drüben. Impressionen eines Franzosen. Oldenburg usw.: Stalling 1981, 151 S.

2000 **Die deutsche Neurose.** Über die beschädigte Identität der Deutschen. Frankfurt/Main: Ullstein 1980, 260 S. (Schriften der Carl-Friedrich-von-Siemens-Stiftung 3)

2001 **Dönhoff,** Marion Gräfin: Von Gestern nach Übermorgen. Zur Geschichte der Bundesrepublik Deutschland. Hamburg: Knaus 1981, 317 S.

2002 **Eggebrecht,** Axel (Hrsg.): Die zornigen alten Männer. Gedanken über Deutschland seit 1945. Reinbek: Rowohlt 1979, 287 S.

2003 **Engelmann,** Bert: Wie wir wurden, was wir sind. Von der bedingungslosen Kapitulation bis zur unbedingten Wiederbewaffnung. München: Bertelsmann 1980, 351 S.

2004 **Enzenberger,** Ulrich: Auferstanden über alles. Ein Beitrag zur deutsch-deutschen Hymnenforschung, in: Transatlantik. München (1981), 10, 24–36

2005 **Grass,** Günter: Denkzettel. Politische Reden und Aufsätze. Neuwied: Luchterhand 1978, 232 S. (Sammlung Luchterhand 261)

2006 **Grass,** Günter: Kulturelle Arbeit im Ausland. Nationbegriff aus der Kultur, in: Politik und Kultur 7 (1980), 4, 3–12

2007 **Jung,** Jochen (Hrsg.): Deutschland, Deutschland. 47 Schriftsteller aus der BRD und der DDR schreiben über ihr Land. Salzburg: Residenz Verlag 1979, 360 S.

2008 **Loewe,** Lothar: Abends kommt der Klassenfeind. Eindrücke zwischen Elbe und Oder. Frankfurt/Main usw.: Ullstein 1977, 138 S. (Ullstein Buch 656)

2009 **Mayer,** Hans: Vom deutschen Selbstempfinden, in: Politik und Kultur 5 (1978), 3, 69–77

2010 **Müller,** Helmut L.: Vaterland versus Muttersprache. Deutsche Schriftsteller und deutsche Nation, in: Aus Politik und Zeitgeschichte B 11/1982, 17–37

2011 **Müller,** Helmut L.: Deutschland – ein literarischer Begriff? Schriftsteller und Nation 1945 – 1961 – 1971 – 1981, in: Politik und Kultur 8 (1981), 4, 11–26

2012 **Niemöller,** Martin: Dreißig Jahre Bundesrepublik. Erlebnisse und Gedanken, in: Blätter für deutsche und internationale Politik 24 (1979), 13–26

2013 **Paucker,** Georg: Der deutsche Zaun. Mitten durchs Herz. Dokumentarbericht einer Reise durch Deutschland. München: Selbstverlag d. Verf. 1978, 156 S.

2014 **Rupp,** Hans Karl (Hrsg.): Die andere Bundesrepublik. Geschichte und Perspektiven. Eine Auseinandersetzung in Vorträgen. Marburg/Lahn: Guttandin & Hoppe 1980, 227 S. (Reihe Metro 9)

2015 **Sander,** Hans-Dietrich: Der nationale Imperativ. Ideengänge und Werkstücke zur Wiederherstellung Deutschlands. Krefeld: Sinus-Verlag 1980, 177 S. (Gegenwart und Zeitgeschichte 6)

2016 **Schroers,** Rolf: Meine deutsche Frage. Politische und literarische Vermessungen 1961–1979. Stuttgart: Deutsche Verlags-Anstalt 1979, 229 S.

2017 **Schwinge,** Erich: Bilanz der Kriegsgeneration. Ein Beitrag zur Geschichte unserer Zeit. Marburg: Elwert 1979[2] (ergänzt), 85 S.

2018 **Sölle,** Dorothee: Die Peinlichkeit der Befreiung. Zum 8. Mai 1975, in: Blätter für deutsche und internationale Politik 20 (1975), 608–611

2019 **Walwei-Wiegelmann,** Hedwig: Die Wunde namens Deutschland. Ein Lesebuch zur deutschen Teilung. Freiburg usw.: F. H. Kerle 1981, 363 S.

2020 **Weber,** Alfred: Haben wir Deutschen nach 1945 versagt? Politische Schriften. Ein Lesebuch. Ausgew. u. eingel. von Christa Dericum. München: Piper 1979, 319 S.

2021 **Wellershof,** Dieter: Deutschland – ein Schwebezustand, in: Stichworte zur „Geistigen Situation der Zeit". Hrsg. von Jürgen Habermas. Band 1: Nation und Republik. Frankfurt/Main: Suhrkamp 1979, 77–114

22. Die Entwicklung der DDR

a) Allgemein

2022 **Ammer,** Thomas und Gunhild Bohm: Die Provokation des 17. Juni, in: Politische Studien 26 (1975), H. 221, 275–282

2023 **Ammer,** Thomas: Chronik zum 17. Juni 1953, in: Politik und Kultur 5 (1978), 3, 14–24

2024 **Auerbach,** Thomas (u. a.): DDR – konkret. Geschichten und Berichte aus einem real existierenden Land. Berlin: Olle & Wolter 1978, 137 S.

2025 **Axen,** Hermann: Der Aufbau des Sozialismus in der DDR und die Entwicklung in der Welt, in: Einheit 34 (1979), 261–275

2026 **Bahro,** Rudolf: Die Alternative. Zur Kritik des real existierenden Sozialismus. Köln usw.: Europäische Verlagsanstalt 1977, 542 S.

2027 **Bahro,** Rudolf: „Ich werde meinen Weg fortsetzen." Eine Dokumentation. Köln usw.: Europäische Verlags-Anstalt 1979[2] (erweitert), 128 S.

2028 **Bahro,** Rudolf: Lesen wird man mein Buch, in: Wirtschaftswoche 31 (1977), H. 38, 60–65

2029 **Bahro,** Rudolf: Die Revolution steht erst bevor. Sechs Vorträge über das Buch „Die Alternative", in: L 76 (1977), 5, 94–137

2030 **Baras,** Victor: East Germany in Soviet Union policy: the objectives of the new course and the impact of the uprising of June 17, 1953. Ann Arbor, Mich.: University Microfilms International 1982, 232 S.

2031 ... einer neuen Zeit **Beginn.** Erinnerungen an die Anfänge unserer Kulturrevolution 1945–1949. Hrsg.: Institut für Marxismus-Leninismus beim ZK der SED und vom Kulturbund der DDR. Red. Alexander Abusch. Berlin: Aufbau-Verlag 1981^2, 597 S.

2032 **Behn,** Manfred (Hrsg.): Geschichten aus der Geschichte der DDR. 1949–1979. Darmstadt: Luchterhand 1981, 314 S. (Sammlung Luchterhand 301)

2033 **Bender,** Peter: Episode oder Alarmzeichen für Honecker? Anmerkungen zum „Spiegel-Manifest", in: Deutschland Archiv 11 (1978), 113–116

2034 **Benser,** Günter: Vor 30 Jahren – Gründung der Sozialistischen Einheitspartei Deutschlands, in: Marxistische Blätter 14 (1976), 82–87

2035 **Biermann** und die Folgen. Mit Beiträgen von Günter Kretzscher u. a., Berlin 1977, 57 S. (Europäische Ideen. Sonderheft 1977)

2036 **Bredow,** Wilfried von: Rezeption und Kritik der Friedensforschung in der DDR, in: Deutschland Archiv 8 (1975), 1292–1304

2037 **Bruns,** Wilhelm: Sozialistische Außenpolitik oder Außenpolitik der DDR? Zu einigen Grundfragen der DDR-Außenpolitik, in: Aus Politik und Zeitgeschichte B 19/1977, 3–32

2038 **Bruns,** Wilhelm: Dreißig Jahre DDR. Ausgewählte Literatur über den zweiten deutschen Staat, in: Neue politische Literatur 24 (1979), 476–486

2039 **Bruns,** Wilhelm: Außenpolitik auf dem X. Parteitag der SED, in: Außenpolitik 32 (1981), 237–250

2040 **Bust-Bartels,** Axel: Der Arbeiteraufstand am 17. Juni 1953. Ursachen, Verlauf und gesellschaftspolitische Ziele, in: Aus Politik und Zeitgeschichte B 25/1980, 24–54

2041 **Cate,** Curtis: Riß durch Berlin. Der 13. August 1961. Hamburg: Knaus 1980, 364 S. (The Ides of August, London: Weidenfeld & Nicolson 1978)

2042 **Croan,** Melvin: East Germany: The Soviet Connection. Beverly Hills usw.: Sage Publications 1976, 71 S. (The Washington Papers 36)

2043 **Croan,** Melvin: Regime, Gesellschaft und Nation. Die DDR nach dreißig Jahren, in: Deutschland Archiv 12 (1979), 1032–1042

2044 **Croan,** Melvin: New country, old nationality, in: Foreign Policy 37 (1979/80), 142–160

2045 **Die DDR – das andere Deutschland.** Mit Beiträgen von Peter Eisenmann u. a. Stuttgart: Verlag Gesellschaft – analysiert 1981, 83 S. (Perspektiven 4)

2046 **Die DDR farbig.** The GDR in colour. Einl. Ernst-Otto Maetzke. Bildteil: Karl-Heinz Jürgens (Aus d. Engl.) Frankfurt/Main: Umschau Verlag 1979, 111 S.

2047 **DDR. Das Manifest der Opposition.** Eine Dokumentation. Fakten, Analysen, Berichte. Hrsg. von einem Redaktionsteam des SPIEGEL. München: Goldmann 1978, 271 S. (Goldmann-Sachbuch 580)

2048 **Die DDR nach 25 Jahren.** Von Bruno Gleitze, Peter Christian Ludz, Konrad Merkel, Klemens Pleyer, Karl C. Thalheim. Berlin: Duncker & Humblot 1975, 146 S. (Wirtschaft und Gesellschaft in Mitteldeutschland 10. Hrsg. vom Forschungsbeirat für Fragen der Wiedervereinigung Deutschlands beim Bundesminister für innerdeutsche Beziehungen)

2049 **DDR – Tatsachen und Zahlen.** Mit Abb. Berlin: Panorama DDR 1981, 62 S.

2050 The GDR under Honecker. 1971–1981. Dundee 1982, 115 S. (GDR Monitor. Special series 1)

2051 **Die ersten Jahre.** Erinnerungen an den Beginn der revolutionären Umgestaltungen. Hrsg. vom Institut für Marxismus-Leninismus beim ZK der SED. Eingel. und zusammengestellt von Ilse Schiel unter Mitarbeit von Erna Milz. Berlin: Dietz 1979, 361 S.

2052 Drei Jahrzehnte sozialistische deutsche Außenpolitik. Mit Beiträgen von Oskar Fischer u. a., in: Deutsche Außenpolitik 24 (1979), 10, 5–106

2053 **30 Jahre DDR.** Aktuelle Fragen der Entwicklung von Staat, Recht und Demokratie. 2 Bde. Potsdam-Babelsberg 1979, 139 und 149 S. (Aktuelle Beiträge der Staats- und Rechtswissenschaften. Akademie für Staats- und Rechtswissenschaften der DDR. H. 205)

2054 **30 Jahre DDR.** Hrsg. von der Friedrich-Ebert-Stiftung. Bonn: Verlag Neue Gesellschaft 1979, 51 S. (Die DDR. Realitäten – Argumente)

2055 **30 Jahre DDR,** drei Jahrzehnte schöpferischer Arbeit zum Wohle des Volkes. Eine sozialpolitische Bilanz in Wort und Bild, in Fakten und Zahlen. Hrsg. von einem Autorenkollektiv der Abteilung Sozialpolitik beim Bundesvorstand des Freien Deutschen Gewerkschaftsbundes. Leitung: Werner Meier. Berlin: Verlag Tribüne 1979, 95 S.

2056 **Eckart,** Karl: DDR. Stuttgart: Klett 1981, 212 S. (Länderprofile)

2057 **Erbe,** Günter u. a. (Hrsg.): Politik, Wirtschaft und Gesellschaft in der DDR. Studientexte für politische Bildung. Wiesbaden: Westdeutscher Verlag 1980^2, 434 S.

2058 **Fink,** Hans Jürgen: Die DDR. Von Ulbricht zu Honecker, in: Die Internationale Politik 1970–1972. München: Oldenbourg 1978, 316–336

2059 **25 Jahre Arbeiteraufstand vom 17. Juni 1953.** Eine aktuelle, notwendige Diskussion über die Perspektive der deutschen Arbeiterbewegung. Düsseldorf: Komitee zur Verteidigung und Verwirklichung der demokratischen Rechte 1978, 88 S.

2060 **Geschichte der Deutschen Demokratischen Republik.** Von einem Autorenkollektiv unter Leitung von Rolf Badstübner. Berlin: VEB Deutscher Verlag der Wissenschaften 1981, 402 S (Hochschullehrerbuch)

2061 **Grille,** Dietrich: Zum Stand der DDR-Forschung, in: Politische Studien 31 (1980), H. 252, 437–446

2062 **Hacker,** Jens: Das nationale Dilemma der DDR, in: Jahrbuch der Albertus-Universität zu Königsberg. Berlin Bd. 25 (1975), 1977, 69–102

2063 **Hänisch,** Werner: Die Außenpolitik und die internationalen Beziehungen der DDR in den Hauptetappen ihrer Entwicklung (1955–1961). (Die sechziger Jahre.), in: Deutsche Außenpolitik 24 (1979), H. 3, 20–39; H. 4, 37–54; H. 5, 33–53; H. 6, 27–45

2064 **Hänisch,** Werner: Aktuelle Probleme der Dialektik von Innen- und Außenpolitik der DDR. Zur Vorbereitung des IX. Parteitages der SED, in: Deutsche Außenpolitik 20 (1976), 1293–1310

2065 **Harmsen,** Hans (Hrsg.): Zum demographischen Strukturwandel der DDR und in osteuropäischen Staaten – seine Bedeutung für das Gesundheitswesen. Hamburg 1977, 205 S. (Zur Entwicklung und Organisation des Gesundheitswesens in der DDR unter Mitberücksichtigung der UdSSR und osteuropäischer Volksdemokratien. 75)

2066 **Heitzer,** Heinz: DDR. Geschichtlicher Überblick. Frankfurt/Main: Verlag Marxistische Blätter 1979, 299 S. (Schriftenreihe Geschichte)

2067 **Holzweißig,** Gunter: Der Volksaufstand am 17. Juni 1953 in der DDR, in: Peter Gostony (Hrsg.): Aufstände unter dem roten Stern. Bonn: Hohwacht 1979, 55–114

2068 **Hoppe,** Hans Günter: Die Herausforderung des 17. Juni, in: Politik und Kultur 5 (1978), 3, 37–42

2069 Istorija Germanskoj Demokraticeskoj Respubliki 1949–1979. Moskau 1979[2] (erweitert)

2070 **Jacobsen, Hans-Adolf, Gert Leptin, Ulrich Scheuner und Eberhard Schulz (Hrsg.): Drei Jahrzehnte Außenpolitik der DDR. Bestimmungsfaktoren, Instrumente, Aktionsfelder. München: Oldenbourg 1979, 949 S. (Schriften des Forschungsinstituts der Deutschen Gesellschaft für Auswärtige Politik. Reihe: Internationale Politik und Wirtschaft 44)**

2071 **Jäckel,** Hartmut (Hrsg.): Ein Marxist in der DDR. Für Robert Havemann. München usw.: Piper 1980, 208 S.

2072 **Jänicke,** Martin: Krise und Entwicklung in der DDR. Der 17. Juni 1953 und seine Folgen, in: BP Kurier. Berlin 27 (1975), 1/2, 38–45

2073 **Kregel,** Bernd: Außenpolitik und Systemstabilisierung in der DDR. Opladen: Leske und Budrich 1979, 153 S.

2074 **Legters,** Lymann H. (Hrsg.): The German Democratic Republic. A developed socialist society. Boulder, Col.: Westview Press 1978, 285 S. (Westview Special Studies on the Soviet Union and Eastern Europe)

2075* **Ludz, Peter Christian: Die DDR zwischen Ost und West. Politische Analysen 1961 bis 1976. München: Beck 1977[3], 376 S. (Beck'sche Schwarze Reihe 154)**

2076 **Lübbe,** Peter: Der staatlich etablierte Sozialismus. Zur Kritik des staatsmonopolistischen Sozialismus. Hamburg: Hoffmann und Campe 1975, 185 S.

2077 **Mohr,** Heinrich: Der 17. Juni als Thema der Literatur in der DDR, in: Deutschland Archiv 11 (1978), 591–616

2078 **Namen und Daten** wichtiger Personen der DDR. Bearbeitet von Günther Buch. Berlin usw.: Dietz Nachf. 1982[3] (überarbeitet und erweitert), 432 S.

2079 **Nawrocki,** Joachim: Die Vergangenheit überwältigt. Die Feiern zum 30. Jahrestag des Kriegsendes in der DDR, in: Deutschland Archiv 8 (1975), 561–564

2080 **Nawrocki,** Joachim und Manfred Rexin: Ost-Berlin. Eine Beschreibung politischer und gesellschaftlicher Strukturen. Informationszentrum Berlin 1979, 80 S.

2081 **Oldenburg,** Fred und Gerhard Wettig: Der Sonderstatus der DDR in den europäischen Ost-West-Beziehungen. Köln 1979, 34 S. (Berichte des Bundesinstituts für ostwissenschaftliche und internationale Studien 21/1979)

2082 **Pabst,** Joachim: Internationale Beziehungen neuen Typs. Erfahrungen, Entwicklungsetappen, Probleme. Berlin: Staatsverlag der DDR 1981, 187 S.

Plato, Alexander von . . . vgl. Nr. 843

2083 **Reissig,** Karl und Walter Schmidt: Zur Geschichte der entwickelten sozialistischen Gesellschaft in der DDR, in: Zeitschrift für Geschichtswissenschaft 25 (1977), 389–410

2084 **Rilling,** Rainer (Hrsg.): Sozialismus in der DDR. Dokumente und Materialien. 2 Bde. Köln: Pahl-Rugenstein 1979, 280 und 539 S.

2085 **Sarel,** Benno: Arbeiter gegen den „Kommunismus". Zur Geschichte des proletarischen Widerstandes in der DDR (1945–1958). München: Trikont Verlag 1975, 238 S. (Schriften zum Klassenkampf 43) (La classe ouvrière en Allemagne orientale.)

2086* **Schneider,** Eberhard: Die DDR: Geschichte, Politik, Wirtschaft, Gesellschaft. Stuttgart: Verlag Bonn Aktuell 1977^4 (neu bearbeitet), 150 S. (Bonn aktuell 29)

2087 **Schultz,** Lothar: Die Problematik des Übergangs der Diktatur des Proletariats zum Staat des gesamten Volkes, in: Recht in Ost und West 25 (1981), 10–16

2088 **Schwengler,** Hannes (Hrsg.): Solidarität mit Rudolf Bahro. Briefe in die DDR. Reinbek: Rowohlt 1978, 137 S. (rororo aktuell 4348)

2089 **17. Juni 1953,** 17. Juni 1978, in: Politik und Kultur 5 (1978), H. 3, 3–102

2090 **Sodaro,** Michael J.: Ulbricht's grand design: economics, ideology, and the GDR's response to detente: 1967–1971, in: World Affairs 142 (1980), 3, 147–168

2091 **Soell,** Hartmut: Verwirrung um die nationale Frage. SPD-Historiker über die Sozialdemokratie und das Manifest der SED-Opposition, in: Der Spiegel 38 (1978), 6, 36–47

2092 Das „Spiegel-Manifest" und die Reaktion der DDR, in: Deutschland Archiv 11 (1978), 199–219

2093 **Starrels,** John M. und Anita M. Mallinckrodt: Politics in the German Democratic Republic. New York usw.: Praeger Publishers 1975, 339 S. (Praeger Special Studies in International Politics and Government)

2094 **Starrels,** John: Political development in the German Democratic Republic, in: Government and Opposition. London 16 (1981), 149–166

2095 **Steele,** Jonathan: Inside East-Germany. The state that came in from cold. New York: Urizen Books 1977^2, 256 S.

2096 **Stern,** Joachim R.: Und der Westen schweigt. Erlebnisse, Berichte, Dokumente über Mitteldeutschland. 1945–1975. Preußisch Oldendorf: Schütz 1976, 332 S.

2097 Theorie und Praxis der Gestaltung des entwickelten Sozialismus. Mit Beiträgen von Erich Honecker u. a., in: Einheit 33 (1978), 7/8, 675–858

2098* **Thomas,** Rüdiger: Modell DDR. Die kalkulierte Emanzipation. München: Hanser 1981[7] (neu überarbeitet und aktualisiert), 431 S. (Reihe Hanser 108)

2099 **Trory,** Ernie: Socialism in Germany. A short history of the German Democratic Republic. Brighton: Crabtree Press 1979, 80 S.

Verner, Paul . . . vgl. Nr. 243

Ulbricht, Walter . . . vgl. Nr. 242

2100 **Vosske,** Heinz: Die Gründung der DDR im Spiegel von Schreiben an Wilhelm Pieck, in: Beiträge zur Geschichte der Arbeiterbewegung 21 (1979), 738–747

2101 **Weber,** Hermann: Zu den Entwicklungs- und Strukturbedingungen der DDR (Thesen), in: Kritik 6 (1978), 17, 115–126

2102 **Weber,** Hermann: Der dritte Weg. Bahro in der Tradition der antistalinistischen Opposition, in: Deutschland Archiv 11 (1978), 921–927

2103 **Weber, Hermann: DDR. Grundriß der Geschichte 1945–1981. Hannover: Fackelträger 1982[3] (überarbeitet und ergänzt), 242 S. (Edition Zeitgeschehen)**

2104 **Wolter,** Ulf (Hrsg.): Antworten auf Bahros Herausforderung des „realen Sozialismus". Berlin: Olle und Wolter 1978, 232 S.

2105 **Zimmermann,** Hartmut: The GDR in the 1970's, in: Problems Comm. 27 (1978), H. 2, 1–40

b) Verfassung und Staatsaufbau

2106 **Ammer,** Thomas: Vom alten zum neuen Programm der SED. Ein Vergleich, in: Deutschland Archiv 9 (1976), 1164–1174

2107 **Bücking,** Hans-Jörg: Zur Verfassungsänderung in der DDR und zur Auswirkung des Rechtsprinzips der friedlichen Koexistenz der neuen Verfassung der DDR, in: Zeitschrift für Politik 23 (1976), 157–163

2108 **Die DDR-Verfassungen.** Eingel. u. bearb. von Herwig Roggemann. Berlin: Berlin Verlag 1976[2] (bearbeitet und erweitert), 230 S.

2109 **Forster,** Thomas M.: Die NVA. Kernstück der Landesverteidigung der DDR. Köln: Markus 1979[5] (völlig überarbeitet), 414 S.

2110 **Fricke,** Karl Wilhelm: Der Verteidigungshaushalt der DDR, in: Deutschland Archiv 10 (1977), 160–168

2111 **Fricke,** Karl Wilhelm: DDR-Verteidigungsgesetz neu kodifiziert, in: Deutschland Archiv 11 (1978), 1238–1240

2112 **Fricke,** Karl Wilhelm: NVA-Revirement politisch motiviert, in: Deutschland Archiv 12 (1979), 118–120

2113 **Fricke,** Karl Wilhelm: Die Hauptverwaltung Aufklärung. Zielsetzungen, Struktur, Arbeitsweise, in: Deutschland Archiv 12 (1979), 1043–1055

2114 **Fricke,** Karl Wilhelm: Partei und Staatssicherheit. Die SED und der Apparat des MfS, in: Deutschland Archiv 13 (1980), 371–381

2115 **Fricke,** Karl Wilhelm: MfS-Führungsspitze aufgewertet und verstärkt, in: Deutschland Archiv 14 (1981), 9–11

2116 **Glaeßner,** Joachim: Herrschaft und Kader. Leitung der Gesellschaft und Kaderpolitik in der DDR am Beispiel des Staatsapparats. Opladen: Westdeutscher Verlag 1977, 384 S.

2117 **Glaeßner,** Gert-Joachim und Irmhild Rudolph: Macht durch Wissen. Zum Zusammenhang von Bildungspolitik, Bildungssystem und Kaderqualifizierung in der DDR. Eine politisch-soziologische Untersuchung. Opladen: Westdeutscher Verlag 1978, 371 S. (Schriften des Zentralinstituts für Sozialwissenschaftliche Forschung der Freien Universität Berlin 30)

2118 **Glaeßner,** Gert-Joachim: Sozialistische Systeme. Einführung in die Kommunismus- und DDR-Forschung. Opladen: Westdeutscher Verlag 1981, 316 S. (Studienbücher zur Sozialwissenschaft 44)

2119 **Grasemann,** Hans-Jürgen: Grundrechtstheorie und Rechtsbewußtsein. Probleme der Grundrechtsinterpretation in der DDR, in: Deutsche Studien 14 (1976), H. 54. 136–144

2120 **Grille,** Dietrich: Die neue DDR-Verfassung vom 7. 10. 1974 als Ausdruck des ideologischen Selbstverständnisses der SED-Führung, in: Pac Korrespondenz (1975), Nr. 46, 37–55

2121 **Gurtz,** Johannes und Gotthold Kaltofen: Der Staatshaushalt der DDR. Grundriß. Berlin: Die Wirtschaft 1977, 248 S.

2122 **Gurtz,** Johannes und Wilhelm Schmidt: Der sozialistische Staatshaushalt, in: Wirtschaftswissenschaft. Berlin (Ost) 26 (1978), 1376–1389

2123 **Hacker,** Jens: Die verleugneten Grundrechte. Drei Jahrzehnte Verfassungsentwicklung in der DDR, in: Die Politische Meinung 24 (1979), H. 184, 60–70

2124 **Henrich,** Wolfgang (Hrsg.): Wehrkunde in der DDR. Die neue Regelung ab 1. September 1978. Bonn: Hohwacht 1978, 168 S.

2125 **Herspring,** Dale Roy: Totalitarianism, groups, and technology: a case study of professionalism in the East German military 1949–1971. Ann Arbor, Mich., usw.: University Microfilms International 1982, 411 S. (Phil. Diss. Southern California 1972)

2126 **Höhn,** Hans: Einige Entwicklungsprobleme der Landstreitkräfte der NVA in den sechziger Jahren, in: Militärgeschichte 17 (1978), 418–426

2127 **Hoffmann,** Heinz: Sozialistische Landesverteidigung. Aus Reden und Aufsätzen 1974 bis Juni 1978. Berlin: Militärverlag der DDR 1979, 572 S.

2128 **Holzweißig,** Gunter: DDR-Zivilverteidigung reorganisiert, in: Deutschland Archiv 11 (1978), 171–177

2129 Honeckers Verfassung. Hrsg.: Friedrich-Ebert-Stiftung. Bonn: Verl. Neue Gesellschaft 1981[3] (überarbeitet), 90 S. (Die DDR. Realitäten – Argumente)

2130 **Hücking,** Hans-H.: Wehrdienstverweigerung in der DDR, in: Frankfurter Hefte 31 (1976), 12, 22–28

2131 **Kaschkat,** Hannes: Die sozialistischen Grundrechte in der DDR. Ihre Funktion und Entwicklung. Diss. Würzburg 1977, 268 S.

2132 **Kiera,** Hans-Georg: Partei und Staat im Planungssystem der DDR. Die Planung in der Ära Ulbricht. Düsseldorf: Droste 1975, 230 S. (Geschichtliche Studien zur Politik und Gesellschaft 8)

2133 **Kreuzzug** gegen die Koexistenz. Psychologische Kriegführung heute. Berlin: Staatsverlag der DDR 1975; Frankfurt/Main: Verlag Marxistische Blätter 1975, 176 S.

2134 **Kummer,** Max: Armee und Totalitarismus, in: Schweizerische Allgemeine Militärzeitschrift. Frauenfeld 144 (1978), 7/8, 369–378

2135 **Lammich,** Siegfried: Grundzüge des sozialistischen Parlamentarismus. Baden-Baden: Nomos-Verlagsgesellschaft 1977, 279 S.

2136 **Lapp,** Peter Joachim: Die Volkskammer der DDR. Opladen: Westdeutscher Verlag 1975, 318 S. (Studien zur Sozialwissenschaft 33)

2137 **Lapp,** Peter Joachim: Zur Geschichte der Regierung der DDR, in: Deutschland Archiv 10 (1977), 835–848

2138 **Lapp,** Peter Joachim: Der Ministerrat der DDR. Aufgaben, Arbeitsweise und Struktur der anderen deutschen Regierung. Opladen: Westdeutscher Verlag 1982, 292 S. (Studien zur Sozialwissenschaft 49)

2139 **Linn,** Gottfried: „Friedensdienst" in der NVA, in: Eichholzbrief, Melle, (1981), 2, 27–34

2140 **Lippert,** Günter: Die Nationale Volksarmee der DDR, in: Wehrtechnik (1980), 10, 49–57 und 60

2141 **Ludz,** Peter Christian: Die Neuordnung der Führungsspitze der DDR. Beweggründe und Auswirkungen der Machtkonzentration bei Erich Honecker, in: Europa Archiv 32 (1977), 113–120

Ludz, Peter Christian . . . vgl. Nr. 2075

2142 **Merkel,** Renate: Die Ausarbeitung von Grundzügen der kommunistischen Gesellschaft im Ringen um das erste revolutionäre Parteiprogramm, in: Beiträge zur Geschichte der Arbeiterbewegung 18 (1976), 441–462

2143 Militarische Tradition der DDR und der NVA. Berlin: Militärverlag der DDR 1979, 152 S.

2144 **Mutz,** Reinhard: „Sozialistische Landesverteidigung" und Abrüstung. Fragen zur Militärdoktrin der DDR, in: Aus Politik und Zeitgeschichte B 43/1979, 27–46

2145 Die **Nationale Volksarmee** der DDR im Rahmen des Warschauer Paktes. München: Bernard & Graefe 1980, 238 S. (Arbeitskreis für Wehrforschung. Bernard & Graefe aktuell 11)

2146 Die **Nationale Volksarmee.** Ein Anti-Weißbuch zum Militär in der DDR. Hrsg. von einer Studiengruppe Militärpolitik. Reinbek: Rowohlt Taschenbuch Verlag 1976, 219 S. (rororo aktuell 4059)

2147 **Nawrocki,** Joachim: Bewaffnete Organe der DDR. Nationale Volksarmee und andere militärische sowie paramilitärische Verbände. Aufbau, Bewaffnung, Aufgaben. Berichte aus dem Alltag. Berlin: Holzapfel 1979, 206 S. (. . . in der DDR)

2148 **Neugebauer,** Gero: Partei und Staatsapparat in der DDR. Aspekte der Instrumentalisierung des Staatsapparats durch die SED. Opladen: Westdeutscher Verlag 1978, 236 S. (Schriften des Zentralinstituts für Sozialwissenschaftliche Forschung der Freien Universität Berlin 29)

2149 **Neugebauer,** Gero: 25 Jahre Nationale Volksarmee, in: Deutschland Archiv 14 (1981), 268–276

2150 **Pilz,** Frank: Der 17. Juni in der politischen Bildung, in: Politik und Kultur 5 (1978), 3, 88–99

2151 **Pritzel,** Konstantin: Zivilverteidigung in der DDR, in: Deutschland Archiv 9 (1976), 712–722

2152 **Radde,** Jürgen: Die außenpolitische Führungselite der DDR. Veränderungen der sozialen Struktur außenpolitischer Führungsgruppen. Köln: Verlag Wissenschaft und Politik 1976, 239 S. (Bibliothek Wissenschaft und Politik 13)

2153 **Radde,** Jürgen: Der diplomatische Dienst der DDR. Namen und Daten. Köln: Verlag Wissenschaft und Politik 1977, 212 S.

2154 **Rühmland,** Ulrich: Wehrverfassung und Befehls- und Kommandogewalt in der DDR, in: Deutsche Studien 9 (1981), H. 73, 34–43

2155 **Schneider,** Eberhard: Die Volksvertretungen in der DDR, in: Zeitschrift für Politik 22 (1975), 183–201

2156 **Schneider,** Günter: Die politische Öffentlichkeitsarbeit der Staatsorgane als Wesenselemente der sozialistischen Demokratie, in: 30 Jahre DDR. Bd. 1. Potsdam-Babelsberg 1979, 123–139 (Aktuelle Beiträge der Staats- und Rechtswissenschaft. Akademie für Staats- und Rechtswissenschaft der DDR. H. 205)

2157 **Schüßler,** Gerhard: Sozialistische Demokratie und Gesetzlichkeit, in: Sozialismus und Demokratie. Die Demokratie in Theorie und Praxis sozialistischer Länder. Hrsg. der DDR-Ausgabe: Akademie für Staats- und Rechtswissenschaft der DDR und Institut für Theorie des Staates und des Rechts der Akademie der Wissenschaften der DDR. Bearb. von Gerhard Schüßler und Wolfgang Weichelt. Berlin: Staatsverlag der DDR 1977, 124–170

2158 **Sorgenicht,** Klaus: Vervollkommnung der sozialistischen Demokratie – Hauptrichtung der Entwicklung der sozialistischen Staatsmacht, in: Einheit 31 (1976), 741–748

2159 **Die sozialistische Verfassung der Deutschen Demokratischen Republik. Kommentar von Siegfried Mampel. Frankfurt/Main usw.: Metzner 1982² (neu bearbeitet und erweitert), 1364 S.**

2160 Das sozialistische Zivilrecht der DDR. Materialien der 15. Tagung der Volkskammer der DDR am 19. Juni 1975. Berlin: Staatsverlag der DDR 1975, 320 S. (Aus der Tätigkeit der Volkskammer der DDR und ihrer Ausschüsse. Hrsg.: Sekretariat der Volkskammer der DDR. H. 12. 6. Wahlperiode 1975)

2161 **Statuten** und statutenähnliche Bestimmungen von 29 Leitungs- und Kontrollorganen der DDR. Bearbeitet von Johannes Kuppe. Hrsg.: Gesamtdeutsches Institut. Bonn 1981, 136 S. (als Manuskript vervielfältigt)

2162 **Verfassung** und Programm in der DDR. Zusammengest. und eingel. von Ulrich Lohmann. Berlin usw.: de Gruyter 1976, 200 S. (Aktuelle Dokumente)

2163 Wehrpropaganda und Wehrerziehung in der DDR. Hrsg. von der Friedrich-Ebert-Stiftung. Bonn: Verlag Neue Gesellschaft 1982[2] (überarbeitet), 48 S. (Die DDR. Realitäten – Argumente)

2164 **Wiesner,** Hans: Schöpferische marxistisch-leninistische Militärwissenschaft und -praxis im Dienste des Sozialismus und des Friedens, in: Einheit 43 (1979), 69–75

2165 **Winter,** Werner: Die Militärpolitik der Deutschen Demokratischen Republik, in: Österreichische Militärische Zeitschrift, Wien 18 (1980), 305–311

2166 **Zivilgesetzbuch** und Zivilprozeßordnung der DDR mit Nebengesetzen. Eingel. und bearb. von Herwig Roggemann. Berlin: Spitz 1976, 543 S. (Quellen zur Rechtsvergleichung aus dem Osteuropa-Institut an der Freien Universität Berlin. Die Gesetzgebung der Sozialistischen Staaten. Einzelausgabe 14)

c) Gesellschaftsstruktur und Wirtschaftssystem

2167 **Agrarrecht** für Staats- und Wirtschaftsfunktionäre. Grundriß. Von einem Autorenkollektiv unter Leitung von Reiner Arlt. Berlin: Staatsverlag der DDR 1978[2] (überarbeitet), 253 S.

2168 **Ammer,** Thomas: „BRD-Forschung“ in der DDR und Deutschlandpolitik der SED, in: Deutschland Archiv. Sonderheft (1977), 2–10

2169 Auf dem Wege zur Wirtschaft des entwickelten Sozialismus. Autoren: Gudrun Langendorf, Hans Luft u. a. Akademie für Gesellschaftswissenschaften beim ZK der SED, Institut für Politische Ökonomie des Sozialismus. Berlin: Dietz 1978, 288 S.

2170 Ausgewählte wirtschafts- und sozialpolitische Aspekte des 10. Parteitages der SED. Kurt Erdmann, Maria Haendcke-Hoppe u. a. Berlin 1981, 55 S. (Forschungsstelle für Gesamtdeutsche Wirtschaftliche und Soziale Fragen u. FS-Analysen 3/1981)

2171 **Barthel,** Horst: Die wirtschaftlichen Ausgangsbedingungen der DDR. Zur Wirtschaftsentwicklung auf dem Gebiet der DDR 1945–1949/50. Berlin: Akademie Verlag 1979, 191 S. (Forschungen zur Wirtschaftsgeschichte 14)

2172 **Bauernfeind,** Alfred: Die Umwandlung der Betriebe mit staatlicher Beteiligung und Privatbetriebe in Volkseigene Betriebe, in: Zeitschrift für Geschichtswissenschaft 23 (1975), 5–16

2173 **Bauernfeind,** Alfred, Heinz Buske und Heinz Hümmler: Die Bündnispolitik der SED mit komplementären, privaten Unternehmern, Handwerkern und Gewerbetreibenden (1968 bis 1973), in: Jahrbuch für Wirtschaftsgeschichte. Berlin (Ost) (1978), 2, 7–27

2174 **Behrendt,** Willy: Genosse Konsument: Bedürfnisbefriedigung im Sozialismus. Köln 1979, 22 S. (Institut der Deutschen Wirtschaft. Sozialistische Modelle)

2175 **Beltrame,** Carlo: Il volto economico e sociale della republica democratica tedesca, in: Universo. Firenze vol. 57 (1977), 937–960

2176 **Belwe,** Katharina: Mitwirkung im Industriebetrieb der DDR. Planung, Einzelleistung, Beteiligung der Werktätigen an Entscheidungsprozessen des VEB. Opladen: Westdeutscher Verlag 1979, 245 S. (Schriften des Zentralinstituts für Sozialwissenschaftliche Forschung der Freien Universität Berlin 31)

2177 **Bethkenhagen,** Jochen und Horst Lambrecht: Die Außenhandelsbeziehungen der DDR vor dem Hintergrund von Produktion und Verbrauch. Köln 1979, 56 S. (Berichte des Bundesinstituts für ostwissenschaftliche und internationale Studien 19/1979)

2178 **Bethkenhagen,** Jochen, Siegfried Kupper und Horst Lambrecht: Die Außenwirtschaftsbeziehungen der DDR vor dem Hintergrund von Kaltem Krieg und Entspannung. Politische Interessen und Außenhandel, in: Beiträge zur Konfliktforschung 10 (1980), 4, 39–71

2179 **Beyer,** Achim: Zu aktuellen Problemen der wirtschaftswissenschaftlichen Forschung in der DDR, in: DDR-Wirtschaft unter Effektivitätszwang. 3. Symposium der Forschungsstelle. Referate zur gegenwärtigen Lage und Problematik der DDR-Wirtschaft. Berlin 1977, 63–85 (FS-Analysen. Forschungsstelle für Gesamtdeutsche Wirtschaftliche und Soziale Fragen. 4/1977)

2180 **Beyme,** Klaus von: Ökonomie und Politik im Sozialismus. München: Piper 1977, 416 S.

2181 **Bichler,** Hans: Landwirtschaft in der DDR. Agrarpolitik, Betriebe, Produktionsgrundlagen und Leistungen. Berlin: Holzapfel 1981[2] (völlig neu bearbeitet), 159 S. (. . . in der DDR)

2182 **Biermann,** Wolfgang: Demokratisierung in der DDR? Ökonomische Notwendigkeiten, Herrschaftsstrukturen, Rolle der Gewerkschaften 1961–1977. Köln: Verlag Wissenschaft und Politik 1978, 170 S.

2183 **Biskup,** Reinhold: Deutschlands offene Handelsgrenze. Die DDR als Nutznießer des EWG-Protokolls über den innerdeutschen Handel. Eine Studie der Ludwig-Erhard-Stiftung, Bonn. Frankfurt/Main usw.: Ullstein 1976, 335 S.

2184 **Biskup,** Reinhold: Die sozialistischen Planwirtschaften als Nutznießer der Marktwirtschaft, in: Wirtschaftspolitische Chronik 25 (1976), 133–155

2185 **Bisky,** Lothar: Zur kulturvollen Freizeitgestaltung der Jugend, in: Einheit 30 (1975), 319–326

2186 **Bode,** Dirk: Polytechnischer Unterricht in der DDR. Frankfurt/Main usw.: Campus Verlag 1978, 198 S. (Campus paperbacks: Pädagogik)

2187 **Braake,** Ulla: Kaderakte – Unterdrückungsinstrument in der DDR, in: Berliner Hefte (1977), 4, 71–78

2188 **Brauer,** Rudolf: 30 Jahre Außenhandel der DDR – Ergebnisse und Perspektiven, in: Außenhandel, Moskau (1980), 3, 2–6

2189 **Breitkopf,** Stephan: Gewerkschaftliche Prozeßvertretung und Mitwirkung im arbeitsrechtlichen Verfahren der DDR, in: Recht in Ost und West 24 (1980), H. 4, 137–142

2190 **Brümmer,** Gisela: Die Entwicklung des elterlichen Sorge- und Erziehungsrechts in der DDR. Köln usw.: Heymann 1980, 147 S. (Schriftenreihe Annales Universitatis Saraviensis: Rechts- und Wirtschaftswissenschaftliche Abt. 91)

2191 **Bruns,** Wilhelm: Die DDR und die Wirtschaftskooperation, in: Deutschland Archiv 10 (1977), 732–736

2192 **Buck,** Hannsjörg F.: Erhöhung der Außenhandelseffizienz der DDR durch Unternehmenskooperation zwischen Ost und West?, in: Deutschland Archiv 13 (1980), 490–509

2193 **Büscher,** Wolfgang und Peter Wensierski u. a. (Hrsg.): Friedensbewegung in der DDR. Texte 1978–1982. Hattingen: Scandia-Verlag 1982, 329 S. (edition transit 2)

2194 **Busch,** Friedrich W.: Familienerziehung in der sozialistischen Pädagogik der DDR. Frankfurt/Main usw.: Ullstein 1980, 337 S. (Ullstein-Buch / Ullstein-Materialien 35069)

2195 **Bust-Bartels,** Axel: Humanisierung der Arbeit. Einheit von Theorie und Praxis in der DDR?, in: Aus Politik und Zeitgeschichte B 43/1977, 42–55

2196 **Bust-Bartels,** Axel: Herrschaft und Widerstand in den DDR-Betrieben. Leistungsentlohnung, Arbeitsbedingungen, innerbetriebliche Konflikte und technologische Entwicklung. Frankfurt/Main usw.: Campus Verlag 1980, 284 S. (Campus Forschung 153)

2197 **Cerny,** Jochen: Die Herausbildung sozialistischer Kollektive und Arbeiterpersönlichkeiten beim Aufbau des Eisenhüttenkombinats Ost (EKO) 1950–1952, in: Jahrbuch für Geschichte (1977), Bd. 17, 419–463

2198 **Dähn,** Horst: Konfrontation oder Kooperation? Das Verhältnis von Staat und Kirche in der SBZ/DDR 1945–1980. Opladen: Westdeutscher Verlag 1982, 295 S. (Studien zur Sozialwissenschaft 52)

2199 **Damus,** Renate: Der reale Sozialismus als Herrschaftssystem am Beispiel der DDR. Kritik der nachkapitalistischen Gesellschaft. Gießen: Focus Verlag 1978, 223 S. (Argumentationen. Prolit-Kollektiv. 39)

DDR-Handbuch . . . vgl. Nr. 33

2200 **Die DDR-Wirtschaft** zur Halbzeit des Fünfjahrplans. 4. Symposion der Forschungsstelle. Referate am 23. November 1978, Karl C. Thalheim, Doris Cornelsen u. a. Berlin 1978, 72 S. (Forschungsstelle für Gesamtdeutsche Wirtschaftliche und Soziale Fragen, FS-Analysen 5/1978)

2201 **Derix,** Hans-Heribert: Arbeitslosigkeit im realen Sozialismus, in: Politische Studien 29 (1978), H. 242, 615–630

2202 **Dietsch,** Ulrich: Außenwirtschaftliche Aktivitäten der DDR. Hamburg: Weltarchiv 1976, 267 S. (Veröffentlichungen des HWWA-Institut für Wirtschaftsforschung, Hamburg)

2203 **Ebert,** Georg, Harry Milke und Heinz Siewert: Leistungsprinzip und Sozialpolitik, in: Einheit 30 (1975), 303–310

2204 **Ehring,** Klaus: Das andere Deutschland – Lebensstandard und Versorgung in der DDR, in: dpa Hintergrund, Hamburg (1981), HG 2983, HG 2984/HG 2985, 1–20 und 1–35

2205 **Eisenfeld,** Bernd: Kriegsdienstverweigerung in der DDR – ein Friedensdienst? Genesis, Befragung, Analyse, Dokumente. Frankfurt/Main: Haag und Herchen 1978, 190 S.

2206 Die Energiewirtschaft der DDR. Ein Überblick über die Entwicklung. Gesamtdeutsches Institut, Bundesanstalt für gesamtdeutsche Aufgaben. Bonn 1978, 168 S.

2207 **Erbe,** Günter: Arbeiterklasse und Intelligenz in der DDR. Soziale Annäherung von Produktionsarbeiterschaft und wissenschaftlich-technischer Intelligenz im Industriebetrieb? Opladen: Westdeutscher Verlag 1982, 244 S. (Schriften des Zentralinstituts für sozialwissenschaftliche Forschung der FU Berlin 37)

2208 **Erdmann,** Kurt: Rationalisierung oder Reform des Wirtschaftsmechanismus in der DDR? Überarb. u. erw. Fass. d. Ref., geh. auf d. Symposium d. Forschungsstelle für Gesamtdeutsche Wirtschaftliche und Soziale Fragen am 27./28. 11. 1975 im Reichstagsgebäude Berlin. Berlin 1976, 56 S. (FS Analysen 2/1976)

2209 **Erdmann,** Kurt: Umgestaltung der Planung in der DDR. Einheitliche Ordnung bis 1980, in: Deutschland Archiv 9 (1976), 723–737

2210 **Erdmann,** Kurt: Intensivierungshemmnisse und Effizienzverbesserungen zur Halbzeit des Fünfjahrplans in der DDR. Aspekte zur Produktionsorganisation und Kombinatsumbildung. Berlin 1978, 54 S. (Forschungsstelle für Gesamtdeutsche Wirtschaftliche und Soziale Fragen. FS-Analysen 4/1978)

2211 **Erdmann,** Kurt und Manfred Melzer: Die neue Kombinatsverordnung in der DDR. Möglichkeiten und Grenzen von Leistungsimpulsen der neugebildeten Kombinate, in: Deutschland Archiv 13 (1980), 929–946

2212 Erhöhung der Außenhandelseffizienz der DDR durch Unternehmenskooperation zwischen Ost und West und Umbau der Außenhandelsorganisation? Zur Krise der Außenhandelswirtschaft der DDR, ihren Ursachen und den Möglichkeiten zu ihrer Überwindung. Bearbeitet von Hannsjörg Buck. Hrsg.: Gesamtdeutsches Institut. Bonn 1979, 87 S.

2213 **Ewers,** Klaus: Aktivisten in Aktion. Adolf Hennecke und der Beginn der Aktivistenbewegung 1948/49, in: Deutschland Archiv 14 (1981), 947–970

2214 **Fischer,** E., L. Rohland und D. Tutzke: Für das Wohl des Menschen. 2 Bände; 1. 30 Jahre Gesundheitswesen der Deutschen Demokratischen Republik. 2. Dokumente zur Gesundheitspolitik der Sozialistischen Einheitspartei Deutschlands. Berlin: Verlag Volk und Gesundheit 1979, 266 und 199 S.

2215 **Fischer,** Hans-Joachim: Internationale pädagogische Beziehungen und pädagogische Auslandsarbeit der DDR. Paderborn: Schöningh 1975, 231 S.

2216 **Fischer,** Peter: Kirche und Christen in der DDR. Berlin: Holzapfel 1978, 160 S. (. . . in der DDR)

2217 **Frauen** in der Deutschen Demokratischen Republik. Hrsg.: Friedrich-Ebert-Stiftung. Bonn: Verlag Neue Gesellschaft 1981, 49 S. (Die DDR. Realitäten – Argumente)

2218 **Freiburg,** Arnold: Zur Jugendkriminalität in der DDR, in: Kölner Zeitschrift für Soziologie und Sozialpsychologie 27 (1975), 489–537

2219 **Freiburg,** Arnold: Zur Sozialstruktur der DDR, in: Jugend im doppelten Deutschland. Hrsg. von Walter Jaide und Barbara Hille. Opladen: Leske 1977, 105–128

2220 **Füllenbach,** Josef: Umweltschutz zwischen Ost und West. Umweltpolitik in Osteuropa und gesamteuropäische Zusammenarbeit. Bonn: Europa Union Verlag 1977, 273 S. (Schriften des Forschungsinstituts der Deutschen Gesellschaft für Auswärtige Politik)

2221 Der **Fünfjahrplan 1976–1980** – ein Plan zum Wohle des Volkes und zur allseitigen Stärkung der DDR. Materialien der 3. Tagung der Volkskammer der DDR am 15. Dezember 1976. Berlin: Staatsverlag der DDR 1977, 159 S. (Aus der Tätigkeit der Volkskammer und ihrer Ausschüsse. 7. Wahlperiode. 1977. H. 1)

2222 Der **Fünfjahrplan** der DDR. Hrsg.: Friedrich-Ebert-Stiftung. Bonn: Verlag Neue Gesellschaft 1982, 43 S. (Die DDR. Realitäten – Argumente)

2223 **Gabler,** Ursula: Plan, Bilanz, Vertrag. Sicherung einer bedarfs- und vertragsgerechten Produktion. Berlin (Ost): Die Wirtschaft 1978, 103 S. (Rationell und effektiv)

2224 **Gericke,** Hans-Jürgen: Die Einheit von Wirtschafts- und Sozialpolitik bei der Gestaltung von Distribution und Konsumtion in der sozialistischen Gesellschaft, in: Wirtschaftswissenschaft. Berlin (Ost) 25 (1977), 1222–1230

2225 **Glaeßner,** Gert-Joachim: Bildungsökonomie und Bildungsplanung. Vorüberlegungen zu einer Analyse der gesellschaftlichen und politischen Funktion von Bildungsprozessen in der DDR, in: Deutschland Archiv 11 (1978), 937–956

2226 **Glaeßner,** Gert-Joachim: Ende der Reformen? Bedingungen und Grenzen der Wandlungsfähigkeit sowjet-sozialistischer Systeme am Beispiel der DDR, in: Deutschland Archiv 15 (1982), 700–709

2227 **Gruhn,** Werner: Zur Energiepolitik der DDR, in: Deutschland Archiv 12 (1979), 1160–1173

2228 **Haase,** Herwig E.: Grundzüge und Strukturen des Haushaltswesens der DDR. Berlin 1978, 468 S. (Berichte des Osteuropa-Instituts an der Freien Universität Berlin. Reihe Wirtschaft und Recht 117)

2229 **Haase,** Herwig E.: Wachsende finanzielle Belastungen der DDR-Wirtschaft und ihr Ausweis im Staatshaushalt. Steigende Subventionen, Sozialleistungen und Verbrauchssteuern, in: Deutschland Archiv 12 (1979), 818–838

2230 **Haase,** Herwig E.: Entwicklungstendenzen der DDR-Wirtschaft für die 80er Jahre. Eine Prognose der Probleme. Berlin 1980, 115 S. (Berichte des Osteuropa-Instituts an der Freien Universität Berlin. H. 124. Reihe Wirtschaft und Recht. Wirtschaftswissenschaftliche Folge)

2231 **Haendcke-Hoppe,** Maria: Außenhandel – Integration – Planung 1971–1975, in: Deutschland Archiv 9 (1976), 299–305

2232 **Haendcke-Hoppe,** Maria: Zur außenwirtschaftlichen Situation der DDR, in: DDR-Wirtschaft unter Effektivitätszwang. 3. Symposium der Forschungsstelle. Referate zur gegenwärtigen Lage und Problematik der DDR-Wirtschaft. Berlin 1977, 13–33 (Forschungsstelle für Gesamtdeutsche Wirtschaftliche und Soziale Fragen. FS-Analysen 4/1977)

2233 **Haendcke-Hoppe,** Maria: DDR-Außenhandel vor altneuen Problemen, in: Deutschland Archiv 11 (1978), 1286–1291

2234 **Hamel,** Hannelore: Sozialistische Marktwirtschaft in der DDR? Hinwendung und Abkehr, in: Sozialistische Marktwirtschaften. Hrsg. von Helmut Leipold. München: Beck 1975, 72–103 (Beck'sche Schwarze Reihe 124)

2235 **Harmsen,** Hans (Hrsg.): Gesundheitspolitische Entwicklungen und Schwerpunkte in den Fünfjahrplänen der DDR und UdSSR. Hamburg 1977, 159 S. (Zur Entwicklung und Organisation des Gesundheitswesens in der DDR unter Mitberücksichtigung der UdSSR und osteuropäischer Volksdemokratien. 76)

2236 **Heidtmann,** Horst (Hrsg.): Bitterfisch. Jugend in der DDR. Baden-Baden: Signal-Verlag 1982, 238 S.

2237 **Heinrichs,** Wolfgang und Helmut Koziolek: Steigerung der Arbeitsproduktivität – Bestandteil der Hauptaufgabe, in: Einheit 33 (1978), 347–355

2238 **Helwig,** Gisela: Zwischen Opposition und Opportunismus. Zur Lage der Kirche in der DDR, in: Deutschland Archiv 9 (1976), 576–579

2239 **Helwig,** Gisela: Christ sein in der DDR. Eine kritische Analyse der gegenwärtigen Situation. Hrsg.: CDU-Bundesgeschäftsstelle. Bonn 1977, 26 S.

2240 **Henkys,** Reinhard: Eine neue Kirche entsteht. Die evangelischen Kirchen in der DDR schließen sich zusammen, in: Evangelische Kommentare 12 (1979), 131–133

2241 **Herold,** Manfred: Die Einheit unserer erfolgreichen Wirtschafts- und Sozialpolitik, in: Einheit 30 (1975), 1085–1096

2242 **Hervé,** Florence: Familienpolitik in der DDR, in: Beiträge zur Sozialismusanalyse 2 (1979), 221–243

2243 **Hilgenberg,** Dorothea: Bedarfs- und Marktforschung in der DDR. Anspruch und Wirklichkeit, Köln: Verlag Wissenschaft und Politik 1979, 120 S.

2244 **Hille,** Barbara: Berufswahl und Berufslenkung in der DDR, in: Kölner Zeitschrift für Soziologie und Sozialpsychologie 27 (1975), 411–434

2245 **Hille,** Barbara: Berufswahl und Berufslenkung in der DDR, in: Jugend im doppelten Deutschland. Hrsg. von Walter Jaide und Barbara Hille. Opladen: Leske 1977, 26–49

2246 **Hille,** Barbara: Zur Effizienz der berufsvorbereitenden Maßnahmen in der DDR, in: Deutschland Archiv. Sonderheft 11 (1978), 107–116

2247 **Das Hochschulwesen der DDR.** Ein Überblick. Autoren: Hans-Jürgen Schulz u. a. Hrsg.: Institut für Hochschulbildung. Berlin: Deutscher Verlag der Wissenschaften 1980, 259 S.

2248 **Höhmann,** Hans-Hermann und Gertraud Seidenstecher: Partizipation im System der administrativen Planwirtschaft von UdSSR und DDR, in: Partizipation und Wirtschaftsplanung in Osteuropa und der VR China. Hrsg. von Hans-Hermann Höhmann. Stuttgart usw.: Kohlhammer 1980, 9–52

2249 **Hoffmann,** Manfred: Das Volkseigentum an Grund und Boden in der DDR. Ziele, Instrumente und Ergebnisse seiner Bewirtschaftung. Köln 1978, 102 S. (Berichte des Bundesinstituts für ostwissenschaftliche und internationale Studien 29/1978)

2250 **Hoffmann,** Manfred: Das Schicksal der Bodenreformwirtschaften in der DDR. Ein Beitrag zur Analyse der Agrar- und Eigentumspolitik der SED. Köln 1978, 109 S. (Berichte des Bundesinstituts für ostwissenschaftliche und internationale Studien 37/1978)

2251 **Hofmann,** Otto und Gerhard Scharschmidt: DDR-Außenhandel gestern und heute. Berlin: Verlag Die Wirtschaft 1975, 144 S.

2252 **Homann,** Wilhelm: Die Arbeiterwohnungsbaugenossenschaften im Rahmen der Wohnungspolitik der DDR. Berlin 1981, 63 S. (Forschungsstelle für Gesamtdeutsche Wirtschaftliche und Soziale Fragen. FS-Analysen 5/1981)

2253 **Jaide,** Walter und Barbara Hille (Hrsg.): Jugend im doppelten Deutschland. Opladen: Westdeutscher Verlag 1977, 320 S.

2254 **Juszig,** Renate und Klaus Wilhelm: Berufsausbildung in der DDR. Mainz: Hase & Koehler 1976, 105 S.

2255 **Keller,** Dietmar: Zu den hochschulpolitischen Grundsätzen der SED in der Übergangsperiode vom Kapitalismus zum Sozialismus, in: Beiträge zur Geschichte der Arbeiterbewegung 18 (1976), 811–825

2256 **Kemper,** Manfred und Dietrich Maskow: Außenwirtschaftsrecht der DDR. Berlin: Staatsverlag der DDR 1975, 367 S.

2257 **Kirche** und Staat in der DDR und in der Bundesrepublik. Hrsg. Friedrich-Ebert-Stiftung. Bonn: Verl. Neue Gesellschaft 1981, 51 S. (Die DDR. Realitäten – Argumente)

2258 **Klein,** Werner: Wirtschaftspolitische Aspekte der Rezentralisierung in der DDR, in: Deutschland Archiv 11 (1978), 36–51

2259 **Klein,** Werner: Prozeßpolitische Hauptinstrumente der Wirtschaftspolitik in der DDR. Eine betriebliche Wirkungsanalyse. Stuttgart: G. Fischer 1975, 164 S. (Schriften zum Vergleich von Wirtschaftsordnungen 24)

2260 **Klein,** Werner: Wirtschaftspolitische Steuerung volkseigener Industrie- und Baubetriebe mittels Prämienfonds und Leistungsfonds in der DDR, in: Probleme des Wirtschaftssystems, der Integration und der Industrieentwicklung in Polen und der Tschechoslowakei. Hrsg. von Wilhelm Wöhlke. Marburg/Lahn 1980, 45–57 (Wirtschafts- und sozialwissenschaftliche Ostmitteleuropa-Studien 1)

2261 **Knauft,** Wolfgang: Katholische Kirche in der DDR. Gemeinden in der Bewährung 1945–1980. Mainz: Grünewald 1980^2 (erweitert), 243 S.

2262 **Koch,** Hans-Gerhard: Staat und Kirche in der DDR. Zur Entwicklung ihrer Beziehungen von 1945–1974. Darstellung, Quellen, Übersichten. Stuttgart: Quell-Verlag 1975, 262 S.

2263 **Koch,** Ursula: Bürgerliche und sozialistische Forschungsmethoden? Zur Rezeption empirischer Sozialforschung in der DDR. Frankfurt/Main usw.: Campus Verlag 1976, 162 S.

2264 **Körner,** Ulrich: Materielle Stimulierung in der DDR. Zur Entwicklung der Planung und Bildung des Prämienfonds, in: Deutschland Archiv 10 (1977), 1080–1092

2265 Kommentar zum Gesetz über internationale Wirtschaftsverträge – GIW – vom 5. Februar 1976. Autorenkollektiv unter Leitung von Dietrich Maskow und Hellmut Wagner. Berlin: Staatsverlag der DDR 1978, 475 S.

2266 Die Kraftfahrzeugindustrie der DDR. Hrsg.: Gesamtdeutsches Institut. Bonn 1978, 57 S.

2267 **Kruppa,** Adolf: Wirtschafts- und Bildungsplanung in der DDR. Theorie und Praxis der Plankoordination. Hamburg: Hoffmann und Campe 1976, 286 S. (Kritische Wissenschaft)

2268 **Lambrecht,** Horst: Die Landwirtschaft der DDR vor und nach ihrer Umgestaltung im Jahre 1960. Berlin: Duncker & Humblot 1977, 307 S. (Deutsches Institut für Wirtschaftsforschung. Sonderheft. 117)

2269 Die Landwirtschaft der DDR im Vergleich zu den Landwirtschaften der anderen europäischen RGW-Staaten. Bearbeitet von Bernd Spindler. Hrsg.: Gesamtdeutsches Institut, Bundesanstalt für gesamtdeutsche Aufgaben. Bonn 1981, 58 S. Als Manuskript vervielfältigt

2270 **Langhof,** Michael: Zum Bedeutungswandel der Wohnungspolitik in der DDR, in: Deutschland Archiv 12 (1979), 390–405

2271 Lebenshaltung und Lebensniveau in der DDR. Hrsg. von der Friedrich-Ebert-Stiftung. Bonn: Verl. Neue Gesellschaft 1980, 55 S. (Die DDR. Realitäten – Argumente.)

2272 **Leenen,** Wolf-Rainer: Sozialpolitik in der DDR. Teil 1: Theoretische Probleme. Teil 2: Ziele und Maßnahmen, in: Deutschland Archiv 8 (1975), 254–270 und 512–523

2273 **Leptin,** Gert und und Manfred Melzer: Die Wirtschaftsreform in der DDR-Industrie. Rezentralisierung ohne Konzept, in: Deutschland Archiv 8 (1975), 1266–1283

2274 **Leptin,** Gert und Manfred Melzer: Economic reform in East German industry. Oxford usw.: Oxford University Press 1978, 200 S. (Economic reforms in East European industry. Institute of Soviet and East European studies, University of Glasgow)

2275 **Lieser-Triebnigg,** Erika: Staatliche Sanktionen im Wirtschaftsrecht der DDR, in: Deutschland Archiv 11 (1978), 929–937

2276 **Ludz,** Peter Christian: Das Innovationspotential des Marxismus-Leninismus in der DDR. Eine sprachpolitische und ideologie-kritische Analyse, in: Deutschland Archiv 12 (1979), 593–625

2277 **Ludz,** Peter Christian: Mechanismen der Herrschaftssicherung. Eine sprachpolitische Analyse gesellschaftlichen Wandels in der DDR. München: Hanser 1980, 386 S.

Ludz, Peter Christian . . . vgl. Nr. 2075

2278 **Mahrad,** Christa: Jugendpolitik in der DDR, in: Kölner Zeitschrift für Soziologie und Sozialpsychologie 27 (1975), 528–567

2279 **Mahrad,** Christa: Zum Begriff der Freizeit in der DDR, in: Politik und Kultur 5 (1978), 5, 65–75

2280 **Mampel,** Siegfried: Das Arbeitsgesetzbuch. Ein wichtiges Instrument bei der Erfüllung der Hauptaufgabe in ihrer Einheit von Wirtschafts- und Sozialpolitik, in: Deutschland Archiv. Sonderheft (1978), 30–52

2281 Das **materielle Leben der sozialistischen Gesellschaft.** Hrsg. im Auftrag des Wissenschaftlichen Rates für philosophische Forschung der DDR von Wolfgang Eichhorn u. a. Berlin: Dietz Verlag 1977, 155 S. (Grundfragen der marxistisch-leninistischen Philosophie)

2282 **Melzer,** Manfred: Bemühungen um effektiveren Kapitaleinsatz in der Volkswirtschaft der DDR, in: Deutschland Archiv 12 (1979), 46–54

2283 **Menschik,** Jutta: Familie in der DDR – sozialistische Theorie und kleinbürgerliche Praxis?, in: Berliner Hefte (1978), 7, 26–34

2284 **Messing,** Manfred: Industrie-Bauarbeiter in beiden Teilen Deutschlands. Ein empirischer Vergleich. Köln: Verlag Wissenschaft und Politik 1981, 574 S.

2285 **Metz,** Hubert: Betriebliche Mitwirkung in der DDR. Eine Gegenüberstellung von Anspruch und Wirklichkeit. Neue Ansätze, neue Erkenntnisse. Köln: Deutscher Instituts-Verlag 1978, 159 S.

2286 **Michalsky,** Helga: Steigerung der Arbeitsproduktivität im Spannungsfeld von ökonomischen und sozialpolitischen Zielen in der DDR-Politik, in: Deutschland Archiv. Sonderheft (1978), 53–70

2287 **Mittag,** Günter: Unsere Wirtschaft im Prozeß der Gestaltung der entwickelten sozialistischen Gesellschaft, in: Einheit 31 (1976), 17–28

2288 **Mitzscherling,** Peter u. a.: DDR-Wirtschaft. Eine Bestandsaufnahme. Hrsg.: Deutsches Institut für Wirtschaftsforschung. Frankfurt/Main usw.: Fischer 1977², 392 S. (Fischer Handbücher 6259)

2289 Monetäre Wirtschaftslenkung in der DDR. Manipulierte Zinsen als „ökonomische Hebel" der staatlichen Wirtschaftsführung. Hrsg.: Gesamtdeutsches Institut, Bonn. Bonn 1978, 26 S.

2290 **Mönnich,** Dieter: Das Landeskulturgesetz der DDR – ein Überblick, in: Recht in Ost und West 23 (1979), 248–256

2291 **Molitor,** Bruno: Sozialistische Sozialpolitik: Das Beispiel der DDR, in: Hamburger Jahrbuch für Wirtschafts- und Gesellschaftspolitik 23 (1978), 23–48

2292 **Mrochen,** Siegfried: Alter in der DDR. Arbeit, Freizeit, materielle Sicherheit und Betreuung. Weinheim usw.: Beltz 1980, 168 S.

2293 **Mühlfriedel,** Wolfgang: Arbeiterklasse und sozialistische Vergesellschaftung der industriellen Produktion in der DDR in den sechziger und siebziger Jahren, in: Jahrbuch für Geschichte (1977), Bd. 17, 465–498

2294 **Müller,** Hans Dieter: Die staatliche Finanzkontrolle der Industriebetriebe in der DDR. Stuttgart usw.: R. G. Fischer 1980, 229 S. (Schriften zum Vergleich von Wirtschaftsordnungen 29)

2295 Die Nationale Front der DDR – ihre Rolle und Funktion. Hrsg.: Friedrich-Ebert-Stiftung. Bonn: Verl. Neue Gesellschaft 1981, 41 S. (Die DDR. Realitäten – Argumente.)

2296 Neuererbewegung und wissenschaftliche Arbeitsorganisation (WAO) in der DDR. Hrsg.: Friedrich-Ebert-Stiftung. Bonn: Verl. Neue Gesellschaft 1980, 49 S. (Die DDR. Realitäten – Argumente.)

2297 **Neuhäußer-Wespy,** Ulrich: Neue Tendenzen in der Geschichtswissenschaft der DDR, in: Deutschland Archiv 8 (1975), 393–399

2298 **Neuhäußer-Wespy,** Ulrich: Geschichte der SED. Anmerkungen zur Parteigeschichtsschreibung in der DDR, in: igw Informationen zur Wissenschaftsentwicklung und -politik in der DDR (1978), 4, 1–10

2299 **Nick,** Harry: Warum der Sozialismus den wissenschaftlich-technischen Fortschritt braucht?, in: Marxistische Blätter 17 (1978), 6, 42–48

2300 **Nohara-Schnabel,** Ilka: Zur Entwicklung der Umweltpolitik in der DDR, in: Deutschland Archiv 9 (1976), 809–829

2301 **Ökonomische Geographie** der Deutschen Demokratischen Republik. Autorenkollektiv: L. Barth, H. Barthel u. a. Hrsg.: von H. Kohl, G. Jacob u. a. Band 1: Bevölkerung, Siedlungen, Wirtschaftsbereiche. Gotha usw.: Haack 1978³ (überarbeitet und ergänzt), 638 S.

2302 Die ökonomische Rolle des sozialistischen Staates und ihre Verwirklichung mit den Mitteln des Rechts. Materialien des internationalen Symposiums am 24. und 25. 6. 1976 in Potsdam-Babelsberg. Potsdam 1977, 220 S. (Aktuelle Beiträge der Staats- und Rechtswissenschaft. Akademie für Staats- und Rechtswissenschaft der DDR. H. 156)

2303 **Österreich,** Tina: Gleichheit, Gleichheit über alles. Alltag zwischen Elbe und Oder. Stuttgart: Seewald 1978, 283 S.

Österreich, Tina . . . vgl. Nr. 2551

2304 **Opitz,** Wolfgang: Hochwertige Konsumgüter für die Bevölkerung und den Export, in: Einheit 35 (1980), 53–60

2305 **Pawula,** Harry: Zur Entwicklung der Arbeiterklasse in der DDR, in: Einheit 33 (1978), 611–622

2306 **Pieper,** Hans-Ulrich: DDR-Jugend '75 – Wunsch oder Wirklichkeit, in: Politik und Kultur 2 (1975), 6, 50–59

2307 Zur planmäßigen Entwicklung der sozialistischen Produktionsverhältnisse bei der weiteren Gestaltung der entwickelten sozialistischen Gesellschaft in der DDR. 23. Tagung des Wissenschaftlichen Rates für die wirtschaftswissenschaftliche Forschung bei der Akademie der Wissenschaften der DDR am 1. 11. 1977. Berlin: Akademie-Verlag 1978, 178 S. (Abhandlungen der Akademie der Wissenschaften der DDR. Abt. Veröff. d. Wiss. Räte. Jg. 1978, Nr. W 3)

2308 Planung der sozialistischen Außenwirtschaftsbeziehungen. Von einem Autorenkollektiv unter Leitung von Gerhard Grote und Dieter Schulmeister u. a. Berlin: Verlag Die Wirtschaft 1979, 207 S.

2309 **Plate,** Bernard von: Zur Grundsatzdiskussion in der DDR über die Frage des Wirtschaftswachstums, in: Deutschland Archiv 15 (1982), 37–55

2310 **Pleyer,** Klemens und Jürgen Tömp: Grundzüge des Bankrechts in der DDR, in: Recht in Ost und West 24 (1980), 1–8

2311 **Pritzel,** Konstantin: Gesundheitswesen und Gesundheitspolitik der Deutschen Demokratischen Republik. Berlin 1978, 128 S. (Berichte des Osteuropa-Instituts an der FU Berlin. H. 119, Reihe Medizin, Folge 46)

2312 **Probleme der sozialistischen Lebensweise.** Ökonomische und soziale Probleme der weiteren Ausprägung der sozialistischen Lebensweise. 20. Tagung des Wissenschaftlichen Rates für die wirtschaftswissenschaftliche Forschung bei der Akademie der Wissenschaften der DDR am 25. 3. 1977. Berlin: Akademie-Verlag 1977, 149 S. (Abhandlungen der Akademie der Wissenschaften der DDR. Abt. Veröffentl. d. Wiss. Räte. 1977. Nr. W 5)

2313 **Pütsch,** Manfred: Die Staatsbank der Deutschen Demokratischen Republik. Frankfurt/Main: Knapp 1978, 274 S. (Veröffentlichungen des Instituts für Bankwirtschaft und Bankrecht an der Universität Köln. Wirtschaftswissenschaftliche Reihe 28)

2314 **Rapoport,** Samuel M.: Wissenschaft und Wissenschaftspolitik in der DDR, in: Referate über Wissenschaftspolitik. Ref. geh. im Rahmen des Collegium Generale an der Universität Bern 1975, 35–45 (Wissenschaftspolitik. Beih. 7)

2315 **Rausch,** Heinz und Theo Stammen (Hrsg.): DDR. Das politische, wirtschaftliche und soziale System. München: Beck 1981^5 (überarbeitet), 344 S. (Beck'sche Elementarbücher)

2316 **Reinhold,** Otto und Karl-Heinz Stiemerling: Hohe Arbeitsproduktivität – stabiler Fortschritt, in: Einheit 30 (1975), 268–277

2317 **Reinle,** Alfons: Freizeit, Konsum und Kultur der Jugend in der DDR, in: Eichholzbrief, Melle (1981), 2, 14–27

2318 **Reinle,** Alfons: Familie als Kollektiv in der sozialistischen Gesellschaft. Zur Familienpolitik in der DDR, in: Politische Studien 30 (1979), H. 246, 405–409

2319 **Riemer,** Rudolf (Hrsg.): Die DDR, Arbeitsrecht und Wirtschaftsordnung. München: Kopernikus Verlag 1975, 64 S. (Schriften des Studienzentrums für Ost-West-Probleme 4)

2320 **Rilling,** Rainer: Verschlechterung der Arbeitsbedingungen in der DDR?, in: SOPO 9 (1977), 4, 115–138

2321 **Rilling,** Rainer: Probleme betrieblicher Mitbestimmung und Mitwirkung in der DDR, in: Beiträge zur Sozialismusanalyse 2 (1979), 87–155

2322 **Röder,** Hans-Jürgen: Fragwürdige Friedenspolitik. Zur Einführung von obligatorischem Wehrunterricht in der DDR, in: Deutschland Archiv 11 (1978), 800–805

2323 **Roesler,** Jörg: Die Herausbildung und Entwicklung der Leitung und Planung der Volkswirtschaft der DDR, in: Wirtschaftswissenschaft. Berlin (Ost) 26 (1978), 700–714

2324 **Roesler,** Jörg: Die Herausbildung der sozialistischen Planwirtschaft in der DDR. Aufgaben, Methoden und Ergebnisse der Wirtschaftsplanung in der zentralgeleiteten volkseigenen Industrie während der Übergangsperiode vom Kapitalismus zum Sozialismus. Berlin: Akademie-Verlag 1978, 355 S. (Forschungen zur Wirtschaftsgeschichte 11)

2325 **Ruban,** Maria Elisabeth und Heinz Vortmann: Subventionen kontra Investitionen. Das Dilemma des Staatshaushalts der DDR, in: Deutschland Archiv 13 (1980), 1277–1281

2326 **Ruß,** Werner: Altersrente in der DDR. Die freiwillige Zusatzrentenversicherung gewinnt an Bedeutung, in: Deutschland Archiv 14 (1981), 49–58

2327 **Ruß,** Werner: Die Sozialversicherung in der DDR. Eine Untersuchung unter besonderer Berücksichtigung der Zielsetzung der marxistisch-leninistischen Sozialpolitik. Frankfurt/Main: R. G. Fischer 1982^2 (überarbeitet und aktualisiert), 510 S.

2328 **Scherzinger,** Angela: Zur Planung, Organisation und Lenkung von Forschung und Entwicklung in der DDR. Aspekte des wissenschaftlich-technischen Fortschritts. Berlin: Duncker & Humblot 1977, 214 S. (Deutsches Institut für Wirtschaftsforschung. Sonderheft 116)

2329 **Scherzinger,** Angela und Herbert Wilkens: Regionalplanung und regionale Wirtschaftsstruktur in der Deutschen Demokratischen Republik. Berlin: Duncker & Humblot 1979, 89 S. (Deutsches Institut für Wirtschaftsforschung. Sonderheft 128)

2330 **Schmickl,** Emil: Zur Wissenschaftsentwicklung im sozialistischen System. Soziologie in der DDR als Ergebnis sozialen Wandels und politischer Programmatik, in: ABG. Analysen und Berichte aus Gesellschaft und Wissenschaft. Erlangen-Nürnberg (1975), 1, 1–254

2331 **Schmickl,** Emil: Probleme und Ergebnisse der Sozialstrukturforschung in der DDR nach 1971, in: Aus Politik und Zeitgeschichte B 23/1976, 23–37

2332 **Schmickl,** Emil: Wissenschaftssteuerung als Funktion zentralistischer Systeme. Zur

Leitung und Planung von Wissenschaft in der DDR, in: Politik und Kommunikation (1978), 31–69

2333 **Schmickl,** Emil: Probleme und Ergebnisse der Sozialstrukturforschung in der DDR nach 1971, in: Revue d'Allemagne. Strasbourg 10 (1978), 547–570

2334 **Schmickl,** Emil: Gesellschaftwissenschaftliche Forschungsziele in der DDR bis 1985, in: IGW-Informationen zur Wissenschaftsentwicklung und -Politik in der DDR, Erlangen (1981), 1–10

2335 **Schubert,** Friedel: Die Frau in der DDR. Ideologie und konzeptionelle Ausgestaltung ihrer Stellung in Beruf und Familie. Opladen: Leske und Budrich 1980, 259 S. (Forschungstexte Wirtschafts- und Sozialwissenschaften 4)

2336 **Schultze,** Helmut: Zu einigen Aspekten der Entwicklung des reproduktiven Verhaltens der Bevölkerung der DDR, in: Wirtschaftswissenschaft. Berlin (Ost), 28 (1980), 813–823

2337 **Seiffert,** Wolfgang (Hrsg.): Wirtschaftsrecht der DDR. Berlin: Berlin Verlag, 1982, 636 S.

2338 **Seiffert,** Wolfgang: Zu den neuen Rechtsgrundlagen der internationalen Wirtschaftsbeziehungen der DDR, in: Rabels Zeitschrift für ausländisches und internationales Privatrecht, Bd. 41 (1977), 515–535

2339 **Simon,** Kurt: Rente, Arbeitslosigkeit, Krankheit: Die soziale Sicherung in der DDR. Köln: Instituts-Verlag 1979, 30 S. (Institut der Deutschen Wirtschaft. Sozialistische Modelle)

2340 **Smith-von Osten,** Annemarie: Von Treysa 1945 bis Eisenach 1948. Zur Geschichte der Grundordnung der Evangelischen Kirche in Deutschland. Göttingen: Vandenhoeck & Ruprecht 1980, 400 S. (Arbeiten zur kirchlichen Zeitgeschichte B, 9)

2341 **Sontheimer, Kurt und Wilhelm Bleek: Die DDR. Politik. Gesellschaft. Wirtschaft. Hamburg: Hoffmann und Campe 1979[5] (erweitert und neu bearbeitet), 275 S. (Kritische Wissenschaft)**

2342 Sozialistische Landeskultur Umweltschutz. Textausgabe ausgewählter Rechtsvorschriften mit Anmerkungen und Sachregister. Hrsg.: Akademie für Staats- und Rechtswissenschaft der DDR und vom Ministerium für Umweltschutz und Wasserwirtschaft. Zusammengestellt und bearbeitet von Ellenor Oehler u. a. Berlin: Staatsverlag der DDR 1978, 428 S.

2343 **Staemmler,** Gerlind: Rekonstruktion innerstädtischer Wohngebiete in der DDR. Diss. Berlin: Tech. Universität 1981, 393 S. (IWOS-Bericht zur Stadtforschung 7. Institut für Wohnungsbau und Stadtteilplanung)

2344 **Stahl,** Reinhard: Stellung und Funktion der langfristigen Planung im Planungssystem der DDR, in: Wirtschaftswissenschaft. Berlin (Ost) 26 (1978), 1236–1241

2345 **Stallmann,** Herbert: Hochschulzugang in der Sowjetisch Besetzten Zone / Deutsche Demokratische Republik 1945–1959. St. Augustin: Richarz 1980, 439 S. (Duisburger Studien. Geistes- und Gesellschaftswissenschaften 1)

2346 **Staritz,** Dietrich: Zum Verhältnis von Planungssystem und Partizipation in der DDR, in: Deutschland Archiv 11 (1978), 1049–1070

2347 **Stauder,** Hans-Jochen: Das Gesundheitswesen der DDR – eine ökonomische Analyse aus ordnungstheoretischer Sicht. Bonn: Bundesanstalt für gesamtdeutsche Aufgaben (in Komm.) 1978, 237 S. (Zur Entwicklung und Organisation des Gesundheitswesens in der DDR unter Mitberücksichtigung der UdSSR und osteuropäischer Volksdemokratien 79)

2348 **Stiller,** Pavel: Systeme der sozialen Sicherung in der UdSSR, Polen, DDR und der ČSSR. Unter besonderer Berücksichtigung der Behindertenversorgung. Forschungsauftrag des Bundesministeriums für Arbeit und Sozialordnung. Projektlg.: Hermann Clement. München: Olzog 1981, 306 S. (Gegenwartsfragen der Ost-Wirtschaft 11)

2349 **Straßburger,** Jürgen: Wissenschaftliche Arbeitsorganisation der DDR. Methodische Vorüberlegungen zu einer Analyse, in: Deutschland Archiv 8 (1975), 139–501; 6 (1975), 611–637

2350 **Straßburger,** Jürgen: Ein neues lohnpolitisches Experiment? Aspekte der Neuordnung der Grundlöhne in der DDR, in: Deutschland Archiv 9 (1976), 950–958

2351 **Stössel,** Jürgen-Peter: Staatseigentum Gesundheit. Medizinische Versorgung in der DDR. München: Piper 1978, 158 S. (Serie Piper 184)

2352 **Thalheim,** Karl C.: DDR-Wirtschaft – Strukturprobleme und Leistungsdruck, in: Politik und Kultur 5 (1978), 5, 25–39

2353 **Thalheim,** Karl C.: Die Wirtschaft im „real existierenden Sozialismus". Zu Rudolf Bahros „Alternative", in: Deutschland Archiv 11 (1978), 1160–1171

2354 **Thalheim,** Karl C.: Das Unbehagen an und in der DDR. Die Kluft zwischen Ideologie und Realität, in: Die Politische Meinung 23 (1978), 1 (H. 176), 43–55

2355 **Thalheim,** Karl C.: Die Wirtschaftspolitik der DDR im Schatten Moskaus. Hannover: Niedersächsische Landeszentrale für politische Bildung 1979, 107 S.

2356 Um die Gleichberechtigung der Frauen in beiden deutschen Staaten. Hrsg. von der Friedrich-Ebert-Stiftung. Bonn: Verl. Neue Gesellschaft 1979, 54 S. (Die DDR. Realitäten – Argumente.)

2357 Umweltschutz: Problem und Aufgabe der Gegenwart. Umweltkrise und Umweltpolitik in der DDR, in: dpa Hintergrund, Hamburg (1980), HG 2900, HG 2901, 1–28 und 1–16

2358 Versicherungs- und Beitragsrecht der Sozialversicherung in der DDR. Zusammengestellt von Horst Weser, Bundesversicherungsanstalt für Angestellte. Stand: 1. Juni 1979. Berlin 1979, 457 S.

2359 **Voigt,** Dieter und Frank Grätz: DDR: Mitbestimmung oder Mitwirkung in den Betrieben?, in: Politische Studien 26 (1975), H. 224, 591–607

2360 **Voigt,** Dieter: Sozialstrukturforschung in der DDR. Eine kritische Analyse, in: Deutschland Archiv 8 (1975), 476–511

2361 Die **Volkswirtschaft der DDR.** Autorenkollektiv: Gerd Friedrich u. a. Hrsg.: Akademie für Gesellschaftswissenschaften beim ZK der SED. Berlin: Verlag Die Wirtschaft 1979, 296 S.

2362 **Vortmann,** Heinz: Geburtenzunahme in der DDR – Folge des „Babyjahrs". Geburtenentwicklung und Familienförderung in der DDR, in: Vierteljahreshefte zur Wirtschaftsforschung (1978), 210–232

2363 **Vortmann,** Heinz: Einkommensumverteilung als Instrument der Sozialpolitik in der DDR, in: DIW Vierteljahresheft (1975), H. 3, 176–186

2364 **Vortmann,** Heinz: Beschäftigungsstruktur und Arbeitskräftepolitik in der DDR. Köln 1976, 50 S. (Berichte des Bundesinstituts für ostwissenschaftliche und internationale Studien 35/1976)

2365 **Wagner,** Thomas: Ist die Planwirtschaft der DDR effizienter als das Wirtschaftssystem der Bundesrepublik?, in: Deutschland Archiv 12 (1979), 1055–1064

2366 **Walther,** Rosemarie: Familienbeziehungen und Erziehung der Kinder, in: Einheit 34 (1979), 1157–1165

2367 Warum gibt es in der DDR keine Arbeitslosigkeit? Hrsg. Friedrich-Ebert-Stiftung. Bonn: Verlag Neue Gesellschaft 1981² (überarbeitet), 46 S. (Die DDR. Realitäten – Argumente.)

2368 **Werner,** Frank: Stadt, Städtebau, Architektur in der DDR. Aspekte der Stadtgeographie, Stadtplanung und Forschungspolitik. Institut für Gesellschaft und Wissenschaft, Erlangen. Erlangen: Verlag Deutsche Gesellschaft für Zeitgeschichtliche Fragen 1981, 260 S.

2369 **Wettig,** Gerhard: Lockerung in der DDR durch Wirtschaftshilfe?, in: Außenpolitik 30 (1979), 382–391

2370 **Wichert,** Klaus: Die Beendigung des Arbeitsrechtsverhältnisses durch den Betrieb nach dem AGB in der DDR, in: Recht in Ost und West 24 (1980), 236–240

2371 **Wieland,** Klaus: Leistungsentlohnung in der DDR. Bergisch Gladbach: Heider 1980, 52 S. (Bundesvereinigung der Deutschen Arbeitgeberverbände. Leistung und Lohn 99/103)

2372 **Wilke,** Kay-Michael: Die Einkommensbesteuerung in der DDR, in: Recht in Ost und West 24 (1980), 16–20

2373 **Winter,** Helmut: Außenwirtschaftsplanung und betriebliche Ergebnisrechnung in der DDR, in: Deutschland Archiv 10 (1977), 1185–1200

2374 Das **Wissenschaftssystem** in der DDR. Hrsg.: Institut für Gesellschaft und Wissenschaft. Erlangen: Selbstverlag 1977, 281 S.

2375 Wohnungs- und Städtebau in der DDR. Zur Wohnungsfrage. Hrsg.: Friedrich-Ebert-Stiftung. Bonn: Verlag Neue Gesellschaft 1981, 44 S. (Die DDR. Realitäten – Argumente.)

2376 **Wolf,** Klaus-Peter: Probleme der Arbeiterjugend in der DDR, in: Deutsche Jugend 23 (1975), 495-496

2377 **Wolf,** Konstanze: „Mitbestimmung“ und „Mitgestaltung“ in der DDR, in: Politische Studien 28 (1977), H. 231, 29–45

2378 **Würth,** Gerhard: Umweltschutz in der DDR, in: Beiträge zur Sozialismusanalyse 2 (1979), 156–188

2379 **Wurms,** Christoph: Sozialplanung in der DDR, in: Beiträge zur Sozialismusanalyse 2 (1979), 189–220

2380 Zentraler Forschungsplan der marxistisch-leninistischen Gesellschaftswissenschaften der DDR, in: Einheit 30 (1975), 1042–1061

2381 **Zschorsch,** Gerald K.: Nirgendwo zu Hause. Eine Jugend in der DDR, in: Aus Politik und Zeitgeschichte B 23/1978, 4–14

2382 Zum Stand des Umweltschutzes in der DDR. Bearbeitet von Bernd Spindler. Hrsg.: Gesamtdeutsches Institut. Bonn 1979, 33 S. Als Manuskript vervielfältigt

d) Politische Willensbildung (Parteien, Massenmedien, Staatsbürgerkunde, Kulturpolitik)

2383 **Acker,** Roland: Unsere Abgeordneten – Vertrauensleute der Werktätigen. Berlin: Verlag Tribüne 1978, 32 S. (Schriftenreihe Unsere Brigade)

2384 **Ammer,** Thomas: Der IX. Parteitag der SED. Kongreß mit Regiefehlern und offenen Problemen. in: Politische Studien 26 (1976), H. 228, 391–398

2385 **Ammer,** Thomas: „Wahlen" in der DDR – Versuch einer Analyse, in: Politische Studien 28 (1977), H. 231, 47–52

2386 **Anweiler,** Oskar (Hrsg.): Erziehungs- und Sozialisationsprobleme in der Sowjetunion, der DDR und Polen. Konferenzmaterialien. Hannover usw.: Schroedel 1978, 229 S. (Auswahl Reihe B, 93)

2387 Auch für Studenten ist der Sozialismus strapaziös. Die Aufgaben der Hochschule in der DDR. in: HPI Hochschulpolitische Informationen, Köln 11 (1980), 7, 11–13

2388 **Bartsch,** Günter: Die SED und Anarchisten, Trotzkisten, Nationalrevolutionäre. in: Deutschland Archiv 11 (1978), 1196–1201

2389 **Bathrick,** David: Affirmative and negative culture: the avant-garde under "actually existing socialism" – the case of the GDR, in: Social Research, New York, 47 (1980), 166–187

2390 **Benser,** Günter: Aufruf der KPD vom 11. Juni 1945. Berlin: Deutscher Verlag der Wissenschaften 1980, 43 S. (Illustrierte historische Hefte 19)

2391 **Bergsdorf,** Wolfgang: Zur Technik totalitärer Sprachlenkung, in: Politik und Kultur 5 (1978), 2, 26-37

2392 **Bilke,** Jörg Bernhard: Die verdrängte Wirklichkeit. DDR-Literatur unter Erich Honecker 1971–1978, in: Aus Politik und Zeitgeschichte B 23/1978, 15–35

2393 **Bilke,** Jörg Bernhard: DDR-Literatur. Zeitungswahrheit oder Literaturwahrheit? in: Der Monat 32 (1981), 4 (H. 281), 110–124

2394 **Bilke,** Jörg Bernhard: Siebzehn Millionen Befehlsempfänger. Zum Feindbild des DDR-Sozialismus, in: Illusionen der Brüderlichkeit. Hrsg. von Gerd-Klaus Kaltenbrunner. Freiburg i. Br.: Herder 1980, 101–116

2395 **Bock,** Stephan: Literatur, Gesellschaft, Nation. Materielle und ideelle Rahmenbedingungen der frühen DDR-Literatur. (1945–1956) Stuttgart: Metzler 1980, 328 S. (Metzler Studienausgabe)

2396 **Bowers,** Stephen: The mobilization of youth in marxist East Germany, in: The Journal of Social and Political Studies, Washington, D.C. 5 (1980), 163–182

2397 **Brämer,** Rainer, Allgemeinbildung im Widerspruch konkurrierender Sozialismusstrategien, in: Deutschland Archiv. Sonderheft (1978), 117–143

2398 **Buxhoeveden,** Christina von: Geschichtswissenschaft und Politik in der DDR. Das Problem der Periodisierung. Köln: Verlag Wissenschaft und Politik 1980, 301 S.

2399 **Danziger,** Carl-Jacob: Die Partei hat immer recht. Stuttgart: Gebühr Verlag 1976, 248 S.

DDR-Handbuch ... vgl. Nr. 33

Dokumente der SED ... vgl. Nr. 60

2400 **Ebert,** Friedrich: Unsere Wahlen – Ausdruck lebendiger sozialistischer Demokratie, in: Einheit 31 (1976), 978–986

2401 **Effenberger,** Willi: Die Entwicklung der sozialistischen Wehrerziehung in der DDR zu Beginn der sechziger Jahre, in: Militärgeschichte 17 (1978), 553–563

2402 Zur Entwicklung der Klassen und Schichten in der DDR. Hrsg.: Parteihochschule „Karl Marx" beim ZK der SED. Autorenkollektiv des Lehrstuhls Wissenschaftlicher Kommunismus: Wolfgang Schneider u. a. Berlin: Dietz 1977, 147 S. (Internationale Reihe „Sozialismus – Erfahrungen, Probleme und Perspektiven".)

2403 Der **FDGB** von A–Z. Hrsg.: Friedrich-Ebert-Stiftung. Bonn: Verlag Neue Gesellschaft 1982[3] (überarbeitet), 55 S. (Die DDR. Realitäten – Argumente.)

2404 **Fischer,** Peter: Die Rolle der DDR-CDU bei der Durchsetzung kirchenpolitischer Ziele der SED, in: Politische Studien 29 (1978), H. 239, 241–247

2405 **Freiburg,** Arnold und Christa Mahrad: FDJ. Der sozialistische Jugendverband der DDR. Opladen: Westdeutscher Verlag 1982, 377 S. (Studien zur Sozialwissenschaft 51)

2406 Freizeit in der DDR. Hrsg.: Friedrich-Ebert-Stiftung. Bonn: Verlag Neue Gesellschaft 1981, 43 S. (Die DDR. Realitäten – Argumente.)

2407 **Fricke,** Karl Wilhelm: Der IX. Parteitag der SED. in: Deutschland Archiv 9 (1976), 561–564

2408 **Fricke,** Karl Wilhelm: „Halbzeitbilanz" der SED. Zum Ergebnis der Parteiwahlen 1978/79, in: Deutschland Archiv 12 (1979), 337–340

2409 **Fricke,** Karl Wilhelm: Zur Geschichte der Kommunalwahlen in der DDR, in: Deutschland Archiv 12 (1979), 454–459

2410 **Friedrich,** Walter und Werner Hennig (Hrsg.): Jugendforschung: methodologische Grundlagen, Methoden und Techniken. Berlin: Deutscher Verlag der Wissenschaften 1976, 264 S.

2411 **Geschichte der Freien Deutschen Jugend:** Chronik. Redaktions-Kollegium: Karl Heinz Jahnke u. a. Berlin: Verlag Neues Leben 1976, 366 S.

2412 **Geschichte der Sozialistischen Einheitspartei Deutschlands. Abriß. Hrsg.: Autorenkollektiv beim Institut für Marxismus-Leninismus beim ZK der SED. Ernst Diehl u. a. Frankfurt/M.: Verlag Marxistische Blätter 1978, 676 S.**

2413 **Götting,** Gerald: Christliche Demokraten – Mitgestalter der entwickelten sozialistischen Gesellschaft in der DDR. Aus Reden und Aufsätzen 1971–1977. Berlin: Union Verlag 1977, 377 S.

2414 **Gransow,** Volker: Kulturpolitik in der DDR. Berlin: Volker Spiess Verlag 1975, 170 S.

2415 **Grebing,** Helga: Die intellektuelle Opposition in der DDR seit 1956. Ernst Bloch, Wolfgang Harich, Robert Havemann, in: Aus Politik und Zeitgeschichte B 45/1977, 3–19

2416 **Gust,** Kurt: East German Protestantism under communist rule, 1945–1961. Ann Arbor: University Microfilms 1979, 355 S.

2417 **Hanke,** Irma: Vom neuen Menschen zur sozialistischen Persönlichkeit. Zum Menschenbild der SED, in: Deutschland Archiv 9 (1976), S. 492–515

2418 **Hartmann-Laugs,** Petra S. und Anthony John Goss: Unterhaltung und Politik im Abendprogramm des DDR-Fernsehens. Köln: Verlag Wissenschaft und Politik 1982, 216 S.

2419 **Hartwig,** Jürgen und Albert Wimmel: Wehrerziehung und vormilitärische Ausbildung der Kinder und Jugendlichen in der DDR. Stuttgart: Seewald 1979, 207 S. (Schriftenreihe der Studiengesellschaft für Zeitprobleme e. V., Bonn. Militärpolitik 14)

2420 **Helwig,** Gisela: Von der Orientierung zur Identifizierung. 14. Parteitag der DDR-CDU, in: Deutschland Archiv 10 (1977), 1121–1124

2421 **Helwig,** Gisela: „Als Held wird man nicht geboren". Zum Wehrunterricht in der DDR, in: Deutschland Archiv 12 (1979), 233–235

2422 **Henrich,** Wolfgang: Das unverzichtbare Feindbild. Haßerziehung in der DDR. Bonn: Hohwacht 1981, 111 S.

2423 Herausbildung des Geschichtsbewußtseins – Bestandteil der kommunistischen Erziehung der Schuljugend. Von Siegfried Kahl, Manfred Wiedemann und Helmut Zessin, in: Einheit 33 (1978), 637-644

2424 **Hettwer,** Hubert: Das Bildungswesen in der DDR. Strukturelle und inhaltliche Entwicklung seit 1945. Köln: Kiepenheuer & Witsch 1976, 138 S. (Pocket Wissenschaft. Pädagogik)

2425 **Höfling,** Wolfram: Rechtspropaganda als Instrument der SED-Politik, in: Politik und Kultur 6 (1979), 4, 67–73

2426 **Hofmann,** Heinz: Mehrparteiensystem ohne Opposition. Die nichtkommunistischen Parteien in der DDR, Polen, der Tschechoslowakei und Bulgarien. Frankfurt usw.: Lang 1976, 129 S. (Europäische Hochschulschriften. Reihe XXXI: Politikwissenschaft 5)

2427 Honeckers Parteiprogramm. Hrsg.: Friedrich-Ebert-Stiftung. Bonn: Verlag Neue Gesellschaft 1980[2] (überarbeitet), 69 S. (Die DDR. Realitäten – Argumente.)

2428 **Hübner,** Werner: Zur führenden Rolle der Partei bei der sozialistischen Wehrerziehung nach dem VIII. Parteitag der SED, in: Militärgeschichte 18 (1979), 5–16

2429 **Hücking,** Hans-H.: Wehrunterricht in der DDR, in: Frankfurter Hefte 35 (1980), 43–49

Jacobsen, Hans-Adolf . . . vgl. Nr. 2070

2430 **Jahnke,** Karl Heinz und Gerhard Naumann: Partei und Jugendverband, in: Einheit 31 (1976), 639–647

2431 **Jegensdorf,** Lothar: Kulturpolitik und literarische Zensur in der DDR, in: Aus Politik und Zeitgeschichte B 46/1980, 21–36

2432 **Kinne,** Michael und Birgit Strube-Edelmann: Kleines Wörterbuch des DDR-Wortschatzes. Düsseldorf: Schwann 1980, 250 S.

2433 **Kleinschmid,** Harald: „Das nützliche Korrektiv". Die geistige Auseinandersetzung in der DDR findet im Westen statt, in: Deutschland Archiv 10 (1977), 1011–1017

2434 **Kleinschmid,** Harald: „Das ist an der Wahrheit konkret: Man erfährt sie immer zu spät". Zur kulturpolitischen Situation in der DDR nach dem VIII. Schriftstellerkongreß, in: Deutschland Archiv 11 (1978), 1009–1014

2435 **Kleinschmid,** Harald: „Das große Schweigen". Zur kulturpolitischen Situation in der DDR nach dem Ausschluß von neun Schriftstellern, in: Deutschland Archiv 12 (1979), 899–905

2436 **Kleinschmid,** Harald: „Das unbewußte Sehnen nach dem Abgrund". Zur Kulturpolitik der DDR im Herbst 1979, in: Deutschland Archiv 12 (1979), 1233–1238

2437 **Knecht,** Willi Ph.: Das Medaillenkollektiv. Fakten, Dokumente, Kommentare zum Sport in der DDR. Berlin: Holzapfel 1978, 152 S. (. . . in der DDR)

2438 **Koch,** Hans: Cultural policy in the German Democratic Republic. Paris 1975, 62 S. (Studies and documents on cultural policies. Unesco)

2439 **Koch,** Hans: Kultur und Hauptaufgabe. Zur Entwicklung der sozialistischen Nationalkultur, in: Einheit 32 (1977), 192–202

2440 **Kreuztberg,** Martin: Theater und Drama der DDR, in: Politik und Kultur 7 (1980), 1, 44–55

2441 **Kübler,** Hans-Dieter: Kinder- und Jugendfernsehen in der DDR. Problemaufriß eines Projekts, in: Politik und Kultur 4 (1977), 5, 30–42

2442 **Kübler,** Hans-Dieter: Kinderpresse in der DDR, in: Politik und Kultur 6 (1979), 2, 24–39

2443 **Kühnst,** Peter: Der mißbrauchte Sport. Die politische Instrumentalisierung des Sports in der SBZ und DDR 1945–1957. Köln: Verlag Wissenschaft und Politik 1982, 211 S.

2444 **Langguth,** Gerd: Klassenkampf im Sandkasten, in: Politische Studien 26 (1975), H. 221, 293–302

2445 **LDPD** auf dem Weg vom 11. zum 12. Parteitag. 1972–1977. Hrsg. v. Sekretariat des Zentralvorstandes der LDPD. Berlin: Der Morgen 1977, 286 S.

2446 **Lendvai,** Paul: Der Medienkrieg. Wie kommunistische Regierungen mit Nachrichten Politik machen. Frankfurt/Main usw.: Ullstein 1981, 279 S. (das aktuelle Ullstein-Buch 34515)

2447 **Liberaldemokraten** im Sozialismus. Die Wahrheit über den Weg der Liberal-Demokratischen Partei Deutschlands in der Deutschen Demokratischen Republik. Berlin: Buchverlag Der Morgen 1975, 89 S.

2448 Literarisches Leben in der DDR 1945 bis 1960. Literaturkonzepte und Leseprogramme. Autorenkollektiv: Ingeborg Münz-Koenen u. a. Berlin (Ost): Akademie-Verlag 1979, 347 S. (Literatur und Gesellschaft. Hrsg. v. d. Akademie der Wissenschaften der DDR – Zentralinstitut für Literaturgeschichte)

2449 **Ludz,** Peter Christian: Sozialwissenschaftliche Befragungen im Dienst der SED. Zur „Praxisverbundenheit" der empirischen Sozialforschung in der DDR am Beispiel von Umfragen zu arbeits-, familien- und freizeitsoziologischen Problemen, in: Deutschland Archiv 12 (1979), 838–864

2450 **Lummer,** Heinrich: Der politische Witz in der DDR. Instrument der Politik und der Opposition, in: Die Politische Meinung 23 (1978), H. 181, 105–117

2451 **Maaß,** Hans-Christian: „Genossenschaftliche Demokratie" in der DDR. Entwicklung eines Begriffs. in: Deutschland Archiv 10 (1977), 724–731

2452 **Maaß,** Kurt-Jürgen: Ein zweites deutsches Gesicht? Zur auswärtigen Kulturpolitik der DDR, in: Deutschland Archiv 13 (1980), 1282–1287

2453 **Mallinckrodt,** Anita M.: Propaganda als Instrument der Außenpolitik, in: Drei Jahrzehnte Außenpolitik der DDR. Hrsg. von Hans-Adolf Jacobsen u. a. München: Oldenbourg 1979, 261–273

2454 **Mampel,** Siegfried: Zum Wahlgesetz der DDR 1976. in: Deutschland Archiv 9 (1976), 1130–1134

2455 **Mampel,** Siegfried: Teilnahme der Bürger im politischen System der DDR, in: Recht in Ost und West 23 (1979), 97–106

2456 **Matthies,** Helmut (Hrsg.): Zwischen Anpassung und Widerstand. Interviews mit Bischöfen und Kommentare zur Situation der evangelischen Kirche in der DDR. Wiesbaden: coprint o. J. (1980), 109 S. (Ein idea Buch. Deutsche Evangelische Allianz. 1)

2457 **Mayer,** Hans: Literatur heute im geteilten Deutschland, in: Politik und Kultur 5 (1978), 4, 3–21

2458 **McCauley,** Martin: Marxism-Leninism in the German Democratic Republic. The Socialist Unity Party (SED). In ass. with the School of Slavonic and East European Studies, University of London. London usw.: Macmillan 1979, 267 S. (Studies in Russian and East European history)

2459 **Mechtenberg,** Theo: Die Friedensbewegung der evangelischen Kirche in der DDR, in: Deutsche Studien 19 (1981), H. 74, 175–180

2460 **Oldenburg,** Fred: Die Sozialistische Einheitspartei Deutschlands. Geschichte, Selbstverständnis, Organisationsaufbau und Sozialstruktur. T. 1. Köln 1975 (Berichte des Bundesinstituts für ostwissenschaftliche und internationale Studien 57/1975)

2461 **Oldenburg,** Fred: Die konservative Revolution. Das Parteiprogramm der Honecker-Ära, in: Deutschland Archiv 9 (1976), 113–117

2462 **Oldenburg,** Fred: Parteien in der Deutschen Demokratischen Republik, in: Walter Schlangen (Hrsg.): Die deutschen Parteien im Überblick – Von den Anfängen bis heute. Düsseldorf Droste 1979, 237–263

2463 **Otto,** Elmar Dieter: Nachrichten in der DDR. Eine empirische Untersuchung über „Neues Deutschland". Köln: Verlag Wissenschaft und Politik 1979, 190 S. (Bibliothek Wissenschaft und Politik 11)

2464 **Pohl,** Edda: Die ungehorsamen Maler. Über Konflikte zwischen neokonformistischen Bildenden Künstlern und der staatlichen Kulturpolitik der DDR. Berlin: Verlag Europäische Ideen 1979, 100 S.

2465 **Programm und Statut der SED vom 22. Mai 1976.** Mit einem einleitenden Kommentar von Karl Wilhelm Fricke. Köln: Verlag Wissenschaft und Politik 1976, 144 S.

2466 **Richter,** Rolf: Kultur im Bündnis. Die Bedeutung der Sowjetunion für die Kulturpolitik der DDR. Berlin: Dietz 1979, 135 S.

2467 **Riese,** Werner: Das Prinzip der Parteilichkeit in der Geschichtswissenschaft der DDR, in: Pac Korrespondenz (1978), 57, 3–12

2468 **Riese,** Werner: Der Parteiauftrag für die Geschichtswissenschaft der DDR – Funktion und Realisierung, in: Politik und Kultur 6 (1979), 2, 40–56

2469 **Riesenberger,** Dieter und Max Tauch: Geschichtsmuseum und Geschichtsunterricht. Analysen und Konzepte aus der Bundesrepublik Deutschland und der DDR. Unter Mitarbeit von Gabriele Uerscheln. Düsseldorf: Schwann 1980, 116 S. (Geschichte und Sozialwissenschaften)

2470 **Riewoldt,** Otto F.: Nicht unbeschadet, aber unbedroht. Zur Situation des Theaters in der DDR, in: L 76. (1977), 6, 163–177

2471 **Roeder,** Veronika: Preußische Geschichte in der sozialistischen Schule, in: Geschichte in Wissenschaft und Unterricht 32 (1981), 400–423

2472 **Rossade,** Werner: Grundzüge gegenwärtiger Kulturpolitik der SED, in: Deutschland Archiv. Sonderheft (1977), 32–43

2473 **Rossade,** Werner: Kulturpolitik als Herrschaftsinstrument. Bemerkungen zur Kulturpolitik der SED-Führung. in: Deutschland Archiv 10 (1977), 288–304

2474 **Rossade,** Werner: „Sozialistische Lebensweise" und weiter Kulturbegriff in der Führungsideologie der SED, in: Deutschland Archiv 14 (1981), 277–285

2475 **Rossmann,** Gerhard: Zum Stand und zu einigen Aufgaben der Erforschung und Darstellung der Geschichte der SED, in: Zeitschrift für Geschichtswissenschaft 23 (1975) 1373–1395

2476 **Roth,** Paul: Massenmedien in der DDR, in: Jugend, Film, Fernsehen. München 19 (1975), 2, 81–89

2477 **Rüß,** Gisela (Hrsg.): Dokumente zur Kunst-, Literatur- und Kulturpolitik der SED 1971–1974. Stuttgart: Seewald 1976, 1145 S.

2478 **Rüß,** Gisela: Der 17. Juni in der Literatur, in: Politik und Kultur 5 (1978), 3, 78–87

2479 **Rumpler,** Helmut: Die politische Funktion der Geschichtswissenschaft in der DDR, in: Politik und Kultur 5 (1978), 6, 3–14

2480 **Schlenker,** Wolfram: Das „Kulturelle Erbe" in der DDR. Entwicklung und Kulturpolitik 1945–1965. Stuttgart: Metzler 1977, 260 S. (Metzler-Studienausgabe)

2481 **Schmidt,** Hans-Dieter: Geschichtsunterricht in der DDR. Eine Einführung. Stuttgart: Klett 1979, 235 S. (Anmerkungen und Argumente zur historischen und politischen Bildung 25)

2482 **Schmidt,** Gerlind: Die polytechnische Bildung in der Sowjetunion und in der DDR. Heidelberg: Quelle und Meyer, 209 S. (Erziehungswissenschaftliche Veröffentlichungen des Osteuropa-Instituts an der Freien Universität Berlin, 8)

2483 **Schmitt,** Karl: Zur Wirksamkeit der politischen Erziehung in der DDR, in: Aus Politik und Zeitgeschichte B 23/1978, 36–50

2484 **Schmolze,** Gerhard: Das Elend der Ost-CDU, in: Das Elend der Christdemokraten. Hrsg. von Gerd-Klaus Kaltenbrunner. München usw.: Herder 1977, 74–92 (Herderbücherei Initiative 21 / Herderbücherei 9521)

2485 **Schneider,** Eberhard: Die Volksvertretungen in der DDR, in: Zeitschrift für Politik 22 (1975), 183–201

2486 **Schneider,** Eberhard: Die „Annäherung der sozialistischen Nationen" im neuen Parteiprogramm der SED, in: Deutschland Archiv 9 (1976), 398–402

2487 **Schneider,** Eberhard (Hrsg.): SED – Programm und Statut von 1976. Text, Kommentar, didaktische Hilfen. Opladen: Leske und Budrich 1977, 157 S. (Analysen 21)

2488 **Schneider,** Eberhard: Die Wahlen zur Volkskammer der DDR 1976 und zum Obersten Sowjet der UdSSR 1979. Köln 1980, 77 S. (Berichte des Bundesinstituts für ostwissenschaftliche und internationale Studien 11/1980)

2489 Die **SED** von A bis Z. Hrsg.: Friedrich-Ebert-Stiftung. Bonn: Verlag Neue Gesellschaft 1982^2 (überarbeitet), 52 S. (Die DDR. Realitäten – Argumente.)

2490 **Seiffert,** Wolfgang: Anmerkungen zur Änderung des Gesetzes über die Wahlen zu den Volksvertretungen der DDR, in: Deutschland Archiv 12 (1979), 792–797

2491 **Seyfferth,** Konrad: Wer meckert, sitzt. Lachen im realen Sozialismus. Freiburg i. Br.: Herder 1981, 126 S. (Herderbücherei 869)

2492 **Staritz,** Dietrich: Zur Entwicklung des Parteiensystems der DDR, in: Dietrich Staritz (Hrsg.): Das Parteiensystem der Bundesrepublik. Geschichte – Entstehung – Entwicklung. Opladen: Leske Verlag und Budrich 1976, S. 20–108

2493 **Stephan,** Alexander: Frühgeschichte der DDR-Kulturpolitik. Planungen der Moskauer Exil-KPD, in: Deutschland Archiv. Sonderheft (1977), 18–31

2494 **Streisand,** Joachim: Kulturgeschichte der DDR. Studien zu ihren historischen Grundlagen und ihren Entwicklungsetappen. Bearbeitet und hrsg. von Hans-Dieter Lahne. Köln: Pahl-Rugenstein 1981, 247 S. (Kleine Bibliothek Politik, Wissenschaft, Zukunft 220)

2495 **Ströbinger,** Rudolf: Kreuz und roter Stern. Hinter den Kulissen der christlichen Parteien des Ostblocks. Düsseldorf: Walter Rau Verlag 1977, 143 S.

2496 **Thomas,** Karin: Dreißig Jahre Kulturpolitik der DDR im Spiegel ihrer Malerei, in: Aus Politik und Zeitgeschichte B 46/1980, 37–60

2497 **Troester,** Robert: L'„Institut für Literatur Johannes Robert Becher" de Leipzig, in: Revue d'Allemagne. Strasbourg 10 (1978), 537–546

2498 Die Verantwortung des Schriftstellers in den Kämpfen unserer Zeit. Materialien zum 8. Schriftstellerkongreß der DDR, Berlin 29.–31. Mai 1978. Schriftstellerverband der DDR. München: Damnitz 1978, 191 S. (Marxistische Ästhetik und Kulturpolitik)

2499 **Waldrich,** Hans-Peter: Der Demokratiebegriff der SED. Ein Vergleich zwischen der älteren deutschen Sozialdemokratie und der Sozialistischen Einheitspartei Deutschlands. Mit einer Einführung von Iring Fetscher. Stuttgart: Klett-Cotta 1980, 275 S.

2500 **Walwei-Wiegelmann,** Hedwig: Jugend, Sozialismus, Deutsche Frage. Neue DDR-Literatur. Texte und Materialien für den Deutschunterricht. Paderborn: Schöningh 1979, 163 S.

2501 **Weber,** Hermann: Demokratischer Kommunismus. Robert Havemann und die Problematik des demokratischen Kommunismus in der DDR, in: Ein Marxist in der DDR. Für Robert Havemann. Hrsg. von Hartmut Jäckel. München usw.: Piper 1980, 164–177

2502 **Wetzel,** Hans: Parteikontrolle, in: Einheit 30 (1975), 131–135

2503 **Wolf,** Klaus-Peter: FDJ'ler müssen Gesetze „büffeln", in: Deutsche Jugend 23 (1975), 10, 445–446

2504 **Wolf,** Klaus-Peter: Freizeit in der DDR: Mehr Pop und weniger Politik, in: Deutsche Jugend 24 (1976), 6, 252–253

2505 **Zieger,** Gottfried: Individuum und politisches System in der DDR, in: Recht in Ost und West 23 (1979), 209–217

2506 **Zöllner,** Friedhelm: Der Todfeind im Tornister. Überlegungen und Erfahrungen zu einer Unterrichtseinheit zum Thema: „Wehrerziehung in der DDR", in: Materialien zur Politischen Bildung (1980), 4, 32–40

e) Rechtssystem

2507 **Adler,** Jürgen und Karl Alich: Zur Zwangsvollstreckung von Unterhaltstiteln von Gerichten der DDR und Ost-Berlins, in Recht in Ost und West 24 (1980), 142–146

2508 **Ahrens,** Wilfried: Hilferufe von Drüben. Die DDR vertreibt ihre Kinder. Authentische Berichte. Huglfing/Obb.: Verlag für Öffentlichkeitsarbeit in Wirtschaft und Politik 1978, 288 S.

2509 **Arnold,** Hans-Henning: Art und Umfang der elterlichen Rechte in der Deutschen Demokratischen Republik – zugleich ein Beitrag zur Reform des Rechts der elterlichen Sorge und der Adoption in der Bundesrepublik Deutschland. Berlin: Nomos Verlagsgesellschaft (i. Komm.) 1975, 154 S. (Rechtswissenschaftliche Veröffentlichungen. Osteuropa-Institut der FU Berlin. 4)

2510 **Aue,** Herbert: Die Jugendkriminalität in der DDR. Berlin: Berlin-Verlag 1976, 254 S. (Politologische Studien 7)

2511 **Bartels,** Hans Joachim: Das neue Arbeitsrecht der DDR, in: Rabels Zeitschrift für Ausländisches und Internationales Privatrecht. Tübingen 42 (1978), 507–549

2512 **Benjamin,** Hilde: Zu Problemen der Herausbildung und Entwicklung der demokratischen Mitwirkung der Werktätigen in der sozialistischen Rechtspflege, in: 30 Jahre DDR. Aktuelle Fragen der Entwicklung von Staat, Recht und Demokratie. Potsdam-Babelsberg 1979, Bd. 2, 5–28 (Aktuelle Beiträge der Staats- und Rechtswissenschaft. Akademie für Staats- und Rechtswissenschaften der DDR. H. 205)

2513 **Brugger,** Winfried: Marx und das Rechtsverständnis in der DDR, in: Recht in Ost und West 22 (1978), 101–110

2514 **Brunner,** Georg: Einführung in das Recht der DDR. München: Beck 1979^2 (neu bearbeitet und erweitert), 224 S. (Schriftenreihe der Juristischen Schulung 29)

2515 **Bruns,** Wilhelm: Menschenrechtspakte und DDR, in: Deutschland Archiv 11 (1978), 848–853

2516 **Bruns,** Wilhelm: Die DDR und das Prinzip der friedlichen Streitbeilegung, in: Deutschland Archiv 11 (1978), 956–963

DDR-Handbuch . . .vgl. Nr. 33

2517 **Drobnig,** Ulrich: Dingliche Rechte im Zivilgesetzbuch der DDR, in: Recht in Ost und West 20 (1976), 11–20

2518 **Finn,** Gerhard: Politischer Strafvollzug in der DDR. Unter Mitarbeit von Karl Wilhelm Fricke. Köln: Verlag Wissenschaft und Politik 1981, 168 S.

2519 **Freiburg,** Arnold: Zur Jugendkriminalität in der DDR, in: Kölner Zeitschrift für Soziologie und Sozialpsychologie 27 (1975), 489–537

2520 **Freiburg,** Arnold: Kriminalität in der DDR. Zur Phänomenologie des abweichenden Verhaltens im sozialistischen deutschen Staat. Opladen: Westdeutscher Verlag 1981, 316 S. (Studien zur Sozialwissenschaft 45)

2521 **Fricke,** Karl Wilhelm: Juni-Aufstand und Justiz, in: Deutschland Archiv 11 (1978), 617–631

2522 **Fricke,** Karl Wilhelm: Die 9. Tagung der Volkskammer. Ausweitung und Verschärfung des politischen Strafrechts, in: Deutschland Archiv 12 (1979), 787-792

2523 **Fricke, Karl Wilhelm: Politik und Justiz in der DDR. Zur Geschichte der politischen Verfolgung 1945–1968. Bericht und Dokumentation. Köln: Verlag Wissenschaft und Politik 1979, 675 S.**

2524 **Fricke,** Karl Wilhelm: Geschichte und Legende der Waldheimer Prozesse, in: Deutschland Archiv 13 (1980), 1172–1183

2525 **Fricke,** Karl Wilhelm: Bilanz der DDR-Amnestie '79, in: Deutschland Archiv 13 (1980), 127–130

2526 **Fuchs,** Jürgen: Vernehmungsprotokolle. November '76 bis September '77. Reinbek: Rowohlt 1978, 133 S. (rororo aktuell 4271)

2527 **Grasemann,** Hans-Jürgen: Der sozialistische Staatsanwalt, seine Stellung und Aufgabe in der DDR, in: Deutsche Studien 17 (1979), 53–64

2528 **Grasemann,** Hans-Jürgen: Vom unabhängigen zum sozialistischen Richter. Zur Rechtsstellung der Richter in der DDR, in: Deutsche Studien 17 (1979), 164–172

2529 **Grundrechte** des Bürgers in der sozialistischen Gesellschaft. Autorenkollektiv unter Leitung von Eberhard Poppe. Berlin: Staatsverlag der DDR 1980, 308 S.

2530 **Gundermann,** Horst: Entlassung aus der Staatsbürgerschaft. Eine Dokumentation. Berlin: Ullstein 1978, 170 S.

2531 **Hacker,** Jens: Die Menschenrechte im geteilten Deutschland. Verpflichtungen und Unterlassungen der DDR, in: Die Politische Meinung 22 (1977), H. 172, 45–61

2532 **Häußling,** Josef M.: Die Jugend im Recht der Deutschen Demokratischen Republik, in: Politik und Kultur 2 (1975), 6, 24–49

2533 **Hinz,** Helmut: Die Aufgaben der Staatsanwaltschaft in der DDR außerhalb des Strafverfahrens, in: Recht in Ost und West 25 (1981), 85–91

2534 **Kamin,** Hiltrud: Zur Entwicklung der Frauen in der Justiz der Deutschen Demokratischen Republik. Potsdam-Babelsberg 1976, 89 S. (Aktuelle Beiträge der Staats- und Rechtswissenschaft. Akademie für Staats- und Rechtswissenschaft der DDR, Lehrstuhl Geschichte und Rechtspflege, H. 147)

2535 **Kittke,** Horst-Dieter: Das neue Erbrecht der DDR, in: Recht in Ost und West 20 (1976), 29–36

2536 **Kittke,** Horst-Dieter: Die Verpflichtung zur Zahlung von „Schmerzensgeld" im Zivilrecht der DDR, in: Deutsches Autorecht. München 46 (1977), 232–236

2537 **Klenner,** Hermann: Menschenrechte im Klassenkampf, in: Einheit 32 (1977), 156–165

2538 **Klinger,** Günther: Zum neuen Arbeitsgesetzbuch der Deutschen Demokratischen Republik, in: Wirtschaftsrecht. Berlin (Ost) 8 (1977), 121–125

2539 **Kriele,** Martin: Die Menschenrechte zwischen Ost und West. Köln: Verlag Wissenschaft und Politik 1979^2, 171 S.

2540 Kriminalität, Strafvollzug und Resozialisierung in der DDR. Hrsg.: Friedrich-Ebert-Stiftung. Bonn: Verlag Neue Gesellschaft 1977, 50 S. (Die DDR. Realitäten – Argumente.)

2541 **Lammich,** Siegfried: Das Strafensystem und die Strafpolitik in der DDR und in anderen sozialistischen Staaten, in: Recht in Ost und West 25 (1981), 141–154

2542 **Lieser-Triebnigg,** Erika: Das neue Zivilgesetzbuch der DDR, in: Deutschland Archiv 8 (1975), 1042–1056

2543 **Lindheim,** Thomas von: Das Prinzip der Öffentlichkeit des Verfahrens im Strafprozeß der DDR, in: Recht in Ost und West 22 (1978), 65–68

2544 **Lindheim,** Thomas von: Das neue Strafvollzugsrecht der DDR, in: Recht in Ost und West 23 (1979), 12–16

2545 **Lolland,** Jörg und Frank S. Rödiger (Hrsg.): Gesicht zur Wand! Berichte und Protokolle politischer Häftlinge der DDR. Stuttgart: Seewald 1977, 204 S. (Schriftenreihe der Studiengesellschaft für Zeitprobleme. Zeitprobleme 17)

2546 **Mampel,** Siegfried: Die Rolle des Rechts in der entwickelten sozialistischen Gesellschaft der DDR, in: Deutschland Archiv 8 (1975), 723–732

2547 **Mampel,** Siegfried: Das Eigentum und die Nutzung von Grundstücken nach dem neuen Zivilgesetzbuch der DDR, in: Politik und Kultur 3 (1976), 3, 31–57

2548 **Mampel,** Siegfried: Das Rechtsanwendungsgesetz der DDR, in: Neue Juristische Wochenschrift 29 (1976), H. 34, 1521-1526

2549 **Mück,** Herbert: Rehabilitation im Recht der DDR, in: Deutschland Archiv 11 (1978), 274–278

2550 **Mück,** Herbert: Die Rechtsstellung des Patienten in der DDR, in: Recht in Ost und West 24 (1980), 49–62

2551 **Österreich,** Tina: Ich war RF. Ein Bericht. Stuttgart: Seewald 1977, 352 S.

Österreich, Tina . . . vgl. Nr. 2303

2552 **Pleyer,** Klemens und Peter von Wnuck: Leitungsaufgabe des Rechts und individuelles Verschulden in der DDR, in: Politik und Kultur 3 (1976), 4, 43–69

2553 **Recht im Dienst des Volkes.** Hrsg.: Vereinigung der Juristen der Deutschen Demokratischen Republik. Berlin: Staatsverlag der DDR 1979, 159 S.

2554 Die **Rechtsentwicklung in der DDR,** in: Recht in Ost und West 23 (1979), 167–170; 217–226; 260–264

2555 **Renneberg,** Joachim: Beiträge zur Herausbildung, Entwicklung und Vervollkommnung des Systems der Maßnahmen strafrechtlicher Verantwortlichkeit im sozialistischen Strafrecht der DDR. Potsdam 1978, 122 S. (Aktuelle Beiträge der Staats- und Rechtswissenschaft, Akademie für Staats- und Rechtswissenschaft der DDR 196)

2556 **Roos,** Peter (Hrsg.): Exil. Die Ausbürgerung Wolf Biermanns aus der DDR. Eine Dokumentation. Köln: Kiepenheuer & Witsch 1977, 320 S.

2557 **Roth,** Paul: Die „Grundrechte" der DDR-Bürger sind keine Menschenrechte, in: Informationsdienst des Katholischen Arbeitskreises für Zeitgeschichtliche Fragen, Bonn (1980), 108, 39–53

2558 **Rudolph,** Helga: Zur Differenzierung des Vertragsrechts in der neueren Gesetzgebung der DDR, in: Rabels Zeitschrift für Ausländisches und Internationales Privatrecht. 41 (1977), 669–706

2559 Russell-Tribunal über die DDR? Von Rudolf Steinke, Helmut Gollwitzer, Rolf Berger, in: Kritik 7 (1979), H. 21, 34–42

2560 **Schiwy,** Peter und Wolfgang Wetzke: Die Zivilprozeßordnung der DDR, in: Recht der Internationalen Wirtschaft. Heidelberg 24 (1978), 368–371

2561 **Schmid,** Karin: Zur Bedeutung des neuen Zivilgesetzbuches der DDR. Teil 1.2. Köln 1976, 52 und 26 S. (Berichte des Bundesinstituts für Ostwissenschaftliche und Internationale Studien 11/1976 und 13/1976)

2562 **Schmid,** Karin: § 90 des Strafgesetzbuchs der DDR. Köln 1978, 29 S. (Berichte des Bundesinstituts für ostwissenschaftliche und internationale Studien 7/1978)

2563 **Schroeder,** Friedrich-Christian: Die neue Strafrechtsreform der DDR, in: Deutschland Archiv 12 (1979), 1064–1076

2564 **Schroeder,** Friedrich-Christian: Das Strafrecht der DDR und der Sowjetunion. Ein Vergleich, in: Gesellschaft für Deutschlandforschung. Jahrbuch 1979 (1980), 186–201

2565 **Schwindt,** Rosemarie: Demokratie und Zentralismus bei der Mitwirkung der DDR-Bevölkerung in der Strafjustiz. Meisenheim a. G.: Hain 1979, 117 S. (Mannheimer Sozialwissenschaftliche Studien 16)

2566 **Sieveking,** Klaus: Die Entwicklung des sozialistischen Rechtsstaatsbegriffs in der DDR. Eine Studie zur Auseinandersetzung mit dem Rechtsstaat in der SBZ-DDR zwischen 1945 und 1968. Baden-Baden: Nomos Verlagsgesellschaft (i. Komm.) 1975, 144 S. (Osteuropa-Institut an der Freien Universität Berlin. Rechtswissenschaftliche Veröffentlichungen 3)

2567 **Supranowitz,** Stephan: Zivilgesetzbuch – planmäßiger Schritt zur weiteren Vervollkommnung der sozialistischen Rechtsordnung der DDR, in: Einheit 30 (1975), 311–318

2568 **Thomas,** Jürgen: Ein sozialistisches Zivilrecht? Die Zivilrechtswissenschaft in der DDR zwischen ideologischer Konsequenz und pragmatischem Kompromiß, in: Aus Politik und Zeitgeschichte B 25/1975, 3–31

2569 **Weber,** Hans: Probleme der weiteren Herausbildung der sozialistischen Wesenszüge der strafrechtlichen Verantwortlichkeit, in: 30 Jahre DDR. Aktuelle Fragen der Entwicklung von Staat, Recht und Demokratie. Potsdam-Babelsberg 1979, Bd. 2, 45–63 (Aktuelle Beiträge der Staats- und Rechtswissenschaftlichen Akademie für Staats- und Rechtswissenschaft der DDR. H. 205)

2570 **Westen,** Klaus: Der Entwurf des Zivilgesetzbuches der DDR, in: Recht und Politik 11 (1975), 89–94

2571 **Westen,** Klaus: Das Zivilgesetzbuch der DDR, in: Recht in Ost und West 20 (1976), 1–11

2572 **Westen,** Klaus (Hrsg.): Das neue Zivilrecht der DDR nach dem Zivilgesetzbuch von 1975. Baden-Baden: Nomos Verlagsgesellschaft (in Komm.) 1977, 318 S. (Rechtswissenschaftliche Veröffentlichungen 7)

2573 **Westen,** Klaus: Schwerpunkte der Rechtsprechung zum Zivilgesetzbuch der DDR, in: Recht in Ost und West 22 (1978), 241–251

2574 **Wolf,** Heinz: Die Entwicklung des Arbeitsrechts in der DDR, in: 30 Jahre DDR. Aktuelle Fragen der Entwicklung von Staat, Recht und Demokratie. Potsdam-Babelsberg 1979, Bd. 2, 64–84 (Aktuelle Beiträge der Staats- und Rechtswissenschaftlichen Akademie für Staats- und Rechtswissenschaft der DDR. H. 205)

2575 **Wünsche,** Kurt: Zur Herausbildung des sozialistischen Gerichtsverfassungsrechts der Deutschen Demokratischen Republik, in: Wiss. Z. Humboldt-Univ. 27 (1978), 231–237

2576 **Zivilrecht** der Deutschen Demokratischen Republik. Zivil- und Familiengesetzbuch mit Nebengesetzen, Urheberrecht, gewerblicher Rechtsschutz, internationales Privat- und Wirtschaftsrecht, Seehandelsrecht. Textsammlung mit einer Einleitung und Verweisungen von Georg Brunner. München: Beck 1977, 605 S.

2577 Zur Geschichte der Rechtspflege der DDR 1945–1949. Autorenkollektiv unter Leitung von Hilde Benjamin. Berlin: Staatsverlag der DDR 1976, 384 S.

f) Selbstverständnis (Nation, Selbstbestimmungsrecht, Staatennachfolge)

Abusch, Alexander ... vgl. Nr. 105

Axen, Hermann ... vgl. Nr. 109, 110

2578 **Bilke,** Jörg Bernhard: Preußentum und DDR-Sozialismus, in: Aus Politik und Zeitgeschichte B 52–53/1981, 23–37

2579 **Bleckmann,** Albert: Probleme der gemeinsamen deutschen Staatsangehörigkeit, in: Politik und Kultur 7 (1980), 2, 31–48

2580 **Blumenwitz,** Dieter: Die deutsche Staatsangehörigkeit und die Konsularverträge der DDR mit dritten Staaten. in: Politische Studien 26 (1975), 283–292

2581 **Blumenwitz,** Dieter: Zwei deutsche Staatsangehörigkeiten?, in: Politische Studien 32 (1981), H. 258, 393–404

2582 **Craig,** Gordon A.: Über die Deutschen. München: Beck 1982, 392 S.

2583 **Döhring,** Rolf und Helmut Meier: Sozialistisches Geschichtsbewußtsein – wesentliches Element sozialistischer Bewußtheit, in: Einheit 31 (1976), 648–655

2584 **Erdmann,** Karl Dietrich: Die Nation im geteilten Deutschland, in: Geschichte in Wissenschaft und Unterricht 28 (1977), 739–749

2585 **Flemming,** Jens: Preußen und die DDR. Notizen zu einem Bewußtseinswandel, in: Journal für Geschichte (1981), 4, 10–14

2586 **Gerlach,** Ingeborg: Der schwierige Fortschritt. Gegenwartsdeutung und Zukunftserwartung im DDR-Roman. Königstein/Ts.: Scriptor-Verlag 1979, 146 S. (Monographien Literaturwissenschaft 46)

2587 **Goebel,** Klaus: Zwei Geschichtsschreibungen und eine deutsche Geschichte? Beispiele der historischen Forschung in der Bundesrepublik und in der DDR, in: Deutschland Archiv 9 (1976), 391–398

2588 **Grasemann,** Hans-Jürgen: Deutsche Staatsangehörigkeit und DDR-Staatsbürgerschaft. Eine Problemskizze, in: Deutsche Studien 16 (1978), 331–339

2589 **Grosser,** Alfred: Die deutsche Identität, in: Die Entscheidung 25 (1977), 2, 10–16

Grotewohl, Otto . . .vgl. Nr. 161

2590 **Gudorf,** Odilo: Sprache als Politik. Untersuchung zur öffentlichen Sprache und Kommunikationsstruktur in der DDR. Köln: Verlag Wissenschaft und Politik 1982, 289 S.

2591 **Hacker,** Jens und Horst Rögner-Francke (Hrsg.): Die DDR und die Tradition. Heidelberg: Meyn 1981, 213 S. (Jahrbuch 1981 der Gesellschaft für Deutschlandforschung) (Schriftenreihe der Gesellschaft für Deutschlandforschung 4)

Hecker, Hellmuth . . . vgl. Nr. 13

2592 **Jaene,** Hans Dieter: Nation und Staatsbürgerschaft, in: Liberal 23 (1981), 902–911

2593 **Jones,** William Treharne: Was ist des (Ost-)deutschen Vaterland? Betrachtungen eines britischen Journalisten. In: Deutschland Archiv 10 (1977), 478–485

2594 **Koenen,** Reiner: Nation und Nationalbewußtsein aus der Sicht der Sozialistischen Einheitspartei Deutschlands. Bochum: Brockmeyer 1975, 195 S.

2595 **Kopp,** Fritz: Der Nationsbegriff in der DDR und in der Bundesrepublik Deutschland. Aspekte der Kontinuität und des Wandels, in: Beiträge zur Konfliktforschung 7 (1977), 4, 79–115

2596 **Kopp,** Fritz: Das Nationalbewußtsein im gespaltenen Deutschland, in: Politische Studien 31 (1980), H. 252, 413–423

2597 **Kopp,** Fritz: Das vertiefte Preußenbild der SED, in: Beiträge zur Konfliktforschung 11 (1981), 85–111

2598 **Kopp,** Fritz: Die Nation der SED. Die deutsche Frage im Arsenal der DDR, in: Die Politische Meinung 26 (1981), 196, 44–51

2599 **Kosing,** Alfred: Theoretische Probleme der Entwicklung der sozialistischen Nation in der DDR. Berlin: Akademie Verlag 1975, 64 S. (Sitzungsberichte der Akademie der Wissenschaften der DDR. 1975, 2 G)

2600 **Kosing,** Alfred: Theoretische Probleme der Entwicklung der sozialistischen Nation in der DDR, in: Deutsche Zeitschrift für Philosophie 23 (1975), 237–261

2601 **Kosing,** Alfred und Walter Schmidt: Nation und Nationalität in der DDR, in: Deutschland Archiv 8 (1975), 1221–1228

2602 **Kosing,** Alfred: Nation in Geschichte und Gegenwart. Studie zur historisch-materialistischen Theorie der Nation. Berlin: Dietz 1976, 310 S. (Grundfragen der marxistisch-leninistischen Philosophie)

2603 **Kosing,** Alfred und Walter Schmidt: Geburt und Gedeihen der sozialistischen deutschen Nation, in: Einheit 34 (1979), 1068–1075

2604 **Kröger,** Herbert: Politische und völkerrechtliche Aspekte der Staatsbürgerschaftsproblematik aus der Sicht der DDR, in: Blätter für deutsche und internationale Politik 26 (1981), 446–460

2605 **Marzahn,** Barbara: Der Deutschlandbegriff der DDR. Dargestellt vornehmlich an der Sprache des Neuen Deutschland. Düsseldorf: Schwann 1979, 270 S. (Sprache der Gegenwart 48)

2606 **Meissner,** Boris: Der sowjetische Nationbegriff und die Frage des Fortbestands der deutschen Nation, in: Europa Archiv 32 (1977), 315–324

2607 **Meissner,** Boris und Jens Hacker: Die Nation in östlicher Sicht. Berlin: Duncker & Humblot 1977, 68 S. (Studien zur Deutschlandfrage 1)

2608 **Mleczkowski,** Wolfgang: Studien über Staatsbewußtsein und Widerstand in der DDR, in: Deutsche Studien 16 (1978), H. 61, 29–48

2609 **Mleczkowski,** Wolfgang: Formen der Selbstbehauptung in der DDR. Politliturgien und Symbolkrieg, in: Deutsche Studien 16 (1978), H. 62, 121–137

2610 **Mleczkowski,** Wolfgang: Der neue Moralismus. - Zur politisch-geistigen Alternative in der DDR, in: Liberal 21 (1979), 262–277

2611 **Mleczkowski,** Wolfgang: Grenzprobleme regimekritischen Denkens, in: Liberal 21 (1979), 545–564

2612 **Morr,** Hubertus von: Der Bestand der deutschen Staatsangehörigkeit nach dem Grundlagenvertrag. Berlin: Duncker & Humblot 1977, 122 S. (Schriften zum Öffentlichen Recht 330)

2613 **Motschmann,** Klaus: Sozialismus und Nation: Wie deutsch ist die „DDR". München: Langen-Müller 1979, 271 S.

2614 **Münch,** Ingo von: Die deutsche Staatsangehörigkeit am Scheideweg?, in: Liberal 17 (1975), 486–499

2615 **Neuhäußer-Wespy,** Ulrich: Nation neuen Typs. Zur Konstruktion einer sozialistischen Nation in der DDR, in: Deutsche Studien 13 (1975), H. 52, 357–366

2616 **Nittner,** Ernst: DDR-Studie: Die Sozialistische Deutsche Nation, in: Informationsdienst des Katholischen Arbeitskreises 1977, 83, 1–14

Norden, Albert ... vgl. Nr. 211

2617 **Oschlies,** Wolf: „Haben die DDR-Führer einen Grenz-Komplex?" Polnische Stimmen zum „Abgrenzungs"-Konzept der SED, in: Deutschland Archiv 11 (1978), 234–237

Pieck, Wilhelm ... vgl. Nr. 212

2618 **Pfeiler,** Wolfgang: Deutschland – Deutschland. Eine historisch-politische Standortbestimmung, in: Deutschland Archiv 8 (1975), 1056–1076

2619 **Pfeiler,** Wolfgang: Zum Nationalbewußtsein in der DDR, in: Politik und Kultur 4 (1977), 1, 52–60

2620 **Riege,** Gerhard und Hans-Jürgen Kulke: Nationalität: deutsch, Staatsbürgerschaft: DDR. Berlin: Staatsverlag der DDR 1979, 142 S. (Schriftenreihe Recht in unserer Zeit 19)

2621 **Scheuch,** Erwin: Was ist deutsch heute?, in: Politik und Kultur 4 (1977), 1, 24–39

2622 **Scheuner,** Ulrich: Das Problem der Nation und des Verhältnisses zur Bundesrepublik Deutschland, in: Drei Jahrzehnte Außenpolitik der DDR. Hrsg. von Hans-Adolf Jacobsen u. a. München: Oldenbourg 1979, 85–108

Scheuner, Ulrich . . . vgl. Nr. 475, 476

2623 **Schleser,** Walter Fr.: Die deutsche Staatsangehörigkeit. Ein Leitfaden, Frankfurt/Main: Verlag für Standesamtswesen 1980^{4} (überarbeitet), 438 S.

2624 **Schneider,** Eberhard: Der Nationsbegriff der DDR und seine deutschlandpolitische Bedeutung. Köln 1981, 25 S. (Berichte des Bundesinstituts für ostwissenschaftliche und internationale Studien 33/1981)

2625 **Schweigler,** Gebhard: Nationalbewußtsein in der BRD und der DDR. Düsseldorf: Bertelsmann Universitätsverlag 1974^{2}, 235 S. (Studien zur Sozialwissenschaft 8)

2626 **Schweigler,** Gebhard: Zum Nationalbewußtsein in der DDR, in: Politik und Kultur 4 (1977), 1, 61–68

2627 **Seiffert,** Wolfgang: „Deutsche“ und „DDR-Bürger“. Zur Problematik der Staatsangehörigkeit in den Beziehungen zwischen den beiden deutschen Staaten, in: Deutschland Archiv 11 (1978), 1271–1280

2628 **Seiffert,** Wolfgang: Wechselseitige Respektierung der Staatsangehörigkeitsregelungen der beiden deutschen Staaten in: Recht in Ost und West 25 (1981), 193–196

2629 **Seiffert,** Wolfgang: SED und nationale Frage. Eine aktuelle Bestandsaufnahme, in: Wolfgang Venohr (Hrsg.): Die deutsche Einheit kommt bestimmt. Bergisch Gladbach: Lübbe 1982, 161–179

2630 **Staatsbewußtsein in der DDR.** Eine Diskussion. Mit Beiträgen von Heinrich Vogel, Claus Arndt u. a., in: Politik und Kultur 5 (1978), 6, 48–61

2631 **Thadden,** Rudolf von: Das schwierige Vaterland. Geschichte und Geschichtsbewußtsein als Problem der Deutschen, in: Aus Politik und Zeitgeschichte B 45 /1979, 3–17

2632 **Thieme,** Hans: Der Einheitswille in der deutschen Geschichte, in: Politik und Kultur 4 (1977), 1, 40–51

2633 **Tiessen,** Hans-Jacob: Deutsche Staatsangehörigkeit und „innerdeutsche“ Grenze vor dem Hintergrund des veränderten Karlsruher Deutschlandmodells, in: Deutschland Archiv 8 (1975), 52–62

Ulbricht, Walter . . . vgl. Nr. 242

Verner, Paul . . . vgl. Nr. 243

2634 **Wietstruk,** Siegfried: Zur Herausbildung der DDR als Staat der Diktatur des Proletariats, in: Geschichtsunterricht und Staatsbürgerkunde 18 (1976), 777–786

2635 **Wolf,** Heinz E.: Probleme des Bildes von Preußen. Voraussetzungen, Fragestellungen, empirische Befunde, in: Deutschland Archiv 10 (1977), 1304–1311

2636 **Wolf,** Hans-Georg: Geschichtsbild und Geschichtsbewußtsein in der DDR, in: Politik und Kultur 4 (1977), 4, 54–66

2637 **Wolf,** Hans-Georg: Rolle und Funktion des sozialistischen Bewußtseins in der DDR, in: Politik und Kultur 3 (1976), 3, 58–77

23. Beziehungen der Bundesrepublik Deutschland zu osteuropäischen Staaten

2638 **Arndt,** Claus: Zu einigen Rechtsproblemen der deutsch-polnischen Vereinbarungen von 1975, in: Recht und Politik 13 (1977), 1, 1–5

2639 Die **Aufgabe** von Presse, Funk und Fernsehen in der Bundesrepublik Deutschland und in der Volksrepublik Polen bei der Verständigung beider Völker. Kolloquium für deutsche und polnische Journalisten vom 8.–11. September 1978 in der Europäischen Akademie Otzenhausen. Dokumentation. Nonnweiler: Europäische Akademie Otzenhausen 1979, 129 S. (Dokumente und Schriften 35)

2640 **Aufgaben und Funktionsweisen** der Unternehmungen in den Wirtschaftsordnungen Polens und der Bundesrepublik Deutschland. Bad Honnef: Bock und Herchen 1980, 200 S. (Deutsch-polnische wirtschaftswissenschaftliche Studien 2)

2641 **Barcz,** Jan: Probleme des Rentenabkommens zwischen der Volksrepublik Polen und der Bundesrepublik Deutschland, in: Osteuropa-Recht 28 (1982), 14–25

2642 **Becker,** Josef: Deutsche und Polen vor der Hypothek der Geschichte, in: Politische Studien 30 (1979), H. 243, 25–38

2643 **Bednarz,** Klaus: Polen. Luzern usw.: C. J. Bucher 1977, 216 S.

2644 **Beitel,** Werner und Jürgen Nötzold: Deutsch-sowjetische Wirtschaftsbeziehungen in der Zeit der Weimarer Republik. Eine Bilanz im Hinblick auf gegenwärtige Probleme. Baden-Baden: Nomos Verlagsgesellschaft 1979, 273 S. (Internationale Politik und Sicherheit 3)

2645 **Bender,** Peter: Deutsch-polnische Asymmetrie, in: Liberal 17 (1975), 894–901

2646 **Bender,** Peter: Polenverträge, in: Liberal 18 (1976), 246–257

2647 **Bender,** Peter: Normalisierung ist ständige Aufgabe. Deutsch-polnische Beziehungen fünf Jahre nach dem Warschauer Vertrag, in: Deutschland Archiv 9 (1976), 139–142

2648 **Bender,** Peter: Ende der Nachkriegszeit. Zum Besuch Edward Giereks in der Bundesrepublik, in: Deutschland Archiv 9 (1976), 707–711

2649 **Bender,** Peter: Deutsch-polnische Beziehungen – Ein Stück Gesamteuropa, in: Deutschland Archiv 11 (1978), 1280–1284

2650 Die **Beziehungen** der BRD zu den sozialistischen Staaten Europas in den 70er Jahren. Potsdam-Babelsberg: Akademie für Staats- und Rechtswissenschaft der DDR 1979, 109 S. (Aktuelle Beiträge der Staats- und Rechtswissenschaft 204)

2651 **Bilke,** Jörg Berhard: Menschenrechte im SED-Staat, in: Aus Politik und Zeitgeschichte B 46/1980, 3–19

2652 **Bingen,** Dieter: Die Bundesrepublik Deutschland aus polnischer Sicht, in: Aus Politik und Zeitgeschichte B 22/1978, 22–30

2653 **Bingen,** Dieter: Die Stellung der Bundesrepublik Deutschland in der internationalen Politik aus polnischer Sicht. 1969–1976. Mit einem Vorwort von Hans-Adolf Jacobsen. Königstein/Ts.: Forum Academicum in der Verlagsgruppe Athenäum, Hain, Scriptor, Hanstein 1980, 452 S. (Hochschulschriften Sozialwissenschaften 16)

2654 **Bingen,** Dieter: Warschauer Sorgen – Die Bonner Deutschlandpolitik 1969–1979, in: Deutschland Archiv 13 (1980), 180–191

2655 **Bingen,** Dieter: Zehn Jahre Vertrag mit Polen. Möglichkeiten und Hindernisse auf dem Wege der Verständigung, in: Osteuropa 31 (1981), 187–199

2656 **Böhm,** Anton: Aus dem Osten nichts Neues. Die deutsch-sowjetischen Beziehungen nach dem Breschnew-Besuch, in: Die Politische Meinung 23 (1978), H. 178, 47–52

2657 **Bolz,** Klaus, Hermann Clement und Petra Pissulla: Die Wirtschaftsbeziehungen zwischen der Bundesrepublik Deutschland und der Sowjetunion. Entwicklung, Bestimmungsfaktoren und Perspektive. Hamburg: Verlag Weltarchiv 1976, 639 S. (Veröffentlichung des HWWA-Instituts für Wirtschaftsforschung)

2658 **Bolz,** Klaus: Einfluß langfristiger Faktoren der wirtschaftlichen Entwicklung der UdSSR auf die wirtschaftlichen Beziehungen zwischen der UdSSR und der Bundesrepublik Deutschland, in: Osteuropa-Wirtschaft 23 (1978), 111–120

2659 **Bolz,** Klaus und Petra Pissulla: Die Erfahrungen deutscher Unternehmen aus der Kooperation mit polnischen Wirtschaftsorganisationen. Hamburg: Verlag Weltarchiv 1981, 174 S. (Veröffentlichungen des HWWA-Instituts für Wirtschaftsforschung Hamburg)

2660 **Bonn und Warschau.** 1. Forum Bundesrepublik Deutschland – Volksrepublik Polen vom 13. bis 16. Juni 1977 in Bonn. Berichte und Dokumente. Red. Josef Füllenbach und Franz J. Klein. Bonn: Europa Union Verlag 1977, 218 S.

2661 **Borchardt,** Wolfgang: Friedliche Koexistenz und Ost-West-Wirtschaftsbeziehungen, in: Hamburger Jahrbuch für Wirtschafts- und Gesellschaftspolitik 23 (1978), 49–69

2662 **Borchardt,** Wolfgang, Ulrich Dietsch und Klaus Bolz: Wirtschaftsbeziehungen und Entspannungspolitik. Das Beispiel der ungarischen Westwirtschaftsbeziehungen. Hamburg: Verlag Weltarchiv 1980, 380 S. (Veröffentlichung des HWWA-Instituts für Wirtschaftsforschung, Hamburg)

2663 **Bozyk,** Pawel: Economic relations between Poland and the Federal Republic of Germany, in: Polish Western Affairs 18 (1977), 64–75

2664 **Braun,** Hans: Ostpolitik und Ost-Wirtschaftsbeziehungen. Dilemma, Gefahren und Aussichten, in: Die Politische Meinung 20 (1975), H. 161, 45–57

2665 **Bredthauer,** Karl D.: Entwarnung? Zur Lage nach Schmidts Moskaureise, in: Blätter für deutsche und internationale Politik 25 (1980), 772–776

2666 **Brey,** Thomas: Bonn und Belgrad. Die Beziehungen zwischen der Bundesrepublik Deutschland und Jugoslawien seit dem Zweiten Weltkrieg, in: Osteuropa 29 (1979), 632–644

2667 **Breyer,** Richard, Peter E. Nasarski und Janusz Piekalkiewicz: Nachbarn seit tausend Jahren. Deutsche und Polen in Bildern und Dokumenten. Mainz: v. Hase & Koehler 1976, 286 S.

2668 **Cramer,** Dettmar: Nachbar Polen, in: Deutschland Archiv 11 (1978), 122–124

2669 **Deutsch-Polnisches Jahrbuch** der Deutsch-Polnischen Gesellschaft Bremen/Bremerhaven e. V. in Zusammenarbeit mit der Universität Bremen und der Landeszentrale für politische Bildung. Hrsg. von Frank Boldt, Leverkusen: Leske und Budrich 1980, Bd. 1979/80: Deutschland – Polen 1939–1979, 237 S.

2670 Drittes **deutsch-polnisches Juristen-Kolloquium.** Hrsg. von Rudolf Bernhardt und Ingo von Münch. 3 Bände Baden-Baden: Nomos Verlagsgesellschaft 1977 (Völkerrecht und Außenpolitik 27, 28, 29)
1. KSZE-Schlußakte. Mit Beiträgen von Krysztof Skubiszewski u. a., 131 S.
2. Staatshaftungsrecht. Mit Beiträgen von Michael Bothe u. a., 166 S.
3. Wirtschaftsbeziehungen. Mit Beiträgen von Andrzej Wasilkowski u. a., 133 S.

2671 Der deutsch-polnische Kulturaustausch und seine Probleme. Bearbeitet von Heinrich Mrowka, in: Dokumentation Ostmitteleuropa. Marburg/Lahn 4 (1978), 5, 1–58

2672 **Dokumentation.** Die deutsch-polnischen Schulbuchempfehlungen. Mit Beiträgen von Walter Mertineit, Herbert Hupka und Siegfried Graßmann, in: Aus Politik und Zeitgeschichte B 47/1977, 3–70

2673 **Dylawerski,** Edward: Bonn – godzina prawdy. Warszawa: Wydawnictwo Ministerstwa Obrony Narodowej 1975, 270 S. (Übers.: Bonn – Stunde der Wahrheit)

2674 **Elias,** Rolf (Hrsg.): Die deutsch-sowjetischen Beziehungen. Eine Auswahl von Verträgen, Erklärungen und Reden. Band 1: 1917–1945. Berlin: Edition Neue Wege 1979, 174 S.

2675 **Empfehlungen** für Schulbücher der Geschichte und Geographie in der Bundesrepublik Deutschland und in der Volksrepublik Polen. Hrsg.: Georg-Eckert-Institut für Internationale Schulbuchforschung. Braunschweig: Selbstverlag der Hrsg. 1977, 56 S. (Schriftenreihe des Georg-Eckert-Instituts für Internationale Schulbuchforschung 22)

2676 **Empfehlungen** für Schulbücher der Geschichte und Geographie in der BRD und in der Volksrepublik Polen, in: Aus Politik und Zeitgeschichte B 47/1977, 5–21

2677 **Feiler,** Osswald: Zur Feindschaft verdammt? Die deutsch-russischen Beziehungen gestern – heute – morgen. Trümpfe für eine Wiedervereinigung. Berg am See: Vowinckel 1977, 200 S.

2678 **Fetjö,** François: La politique Allemande de l'URSS (1945-1982), in: Defense Nationale. Paris 38 (1982), Avril, 31–42

2679 **Frowein,** Jochen: Legal Problems of the German Ostpolitik, in: International and Comparative Law Quarterly. London Vol. 23 (1974), 105–126

2680 **Gelberg,** Ludwik: Die Normalisierung der Beziehungen zwischen der Volksrepublik Polen und der Bundesrepublik Deutschland. Rechtspolitische Fragen. Hamburg: Sample 1978, 208 S. (Aus d. Poln.)

2681 **Georgijejević,** Milan: Relations between Yugoslavia and the Federal Republic of Germany, 1971—1979, in: Yogoslav Survey. Belgrad. 21 (1980), 139—158

2682 **Geyr,** Heinz: Auf dem Weg zur Aussöhnung. Bonn, Warschau und die humanitären Fragen. Stuttgart: Verlag Bonn Aktuell 1978, 166 S. (Bonn aktuell 63)

2683 **Grabska,** Wirginia: Wirtschaftsbeziehungen Polen—Bundesrepublik, in: Deutschland Archiv 8 (1975), 824—833

2684 **Graßmann,** Siegfried: Die deutsch-polnischen Schulbuchempfehlungen für Geschichte und der Geschichtsunterricht, in: Aus Politik und Zeitgeschichte B 47/1977, 57—68

2685 **Griffith, William E.: Die Ostpolitik der Bundesrepublik Deutschland. Stuttgart: Klett-Cotta 1981, 419 S. (The Ostpolitik of the Federal Republic of Germany, London usw. 1978)**

2686 **Grotzky,** Johannes: Die „Rahmenvereinbarungen" über deutsch-polnische Städtepartnerschaften, in: Osteuropa 30 (1980), 1312—1321

2687 Grundfragen der geschichtlichen Beziehungen zwischen Deutschen, Polaben und Polen. Referate und Diskussionsbeiträge aus zwei wissenschaftlichen Tagungen. Hrsg. von Wolfgang H. Fritze und Klaus Zernack. Berlin: Colloquium Verlag 1976, 154 S. (Publikationen zur Geschichte der deutsch-polnischen Beziehungen 1; Einzelveröffentlichungen der Historischen Kommission zu Berlin 18)

2688 **Guz,** Eugeniusz: Stosunki między NRD i RFN, in: Nowi drogi. Czasopismo spoleczno polityczne. Warszawa 33 (1979), 158—167

2689 **Hartmann,** Karl: Vier Jahre deutsch-polnischer Vertrag, in: Osteuropa 25 (1975), 246—256

2690 **Hitzer,** Friedrich (Hrsg.): Offenheit gegen Offenheit. Bundesrepublik Deutschland — Sowjetunion. Meinungen — Kontroversen — Dialoge. Köln: Pahl-Rugenstein 1978, 462 S. (Kleine Bibliothek 137)

2691 **Hupka,** Herbert: Die deutsch-polnischen Schulbuchempfehlungen. Eine kritische Stellungnahme, in: Aus Politik und Zeitgeschichte B 47/1977, 43—56

2692 **Huyn,** Hans Graf: Deutschland und Polen, in: Politische Studien 30 (1979), H. 243, 39—43

2693 **Jacobsen,** Hans-Adolf: Fünf Jahre Warschauer Vertrag: Versuch einer Bilanz der Beziehungen zwischen der Bundesrepublik Deutschland und der Volksrepublik Polen, 1970—1975. Berlin 1976, 96 S. (Einzelausgabe aus der Zeitschrift: Die Friedenswarte, Bd. 58, H 3/4)

2694 **Jacobsen,** Hans-Adolf: Universitäts-Partnerschaft Bonn—Warschau. Eine Dokumentation, in: Aus Politik und Zeitgeschichte B 38/1978, 37—46

2695 **Jacobsen, Hans-Adolf, Carl-Christoph Schweitzer, Jerzy Sulek, Lech Trzecíalkowski (Hrsg.): Bundesrepublik Deutschland — Volksrepublik Polen. Bilanz der Beziehungen. Probleme und Perspektiven ihrer Normalisierung. Frankfurt/Main: Metzner; Warszawa: Polski Instytut Spraw Międzynarodowych 1979, 584 S.**

2696 **Jacobsen,** Hans-Adolf: Friede mit Polen. Über die deutsch-polnischen Beziehungen, in: Der Monat (1981), 280, 31—36

2697 **Janicki,** Lech: Zum ostpolitischen Vollzugsdefizit. Rechtspolitische Aspekte vom 7. Dezember 1970 zwischen der Bundesrepublik Deutschland und der Volksrepublik Polen. Hrsg. von der Deutsch-Polnischen Gesellschaft der Bundesrepublik Deutschland. Düsseldorf: Rochus-Verlag 1979, 35 S.

2698 **Jeschow,** Wsewolod: Vom Kalten Krieg zur friedlichen Koexistenz. Zwanzig Jahre Beziehungen UdSSR – BRD aus der Sicht eines sowjetischen BRD-Experten, in: Blätter für deutsche und internationale Politik 20 (1975), 977 – 991

2699 **Kaempfe,** Alexander: Warum kennen wir die Sowjetunion so schlecht?, in: L 76 (1977), H. 3, 31 – 52

2700 **Kimminich,** Otto: Der Prager Vertrag, in: Jahrbuch für Internationales Recht 18 (1975), 62 – 91

2701 **Kiss,** László J.: From the First Interstate Agreement to the Establishment of Diplomatic Relations. Ten Years in the History of Contacts Between Hungary and the Federal Republic of Germany 1963 – 1973. (ungar.), in: Külpolitika, Budapest 3 (1976), 3, 40 – 64

2702 **Koeppen,** W.: Die deutsch-russischen Beziehungen in Vergangenheit, Gegenwart und Zukunft, in: Deutsche Annalen. Jahrbuch des Nationalgeschehens 9 (1980), 166 – 189

2703 **Kokot,** Józef und Krysztof Skubiszewski (Hrsg.): Staatsangehörigkeit, Soziale Grundrechte, Wirtschaftliche Zusammenarbeit nach dem Recht der Bundesrepublik Deutschland und der Volksrepublik Polen. Referate des Rechtscolloquiums 1974. Institut der Rechtswissenschaften an der Polnischen Akademie der Wissenschaften. Instytut Śląski Opole. Berlin usw.: Springer 1976, 293 S.

2704 **Kossmann,** Oskar: Die Deutschen in Polen seit der Reformation. Historisch-geographische Skizzen. Siedlung, Sozialstruktur, Wirtschaft. Mit den Original-Aussagen der Zeitgenossen, zahlreichen Karten und Tabellen. Marburg/Lahn: Herder-Institut 1978, 420 S.

2705 **Krause,** Joachim: Außenpolitische Opposition im und über den Bundesrat. Eine Fallstudie am Beispiel der Auseinandersetzungen um die Ratifizierung der deutsch-polnischen Vereinbarungen vom Oktober 1975, in: Zeitschrift für Parlamentsfragen 11 (1980), 423 – 440

2706 **Kreiling,** Hans-Walter und Günter Hedtkamp: Niedrigpreisimporte der Bundesrepublik Deutschland aus Staatshandelsländern. Theoretische und ordnungspolitische Probleme. Köln usw.: Heymann 1981, 147 S. (Forschungsinstitut für Wirtschaftsverfassung und Wettbewerb. FIW-Schriftenreihe H. 95)

2707 **Kulski,** Wladislaw Wszebor: Germany and Poland. From war to peaceful relations. Syracuse, New York: Syracuse University Press 1976, 336 S.

2708 Langfristiges Programm über die Hauptrichtungen der Zusammenarbeit der Union der Sozialistischen Sowjetrepubliken und der Bundesrepublik Deutschland auf dem Gebiet der Wirtschaft und Industrie, in: Außenhandel. Moskau 8 (1980), Beilage, 1 – 8

2709 **Lomeiko,** Wladimir: UdSSR – BRD. Erreichtes und Mögliches. Moskau: APN-Verlag 1981, 82 S.

2710 **Maibaum,** Werner: Zehn Jahre neue deutsche Ostpolitik, in: Liberal 22 (1980), 775 – 782

2711 **Malchus,** Viktor Frhr. von: Partnerschaft an europäischen Grenzen. Integration durch grenzüberschreitende Zusammenarbeit. Bonn: Europa Union Verlag 1975, 352 S. (Europäische Schriften des Instituts für Europäische Politik 39/40)

2712 **Markiewicz,** Wladyslaw: Über die Tätigkeit der gemischten UNESCO-Kommission zur Verbesserung von Schulbüchern in der Volksrepublik Polen und der Bundesrepublik Deutschland, in: Aus Politik und Zeitgeschichte B 22/1978, 18–21

2713 **Męclewski,** Edmund: Niemcy w Europie (Die Deutschen in Europa). Warschau: Verlag Iskra 1974, 589 S.

2714 **Mehnert,** Klaus: Mit Bundeskanzler Schmidt in die UdSSR, in: Osteuropa 25 (1975), 3–18

2715 **Mehnert,** Klaus: Mit dem Bundespräsidenten in die UdSSR. Gedanken nach einer Reise, in: Osteuropa 26 (1976), 3–10

2716 **Mehnert,** Klaus: Bundeskanzler Schmidt in Moskau, in: Osteuropa 30 (1980), 1081–1092

2717 **Meier,** Christian: Das deutsch-sowjetische Verhältnis nach dem zweiten Breschnew-Besuch. Köln: 1978, 62 S. (Berichte des Bundesinstituts für ostwissenschaftliche und internationale Studien 40/1978)

2718 **Meissner,** Boris: Stalins Ebbe und Flut. Das Verhältnis der Sowjetunion zur Bundesrepublik, in: Die Politische Meinung 25 (1980), H. 190, 23–25

2719 **Menzel,** Josef Joachim, Wolfgang Stribrny und Eberhard Völker: Alternativ-Empfehlungen zur Behandlung der deutsch-polnischen Geschichte in den Schulbüchern. Mainz: von Hase & Koehler o. J. (1979), 31 S.

2720 **Mertes,** Alois: Die Union und Polen, in: Union alternativ. Hrsg. Gerhard Mayer-Vorfelder und Hubertus Zuber. Stuttgart: Seewald 1976, 113–119

Mertes, Alois ... vgl. Nr. 195, 196, 197, 198

2721 **Mertineit,** Walter: Die deutsch-polnische Schulbuchkommission und ihre Empfehlungen zur Zeitgeschichte, in: Geschichte in Wissenschaft und Unterricht 26 (1976), 329–344

2722 **Mies,** Herbert: Gedanken zum deutsch-sowjetischen Verhältnis, in: Blätter für deutsche und internationale Politik 25 (1980), 920–932

Moarref, Mohammad ... vgl. Nr. 436

Moroz, Piotr ... vgl. Nr. 442

2723 **Moskau – Bonn. Die Beziehungen zwischen der Sowjetunion und der Bundesrepublik Deutschland, 1955–1973. Hrsg. u. eingel. von Boris Meissner. Köln: Verlag Wissenschaft und Politik 1975, 2 Bände, 732 S. und 948 S. (Dokumente zur Außenpolitik III/1 und III/2)**

2724 **Münch,** Ingo von: Abnormitäten der Normalisierung – Gedanken zum deutsch-polnischen Verhältnis, in: Liberal 21 (1979), 586–596

Nagel, Albrecht ... vgl. Nr. 446

2725 **Nötzold,** Jürgen: Zum Abkommen über die langfristige Zusammenarbeit zwischen Bonn und Moskau, in: Osteuropa 28 (1978), 876–882

2726 **Oldenburg,** Fred und Christian Meier: Die deutsch-sowjetischen Beziehungen im Zeichen des Breschnew-Besuchs, in: Osteuropa 28 (1978), 855–875

2727 **Ortmayer,** Louis L.: Conflict, compromise, and conciliation: West German-Polish normalization 1966–1976. Essays in honor of Josef Korbel. Denver, Colorado 1975, 162 S. (Monograph series in world affairs. The Social Science Foundation and Graduate School of International Studies – University of Denver. Vol. 13: Change and survival. 3)

2728 **Oschlies,** Wolf: Bonn – Warschau: Verschiedener Kontext von „Normalisierung", in: Deutschland Archiv 8 (1975), 736–738

2729 **Oschlies,** Wolf: Polen – Bundesrepublik Deutschland. Deutsch-polnische Schulbuchempfehlungen, in: Aktuelle Analysen 4 (1979), 26, 1–10

2730 **Oschlies,** Wolf: Deutsche Wiedervereinigung – Demagogie? Polen und die Wiedervereinigung Deutschlands, in: Aktuelle Analysen 4 (1979), 14, 1–4

2731 **Oschlies,** Wolf: „Revisionismus auf Schritt und Tritt . . .". Deutsch-polnische Schulbuchempfehlungen in der Zerreißprobe, in: Deutschland Archiv 12 (1979), 508–512

2732 **Oschlies,** Wolf: Exodus Poloniae? Polnische Ausreise- und Emigrationsfragen 1980–1982. Köln 1982, 44 S. (Berichte des Bundesinstituts für ostwissenschaftliche und internationale Studien 18/1982)

2733 Zum Osthandel der Bundesrepublik Deutschland. Bearbeitet von Jochen Bethkenhagen, in: DIW Wochenbericht 45 (1978), 13, 132–138

2734 **Osthoff,** Hans Werner: Die deutsch-russischen Vertragsbeziehungen im Spiegel ihrer Zeit. 1878–1978. Bern usw.: Francke 1980, 213 S.

2735 **Partnerschaft mit dem Osten. Zehn Beiträge zur Lage Deutschlands nach den Verträgen. Dieter Blumenwitz, Horst Glassel, Jens Hacker, Boris Meissner, Paul Noack / Reiner Eger, Hans Raupach / Jiri Slama, Lothar Ruehl, Ekkehard Wagner, Berhard Willms und Franz-Christoph Zeitler. München: Lurz 1976, 327 S. (Staat und Gesellschaft 1)**

2736 **Patolitschew,** Nikolai: Ein bedeutender Handelspartner der UdSSR – die Bundesrepublik Deutschland, in: West-Ost-Journal, Wien 12 (1979), 3, S. 8

2737 **Peterleitner,** Hans: „Sie gehen einfach zugrunde". Zur Lage der Deutschen in der Sowjetunion, in: Deutsche Studien 13 (1975), H. 52, 367–380

Pfetsch, Frank . . . vgl. 455

2738 **Probleme der deutsch-polnischen Normalisierung.** Bearbeitet von Richard Breyer, in: Dokumentation Ostmitteleuropa. Marburg 3 (1977), 389–450

2739 **Pusylewitsch,** Teresa: Die Rechtsstellung des Ausländers in Polen. Baden-Baden: Nomos Verlagsgesellschaft 1976, 288 S. (Schriftenreihe zur Rechtsstellung des Ausländers in den sozialistischen Staaten 3)

2740 **Rill,** Bernd: Deutsche und Polen. Die schwierige Nachbarschaft. Puchheim: IDEA 1981, 231 S. (Edition historica)

2741 **Rotfeld,** Adam Daniel: Prawno-polityczne problemy normalizacji stosunków między Polską a RFN (Die rechtlichen und politischen Probleme der Normalisierung der Beziehungen zwischen Polen und der Bundesrepublik Deutschland), in: Sprawy Międzynarodowe, Warschau, 30 (1977), 1, 20–39

Roth, Margit . . . vgl. Nr. 461

2742 **Schickel,** Alfred: Die deutsch-polnischen Schulbuchempfehlungen im Widerstreit, in: Aus Politik und Zeitgeschichte B 22/1978, 3–17

2743 **Schickel,** Alfred: Die deutsch-polnischen Schulbuchempfehlungen im Widerstreit, in: Aus Politik und Zeitgeschichte B 22/1978, 3–17

Schmid, Günter . . . vgl. Nr. 478, 479

2744 **Schmid,** Karin: Staatsangehörigkeitsprobleme der Tschechoslowakei. Eine Untersuchung sowie Dokumente zur Staatsangehörigkeit der deutschen Volkszugehörigen. Berlin: Berlin Verlag 1979, 133 S. (Politologische Studien 15)

Schmid, Karin . . . vgl. Nr. 481

2745 **Schneider,** Eberhard: Neueinschätzung der CDU/CSU durch die sowjetische Presse nach dem Breschnew-Besuch, in: Kurzinformation. Bundesinstitut für ostwissenschaftliche und internationale Studien. Köln 1978, 14. Sept., 1–4

2746 Die **Schulbuch-Empfehlungen** im Prozeß der Normalisierung zwischen der Bundesrepublik Deutschland und der Volksrepublik Polen. Eine Konferenz der Friedrich-Ebert-Stiftung und des Polnischen Instituts für Internationale Angelegenheiten, Bonn 1977. Dokumentation, Bonn 1978. Getr. Pag.

2747 **Schweitzer, Carl Christoph und Hubert Feger (Hrsg.): Das deutsch-polnische Konfliktverhältnis seit dem Zweiten Weltkrieg. Multidisziplinäre Studien über konfliktfördernde und konfliktmindernde Faktoren in den internationalen Beziehungen. Boppard: Boldt 1975, 596 S. (Beiträge zur Konfliktforschung)**

2748 **Seidl-Hohenveldern,** Ignaz: Das Münchner Abkommen im Lichte des Prager Vertrages von 1973, in: Recht im Dienst des Friedens. Festschrift für Eberhard Menzel. Hrsg.: Jost Delbrück. Berlin: Duncker & Humblot 1975, 451–468

2749 **Sievers,** Leo: Deutsche und Russen. 1000 Jahre gemeinsame Geschichte. Hamburg: Gruner + Jahr 1980, 320 S. (Reihe ‚Stern'-Bücher)

2750 **Skubiszewski,** Krysztof: Zachodnia granica Polski w świetle traktatów. Poznań 1975, 368 S. (Studium niemcoznawcze Instytutu Zachnodniego. Nr. 26) (Ü: Die Westgrenze Polens im Lichte der Verträge.) (Zusfass. in engl. Sprache: S. 337–339)

2751 **Sláma,** Jiři und Heinrich Vogel: Die gegenwärtige Warenstruktur und die Erweiterung des Warenverkehrs zwischen der Bundesrepublik Deutschland und der Sowjetunion, in: Osteuropa-Wirtschaft 20 (1975), 71–83

2752 **Sulek,** Jerzy: Stosunki polityczne Polska – RFN w latach siedemdziesiątych (Die politischen Beziehungen zwischen Polen und der BRD in den siebziger Jahren.) in: Sprawy Międzynarodowe, Warschau 4 (1977), 25-44

2753 **Sulek,** Jerzy: Geneza Republiki Federalnej Niemiec. Studium Politologiczne. Hrsg.: Instytut Zachodni, Polski Instytut Spraw Międzynarodowych (Mit deutschem Resümee). Poznań: Instytut Zachodni 1977, 451 S. (Studium niemcoznawcze Instytutu Zachodniego 30)

2754 **Stökl, Günther: Osteuropa und die Deutschen. Geschichte und Gegenwart einer spannungsreichen Nachbarschaft. Stuttgart: S. Hirzel Verl. 1982[3] (durchgesehen und erweitert), 241 S.**

2755 **Szydlak,** Jan Wladyslaw: Uklad Polska – RFN z 7. 12. 1970 o podstawach normalizacji ich wzajemnych stosunków a umowa poczdamska. Poznań: Wydawnictwo Poznańskie 1974, 180 S. (Der polnisch-deutsche Vertrag vom 7. 12. 1970 über die Grundlagen der Normalisierung der gegenseitigen Beziehungen und das Potsdamer Abkommen.)

2756 **Taler,** Conrad: Schon heute ein Stück Weltgeschichte. Fünf Jahre nach der Ratifizierung der Ostverträge, in: Neue Rundschau 88 (1977), 416–429

2757 **Tausend Jahre Nachbarschaft.** Deutsche in Südosteuropa. Hrsg.: Stiftung Ostdeutscher Kulturrat, Bonn. Zusammengestellt und eingef. von Gotthold Rhode. München: Bruckmann 1981, 304 S.

2758 **Technologietransfer.** 3. Deutsch-Sowjetische Wirtschaftstagung. Mit Beiträgen von Klaus Bolz u. a., in: Osteuropa-Wirtschaft 23 (1978), 11–167

2759 **Terfloth,** Klaus: Bonn – Warschau – ein Schritt zur Aussöhnung, in: Außenpolitik 27 (1976), 123–132

2760 **Tyranowski,** Jerzy: Traktaty w sprawie granic między Polską i dwoma państwami niemieckimi a problem sukcesji państw. (Verträge, die die Grenze zwischen Polen und den beiden deutschen Staaten betreffen, sowie die Frage der Nachfolge von Staaten), in: Przegląd Zachodni 35 (1979), 3, 13–36

2761 UdSSR und Bundesrepublik Deutschland – wirtschaftliche und politische Perspektiven in den 80er Jahren. Mit Referaten von Klaus von Dohnanyi und Alexander E. Bowin, in: Bergedorfer Gesprächskreis zu Fragen der Freien Industriellen Gesellschaft, Hamburg (1979), H. 62, 1–88

2762 **Voelker,** Eberhard: Sinn und Gefahr der deutsch-polnischen Schulbuchempfehlungen, in: Deutsche Ostkunde – Vierteljahresschrift für Erziehung und Unterricht 22 (1976), 3, 60–64

2763 **Wettig,** Gerhard: Die Beziehungen der Sowjetunion zur Bundesrepublik Deutschland. Köln 1982, 41 S. (Berichte des Bundesinstituts für ostwissenschaftliche und internationale Studien 10/1982)

2764 **Wilke,** Kay-Michael: Doppelbesteuerungsabkommen der Bundesrepublik Deutschland mit den Staaten des Ostblocks, in: Recht in Ost und West 23 (1979), 107–108

2765 Die **Wirtschaftsbeziehungen** zwischen der Bundesrepublik Deutschland und der Sowjetunion. Entwicklung, Bestimmungsfaktoren und Perspektive. Von Klaus Bolz, Hermann Clement, Petra Pissulla. Projektleitung: Klaus Bolz. Hamburg: Verlag Weltarchiv 1976, 639 S. (Veröffentlichungen des HWWA-Instituts für Wirtschaftsforschung, Hamburg)

2766 **Wojna,** Ryszard: Polen und die Bundesrepublik, in: Blätter für deutsche und internationale Politik 24 (1980), 1343–1352

2767 **Wojna,** Ryszard: Niektóre uwarunkowanie polityki wschodniej RFN (Einige Bedingungen der Ostpolitik der BRD) in: Sprawy Międzynarodowe, Warschau 11 (1976), 15-22

2768 **Wolff-Poweska,** Anna: Zachodnioniemieckie organizacje przesiedlencze wobec procesu normalizacij stosunkow między NRF a Polska, in: Przegląd Zachodni 32 (1976), 133–146 (Übers.: Die Organisation der westdeutschen Landsmannschaften und der Prozeß der Normalisierung zwischen der Bundesrepublik Deutschland und der Volksrepublik Polen)

2769 **Zahlungen** der Bundesrepublik an die DDR und die anderen Ostblockstaaten 1970 bis 1977, in: Deutschland Archiv 11 (1978), 529–535

2770 **Zakharov,** Y: USSR – FRG: five years of the Moscow treaty, in: International Affairs. Moskau (1975), 9, 30–38

2771 **Zernack,** Klaus: Historische Bildung – Geschichtsbewußtsein – Nationsbewußtsein und die deutsch-polnischen Beziehungen, in: Politik und Kultur 3 (1976), 5, 39–45

2772* **Zündorf,** Benno: Die Ostverträge. Die Verträge von Moskau, Warschau, Prag, das Berlin-Abkommen und die Verträge mit der DDR, München: Beck 1979, 372 S.

2773 **Zwischenbilanz.** Zur Entwicklung der Beziehungen zwischen der Bundesrepublik Deutschland und der Sowjetunion. Mit Beiträgen von Helmut Schmidt u. a. Köln: Pahl-Rugenstein 1978, 179 S.

24. Die Außenpolitik der DDR gegenüber nichtsozialistischen Staaten

Axen, Hermann . . . vgl. Nr. 109, 110

2774 **Banerjee,** Jyotirmoy: GDR and détente. Divided Germany and East-West-Relations. An Outsider's perspective. Bonn: Europa Union Verlag 1981, 92 S. (Forschungsinstitut der Deutschen Gesellschaft für Auswärtige Politik. Arbeitspapiere zur Internationalen Politik 13)

2775 Die neuen **Bestimmungen für ausländische Journalisten** in der DDR, in: Deutschland Archiv 12 (1979), 773–784

2776 **Bischof,** Henrik: Die DDR in Afrika, in: Monatsberichte. Forschungsinstitut der Friedrich-Ebert-Stiftung, Bonn. November 1977, 261–296

2777 **Blanke,** Burckhard: Kriegs- und Feindbild der Nationalen Volksarmee, in: Drei Jahrzehnte Außenpolitik der DDR. Hrsg. von Hans-Adolf Jacobsen u. a. München: Oldenbourg 1979, 325–332

2778 **Bruns,** Wilhelm: DDR-Außenpolitik auf dem IX. Parteitag der SED, in: Die Neue Gesellschaft 23 (1976), 674–678

2779 **Bruns,** Wilhelm: Sozialistische Außenpolitik oder Außenpolitik der DDR?, in: Aus Politik und Zeitgeschichte B 19/1977, 3–32

2780 **Bruns,** Wilhelm: Die DDR und das Prinzip der friedlichen Streitbeilegung, in: Deutschland Archiv 11 (1978), 956–963

2781 **Castro,** Paulo de: L'intervention est-allemande en Afrique, in: Confidential, Paris (1979), 1, 3–18

2782 **Coker,** Christopher: East Germany and Southern Africa, in: The Journal of Social and Political Studies. Washington, D.C. 5 (1980), 231–244

2783 **Dankert,** Jochen und Wilhelm Ersil: Die DDR und die kapitalistischen Staaten, in: Deutsche Außenpolitik 24 (1979), H. 10, 65–77

2784 **Dietsch,** Ulrich: New Tendencies in the Cooperation Policy of the GDR, in: Intereconomics (1977) 9/10, 263–267

2785 Die Diözesen und kirchlichen Jurisdiktionsbezirke in der DDR. Das Verhältnis Vatikan – DDR, in: dpa Hintergrund, Hamburg (1979), HG 2865, 1–12

2786 **Dittmar,** P.: DDR und Israel. Ambivalenz einer Nichtbeziehung, in: Deutschland Archiv 10 (1977), 736–754, 848–861

2787 **Drechsler,** Horst: Die politischen, wirtschaftlichen und kulturellen Beziehungen der DDR zu den Ländern Lateinamerikas, in: Asien – Afrika – Lateinamerika. Berlin (Ost), Bd. 6 (1978), 283–303

2788 **Enderlein,** Fritz: La réglementation juridique des relations économiques internationales en République démocratique allemande, in: Journal du droit international. Paris 104 (1977), 390–446

2789 **Fink,** Hans-Jürgen: Die DDR im Westen. Bilaterale Beziehungen, in: Deutschland Archiv 12 (1979), 495–508

2790 **Fink,** Hans-Jürgen: Die DDR im Westen. Probleme und Interessen, in: Deutschland Archiv 12 (1979), 290–302

2791 **Fischer,** Hans-Joachim: ABC und Einmaleins – Waffen im Klassenkampf. Zur pädagogischen Auslandsarbeit der DDR in Entwicklungsländern, in: Deutschland Archiv 15 (1982), 605–613

Fischer, Hans-Joachim ... vgl. Nr. 2215

2792 Die **Freundschaftsverträge** der DDR mit Angola und Moçambique, in: Deutschland Archiv 12 (1979), 435–448

2793 **Gloannec,** Anne-Marie le: Le parti communiste de la RDA et l'eurocommunisme, in: Revue française de science politique 29 (1979), 19–32

2794 **Gransow,** Volker: Wandlungen im amerikanischen DDR-Bild? in: Deutschland Archiv 11 (1978), 1313–1321

2795 **Gutman,** Gernot und Maria Haendcke-Hoppe (Hrsg.): Die Außenbeziehungen der DDR. Heidelberg: Edition Meyn 1981, 241 S. (Schriftenreihe für Deutschlandforschung II)

2796 **Hexelschneider,** E., W. Kleinwächter und F. Raaz: 30 Jahre kulturelle Auslandsbeziehungen für friedliche Koexistenz von Staaten unterschiedlicher Gesellschaftsordnung, in: Deutsche Außenpolitik 24 (1979), 10, 94–106

2797 **Holzweißig,** Gunter: Diplomatie im Trainingsanzug. Sport als politisches Instrument der DDR in den innerdeutschen und internationalen Beziehungen. München usw.: Oldenbourg 1981, 210 S. (Schriften des Forschungsinstituts der Deutschen Gesellschaft für Auswärtige Politik. Reihe: Internationale Politik und Wirtschaft 46)

Holzweißig, Gunter ... vgl. Nr. 2878

Jacobsen, Hans-Adolf ... vgl. Nr. 2070

2798 **Junghahn,** Michael: DDR: Wirtschaftspartner der Entwicklungsländer, in: Deutsche Außenpolitik 24 (1979), 1, 44–55

2799 **Kuppe,** Johannes: Die DDR im Westen. Die Beziehungen zu den drei Westmächten, in: Deutschland Archiv 12 (1979), 1299–1311

2800 **Kuppe,** Johannes: Investitionen, die sich lohnten. Zur Reise Honeckers nach Afrika, in: Deutschland Archiv 12 (1979), 347–352

2801 **Kuppe,** Johannes: Zum Verhältnis DDR – Argentinien im Lichte des Falkland-Konflikts, in: Deutschland Archiv 15 (1982), 676–681

2802 **Lamm, Hans Siegfried und Siegfried Kupper: DDR und Dritte Welt. München usw.: Oldenbourg 1976, 328 S. (Schriften des Forschungsinstituts der Deutschen Gesellschaft für Auswärtige Politik. Reihe: Internationale Politik und Wirtschaft 39)**

2803 **Löwis of Menar,** Henning von: Das politische und militärische Engagement der Deutschen Demokratischen Republik in Schwarzafrika. Ein Überblick von 1953 bis 1978, in: Beiträge zur Konfliktforschung 8 (1978), 5–54

2804 **Löwis of Menar,** Henning von: Die DDR als Schrittmacher im weltrevolutionären Prozeß. Zur Honecker-Visite in Äthiopien und im Südjemen, in: Deutschland Archiv 13 (1980), 40–49

Ludz, Peter Christian . . . vgl. Nr. 2075

2805 **Machowski,** Heinrich und Siegfried Schultz: Die Beziehungen zwischen den sozialistischen Planwirtschaften und der Dritten Welt, in: Deutschland Archiv 14 (1981), 737–745

2806 **Mahnke,** Hans Heinrich: Die Ostsee – ein geschlossenes Meer?, in: Deutschland Archiv 9 (1976), 1179–1188

2807 **Mardek,** Helmut und Renate Wünsche: Aktuelle Probleme der Bündnisbeziehungen zwischen den Staaten der sozialistischen Gemeinschaft und den nichtpaktgebundenen Ländern, in: Deutsche Außenpolitik 22 (1977), 8, 59–68

2808 **Mardek,** Helmut und Renate Wünsche: Die Beziehungen der DDR mit den nationalen Befreiungsbewegungen und den Staaten Asiens, Afrikas und Lateinamerikas, in: Deutsche Außenpolitik 24 (1979), 5, 54–69

2809 **Münch,** Ingo von: Die gegenwärtige Situation der Ostsee und die Zusammenarbeit zwischen den Anliegerstaaten, in: Archiv des Öffentlichen Rechts 103 (1978), 522–565

2810 Nennenswerte Kulturpolitik der DDR in Afrika nur südlich der Sahara. Interview mit Hildegard Hamm-Brücher, in: Auslandskurier 18 (1977), 7, 4–5

2811 **Nicolai,** Wolfgang und Jürgen Nitz: 30 Jahre für Wirtschaftsbeziehungen auf der Grundlage der friedlichen Koexistenz, in: Deutsche Außenpolitik 24 (1979), 10, 78–93

2812 **Picaper,** Jean-Paul: La politique extérieure de la R.D.A., in: Politique étrangère. Paris 40 (1975), 461–473

2813 **Plate,** Bernard von: DDR-Außenpolitik Richtung Afrika und Araber, in: Außenpolitik 29 (1978), 73–83

2814 **Plate,** Bernard von: Die Handelsbeziehungen der DDR mit den Entwicklungsländern und die neue Weltwirtschaftsordnung, in: Deutschland Archiv 13 (1980), 819–833

2815 Gegen **Rassismus, Apartheid und Kolonialismus.** Dokumente der DDR 1949–1977. Dokumentenauswahl und Einf.: Alfred Babing. Berlin: Staatsverlag der DDR 1978, 703 S.

2816 **Reinhold,** Otto: Die kapitalistische Krise und die ökonomische Zusammenarbeit zwischen sozialistischen und kapitalistischen Ländern, in: Einheit 30 (1975), 906–915

2817 **Richter,** Klemens: Die vatikanische Ostpolitik und die DDR. Neue Akzente nach dem Papstbesuch in Polen? in: Deutschland Archiv 12 (1979), 742–747

2818 **Röhner,** Edmund: DDR – Arabische Staaten: Gemeinsame Interessen und Ziele, in: Deutsche Außenpolitik 24 (1979), 1, 14–26

2819 **Schleicher,** Ilona: Internationalistische Entwicklung der FRELIMO und ihre Beziehungen zur SED, in: Deutsche Außenpolitik 24 (1979), 7, 62–76

2820 **Schlomann,** Friedrich-Wilhelm: Die DDR und die koreanischen Wiedervereinigungsgespräche, in: Deutschland Archiv 10 (1977), 42–46

2821 **Schlomann,** Friedrich-Wilhelm: Die Ostblock-Spionage gegen die Bundesrepublik Deutschland. Eine Analyse der nachrichtendienstlichen Offensive des Warschauer Paktes – insbesondere der ‚DDR' – gegen das freie Deutschland. München 1981, 32 S. (Informationen zur Deutschlandpolitik. Christlich-Soziale Union, Arbeitskreis „Deutschland- und Außenpolitik der CSU", 18)

2822 **Schneider,** Eberhard: Die Außenpolitik der DDR gegenüber Südasien. Köln 1978, 46 S. (Berichte des Bundesinstituts für ostwissenschaftliche und internationale Studien 41/1978)

2823 **Schumacher,** Heinz Peter: Die medienpolitischen Aktivitäten der DDR in der Dritten Welt, in: Deutschland Archiv 15 (1982), 739–745

2824 **Seiffert,** Wolfgang: Zu den neuen Rechtsgrundlagen der internationalen Wirtschaftsbeziehungen der DDR, in: Rabels Zeitschriften für Ausländisches und Internationales Privatrecht 41 (1977), 515–535

2825 **Seliger,** Kurt: Solidarität und Staatsraison. Am Beispiel der Beziehungen DDR – Irak, in: Deutschland Archiv 12 (1979), 1185–1192

2826 **Weers,** Egge: Kulturaustausch mit Osteuropa noch unausgewogen. Wichtige Fortschritte in der „dritten Dimension" der Außenpolitik, in: Auslandskurier 21 (1980), 2, 4–5

2827 Zum Westhandel der DDR. Bearbeitet von Horst Lambrecht, in: DIW Wochenbericht 42 (1975), 319–323

2828 **Willerding,** Klaus: Zur Afrikapolitik der DDR, in: Deutsche Außenpolitik 24 (1979), 8, 5–19

2829 **Zenker,** Jürgen: Zusammenarbeit der SED mit revolutionär-demokratischen Parteien in Afrika und Asien, in: Deutsche Außenpolitik 22 (1977), 10, 93–106

25. Innerdeutsche Kontakte

2830 Arbeitstagung über Grenzfragen des innerdeutschen Asylrechts. 1.–3. Dez. 1975 in Bonn. Bulletin. Hrsg.: Otto Benecke Stiftung. Bonn 1976, 165 S. (Asylrecht 1)

2831 **Auskünfte** zum Stand der innerdeutschen Beziehungen. Hrsg.: Bundesministerium für innerdeutsche Beziehungen. Gifhorn: Voigt 1981[8] (aktualisiert), 104 S.

2832 **Bath,** Matthias: Gefangen und freigetauscht. 1197 Tage als Fluchthelfer in DDR-Haft. München: Olzog 1981, 160 S.

2833 **Behrendt,** Willy: Können institutionelle Neuerungen den innerdeutschen Handel beleben? Bemerkungen zu Wolfgang Seifferts Vorschlägen, in: Deutschland Archiv 13 (1980), 1149–1157

2834 **Behrendt,** Willy: Probleme der derzeitigen Kontingentierungsverfahren im innerdeutschen Handel, aufgezeigt am Beispiel der Textilbezüge. Ergebnisse einer Forschungsstudie der Universität Augsburg. Heidelberg: Edition Meyn 1980, 128 S.

2835 **Berg,** Michael von: Die Folgeverhandlungen nach dem Grundlagenvertrag. Stand Ende 1974, in: Deutschland Archiv 8 (1975), 33–39

2836 **Bergsdorf,** Wolfgang: Der gescheiterte Dialog. Startzeichen für eine neue Politik. Eine Analyse des Redneraustausches von SPD – SED 1966, in: Deutschland Archiv 11 (1978), 159–172

2837 **Berliner Begegnung zur Friedensförderung. Protokolle des Schriftstellertreffens am 13./14. Dezember 1981. Der vollständige Text aller Beiträge aus Ost und West. Darmstadt usw.: Luchterhand 1982, 176 S.**

2838 **Bilke,** Jörg Bernhard: Auf schreckliche Weise in der Fremde? DDR-Autoren im „westdeutschen Exil", in: Der Monat 31 (1979), 85–96

2839 **Biskup,** Reinhold: Handel und Politik. Zur Diskussion über die Vorteile im innerdeutschen Handel, in: Wirtschaftspolitische Chronik 26 (1977), 69–84

2840 **Blumenwitz,** Dieter: Die Errichtung Ständiger Vertretungen im Lichte des Staats- und Völkerrechts. Baden-Baden: Nomos Verlagsgesellschaft 1975, 136 S. (Völkerrecht und Außenpolitik. Bd. 22)

2841 **Blumenwitz,** Dieter: Die deutsche Staatsangehörigkeit und die Schutzpflicht der Bundesrepublik Deutschland, in: Konflikt und Ordnung. Festschrift für Murad Ferid zum 70. Geburtstag. Hrsg. von Andreas Heldrich u. a. München: Beck 1978, 439–449

2842 **Blumenwitz,** Dieter: Grundvertrag und Verfassungsklage, in Anspruch und Leistung. Hrsg.: Friedrich Zimmermann u. a. Stuttgart-Degerloch: Seewald 1980, S. 151–170

2843 **Bruns,** Wilhelm: Von der Konfrontation zur Kooperation? Literatur über die deutsch-deutschen Beziehungen, in: Neue Politische Literatur 22 (1978), 158–171

2844 **Bruns,** Wilhelm: Deutsch-deutsche Beziehungen – Spitzentreffen Helmut Schmidt – Erich Honecker, in: DDR Report 14 (1981), 2–5

2845 **Bruns,** Wilhelm: NATO-Doppelbeschluß und deutsch-deutsche Beziehungen. Hrsg.: Friedrich-Ebert-Stiftung, Forschungsinstitut. Bonn 1981, 39 S.

2846 **Bruns,** Wilhelm: Nach dem Spitzentreffen Schmidt – Honecker, in: Außenpolitik 33 (1982), 113–123

2847 **Bruns, Wilhelm: Deutsch-deutsche Beziehungen. Prämissen – Probleme – Perspektiven. Opladen: Leske und Budrich 1982, 3., aktualisierte Auflage, 119 S. (Analysen 23)**

2848 **Büchler,** Hans: Was nutzt der DDR der Grundlagenvertrag?, in: Die Neue Gesellschaft 28 (1981), 338–341

2849 **Buschmann,** Gerd: Zollfragen beim Bezug von Waren aus der DDR, in: Recht der Internationalen Wirtschaft. 26 (1980), 639–644

2850 **Cless,** Olaf: „Innerdeutscher" Nervenkrieg und kein Ende, in: Blätter für deutsche und internationale Politik 22 (1977), 4–9

2851 **Cramer,** Dettmar: Bonn und Ost-Berlin. Kleine Schritte auf dem Weg zur Normalisierung, in: Deutschland Archiv 8 (1975), 225–226

2852 **Cramer,** Dettmar: Gewinner sind beide Seiten. Zur Unterzeichnung des Verkehrspaktes, in: Deutschland Archiv 11 (1978), 1233–1234

2853 **Deutsch-deutsche Pressefreiheit.** Vom Grundlagenvertrag bis zur Schließung des Spiegel-Büros. Hrsg. von Erich Böhme. Hamburg: Knaus 1978, 287 S.

2854 Das **deutsch-deutsche Treffen** am Werbellinsee. Dokumentation zum Treffen des Bundeskanzlers der Bundesrepublik Deutschland, Helmut Schmidt, mit dem Generalsekretär des ZK der SED und Vorsitzenden des Staatsrates der DDR, Erich Honecker, vom 11. bis 13. Dezember 1981. Hrsg.: Bundesministerium für innerdeutsche Beziehungen. Bonn 1982, 66 S.

2855 **Drobnig,** Ulrich: Die Anerkennung von Verwaltungsakten der DDR, in: Recht in Ost und West 25 (1981), 181–193

2856 **Ehlermann,** Claus Dieter; Siegfried Kupper; Horst Lambrecht und Gerhard Ollig: Handelspartner DDR – Innerdeutsche Wirtschaftsbeziehungen. Baden-Baden: Nomos Verlagsgesellschaft 1975, 336 S. (Schriftenreihe Europäische Wirtschaft 76)

2857 Die **Entwicklung** der innerdeutschen Beziehungen und der Auseinandersetzungen um den Status von West-Berlin bzw. Berlin seit dem sogenannten Grundlagenvertrag, in: Weltgeschehen 1976, IV (Okt./Dez.), 483–508

2858 **Falk,** Waltraud: Probleme und Erfahrungen aus der Geschichte der ökonomischen Beziehungen zwischen der DDR und der BRD, in: Beiträge zur Geschichte der Arbeiterbewegung 21 (1979), 905–913

2859 **Fastenrath,** Ulrich: Erhöhung des Zwangsumtausches und vertragliche Bindungen, in: Deutschland Archiv 14 (1981), 44–48

2860 **Franke,** Egon: Erfahrungen mit innerdeutschen Beziehungen, in: Politik und Kultur 4 (1977), 3, 3–10

Franke, Egon ... vgl. Nr. 134–141

2861 **Fricke,** Hans-Joachim: Die innerdeutsche Grenze und ihre Auswirkungen auf den Schienenverkehr. Redaktionsarbeit und Gestaltung: Gertrut und Hans Joachim Ritzau. Landesberg-Pürgen: Verlag Zeit und Eisenbahn 1980, 158 S.

2862 **Fünf** Jahre Grundvertragsurteil des Bundesverfassungsgerichts. Symposium 2.–4. Oktober 1978. Köln usw.: Heymanns 1979, 344 S. (Schriften zur Rechtslage Deutschlands 1)

2863 **Gleich,** Johann Georg: Die Anerkennung der DDR durch die Bundesrepublik. Eine völkerrechtliche Untersuchung nach dem Abschluß des Vertrages über die Grundlagen der Beziehungen zwischen der Bundesrepublik Deutschland und der Deutschen Demokratischen Republik vom 21. Dezember 1972, dem gemeinsamen Beitritt zur Charta der Vereinten Nationen und dem Austausch Ständiger Vertretungen. Frankfurt/M. usw.: Lang 1975, 254 S. (Augsburger Schriften zum Staats- und Völkerrecht 3)

2864 **Gralher,** Martin: Deutschland. Historische, politische und rechtliche Anmerkungen, in: Politische Studien 31 (1980), 629–642

2865 Die **Grenzkommission.** Eine Dokumentation über Grundlagen und Tätigkeit. Hrsg.: Bundesministerium für innerdeutsche Beziehungen. Bonn: Bundesdruckerei 1978, 51 S.

2866 6 Jahre **Grenzkommission** mit der DDR. Hrsg.: Bundesminister des Innern, Ref. Öffentlichkeitsarbeit. Bonn 1979, 60 S.

2867 **Grille,** Dietrich: Der „Grundlagenvertrag" als Präliminarfrieden. Zum gegenwärtigen Stand der Beziehungen zwischen der Bundesrepublik Deutschland und der DDR, in: Pac Korrespondenz (1975), 47, 34–41

2868 **Grille,** Dietrich: Innerdeutscher Kulturaustausch. Über Verträge einer Nation mit sich selbst, in: Deutsche Studien 14 (1976), 55, 222–230

2869 **Groß,** Karl-Heinz: Entstehung und Bedeutung des innerdeutschen Handels, in: Deutschland Archiv 11 (1978), 480–490

2870 **Grosser,** Wolfgang: Die Entwicklung der Beziehungen zur DDR auf dem Gebiet des Post- und Fernmeldewesens, in: Bundespost '78 o. O. (1978), 119–123

2871 **Hacker,** Jens: Deutsche unter sich. Politik mit dem Grundvertrag. Stuttgart: Seewald 1977, 192 S. (Zeitpolitische Schriftenreihe 16)

2872 **Hartwig,** Hans: Innerdeutscher Handel und Wirtschaftsbeziehungen mit Staatshandelsländern. Stand, Probleme und Entwicklungsperspektiven. Vortrag. 11. Dezember 1980. Deutsche Weltwirtschaftliche Gesellschaft. Berlin 1980, 15 S.

2873 **Hecker,** Hellmuth: Die Staatsangehörigkeitsregelungen in Deutschland. Register der innerstaatlichen und völkerrechtlichen Vorschriften zum Staatsangehörigkeitsrecht der deutschen Länder sowie der Zentralgewalt (Deutsches Reich, Bundesrepublik Deutschland, Deutsche Demokratische Republik) seit 1806. Frankfurt/M.: Metzner (in Komm.) 1976, 120 S. (Werkhefte des Instituts fur Internationale Angelegenheiten 30)

2874 **Heldrich,** Andreas: Innerdeutsches Kollisionsrecht, in: Zeitschrift für Rechtsvergleichung. Wien 19 (1978), 292–306

Hoebink, Hein . . . vgl. 386

2875 **Höhmann,** Egon: Europäische Faktoren bei den innerdeutschen Beziehungen, in: Politik und Kultur 5 (1978), 2, 3–15

2876 **Höllen,** Martin: Der innerdeutsche „Freikauf". Ein schwieriges Geschäft zwischen Ideologie und Humanität, in: Der Monat 31 (1980), 2, 62–69

2877 **Hoffmann,** Gerhard: Zur Frage der Staatsangehörigkeit in Deutschland, in: Archiv des Völkerrechts 19 (1981), 257–286

2878* **Holzweißig,** Gunter: Publikationen der DDR-Auslandspropaganda, in: Deutschland Archiv 13 (1980), 50–61

2879 **Das innerdeutsche Verhältnis.** Eine Gesamtübersicht über Verträge und über den Alltag des Zusammenlebens, in: Akademische Blätter. Salzgitter 79 (1977), 141–149

2880 Das innerdeutsche Verhältnis. Themen, Begegnungen, Daten, in: dpa Hintergrund, Hamburg (1980), HG 2874, 1–15

2881 **Jansen,** Bernhard: EWG und DDR nach Abschluß des Grundlagenvertrages. Baden-Baden: Nomos Verlagsgesellschaft 1977, 133 S.

2882 **Jüttner,** Alfred: Die Verträge der Bundesrepublik Deutschland mit der DDR, in: Um Recht und Freiheit. Festschrift für Friedrich August Frhr. von der Heydte zum 70. Geburtstag. Hrsg. von Heinrich Kipp. Berlin: Duncker & Humblot 1977, Halbbd. 2, 835–847

2883 **Kleinschmid,** Harald: „Weiter wir selbst sein, nur ein wenig anders geworden". Zum Haager Treffen der Schriftsteller aus Ost und West, in: Deutschland Archiv 15 (1982), 673–676

2884 **Klinner,** Bernhard: 25 Jahre innerdeutscher Handel, in: Wirtschaftsdienst 56 (1976), 467–471

2885 **Kormes,** Karl: Zum Grenzprotokoll der DDR–BRD. Ein Interview, in: Deutsche Außenpolitik 24 (1979), 2, 40–47

2886 **Kowallik,** Ulrich: Zur Schutzbefugnis der Bundesrepublik gegenüber Deutschen aus der DDR, in: Recht in Ost und West 25 (1981), 154–157

2887 **Kuppe,** Johannes: Deutsch-deutsche Beziehungen im Schatten der Weltpolitik, in: Deutschland Archiv 13 (1980), 113–117

2888 **Kupper,** Siegfried: Handel ohne Politik? Wirtschaftliche und politische Aspekte des innerdeutschen Handels, in: Deutschland Archiv 10 (1977), 376–382

2889 **Kupper,** Siegfried: Politische Beziehungen zur Bundesrepublik Deutschland 1955–1977, in: Drei Jahrzehnte Außenpolitik der DDR. Hrsg. von Hans-Adolf Jacobsen u. a. München usw.: Oldenbourg 1979, 403–452

2890 **Kupper,** Siegfried: Innerdeutsche Wirtschaftsbeziehungen auf bewährter Grundlage. 30 Jahre Berliner Abkommen, in: DDR Report 14 (1981), 766–769

2891 **Lambrecht,** Horst: Der Handel der Deutschen Demokratischen Republik mit der Bundesrepublik Deutschland und den übrigen OECD-Ländern. Eine vergleichende Betrachtung des Westhandels der DDR in den Jahren 1965 bis 1975. Berlin: Duncker & Humblot 1977, 98 S. (Deutsches Institut für Wirtschaftsforschung. Sonderheft 119)

2892 **Lambrecht,** Horst und Hans Wessels: Produktions- und Beschäftigungseffekte im innerdeutschen Handel. Berlin: Duncker & Humblot 1978, 53 S. (Beiträge zur Strukturforschung 51)

2893 **Lambrecht,** Horst und Hans Martin Duseberg: Saisonschwankungen im innerdeutschen Handel, in: Vierteljahreshefte zur Wirtschaftsforschung (1979), 167–176

2894 **Lange-Prollius,** Horst: Praxis des Ost-West-Handels. Die Wirtschaftsbeziehungen 1977–1990. Düsseldorf usw.: Econ 1977, 650 S.

2895 **Mahnke,** Hans Heinrich: Die Ständigen Vertretungen der beiden Staaten in Deutschland, in: Jahrbuch für Internationales Recht Bd. 17, 1974 (1975), 36–58

2896 **Mahnke,** Hans Heinrich: Erleichterungen, Vorrechte und Befreiungen für die Ständige Vertretung der Deutschen Demokratischen Republik, in: Recht in Ost und West 19 (1975), 49–53

2897 **Mahnke,** Hans Heinrich: Die besonderen Beziehungen zwischen den beiden deutschen Staaten. Eine Übersicht über die im Schrifttum vertretenen Auffassungen, in: Recht in Ost und West 23 (1979), 137–151

2898 **Maskow,** Dietrich und Helga Rudolph: Die Regelung der Vertragsverletzungen nach dem Gesetz über internationale Wirtschaftsverträge der DDR, in: Recht der Internationalen Wirtschaft 24 (1978), 701–709

2899 **Mettke,** Jörg R.: Regel und Ausnahme. Von aktuellen deutschen Mißverständnissen, in: L 76 (1978), 8, 109–119

2900 **Meyer,** Michel: Freikauf. Menschenhandel in Deutschland. Hamburg usw.: Zsolnay 1978, 224 S. (Des hommes contre des marks).

2901 **Mleczkowski,** Wolfgang: Die Entwicklung der innerdeutschen Beziehungen aus DDR-Sicht, in: Deutsche Studien 18 (1980), 108–122

2902 **Morr,** Hubertus von: Der Bestand der deutschen Staatsangehörigkeit nach dem Grundlagenvertrag. Berlin: Duncker & Humblot 1977, 122 S. (Schriften zum öffentlichen Recht 330)

2903 **Mußgnug,** Reinhard: Wem gehört Nofretete? Anmerkungen zu dem deutsch-deutschen Streit um den ehemals preußischen Kulturbesitz. Vortrag am 1. Dezember 1976. Berlin usw.: de Gruyter 1977, 40 S. (Schriftenreihe der Juristischen Gesellschaft e. V. Berlin. 52)

2904 **Nass,** Klaus Otto: Das Protokoll über die innerdeutsche Grenze. Eine Bilanz der bisherigen Arbeit der Grenzkommission der beiden deutschen Staaten, in: Europa-Archiv 34 (1979), 19–28

2905 **Nehring,** Sighart: Der Sonderstatus des innerdeutschen Handels, in: Wirtschaftsdienst. Hamburg 57 (1977), 631–637

2906 **Nehring,** Sighart: Die Wirkungen von Handelspräferenzen im Warenaustausch zwischen der Bundesrepublik und der DDR. Ein empirischer Beitrag zur Theorie des impliziten Transfers. Hrsg.: Institut für Weltwirtschaft Kiel. Tübingen: Mohr 1978, 174 S. (Kieler Studien 154)

2907 **Nehring,** Sighart: Präferenzen und DDR-Exportstruktur im Innerdeutschen Handel, in: Weltwirtschaftliches Archiv 114 (1978), 339–359

2908 **Niclauß,** Karlheinz: Kontroverse Deutschlandpolitik. Die politische Auseinandersetzung in der Bundesrepublik Deutschland über den Grundlagenvertrag mit der DDR. Frankfurt/Main: Metzner 1977, 135 S. (Dokumente zur Deutschlandpolitik. Hrsg.: Bundesministerium für innerdeutsche Beziehungen. Beiheft 3)

2909 **Ollig,** Gerhard: Die Wirtschaftsbeziehungen zur DDR, in: Außenpolitik 26 (1975), 182–196

2910 **Pagel,** Günther: Die Arbeit der Grenzkommission. Rechtsfragen der Markierung und der praktischen Probleme im Grenzbereich, in: Deutschland Archiv 13 (1980), 22–29

2911 **Papst,** Ulrich: Sport – Medium der Politik? Der Neuaufbau des Sports in Deutschland nach dem Zweiten Weltkrieg und die innerdeutschen Sportbeziehungen bis 1961. Berlin: Bartels & Wernitz 1980, 326 S.

2912 **Pritzel,** Konstantin: Die Umweltpolitik in den intereuropäischen und innerdeutschen Beziehungen, in: Deutschland Archiv 13 (1980), 834–873

2913 **Rabl,** Kurt: Der gegenwärtige Stand der deutschen Frage im Licht des Karlsruher Urteils und der Folgevereinbarungen zum deutsch-deutschen Grundlagenvertrag, in: Zeitschrift für Politik 22 (1975), 165–182

2914 **Roggemann,** Herwig: Strafrechtsanwendung und Rechtshilfe zwischen beiden deutschen Staaten. Grundlagen, Entwicklung und rechtspolitische Aspekte einer Neuordnung des Strafrechtsverkehrs zwischen Bundesrepublik und DDR. Berlin; Baden-Baden: Nomos Verlagsgesellschaft (i. Komm.) 1975, 124 S. (Osteuropa-Institut an der Freien Universität Berlin. Rechtswissenschaftliche Veröffentlichungen 5) (zugleich: Schriftenreihe der Niedersächsischen Landeszentrale für politische Bildung. Gesamtdeutsche Probleme 7)

2915 **Rumpf,** Helmut: Deutschlands Rechtslage seit 1973, in: Zeitschrift für Politik 22 (1975), 111–139

2916 **Sas,** Grazyna: „Odgraniczanie" NRD od RFN. Geneza, problemy, perspektywy. (Die „Abgrenzung" der DDR von der Bundesrepublik Deutschland. Genesis, Probleme, Perspektiven), in: Sprawy Międzynarodowe, Warschau (1980) 3, 33–44

2917 **Schäfer,** Wilhelm: Die Osthandelspolitik der Bundesrepublik Deutschland in ihren institutionellen Rahmenbedingungen und Entscheidungsprozessen. Diss. Berlin 1979, 334 S.

2918 **Schierbaum,** Hansjürgen: Intra-German Relations. Development. Problems. Facts. München: tuduv-Verlagsgesellschaft 1979, 68 S. (tuduv-Buch. Reihe Politologie/Soziologie 8)

2919 **Schlemper,** Annemarie: Die Bedeutung des innerdeutschen Handels. Eine empirische Analyse unter besonderer Berücksichtigung sektoraler und betriebsgrößenspezifischer Aspekte. Göttingen: Schwartz 1978, 340 S. (Beiträge zur Mittelstandsforschung 43)

2920 **Schneider,** Beate: Konflikt, Krise und Kommunikation. Eine quantitative Analyse innerdeutscher Politik. München: Verlag Dokumentation 1976, 276 S. (Kommunikation und Politik 7)

2921 **Schramm,** Theodor: Das Verhältnis der Bundesrepublik Deutschland zur DDR nach dem Grundvertrag. Eine Einführung in die staats- und völkerrechtlichen Problembereiche mit Dokumentensammlung. Köln: Heymanns 1975^2, 153 S.

2922 **Schroeder,** Friedrich-Christian: Strafrechtliche Probleme im Verhältnis zwischen der Bundesrepublik Deutschland und der DDR, in: Deutschland Archiv 11 (1978), 854–864

2923 **Schüller,** Alfred: Zur Frage der Fortentwicklung des Innerdeutschen Handels. Anmerkungen zu einigen Vorstellungen von Wolfgang Seiffert, in: Deutschland Archiv 13 (1980), 712–725

2924 **Schütze,** Gisela: Das Grenzprotokoll, in: Deutschland Archiv 12 (1979), 12–16

2925 **Schulz,** Hans Dieter: Handel mit der DDR: Zeit für Korrekturen, in: Deutschland Archiv 9 (1976), 1152–1156

2926 **Schweisfurth,** Theodor: Verträge im Zeichen der Einheit der Nation, in: Politik und Kultur 3 (1980), 2, 58–68

2927 **Seiffert,** Wolfgang: Entwicklungsmöglichkeiten und Institutionalisierungsformen des Handels zwischen den beiden deutschen Staaten, in: Deutschland Archiv 13 (1980), 483–489

2928 **Simma,** Bruno: Der Grundvertrag und das Recht der völkerrechtlichen Verträge, in: Archiv des öffentlichen Rechts Bd. 100 (1975), 1, 4–29

2929 **Spanger,** Hans-Joachim: Die SED und der „Sozialdemokratismus", in: Aus Politik und Zeitgeschichte B 33/1981, 22–33

2930 **Spanger, Hans-Joachim: Die SED und der Sozialdemokratismus. Ideologische Abgrenzung in der DDR. Köln: Verlag Wissenschaft und Politik 1982, 256 S. (Bibliothek Wissenschaft und Politik 28)**

2931 **Spittmann,** Ilse: Balance zwischen Konflikt und Konsens. (Zum Interview Erich Honecker für die „Saarbrücker Zeitung"), in: Deutschland Archiv 11 (1978), 785–790

2932 **Strotmann,** Albert: Eine Reise von Deutschland nach Deutschland. Hannover: Niedersächsische Landeszentrale für politische Bildung 1978, 64 S.

Teller, Hans . . . vgl. Nr. 497

2933 **Tiessen,** Hans-Jakob: Deutsche Staatsangehörigkeit und „innerdeutsche" Grenze vor dem Hintergrund des veränderten Karlsruher Deutschlandmodells, in: Deutschland Archiv 8 (1975), 52–62

2934 Treffen des Generalsekretärs des ZK der SED und Vorsitzenden des Staatsrates der DDR, Erich Honecker, mit dem Bundeskanzler der BRD, Helmut Schmidt, in der Deutschen Demokratischen Republik. 11.–13. Dezember 1981. Berlin: Panorama; Dresden: Verlag Zeit im Bild o. J. (1982), 62 S.

2935 **Waldthausen,** Karl-Heinrich von: Zölle im innerdeutschen Handel, in: Recht der Internationalen Wirtschaft 26 (1980), 848–850

2936 **Walpuski,** Günter: Entspannungspolitik und die Beziehungen der beiden deutschen Staaten, in: Die Neue Gesellschaft 25 (1978), 136–138

2937 **Wengler,** Wilhelm: Die Geltung von Kollektivverträgen im Verhältnis zwischen der Bundesrepublik und der DDR, in: Um Recht und Freiheit. Festschrift für Friedrich August Frhr. von der Heydte zum 70. Geburtstag. Hrsg. von Heinrich Kipp. Berlin: Duncker & Humblot 1977, Halbbd. 1, 727–750

2938 **Wettig,** Gerhard: Dilemmas der SED-Abgrenzungspolitik. Eine zusammenfassende Analyse. Köln 1975 (Berichte des Bundesinstituts für ostwissenschaftliche und internationale Studien 22/1975)

2939 **Wettig,** Gerhard: Der östliche Kampf gegen den Informationsfluß aus der Bundesrepublik, in: Deutschland Archiv 9 (1976), 1039–1062

2940 **Whetten,** Lawrence L.: Scope, nature, and change in inner-German relations, in: International Affairs 57 (1980/81), 60–78

2941 **Wilke,** Kay-Michael: Bundesrepublik Deutschland und Deutsche Demokratische Republik. Grundlagen und ausgewählte Probleme des gegenseitigen Verhältnisses der beiden deutschen Staaten. Berlin: Duncker & Humblot 1976, 351 S. (Tübinger Schriften zum internationalen und europäischen Recht 4)

2942 **Wilke,** Kay-Michael: Die Stellung der DDR im Steuerrecht der Bundesrepublik Deutschland, in: Recht in Ost und West 24 (1980), 147–148

2943 **Winters,** Peter Jochen: Ein Schritt auf dem Wege der Normalisierung. Zu den Verkehrs- und Finanzvereinbarungen zwischen den beiden deutschen Staaten in Deutschland, in: Europa-Archiv 34 (1979), 269–278

2944 **Winters,** Peter Jochen: Das deutsch-deutsche Verhältnis 1981, in: Deutschland Archiv 14 (1981), 1233–1236

Zehn Jahre Deutschlandpolitik ... vgl. Nr. 80

2945 **Zeitler,** Franz-Christoph: Perspektiven der Folgeverträge mit der DDR. Zugleich Bemerkungen zur Technik des Vertragsschlusses zwischen Staaten verschiedener Gesellschaftsordnung, in: Zeitschrift für Politik 22 (1975), 140–164

2946 **Zieger,** Gottfried: Rechtsfragen zum Regierungsprotokoll über die innerdeutsche Grenze, in: Deutschland Archiv 13 (1980), 29–39

26. Systemvergleich (Bundesrepublik Deutschland – Deutsche Demokratische Republik)

2947 **Armbruster,** Frank: Politik in Deutschland. Systemvergleich Bundesrepublik Deutschland – DDR. Wiesbaden: Hirschgraben, Gabler 1981, 227 S. (Kollegmaterial Politik)

2948 **Behr,** Wolfgang: Grundlagen der Politik in der Bundesrepublik Deutschland und in der DDR. Ein Systemvergleich, in: Aus Politik und Zeitgeschichte B 9/1978, 3–28

2949 **Behr, Wolfgang: Bundesrepublik Deutschland – Deutsche Demokratische Republik. Systemvergleich Politik, Wirtschaft, Gesellschaft. Stuttgart usw.: Kohlhammer 1979, 203 S.**

2950 **Berckhauer,** Friedrich Helmut: Wirtschaftskriminalität in Deutschland. Ein Systemvergleich zwischen der DDR und der BRD, in: Zeitschrift für die Gesamte Strafrechtswissenschaft Bd. 87 (1975), 788–825

2951 **Bergsdorf,** Wolfgang und Uwe Göbel: Bildungs- und Wissenschaftspolitik im geteilten Deutschland. München: Olzog 1980, 440 S. (Dokumente unserer Zeit 2)

2952 **Berschin,** Helmut: Wie heißt das Land der Deutschen? Zur sprachpolitischen Bewertung des Namens „Deutschland" und der Namen der beiden deutschen Staaten, in: Deutschland Archiv 13 (1980), 61–77

2953 **Bichler,** Albert: Bildungsziele deutscher Lehrpläne. Eine Analyse der Richtlinien in der Bundesrepublik Deutschland und in der DDR. München: Olzog 1979, 112 S. (Berichte und Studien der Hanns-Seidel-Stiftung 22)

2954 **Bleek,** Wilhelm: Zwischendeutsche Vergleiche. Politische Probleme und politikwissenschaftliche Möglichkeiten, in: Deutschland Archiv 15 (1982), 717–739

2955 **Boeck,** Walter: Deutschland: Zwei Staaten, zwei Systeme. Freiburg usw.: Ploetz 1977^2, 112 S. (Ploetz-Arbeitsmaterialien. Geschichte, Sozialkunde, Erdkunde)

2956 **Bolz,** Klaus, Hermann Clement und Dieter Lösch: Wirtschaftssysteme. Marktwirtschaft – Kapitalismus, Planwirtschaf – Sozialismus. München: Ehrenwirth 1978, 179 S. (Sozialwissenschaftliche Texte)

2957 **Bossle,** Lothar: Soziale und politische Eliten in der Deutschen Demokratischen Republik und in der Bundesrepublik Deutschland. Ein soziologischer Vergleich, in: Konservative Bilanz der Reformjahre. Hrsg. von Lothar Bossle. Würzburg: Naumann 1981, 141–153

2958 **Brux,** Arnim und Gertrud Pfister: Koedukation im Sportunterricht. Ein Vergleich Bundesrepublik – DDR, in: Sport, Soziologie und Erziehung. Hrsg. von Michael Quell. Berlin usw.: Bartels und Wernitz 1980, 183–205 (Sportsoziologische Arbeiten 3)

2959 **Buck,** Hannsjörg: Der Beitrag der Finanzpolitik für die Sicherung der Einheit von Wirtschafts- und Sozialpolitik in beiden deutschen Staaten, in: Deutschland Archiv. Sonderheft (1978), 3–38

2960 **Deutschland.** Bundesrepublik Deutschland. Deutsche Demokratische Republik. Daten und Fakten zum Nachschlagen. Hrsg. vom Lexikon-Institut Bertelsmann. Gütersloh: Bertelsmann 1975, 324 S.

2961 Bundesrepublik Deutschland – DDR. Vergleich der politischen Systeme. 2 Teile. Hrsg.: Bundeszentrale für politische Bildung. Bonn 1982, je 32 S. (Informationen zur politischen Bildung 192, 193)

2962 **Burger,** Hans-Georg und Dieter Voigt: „Sportunterricht" und „Körpererziehung". Inhaltsanalytischer Vergleich zweier Sportlehrerzeitschriften der Bundesrepublik und der DDR, in: Sport, Soziologie und Erziehung. Berlin usw.: 1980, 164–182

2963 **Cruikshanks,** Randal Lee: The recruitment of political elites in West and East Germany: a comparative analysis. Ann Arbor, Mich. usw.: University Microfilms International 1982, 174 S. (Phil. Diss. Oregon 1968)

2964 **DDR – Bundesrepublik Deutschland.** Beiträge zu einer vergleichenden Analyse ihrer politischen Systeme. Ein Fortbildungsprogramm für Sozialkundelehrer. Zusammengestellt und bearbeitet von Jürgen Weber. München: Olzog 1980, 272 S. (Konflikt und Integration 3) (Akademiebeiträge zur Lehrerbildung 3)

2965 **Eckhardt,** Karl-Heinz: Die DDR im Systemvergleich. Didaktisches Sachbuch zum Verständnis von Plan- und Marktwirtschaft. Erläuterungen, Materialien, Arbeitsvorschläge. Reinbek: Rowohlt 1978, 332 S. (rororo 7161)

2966 **Fastenrath,** Ulrich: Völkerrechtliche Beurteilung der neuen DDR-Bestimmung für Journalisten. Zum unterschiedlichen Verständnis von Pressefreiheit in Ost und West, in: Deutschland Archiv 12 (1979), 1174–1184

2967 **Glaeßner, Gert-Joachim: Sozialistische Systeme. Einführung in die Kommunismus- und DDR-Forschung. Opladen: Westdeutscher Verlag 1982, 315 S. (Studien zur Sozialwissenschaft 44)**

2968 **Glashagen,** Winfried: Die Wirtschaftsordnungen in der BRD und in der DDR. Zur Umsetzung des Beschlusses der Kultusministerkonferenz vom 23. 11. 1978: Die deutsche Frage im Unterricht. Unterrichtliche Bausteine für die Sekundarstufe I unter besonderer Berücksichtigung der Hauptschule. Stuttgart: Landesstelle für Erziehung und Unterricht o. J., 96 S.

2969 **Görgmaier,** Dietmar: Raumordnung und Umweltschutz. Bundesrepublik und DDR im Vergleich, in: Frankfurter Hefte 34 (1979), 8, 39–47

2970 **Goss,** Anthony John: Die Darstellung des deutsch-deutschen Verhältnisses in der Fernsehberichterstattung beider deutscher Staaten, in: Deutschland Archiv 13 (1980), 403–406

2971 **Goss,** Anthony John: Deutschlandbilder im Fernsehen. Eine vergleichende Analyse politischer Informationssendungen in der Bundesrepublik Deutschland und der DDR. Köln: Verlag Wissenschaft und Politik 1980, 255 S. (Bibliothek Wissenschaft und Politik 23)

2972 **Gregory,** Paul und Gert Leptin: Similar societies under differing economic systems: the case of the two Germanys, in: Soviet Studies. Glasgow. Vol. 29 (1977), 519–542

2973 Die Grundrechte in beiden deutschen Staaten. Hrsg.: Friedrich-Ebert-Stiftung. Bonn: Verlag Neue Gesellschaft 1982[4] (überarbeitet), 72 S. (Die DDR. Realitäten – Argumente.)

2974 **Hamel,** Hannelore (Hrsg.): Bundesrepublik Deutschland – DDR: Die Wirtschaftssysteme. Soziale Marktwirtschaft und Sozialistische Planwirtschaft im Systemvergleich. Mit Beiträgen von Hannelore Hamel, Rudolf Knauff u. a. München: Beck 1979[3] (durchgesehen), 463 S. (Beck'sche Schwarze Reihe 153)

2975 **Hartmann,** Jürgen (Hrsg.): Vergleichende politische Systemforschung. Konzepte und Analysen. Köln usw.: Böhlau 1980, 263 S. (Böhlau-Studien-Bücher. Grundlagen des Studiums)

2976 **Helwig,** Gisela: Frau '75. Bundesrepublik Deutschland – DDR. Köln: Verlag Wissenschaft und Politik 1975, 120 S.

2977 **Helwig,** Gisela: Am Rande der Gesellschaft. Alte und Behinderte in beiden deutschen Staaten. Köln: Verlag Wissenschaft und Politik 1980, 212 S.

2978 **Hensel,** Paul K.: Systemvergleich als Aufgabe. Stuttgart usw.: Gustav Fischer 1977, 254 S. (Schriften zum Vergleich von Wirtschaftsordnungen 26)

2979 **Heydemann,** Günther: Geschichtswissenschaft im geteilten Deutschland, Entwicklungsgeschichte, Organisationsstruktur, Funktionen, Theorie- und Methodenprobleme in der Bundesrepublik Deutschland und in der DDR. Frankfurt/Main usw.: Lang 1980, 267 S. (Erlanger historische Studien 6)

2980 **Hille,** Barbara: Zukunftsvorstellungen von Jugendlichen in der Bundesrepublik Deutschland und der DDR, in: Deutschland Archiv 8 (1975), 39–51

2981 **Hille,** Barbara: Berichte über einige wichtige Lebensbereiche der Jugendlichen in der DDR im Vergleich zur Bundesrepublik Deutschland. Berufswahl und Berufslenkung in der DDR, in: Kölner Zeitschrift für Soziologie und Sozialpsychologie 27 (1975), 411–434

2982 **Hille,** Barbara: Zum Stellenwert des Sports bei Jugendlichen in der Bundesrepublik und in der DDR, in: Deutschland Archiv 9 (1976), 592–601

2983 **Hüttenberger,** Peter und Hein Hoebink: Bundesrepublik Deutschland – Deutsche

Demokratische Republik. Ein Vergleich. Arbeitsmaterial Sekundarstufe II. München: Bayerischer Schulbuch-Verlag 1981, 136 S.

2984 **Jaide,** Walter und Barbara Hille: Über Probleme und Möglichkeiten interkultureller Vergleiche bei Jugendlichen in der Bundesrepublik Deutschland und der DDR, in: Kölner Zeitschrift für Soziologie und Sozialpsychologie 27 (1975), 393–410

2985 **Jaide,** Walter: Konsumverhalten bei Jugendlichen in der Bundesrepublik Deutschland und der DDR, in: Kölner Zeitschrift für Soziologie und Sozialpsychologie 27 (1975), 454–488

2986 **Jaide,** Walter: Konsumverhalten bei Jugendlichen in der Bundesrepublik Deutschland und der DDR, in: Jugend im doppelten Deutschland. Hrsg. von Walter Jaide und Barbara Hille, Opladen: Leske 1977, 69–104

2987 **Jenkins,** Helmut W.: Wohnungswirtschaft und Wohnungspolitik in beiden deutschen Staaten. Versuch eines Vergleichs. Hamburg: Hammonia-Verlag 1976, 224 S.

2988 **Jesse, Eckhard (Hrsg.): Bundesrepublik Deutschland und Deutsche Demokratische Republik. Die beiden deutschen Staaten im Vergleich. Berlin: Colloquium Verlag 1980, 415 S.**

2989 **Juling,** Peter: Zweimal Deutschland. 30 Jahre Bundesrepublik und DDR, in: Botschaft und Dienst, Bielefeld 30 (1979), 3, 1–6

2990 **Jung,** Ernst: Vergleich der politischen Systeme der Bundesrepublik Deutschland und der DDR. Überlegungen, Anregungen und Materialien, in: Marxismus im historisch-politischen Unterricht. Hrsg. von Ernst Jung. Stuttgart: Klett 1979, 144–187 (Anmerkungen und Argumente zur historischen und politischen Bildung 24)

2991 **Kienzle,** Siegfried: Gibt es noch eine gesamtdeutsche Literatur? Vergleiche zu Literatur, Theater und Fernsehspiel, in: Politik und Kultur 3 (1976), 2, 52–75

2992 **Köhler,** Anne: Einstellungen und Meinungen der bundesdeutschen Bevölkerung zur DDR und Deutschlandpolitik unter besonderer Berücksichtigung der Aussagen Jugendlicher, in: Politik und Kultur 7 (1980), 4, 44–58

2993 **Kraus,** Albert H. V.: Schulen der Diktatur – Stätte der Indoktrination. Der Mißbrauch der Schule im Dritten Reich und in der DDR, in: Konservativ heute. Heiningen 9 (1978), 324–329

2994 **Kremendahl,** Hans: Zur Problematik eines Systemvergleichs, in: Aus Politik und Zeitgeschichte B 31/1980, 42–46

2995 **Lades,** Hans: Zum Verhältnis der Geschichtswissenschaften in beiden deutschen Staaten, in: Geschichte in Wissenschaft und Unterricht 31 (1980), 133–148

2996 **Lades,** Hans: Zum Verhältnis von Gesellschafts- und Wissenschaftspolitik in beiden deutschen Staaten, in: Pac Korrespondenz. Erlangen (1977), 55, 3–20

2997 **Leenen,** Wolf-Rainer: Bevölkerungsentwicklung und Bevölkerungspolitik in beiden deutschen Staaten, in: Deutschland Archiv 10 (1977), 609–625

2998 **Leipold,** Helmut: Wirtschafts- und Gesellschaftssysteme im Vergleich. Grundzüge einer Theorie der Wirtschaftssysteme. Stuttgart: Fischer 1981³, 268 S. (Uni-Taschenbücher 481)

2999* **Leptin,** Gerd: Deutsche Wirtschaft nach 1945. Ein Ost-West-Vergleich. Opladen: Leske und Budrich 1980, 85 S. (UTB. Uni-Taschenbücher 878)

3000 **Löw, Konrad: Die Grundrechte. Verständnis und Wirklichkeit in beiden Teilen Deutschlands. München: Verlag Dokumentation Saur 1977, 419 S. (Uni-Taschenbücher 735)**

3001 **Löw,** Konrad: Rechtsstaat, Demokratie, Sozialstaat. Verständnis und Wirklichkeit in beiden Teilen Deutschlands. München 1980[4], 184 S. (Bayerische Landeszentrale für politische Bildung. Arbeitsheft A 38)

3002 **Mallinckrodt,** Anita M.: Die Selbstdarstellung der beiden deutschen Staaten. „Image-Bildung" als Instrument der Außenpolitik. Köln: Verlag Wissenschaft und Politik 1980, 391 S. (Bibliothek Wissenschaft und Politik 22)

3003 **Mannack,** Eberhard: Zwei deutsche Literaturen? Kronberg/Ts.: Athenäum 1977, 142 S.

3004 **Markmann,** Hans-Jochen: Deutsche Nachkriegsgeschichte (1945–1978). Die Deutsche Frage. Systemvergleich in Wissenschaft und Unterricht. Bibliographische Hilfen. Berlin: Pädagogisches Zentrum 1979, 17 S.

3005 **Messing,** Manfred: Mitbestimmung in Betrieben der DDR und der Bundesrepublik. Ziele, Ergebnisse und Tendenzen, in: Deutschland Archiv 9 (1976), 1298–1313

3006 **Mitzscherling,** Peter: Zweimal deutsche Sozialpolitik. Berlin: Duncker & Humblot 1978, 136 S. (Deutsches Institut für Wirtschaftsforschung. Sonderheft 123)

3007 **Mitzscherling,** Peter: Zweimal deutsche Sozialpolitik. Folgerungen und Perspektiven, in: Deutschland Archiv 11 (1978), 382–389

3008 **Parteien** in beiden deutschen Staaten. Hrsg.: Friedrich-Ebert-Stiftung. Bonn: Verlag Neue Gesellschaft 1979[3], 56 S. (Die DDR. Realitäten – Argumente.)

3009 **Petev,** Valentin: Vergleich einiger grundlegender Rechtsinstitute des Zivilgesetzbuches der DDR und des Bürgerlichen Gesetzbuches, in: Zeitschrift für Vergleichende Rechtswissenschaft einschließlich des Rechts der Entwicklungsländer und der Ethnologischen Rechtsforschung. Heidelberg 77 (1978), 207–233

3010 **Rolf,** Hartmut: Sozialversicherung oder staatlicher Gesundheitsdienst? Ökonomischer Effizienzvergleich der Gesundheitssysteme der Bundesrepublik Deutschland und der DDR. Berlin: Duncker & Humblot 1975, 219 S.

3011 **Scharf,** Wilfried: Nachrichten im Fernsehen der Bundesrepublik Deutschland und der DDR. Objektivität oder Parteilichkeit in der Berichterstattung. Frankfurt/Main: R. G. Fischer 1981, 222 S.

3012 **Scharf,** Wilfried: Objektivität oder Parteilichkeit. Empirischer Vergleich der Berichterstattung von „Aktueller Kamera" (DDR) und „Tagesschau", in: Deutsche Studien 9 (1981), 73, 16–33

3013 Schichtarbeit in beiden deutschen Staaten. Hrsg.: Friedrich-Ebert-Stiftung. Bonn: Verlag Neue Gesellschaft 1979, 44 S. (Die DDR. Realitäten – Argumente.)

3014 **Schleider,** Joachim: Das Reisevertragsrecht in beiden deutschen Staaten in: Recht in Ost und West 24 (1980), 62–67

3015 **Shaffer,** Harry G.: Women in the Two Germanies. A Comparative Study of a Socialist and a Non-Socialist Society. New York: Pergamnon Press 1981, 235 S.

3016 Das Sozialprodukt der DDR und der Bundesrepublik Deutschland im Vergleich. Bearbeitet von Herbert Wilkens, in: DIW Wochenbericht 44 (1977), 195–200

3017 Sozialproduktrechnung für die DDR. Systembedingt andere Verteilung als in der Bundesrepublik Deutschland. Bearbeitet von Herbert Wilkens, in: DIW Wochenbericht 45 (1978), 37/38, 359–363

3018 **Sussmann,** Rudolf: Gibt es noch eine gemeinsame deutsche Sprache? – Zur politischen Semantik in der Bundesrepublik Deutschland und in der DDR, in: Pac Korrespondenz (1976), 49, 3–11

3019 **Thalheim, Karl C.: Die wirtschaftliche Entwicklung der beiden deutschen Staaten in Deutschland. Opladen: Leske und Budrich 1979², 142 S.**

3020 **Tudyka,** Kurt P. und Marian Sucha (Hrsg.): Sozioökonomische Probleme der intersystemaren Wirtschaftsbeziehungen. Nijmegen 1979, 143 S. (Universität Nijmegen: Lehrstuhl Internationale Beziehungen. Nijmegener Studien 3)

3021 **Wagner,** Thomas: Ist die Planwirtschaft der DDR effizienter als das Wirtschaftssystem der Bundesrepublik?, in: Deutschland Archiv 12 (1979), 1055–1064

3022 **Waterkamp,** Dietmar: Die Deutschlandpolitik in der politisch-historischen Bildung in der Bundesrepublik und der DDR. Rückblick und Vergleich, in: Deutschland Archiv 12 (1979), 405–422

3023 **Werner,** Steffen: Spieglein, Spieglein an der Wand: Der märchenhafte „Vergleich" im „Zahlenspiegel" Bundesrepublik Deutschland/DDR", in: Pac Korrespondenz (1977), 56, 10–18

3024 **Wetzlaugk,** Udo: Die unterschiedliche Bedeutung von Wahlen in beiden deutschen Staaten. Berlin: Landeszentrale für politische Bildung 1980, 96 S. (Politik – kurz und aktuell 33)

3025 **Wiggershaus,** Renate: Geschichte der Frauen und der Frauenbewegung in der Bundesrepublik Deutschland und in der Deutschen Demokratischen Republik nach 1945. Wuppertal: Hammer 1979, 203 S.

3026 **Wilkens,** Herbert: Sozialproduktvergleich zwischen der Bundesrepublik Deutschland und der DDR. Köln: 1978, 66 S. (Berichte des Bundesinstituts für ostwissenschaftliche und internationale Studien 21/1978)

3027 **Wolf,** Heinz E.: Zur Problemstruktur der Beziehungen zwischen Vorurteils-, DDR- und BRD-Forschung, in: Jugend im doppelten Deutschland. Hrsg. von Walter Jaide und Barbara Hille. Opladen: Leske 1977, 269–282

3028 Zwei Wege einer Nation – Konsequenzen der Bildungssysteme. 23. Gesamtdeutsche Tagung des Coburger Covents und der Deutschen Sängerschaft. Bonn: Selbstverlag 1978, 90 S. (CC-Schrift. Coburger Covent. 26)

AUTORENREGISTER